Schriftenreihe des
Instituts für Europäisches
Wirtschafts- und Verbraucherrecht e.V.

herausgegeben von
Prof. Dr. Tobias Brönneke
Prof. Dr. Hans-W. Micklitz
Prof. Dr. Peter Rott
Prof. Dr. Andrea Wechsler

Band 46

Madalena Lindenthal-Schmidt

Künstliche Intelligenz in der Medizin

Eine Untersuchung der vertraglichen Arzthaftung mit Beschränkung auf den Bereich der Behandlungsfehler

Nomos

Onlineversion
Nomos eLibrary

Die Deutsche Nationalbibliothek verzeichnet diese Publikation in der Deutschen Nationalbibliografie; detaillierte bibliografische Daten sind im Internet über http://dnb.d-nb.de abrufbar.

Zugl.: Oldenburg, Univ., Diss., 2024

ISBN 978-3-7560-2990-7 (Print)

ISBN 978-3-7489-5253-4 (ePDF)

1. Auflage 2025

Caspar & Raphael

Vorwort

Die vorliegende Arbeit lag der Carl von Ossietzky Universität Oldenburg im Sommersemester 2024 als Dissertation vor. Den Abschluss fand das Promotionsverfahren mit der Disputation am 24. Oktober 2024.

An erster Stelle danke ich meinem Doktovater, Herrn Prof. Dr. Peter Rott, für die Betreuung meiner Dissertation und die lehrreiche Zeit als wissenschaftliche Mitarbeiterin. Vor allem gilt mein Dank dabei seiner wertvollen, stets schnellen und uneingeschränkten Unterstützung. Einen besseren Mentor hätte es für diese Arbeit nicht geben können. Ihm sowie Herrn Prof. Dr. Hans-Wolfgang Micklitz, Herrn Prof. Dr. Tobias Brönneke und Frau Prof. Dr. Andrea Wechsler danke ich auch für die Aufnahme in die Schriftenreihe. Außerdem bedanke ich mich für die Erstellung des Zweitgutachtens bei Frau Prof. Dr. Christiane Brors sowie bei der Prüfungsvorsitzenden Frau Prof. Dr. Christine Godt.

Von Herzen danke ich meiner Familie. Meinem Mann Andre, der mich immer darin bestärkt hat, meinen Weg zu gehen. Mich durch alle Stationen des Lebens begleitet hat und dabei nie müde wurde, aufmunternde Worte zu finden.

Besonderer Dank gilt meinen Söhnen Caspar und Raphael für ihre bedingungslose Liebe. Diese Liebe und der Zuspruch dieser noch so kleinen Menschen haben mir erst die Kraft und das Vertrauen geschenkt, diese Arbeit zu verfassen. Ihnen ist diese Arbeit gewidmet.

Oldenburg, im November 2024 — Madalena Lindenthal-Schmidt

Inhaltsverzeichnis

Einleitung

Die Europäische Kommission hat am 28. September 2022 einen Vorschlag für eine Richtlinie zur Anpassung der Vorschriften über außervertragliche zivilrechtliche Haftung an künstliche Intelligenz (Richtlinie über KI-Haftung) veröffentlicht. Damit hat die Europäische Kommission den technischen Fortschritt der Künstlichen Intelligenzen zum Anlass genommen, herauszustellen, welche – insbesondere rechtlichen – Nachteile neben all den Vorzügen, die der Forschungszweig der Künstlichen Intelligenz mit sich bringt, auf den Rechtsverkehr zukommen, sollten die Mitgliedsstaaten ihre Regelungswerke nicht anpassen.

Zum Schutz des Rechtsverkehrs, insbesondere aber auch, um grenzüberschreitend tätige Unternehmen, die Künstliche Intelligenzen nutzen, vor Ungewissheit durch nicht nur ungeeignete, sondern auch unterschiedliche Rechtsordnungen zu schützen, begehrt der benannte Vorschlag einer Richtlinie eine Harmonisierung des Europäischen Rechts über die außervertragliche zivilrechtliche Haftung an künstlichen Intelligenzen.[1]

Die derzeitigen nationalen Haftungsregeln zielen auf eine Nachweispflicht der Opfer über die zu Grunde liegende unrechtmäßige Handlung oder das Unterlassen der schädigenden Person, Verschulden und Kausalität ab. Dieser Umstand, der gerade bei den Vorschriften über die verschuldens*abhängige* Haftung prominent zum Vorschein kommt, erschwere in Kombination mit dem sog. „*Black-Box-Effekt*,"[2] so heißt es in den Gründen und Zielen des Vorschlags vom 28. September 2022, die Voraussetzungen für eine erfolgreiche gerichtliche Geltendmachung etwaiger Schadenser-

---

1 Zu alledem: Vorschlag für eine Richtlinie des Europäischen Parlaments und des Rates zur Anpassung der Vorschriften über außervertragliche zivilrechtliche Haftung an künstliche Intelligenz (Richtlinie über KI-Haftung) vom 28.9.2022, COM(2022) 496 final.

2 Als „*Black Box Phänomen*" wird die von der Künstlichen Intelligenz selbst vorgenommene Verteilung von Gewichten und Verzerrung tausender, über zahlreiche Schichten miteinander verbundener, vereinfachter künstlicher neuronaler Netze bezeichnet, die die algorithmische Logik der Entscheidungsfindung im Detail nicht nachvollziehbar macht und selbst für die Entwickelnden nicht erklärbar ist. Dieses Phänomen steht deshalb auch dem Transparenzgrundsatz der DS-GVO entgegen, vgl. *Gausling*, in: Ballestrem/Bär/Gausling/Hack/Oelffen, Künstliche Intelligenz, Rechtsgrundlagen und Strategien in der Praxis, S. 16.

satzansprüche durch Geschädigte. Gegenstand der Diskussion ist mithin die außervertragliche zivilrechtliche Haftung, im nationalen Kontext das Deliktsrecht. Mit Blick auf namhafte Beispiele für den Einsatz Künstlicher Intelligenz, wie dem autonomen Fahren, bieten die geplanten Regularien des Unionsgesetzgebers grundsätzlich das Potenzial, etwaige Haftungslücken zu schließen. Nachdem die neben dem KI-Haftungs-RL-V ebenfalls angestrebte und mittlerweile veröffentlichte KI-VO KI-Systeme in Klassen unterteilen will und beide Regelwerke miteinander verzahnt sein sollen, ist jedoch kritisch zu hinterfragen, ob die geplanten Haftungsregelungen für den außervertraglichen Bereich auf alle KI-Systeme Anwendung finden werden. Sollte dies nicht der Fall sein, verbleibt es zunächst für die sich außerhalb des Anwendungsbereichs befindenden autonomen Systeme bei den nationalen Haftungsregeln. Daneben drängt sich gleichermaßen die Frage auf, wie in anderen Lebensbereichen umzugehen sein wird, in denen neben dem Deliktsrecht prioritär das Vertragsrecht zur Anwendung kommt, wie das beim Arzthaftungsrecht der Fall ist.

Wie die Europäische Kommission selbst ausführt, wird die Künstliche Intelligenz das Leben der Bevölkerung zu einem erheblichen Großteil auch im Gesundheitswesen verändern, indem sie Entlastung und Präzision in Sachen Diagnostik und Prävention bringt. Auch der therapeutische Bereich wird hiervon umfänglich betroffen sein. Im Jahr 2019 nutzten bereits 30 % aller deutschen Krankenhäuser KI-Systeme im Klinikalltag. Dies zeigt nicht nur die bereits beschriebene Relevanz für den Bereich der Gesundheitsfürsorge, sondern gibt auch eine Prognose für das Potenzial, das in den nächsten Jahren noch besteht.[3] Aktuell existieren bereits 79 Anwendungen,[4] von denen 36 im Bereich der Diagnostik angesiedelt sind,[5] einem Bereich, der entscheidende Erfolge für die Medizin verzeichnen und das ärztliche Personal nicht nur entlasten, sondern auch dazu führen kann, dass teilweise noch präzisere Diagnosen gestellt werden.

Große Wirkung zeigt sich hierbei etwa in der Disziplin der Dermatologie. So trainierten Wissenschaftlerinnen der Universität Stanford etwa ein sog. *Deep Convolutional Neural Network (CNN)*[6] mit 129.450 klinischen

---

3 *Ströbel/Grau*, KI-gestützte Medizin-Apps, ZD 2022, 599, 599; vgl. *Gross et al.*, pwc clinicum, Whitepaper: Das intelligente Krankenhaus, S. 3.

4 Vgl. https://medicalfuturist.com/fda-approved-ai-based-algorithms/, zuletzt abgerufen am 28.02.2024.

5 *Heinrichs*, in: Heinrichs/Heinrichs/Rüther, Künstliche Intelligenz, S. 115.

6 „*Convolutional Neural Network*“ bedeutet im Deutschen „*Gefaltetes Neuronales Netzwerk*“. Es handelt sich um eine Sonderform eines künstlichen neuronalen Netzes,

Bildern von Hauterkrankungen. Die Fähigkeiten des CNN wurden der Expertise von 21 Dermatologen und Dermatologinnen gegenübergestellt. Zur Prüfung wurden einerseits harmlose seborrhoische Keratosen und nicht-melanozytäre Karzinome präsentiert, andererseits maligne Melanome und harmlose naevi.[7] Der erste Vergleich sollte dabei der Identifikation der häufigsten Hautkrebs-Art dienen, wohingegen der zweite Vergleich den bösartigsten Hautkrebs identifizieren sollte. Im Ergebnis stellte die Künstliche Intelligenz in beiden Tasks ebenso viele korrekte Diagnosen wie die Experten und Expertinnen der Testreihe.[8]

Hautkrebs ist eine geläufige Krebsart,[9] die anders als andere Krebsarten in einem ersten Schritt durch das ärztliche Personal visuell diagnostiziert wird. Die Künstliche Intelligenz könnte in diesem Bereich daher eine für Jedermann leicht verfügbare und gleichzeitig essenzielle Diagnostik möglich machen, indem Menschen per Smartphone das kritische Hautareal fotografieren und von der Künstlichen Intelligenz prüfen lassen.[10]

---

das speziell für machinelles Lernen und die Verarbeitung von Bild- oder Audiodaten vorgesehen ist, vgl. https://www.bigdata-insider.de/was-ist-ein-convolutional-neural-network-a-801246/, zuletzt abgerufen am 28.022024.

7 *„Das maligne Melanom der Haut ist der Hauttumor mit der höchsten Metastasierungsrate und ist für mehr als 90 % aller Sterbefälle an Hauttumoren verantwortlich. Deshalb ist seine frühe Erkennung und bestmögliche Behandlung wichtig"*, vgl. S3-Leitlinie Diagnostik, Therapie und Nachsorge des Melanoms, Version 3.3 – Juli 2020, AWMF-Register-Nummer: 032/024OL, S. 16, online abrufbar unter: https://register.awmf.org/assets/guidelines/032-024OLk_S3_Melanom-Diagnostik-Therapie-Nachsorge_2020-08.pdf, zuletzt abgerufen am 23.10.2023.; *„Nävi sind fleischfarbene bis braune Makulae, Papeln oder Knötchen aus Melanozyten- oder Nävuszell-Nestern. Leberflecken entwickeln sich bei fast allen Menschen und sind vor allem deshalb bedeutsam, weil sie dysplastisch oder bösartig werden können* und von einem Melanom unterschieden werden müssen", vgl. https://www.msdmanuals.com/de-de/profi/erkrankungen-der-haut/gutartige-hauttumoren,-wucherungen-und-vaskul%C3%A4re-l%C3%A4sionen/n%C3%A4vi#v967597_de, zuletzt abgerufen am 28. 02.2024.

8 *Esteva et al.*, Dermatologist-level classification of skin cancer with deep neural networks, veröffentlicht am 25.01.2017.

9 Jeder 50. Mensch erkrankt in seinem Leben an einem malignen Melanom, wohingegen jährlich etwa 213.000 Personen an hellem Hautkrebs erkranken, vgl. Zentrum für Krebsregisterdaten im Robert Koch Institut, Bericht zum Krebsgeschehen in Deutschland 2016, online abrufbar unter: https://edoc.rki.de/handle/176904/3264, zuletzt abgerufen am 28.02.2024.

10 Durch verschiedene Apps erreichte diese Methode der KI-Algorithmen große Aufmerksamkeit, wurde jedoch nicht weiterverfolgt, da die Ergebnisse durch jeweils unterschiedliche Beleuchtung und interne Bildverarbeitung der genutzten Kameras nicht zuverlässig genug waren. Dennoch birgt die Dermatologie großes Potenzial für

Die bildgebende Diagnostik prägt aber auch mit dem Begriff *Radiomics* einen Trend, wenn es um den Einsatz diagnoseunterstützender Künstlicher Intelligenz im medizinischen Teilgebiet der Radiologie geht. So werden durch KI-Systeme anhand von CT-Scans Lungenkrebs oder durch Augenscans diabetische Netzhauterkrankungen erkannt. Auch kann Künstliche Intelligenz bei einer Mammographie Krebszellen im Frühstadium finden, um noch ein weiteres Beispiel für den möglichen Einsatz zu benennen.[11] Mit Künstlicher Intelligenz ist allerdings nicht nur ein großes Potenzial durch präzisere Diagnosen, enormer Arbeitsentlastung und damit eine effizientere Behandlung von Patientinnen verbunden. Auch für Ängste sorgt diese innovative Technologie bei allen Beteiligten – bei Medizinerinnen ebenso wie bei Patientinnen.

Eine repräsentative Befragung der Bevölkerung in Deutschland im Auftrag des *TÜV-Verbands* im August 2021 ergab, dass 81 Prozent der Befragten großes Vertrauen in eine korrekte Diagnosestellung des ärztlichen Personals hat, wohingegen der Anteil auf 41 Prozent sank, wenn der Mensch durch Künstliche Intelligenz ersetzt wurde. In der kombinierten Variante, bei der Medizinerinnen Unterstützung durch die Künstliche Intelligenz erhalten, lag der Anteil hingegen bei 67 Prozent. Daraus lässt sich schließen, dass das Vertrauen der Bevölkerung in ihren Arzt oder ihre Ärztin sinkt, sobald Künstliche Intelligenz zum Einsatz kommt.[12]

Die Ursache dieses hinter diesen Zahlen stehenden Unbehagens der Bevölkerung lässt sich mehreren Punkten zuordnen. Neben den Befürchtungen von einem Ablösen des klassischen Ärztinnen-Patientinnen-Verhältnisses,[13] dem als essenzieller Bestandteil eine Vertrauensbeziehung zugrunde liegt, ist es in Entsprechung der Befürchtungen des Unionsgesetzgebers die den sog. „*Black-Box-Effekt*" anbringt, insbesondere die Verwirklichung des *Autonomierisikos*,[14] das Ängste schürt – sowohl auf Behandelnden- als auch

---

die Nutzung derartiger Algorithmen, vgl. *Stallkamp/Horsch/Karstensen*, in: Pfannstiel, Künstliche Intelligenz im Gesundheitswesen, S. 163.

11 Vgl. TÜV Verband, Sicherheit und Künstliche Intelligenz, Eine repräsentative Befragung der Bevölkerung in Deutschland im Auftrag des TÜV-Verbands, S. 13, abrufbar unter: tuev-verband.de/?tx_epxelo_file[id]=856779&cHash=1af8a3f0e6c845423fdd637c8dbcd080, zuletzt abgerufen am 28.02.2024.

12 Zu alledem ebd.

13 Vgl. die Studie „*Was Europa über Algorithmen weiß und denkt*", Ergebnisse einer repräsentativen Bevölkerungsumfrage im Auftrag der Bertelsmann-Stiftung, Februar 2019, S. 7, 27; *Katzenmeier*, MedR 2021, 859.

14 Vgl. hierzu im ersten Kapitel unter Teil A.IV.1.

auf Patientinnenseite. Aber auch das allgemeine *Vernetzungsrisiko*[15] rückt immer weiter in den Fokus wissenschaftlicher Auseinandersetzung, denn auch in der Medizin ist ein Einsatz vernetzter KI-Systeme denkbar, deren Einsatz nicht nur zu zulassungsrechtlichen Herausforderungen im Sinne der Medizinprodukte-Verordnung[16] führen könnte, sondern gleichermaßen haftungsrechtliche Problemstellungen provoziert.[17] Spezifische KI-Risiken könnten zu einer Durchbrechung des Kausalzusammenhangs oder zumindest zur Unmöglichkeit der Beweisbarkeit der haftungsbegründenden Kausalität führen. In der juristischen Welt werden daher Stimmen laut, unser Rechtssystem fange durch Künstliche Intelligenz verursachte Schäden nicht auf, sodass Geschädigte diese selbst tragen müssten.[18]

Diese Befürchtungen führen zurück auf die zu Beginn dargestellten Erwägungen des Unionsgesetzgebers zu einer Regulierung von KI-Systemen im außervertraglichen Bereich.[19] Zwar ermöglicht das Arzthaftungsrecht neben einem vertraglichen Anspruch im Sinne gesetzlicher Anspruchskonkurrenz[20] grundsätzlich ebenso einen deliktischen Anspruch einer im Rahmen einer medizinischen Behandlung geschädigten Patientin. Geschädigte Patientinnen könnten eine Befriedigung also gleichermaßen über eine außervertragliche Haftung der ärztlichen Anwendenden anstreben, sollte es auf vertraglicher Ebene zu den befürchteten Problemen kommen. Es bestehen jedoch berechtigte Bedenken bezüglich der Anwendbarkeit des KI-Haftungs-RL-V auf während der medizinischen Behandlung eingesetzte KI-Systeme, sodass es bei den nationalen Regelungen verbliebe, die daher auf Haftungslücken zu überprüfen wären. Ungeachtet dessen bedarf es der unionrechtlichen Regelungen indes erst gar nicht, wenn ein vertraglicher Arzthaftungsanspruch bereits *de lege lata* zu interessengerechten Ergebnissen führen könnte. Etwaige Haftungslücken sind in den Blick zu nehmen.

---

15 Vgl. hierzu im ersten Kapitel unter Teil A.IV.2.

16 Siehe hierzu im zweiten Kapitel unter Teil C.II. ff.

17 Dazu *Zech/Hünefeld*, MedR 2023, 1, 5 f.; *Zech*, Risiken Digitaler Systeme, Robotik, Lernfähigkeit und Vernetzung als aktuelle Herausforderungen für das Recht, Weizenbaum Series #2, 2020, S. 49 ff., online abrufbar unter: https://doi.org/10.34669/wi.ws/2, zuletzt abgerufen am 19.10.2013; *ders.*, in: Gless/Seelmann, Intelligente Agenten und das Recht, S. 163, 175; *ders.*, ZfPW 2019, 198, 205.

18 Vgl. etwa *Mühlböck/Taupitz*, AcP, 221, 179, 210; *Katzenmeier*, MedR 221, 859, 867.

19 COM(2022) 456 final; Für eine eingehende Darstellung siehe im zweiten Kapitel unter Teil C.II.

20 *Greiner*, in: Kommentar Medizinrecht, § 839 Rdnr. 1;

In der vorliegenden Arbeit wird eingehend untersucht, ob das deutsche Arzthaftungsrecht *de lege lata* mit den neuen, KI-spezifischen Risiken,[21] aber auch den sonstigen Pflichtverstößen, die im Zusammenhang mit dem Einsatz von KI-Systemen denkbar sind, umgehen kann oder es *de lege ferenda* solcher Haftungsverschärfungen oder Beweiserleichterungen für den Bereich der *vertraglichen* Arzthaftung braucht, wie dies von dem europäischen Gesetzgeber für den außervertraglichen Bereich angestrebt wird.

21 Ausführlich zu den „*neugewonnenen*" KI-Risiken beim Einsatz in der Medizin *Zech/Hünefeld*, MedR 2023, 1 ff.

Gang der Untersuchung

Im Mittelpunkt dieser Arbeit wird deshalb herauszuarbeiten sein, ob die dargestellten Bedenken mit Blick auf das Arzthaftungsrecht berechtigt sind oder es das benötigte Werkzeug bereithält, um auf die technischen Risiken reagieren zu können. Mithin ist zu erörtern, wie sich ein solches Risiko beim Einsatz von KI-Systemen im behandlungsnahen Bereich der Medizin realisieren kann, inwieweit die Verwirklichung eines solchen Risikos als Pflichtverletzung der am Geschehen beteiligten ärztlichen Anwendenden bzw. der dahinterstehenden Klinikbetreibenden zu klassifizieren ist und inwieweit das Arzthaftungsrecht in diesem Zusammenhang bereits entsprechendes Instrumente des Beweisrechts bereithält, die durch ein KI-System geschädigte Patientinnen einen erfolgversprechenden Arzthaftungsprozess ermöglichen. Pflichtverletzung meint im Zuge dieser Arbeit *Behandlungsfehler* und *Organisationsfehler*, wie sie im *vertraglichen* Arzthaftungsrecht bekannt sind. Weitere ebenfalls in Betracht kommenden Pflichtverletzungen anderer Akteurinnen, wie etwa die dem Medizinprodukterecht zuzuordnenden Pflichten der Herstellenden oder sonstige Pflichtverletzungen während der Programmierung oder der Trainingsphase des KI-Systems, werden nur insoweit erörtert, wie sie für das Verständnis zur Abgrenzung der Verantwortungsbereiche erforderlich sind.

Um die rechtliche Bewertung nachvollziehen zu können, bedarf es eines grundsätzlichen Verständnisses von den technischen Abläufen und Hintergründen einer Künstlichen Intelligenz. Das erste Kapitel dieser Arbeit befasst sich daher zunächst mit den Grundlagen zum Forschungszweig der Künstlichen Intelligenz, indem in Teil A. Aussagen zur technischen Definition, der Abgrenzung zur Robotik und den verschiedenen Erscheinungsformen, insbesondere dem in der Medizin zumeist vorkommenden neuronalen Netzen getroffen werden. Im Mittelpunkt werden hier auch erstmals die Risiken von Systemen des Maschinellen Lernens diskutiert. Teil B. befasst sich sodann mit der Künstlichen Intelligenz in der Medizin, indem mit der *„Behandlungsfernen KI"*, der *„KI an der Schnittstelle zum Behandlungsnahen Bereich"* und der *„Behandlungsnahen KI"* sowie dem *„Deep Learning"* als besonderen Teil der neuronalen Netze die konkreten Einsatzbereiche im Gesundheitswesen vorgestellt werden. Teil C. taucht schließlich mit der Vorstellung der Deep Medicine in den ärztlichen Behandlungsbereich und die Rolle der ärztlichen Anwendenden eines medizinischen KI-Systems als Letztentscheidende ein. Dieses Kapitel endet schließlich mit der Vorstellung der *„Explainable AI"*, einem Forschungsgebiet, das die Vorgänge eines KI-Systems erklärbar und nachvollziehbar machen will.

Das zweite Kapitel eröffnet mit der Frage nach der rechtlichen Einordnung einer Künstlichen Intelligenz die rechtliche Untersuchung. Teil A. dieses Kapitels liefert spiegelbildlich zum ersten Kapitel Ausführungen zur *rechtlichen* Definition der Künstlichen Intelligenz, bevor mit Teil B. die grundsätzliche Statusfrage, d.h. die Frage, ob einer Künstlichen Intelligenz Rechtssubjektivität mit eigener Rechtspersönlichkeit oder lediglich Rechtsobjektivität zukommt, aufgeworfen wird. Daran anknüpfend wird unter Teil C. ein Einblick in medizinprodukterechtliche Vorschriften gegeben. Das zweite Kapitel endet mit einer ausführlichen Betrachtung der in der Einleitung angesprochenen Regulierung Künstlicher Intelligenz durch den europäischen Gesetzgeber. Teil D. erörtert die für die weitere Arbeit relevanten Aspekte der Ethik-Leitlinie der Hochrangigen Expertengruppe für Künstliche Intelligenz, der KI-VO und damit der Klassifizierung von KI-Systemen sowie des KI-Haftungs-RL-V.

Das dritte Kapitel bildet mit der vertraglichen Arzthaftung beim Einsatz von KI-Systemen im Rahmen der medizinischen Behandlung den Mittelpunkt der vorliegenden Arbeit. In diesem Kapitel erfolgt eine ausführliche Darstellung der arzthaftungsrechtlichen Entwicklung und Dogmatik, insoweit diese notwendig ist, um die daran anschließende Prüfung von KI-Sachverhalten im Behandlungskontext und zu erarbeitende Lösungsansätze *de lege lata* zu begreifen. Es geht um die Frage, ob die vertragliche Arzthaftung *de lege lata* beim Einsatz von KI-Systemen ausreichenden Schutz für potenziell geschädigte Patientinnen bietet oder ob *de lege ferenda* Handlungsbedarf besteht. Teil A. dieses Kapitels zeigt daher zunächst die Grundsätze des deutschen Arzthaftungsrechts und dessen Einordnung in dem Rechtsgebiet *Medizinrecht* auf. Teil B. gibt sodann mit der Darstellung des § 630a i.V.m. § 280 Abs. 1 BGB den materiellrechtlichen und mit einer Darstellung des § 630h BGB den beweisrechtlichen Rahmen und zeigt gleichzeitig die Besonderheiten des Haftungsgefüges der vertraglichen Arzthaftung. Nachdem das Fundament und die Dynamik der vertraglichen Arzthaftungsnormen eingehend beleuchtet wurden, steigt Teil C. in den Kontext der Künstlichen Intelligenz ein und wirft die Frage auf, ob und gegebenenfalls wie sich die zuvor erarbeiteten Grundsätze durch den Einsatz von KI-Systemen verändern. In diesem Teil werden daher vor allem die in der Einleitung angedeuteten Kausalitäts- und Zurechnungsprobleme, die sich durch den Einsatz von KI-Systemen potenziell ergeben können, diskutiert und mit Blick auf den Schutzzweck der Norm und die Möglichkeiten einer Anpassung etwaiger Sorgfaltspflichten der ärztlichen Anwendenden eines KI-Systems im behandlungsnahen Bereich erste dogmatische Lösungsansätze präsentiert. Diese Lösungsansätze werden schließlich anhand von konkreten Beispielen, durch die Bildung von Fehlerquellen, insbesondere für den Bereich der diagnoseunterstützenden Künstlichen Intelligenz, aber auch den Bereich der Therapie und mit ebenso großem Fokus das Feld einer guten Organisation im weiteren Verlauf der Prüfung (Teil D. und E.) auf die einzelnen Voraussetzungen des § 630a i.V.m. § 280 Abs. 1 BGB (haftungsbegründender und -ausfüllender Tatbestand) angewendet. Während Teil D. Aussagen zum Behandlungsvertrag und den Vertragsgestaltungsmöglichkeiten trifft, bildet Teil E. anhand der Fehlerquellen eine detaillierte Untersuchung etwaiger Behandlungsfehler, die beim Einsatz von entscheidungsunterstützenden KI-Systemen bei der Diagnose, der Therapie oder im Bereich der Organisation durch die ärztlichen Anwendenden in Betracht kommen. Aufgrund des besonderen Haftungsgefüges des Arzthaftungsrechts folgt diesen Verletzungen von vertraglichen Pflichten aus § 630a BGB in Form von objektiven Sorgfaltspflichtverstößen ebenfalls in Teil E. die anschließende Prüfung einer prozessualen Durchsetzbarkeit abstrakt bestehender materiellrechtlicher Ansprüche einer geschädigten Patientin und somit auch eine Untersuchung insbesondere der haftungsbegründenden Kausalität. Diese hat auch ungeachtet des Einsatzes von KI-Systemen im Arzthaftungsrecht einen besonderen Stellenwert, da es in diesem Bereich der Prüfung regelmäßig zu beweisrechtlichen Problemen der beweisbelasteten Patientin kommt, die der Gesetzgeber durch die unterschiedlichen Regelungen in § 630h BGB zur Beweislastverteilung im Arzthaftungsprozess zu lösen versucht hat. Es besteht daher die Möglichkeit, dass dieser Duktus des Arzthaftungsrechts die sich bei KI-Systemen ergebenen Kausalitäts- und grundsätzlichen Beweisprobleme, die der Unionsgesetzgeber und Teile der Literatur erkannt haben, bereits *de lege lata* lösen kann.

Das vierte Kapitel fasst schließlich die wichtigsten Erkenntnisse dieser Prüfung zusammen, formuliert die Ergebnisse der Arbeit und beantwortet damit prägnant die Frage danach, ob das vertragliche Arzthaftungsrecht *de lege lata* für den Schutz von durch KI-Systeme geschädigte Patientinnen interessengerechte Lösungen bereithält.

Erstes Kapitel – Grundlagen

A. *Die Künstliche Intelligenz*

Der Begriff der Künstlichen Intelligenz ist in aller Munde und wird von vielen als verheißungsvolle und sektorübergreifende Innovation empfunden. Spätestens seit der Veröffentlichung von ChatGPT[22] dürfte auch technischen Laien offenbar geworden sein, wozu Künstliche Intelligenz in der Lage ist. Dabei handelt es sich bei der Künstlichen Intelligenz keineswegs um technisches Neuland. Vielmehr findet das Forschungsgebiet seine Wurzeln bereits im Jahre 1955,[23] als es von John McCarthy, der gemeinsam mit drei weiteren Wissenschaftlerinnen eine Forschungsförderung bei der Rockefeller Foundation beantragte, als wissenschaftliche Disziplin geprägt wurde.[24]

Gegenstand dieses Antrags war ein zweimonatiger Förderworkshop, der darlegen sollte, dass jeder Aspekt des Lernens oder jede andere Art der Intelligenz prinzipiell so präzise beschrieben werden kann, dass eine Maschine fähig ist, diese zu simulieren. Ein Schwerpunkt sollte darin bestehen, herauszufinden, wie Maschinen dazu gebracht werden können, Sprache zu erlernen, um Probleme zu lösen, die bislang noch von Menschen gelöst werden. Gleichzeitig sollten sich diese Maschinen selbst verbessern.[25]

Die Künstliche Intelligenz ist daher eine akademische Disziplin, die zum Ziel hat, menschliche Wahrnehmungs- und Verstandsleistungen zu operationalisieren, da sie bedingt durch die rasant steigende Datenverfügbarkeit,

---

22 GPT-3 ist ein Sprachmodell, das 2020 von dem Unternehmen OpenAI entwickelt und auf Grundlage von Wikipedia und vielen Büchern trainiert wurde. Es besteht (fast) den Turing-Test; vgl. *Görz/Schmid/Braun*, Handbuch der Künstlichen Intelligenz, S. 7.

23 Im Jahr 1955 wurde der Begriff der „*Artificial Intelligence*“ als solcher eingeführt. Erste Verfahren, die sich diesem später begründeten Forschungsgebiet zuordnen lassen, wurden bereits 1931 mit Tests zur Prädikatenlogik von dem Österreicher Kurt Gödel, durchgeführt, vgl. *Ertel*, Grundkurs Künstliche Intelligenz, Eine praxisorientierte Einführung, S. 7.

24 Vgl. *Heinrichs/Heinrichs/Rüther*, in: dies., Künstliche Intelligenz, S. 16 ff.

25 So *McCarthy et al.*, A proposal for the Darmouth summer research project on Artificial Intelligence, S. 2.

größere Arbeitsspeicher, Prozessorkapazitäten und schnelle Vernetzung[26] in den letzten Jahren immer schnellere Entwicklungen macht.

Doch die Einführung dieses Forschungsgebiets im Jahr 1955 ist nicht mit den Anfängen zur Entwicklung Künstlicher Intelligenz gleichzusetzen. Einige heutige KI-Methoden, wie die Prädikatenlogik[27] oder die neuronalen Netze[28], wurden weit vor der Konferenz entwickelt. Ein ebenfalls wichtiger Meilenstein ist der Turing-Test von Alan Turing aus dem Jahr 1950.[29] Um diese Methoden und insgesamt begreifen zu können, wie Künstliche Intelligenz mit Daten arbeitet bzw. durch Daten lernt und um beantworten zu können, ob es auch KI-Methoden gibt, die sich von der selbst lernenden Künstlichen Intelligenz unterscheidet, wird nachfolgend eine Einführung in den technischen Bereich von Künstlicher Intelligenz erfolgen. Dieses Fundament ist notwendig, um rechtliche Schlüsse aus mit KI-Systemen in Verbindung zu bringenden Problempunkten ziehen zu können. Nachfolgend wird daher mit der Darstellung der technischen Definition des Begriffes Künstliche Intelligenz, einer Abgrenzung dieser Disziplin zur Robotik, den konkreten Erscheinungsformen von KI-Systemen und den möglichen Risiken von für die vorliegende Arbeit relevanten Systemen ein Überblick über die technischen Gegebenheiten dargeboten.

I. Definition Künstliche Intelligenz

Es gab und gibt viele Definitionsversuche, um eine prägnante Beschreibung dessen zu liefern, was Künstliche Intelligenz im Stande ist zu leisten.[30]

---

26 Vgl. *Ertel,* Grundkurs Künstliche Intelligenz, Eine praxisorientierte Einführung, S. 1.

27 *Ertel,* Grundkurs Künstliche Intelligenz, Eine praxisorientierte Einführung, S. 7.

28 Die neuronalen Netze wurden von *McCulloch* und *Pitts* im Jahr 1943 entwickelt, vgl. *Görz/Schmid/Braun*, Handbuch der Künstlichen Intelligenz, S. 7.

29 *Alan Turing* wollte mit seiner Entwicklung, der Turing-Maschine, feststellen, ob ein Computer ein dem Menschen ebenbürtiges Denkvermögen hat, siehe *ders.*, On Computable Numbers, with an application to the Entscheidungsproblem, Proceedings oft he London Mathematical Society, S. 230–265.

30 Vgl. etwa. *Lackes/Siepermann: „Künstliche Intelligenz (KI) beschäftigt sich mit Methoden, die es einem Computer ermöglichen, solche Aufgaben zu lösen, die, wenn sie vom Menschen gelöst werden, Intelligenz erfordern"*, Künstliche Intelligenz (KI), Gabler Wirtschaftslexikon, Künstliche Intelligenz, online abrufbar unter: https://wirtschaftslexikon.gabler.de/definition/kuenstliche-intelligenz-ki-40285, zuletzt abgerufen am 13.11.2023 oder *Copeland: „Artificial Intelligence (AI), the ability of a digital computer or computer-controlled robot to perform tasks commonly associated with intelligent beings"*, Encyclopedia Britannica, online abrufbar unter: https://www.britannica.com

Ein Konsens existiert bisher nicht. Für diese Arbeit wird eine kurze, aber gleichzeitig prägnante Definition verwendet, denn passend zu McCarthys Worten[31] fand *Rich* eine nutzbare Definition, indem sie das Forschungsgebiet der Künstlichen Intelligenz wie folgt beschrieb:

> „*Artificial Intelligence is the study of how to make computers do things at which, at the moment, people are better.*“[32]

Denn letztlich ist es das, was diese Wissenschaft erzielen möchte: Die Maschinen sollen den Menschen entlasten, d.h. Aufgaben, die mit menschlicher, natürlicher Intelligenz gelöst werden können, mit künstlicher Intelligenz *besser und schneller* lösen.[33] Um dies technisch umsetzen zu können, bedarf es vorgelagert eines tiefen Verständnisses von der Funktionsweise des menschlichen Verstandes, u.a. durch die kognitionswissenschaftliche Erforschung der Hintergründe für menschliches Schließen oder intelligentes Handeln. Besondere Relevanz hat dabei die menschliche *Adaptivität*, also die Fähigkeit, sich an und durch äußere Einflüsse automatisch anzupassen. Der Grund für solch adaptives Verhalten ist die Kompetenz des menschlichen Gehirns zum *Lernen*. Deshalb ist das maschinelle *Lernen* als der Versuch, die menschliche Adaptivität maschinell nachzustellen, ein elementares Teilgebiet des Forschungsgebietes der Künstlichen Intelligenz.[34]

/technology/artificial-intelligence, zuletzt abgerufen am 13.11.2023; vgl. hierzu auch *Ertel*, Grundkurs Künstliche Intelligenz – Eine praxisorientierte Einführung, S. 3.

31 „*[...] every aspect of learning or any other feature of intelligence can in principle be so precisely described that a machine can be made to simulate it.*“, *McCarthy et al.*, A proposal for the Darmouth summer research project on Artificial Intelligence, S. 2.

32 *Rich*, Artificial Intelligence; vgl. auch So *Ertel*, Grundkurs Künstliche Intelligenz, Eine praxisorientierte Einführung, S. 3.

33 So im Ergebnis auch *Ertel*, Grundkurs Künstliche Intelligenz, Eine praxisorientierte Einführung, S. 3.

34 Zu dem Ganzen vgl. *Ertel*, Grundkurs Künstliche Intelligenz, Eine praxisorientierte Einführung, S. 3.

II. Künstliche Intelligenz und Robotik

Robodoc, Caspar, DaVinci oder Aesop – eine Aufzählung von Robotern, die bereits seit langer Zeit in der Chirurgie eingesetzt werden[35] bzw. wurden.[36] Roboter meint dabei Maschinen, die mittels Aktoren und/oder Sensoren computergesteuert Aufgaben in einer Problemdomäne durchführen können.[37] Grob unterscheiden lassen sich mit aufsteigendem Autonomiegrad vier Robotersysteme: Industrieroboter, mobile Roboter, Serviceroboter und kognitive Roboter. Die klassische Robotik, die erstmals 1921 in Science Fiction Erzählungen beschrieben wurde,[38] behandelt eine Disziplin, die sich mit systematischem Aufbau, Programmierung und der Anwendung derartig aufgabenorientierter Roboter beschäftigt, die nach biologischem Vorbild Aufgaben so durchführen, wie sie sonst vom biologischen Vorbild durchgeführt werden.[39] Während Industrieroboter, mobile Roboter und Serviceroboter lediglich ihr biologisches Vorbild nachahmen, besteht die Besonderheit von kognitiver Robotik darin, dass Robotersysteme nicht nur die ihnen zugeteilten Teilaufgaben durch nachgeahmte Arbeitsweisen bewältigen, sondern selbstständig, lernfähig und lösungsorientiert, d.h. autonom, Probleme lösen.[40]

Einige Definitionsversuche Künstlicher Intelligenz inkludieren die Begriffe *„Computer und computerkontrollierter Roboter"*.[41] Dies zeigt deutlich, dass Künstliche Intelligenz nicht zwingend abhängig von Hardware ist. Wenngleich die äußere Erscheinungsform von Künstlicher Intelligenz sich häufig als anthropomorpher oder humanoider Roboter präsentiert, ist ein Roboter nicht automatisch mit Künstlicher Intelligenz gleichzusetzen.

---

35 Vgl. hierzu *Blechschmitt*, Die straf- und zivilrechtliche Haftung des Arztes beim Einsatz roboterassistierter Chirurgie, S. 17 f.

36 Robodoc war ein in der Chirurgie eingesetzter Roboter, der bspw. defekte Hüftgelenke präziser als jede menschliche Chirurgin fräsen konnte. Er wurde im April 2004 endgültig abgeschaltet, da es vermehrt zu Anwendungsfehlern durch die Maschine kam, vgl. *Haun*, Handbuch Robotik, S. 10.

37 Siehe *Haun*, Handbuch Robotik, S. 28.

38 Der Begriff Robotik taucht erstmals in dem Theaterstück von Karel Capek *„Rossums's Universal Robots"* auf, vgl. hierzu *Haun*, Handbuch Robotik, S. 14; *Blechschmitt*, Die straf- und zivilrechtliche Haftung des Arztes beim Einsatz roboterassistierter Chirurgie, S. 17 f;

39 Siehe *Haun*, Handbuch Robotik, S. 28.

40 Siehe *Haun*, Handbuch Robotik, S. 29.

41 Vgl. etwa *Copeland,* Encyclopedia Britannica, online abrufbar unter: https://www.britannica.com/technology/artificial-intelligence, zuletzt abgerufen am 13.11.2023

Die zuvor benannten Definitionsversuche und das Bestreben nach maschineller Adaptivität zeigen deutlich, dass es für die Bezeichnung einer Maschine als Künstliche Intelligenz einer besonderen Eigenschaft bedarf, die herkömmliche Maschinen oder Roboter, wie etwa Industrie- und Serviceroboter, nicht haben: autonomes, also adaptives Verhalten. Ein Roboter ist mithin erst eine Künstliche Intelligenz, wenn er autonom handeln kann und auch handeln darf. Das Forschungsgebiet der Künstlichen Intelligenz kann, muss aber nicht, die Fachdisziplin der Robotik tangieren. Eine noch eingehendere Betrachtung der Robotik als Disziplin wird im weiteren Verlauf dieser Arbeit nicht erfolgen. Wenn nachfolgend Bezug auf Roboter genommen wird, dann sind damit *autonome* Roboter als Künstliche Intelligenzen, d.h. algorithmusbasierte Software, die durch eine entsprechende Hardware ein physisches Erscheinungsbild erhält, gemeint – sog. *Hardware-Agenten.*

III. Erscheinungsformen und Architektur des Grundmodells

Die Wissenschaft zu Künstlicher Intelligenz ist komplex und sehr aktuell. Dies führt dazu, dass sich immer neue Erkenntnisse präsentieren, die eine konkrete Zuordnung der einzelnen Erscheinungsformen von Künstlichen Intelligenzen, insbesondere für Laien, schwierig werden lässt. Selbst die Frage, was genau unter Künstlicher Intelligenz zu verstehen ist, ist, wie zuvor erwähnt, bis heute nicht abschließend geklärt. Unstreitig ist jedoch, dass sich das Forschungsfeld der Künstlichen Intelligenz in verschiedene Teilgebiete unterteilen lässt und eine Vielzahl von Methoden bereitstellt. Ebenso wie es in der Medizin nicht nur ein einzelnes hilfreiches Diagnose- oder Therapieverfahren für alle Erkrankungen gibt, existiert auch nicht nur die eine universell einsetzbare KI-Methode für alle denkbaren Einsatzbereiche.[42]

Mit dem sog. *Expertensystem* und dem *Maschinellen Lernen (machine learning)* existieren zwei prominente Beispiele für KI-Methoden.[43] Aber auch die Logik, das Schließen mit Unsicherheiten, das Suchen, Spielen und Probleme Lösen, das Data Mining sowie das Lernen durch Verstärkung (sog. *„reinforcement learning“*) und neuronale Netze als besondere Teile

42 *Ertel*, Grundkurs Künstliche Intelligenz, Eine praxisorientierte Einführung, S. 4.
43 Vgl. *Glauner*, in: Pfannstiel, Innovation im Gesundheitswesen, S. 144.

des Maschinellen Lernens existieren als KI-Anwendungen.[44] Im weiteren Verlauf werden allerdings lediglich die Methoden des Expertensystems, des Maschinellen Lernens und der neuronalen Netze als die für die Medizin relevantesten Methoden von Künstlicher Intelligenz genauer betrachtet.

Neben der unter A.II. vorgestellten Robotik, d.h. der Erscheinung einer Künstlichen Intelligenz durch einen Hardware-Agenten, können KI-Methoden noch weitere Erscheinungsformen haben. Um Ausuferungen zu vermeiden, werden in diesem Zusammenhang mit den Agenten und den wissensbasierten Systemen zwei dieser Erscheinungsformen vorgestellt.

Um der nachfolgenden Auseinandersetzung mit der technischen Seite besser folgen zu können, erfolgt vorangestellt eine knappe Darstellung der Architektur des Grundmodells eines KI-Systems.

Das Grundmodell eines KI-Systems besteht aus drei Abschnitten: Eingabe – Verarbeitung – Ausgabe. Am Anfangs- und Endpunkt steht klassischerweise ein Mensch. Es gibt aber auch Systeme, die selbst Informationen in Form von Rohdaten aufnehmen oder durch Sensoren wahrnehmen können (Eingabe), und auch solche Systeme, die anstatt Informationen an Menschen herauszugeben, steuernd-physikalisch handeln (Ausgabe). Je weniger der Mensch involviert ist, desto *generalisierter* ist das System.[45] Ein geringer Grad an Generalisierung wird in diesem Zusammenhang oft als *„schwache-KI"* und ein hoher Grad als *„starke-KI"* bezeichnet.[46]

1. Expertensysteme

Das Expertensystem erhält sein Wissen, wie es der Name bereits preisgibt, von Fachexpertinnen. Das System nutzt also Regeln, die durch eine Sammlung und Verallgemeinerung von Wissen von Expertinnen manuell abgeleitet werden.[47] Dieses Wissen wird in einer sog. Wissensbasis bereitgestellt, auf die das System zugreifen kann. Dieser Vorgang wird *„Knowledge Engineering"* genannt. Abgerufen werden diese Regeln durch die externe

---

44 Vgl. hierzu ausführlich *Ertel*, Grundkurs Künstliche Intelligenz, Eine praxisorientierte Einführung, S. 4.

45 Zu dem Ganzen vgl. *Zech*, Gutachten A zum 73. DJT 2020/2022, A 22.

46 Vgl. etwa *Zimmermann/Höffgen*, in: Grindblat/Etterer/Plugmann, Innovation im Gesundheitswesen, S. 178; *Heinrichs/Rüther*, in: dies., Künstliche Intelligenz, S. 48; *Zech* bezeichnet diese Begriffe als *„verwirrend"*, vgl. *dens.*, Gutachten A zum 73. DJT 2020/2022, A 22.

47 Ebd.

Eingabe durch die Anwendende des Expertensystems. Die Anwendende erhält dann eine entsprechende Ausgabe des Expertensystems.[48]

Einige Systeme müssen auf eine große Menge von Daten zurückgreifen und diese verarbeiten. Um eine Programmierung entsprechender Systeme nicht proportional zur Menge der Daten zu verkomplizieren, wurde der strukturierte Weg des wissensbasierten Lernens etabliert.[49] Eine der häufigsten äußeren Erscheinungsformen einer Künstlichen Intelligenz, der sog. *„intelligente Agent"*, beruht zumeist auf einem solchen *„wissensbasierten System"*.[50] Die Begriffe *„Agent"* und *„intelligent"* sind zu skizzieren.

a. Agenten

Sowohl in der Informatik als auch in der Robotik[51] werden intelligente Agenten verwendet. Der Begriff des Agenten lässt sich also je nach Disziplin und Einsatz vielfältig klassifizieren.[52]

aa. Software-Agenten

Die in der Informatik verwendeten „Software-Agenten" erhalten von einer Benutzenden eine Eingabe und liefern ein passendes Ergebnis als Ausgabe.[53] Beispielhaft für einen solchen Software-Agenten sind Spam-Filter bei E-Mail-Programmen.

48 Zu alledem vgl. *Ertel*, Grundkurs Künstliche Intelligenz, Eine praxisorientierte Einführung, S. 201.

49 Vgl. *Ertel*, Grundkurs Künstliche Intelligenz, Eine praxisorientierte Einführung, S. 21 f.

50 So *Ertel*, Grundkurs Künstliche Intelligenz, Eine praxisorientierte Einführung, S. 20 f.

51 Vgl. *Haun*, Handbuch Robotik, Vowort zur 2. Aufl.

52 *Ertel*, Grundkurs Künstliche Intelligenz, Eine praxisorientierte Einführung, S. 19.

53 Ebd.

bb. Hardware-Agenten

Die in der Robotik als sog. autonome Roboter verwendeten *„Hardware-Agenten“* besitzen durch ihre physische Erscheinungsform darüber hinaus Sensoren und Aktuatoren.[54]

b. Intelligenz der Agenten – das Wissensbasierte System

Es gibt Agenten, die nur auf eine Eingabe reagieren (sog. *Reflex-Agenten*) und solche, die bei ihren Entscheidungen auch auf einen Gedächtnisspeicher zurückgreifen können (sog. *Agenten mit Gedächtnis*).[55] Zwar gibt es mit den lernfähigen Agenten auch solche Agenten, die sich selbst verändern können, insgesamt bleibt es jedoch dabei, dass das Programmieren von Agenten für schwierige Aufgaben oder komplexe Anwendungen aufwändig ist.[56] Möchte man also, dass die Künstliche Intelligenz für eine Entscheidung auf eine große Menge von Wissen zurückgreift, ist es in den überwiegenden Fällen weniger der Agent, sondern vielmehr das sog. wissensbasierte System, das die Handlung *„intelligent“* macht.[57]

Durch dieses bereitgestellte Wissen können Schlüsse gezogen, Anfragen beantwortet oder Pläne erstellt werden.[58]

aa. *Darstellung des Wissens in der Wissensbasis*

Der Erwerb dieses Wissens geschieht durch verschiedene Wissensquellen, wie etwa durch menschliche Expertinnen oder Datenbanken. Bei wissensbasierten Systemen wird dieses Wissen sodann von seinem dabei genutzten Werkzeug zur Wissensverarbeitung, auch Inferenzmechanismus genannt, getrennt und in einer sog. Wissensbasis (sog. *„knowledge base“* oder *„KB“*) gespeichert. Erwirbt die Wissensbasis nun Wissen durch eine Wissensquelle, wird dies als Knowledge Engineering bezeichnet.

---

54 Vgl. zu dem Ganzen *Ertel*, a.a.O., S. 20, 21; vgl. auch *Haun*, Handbuch Robotik.
55 *Ertel*, Grundkurs Künstliche Intelligenz, Eine praxisorientierte Einführung, S. 20 f.
56 *Ertel*, Grundkurs Künstliche Intelligenz, Eine praxisorientierte Einführung, S. 20 f.
57 *Ertel*, a.a.O., S. 22.
58 Ebd.

Die Wissensbasis stellt damit die Schnittstelle zwischen Mensch und Maschine dar, indem sie das vom Menschen zur Verfügung gestellte Wissen speichert.[59] Das in Form von Daten eingebrachte Wissen muss für die Künstliche Intelligenz deshalb in weiterer Konsequenz verarbeitbar gemacht, d.h. es muss in der Sprache der Künstlichen Intelligenz eingebracht werden. Bis heute hat sich für diese Zwecke eine Vielzahl formaler Sprachen entwickelt, die der Umsetzung dieser Aufgabe dienen. Neben der Aussagenlogik seien exemplarisch die Prädikatenlogik erster Stufe, die probabilistische Logik und die Entscheidungsbäume benannt.[60]

bb. *Vorteile für die Medizin*

Gerade in Einsatzbereichen, die große Mengen von Wissen bereitstellen, kann die Programmierung intelligenter Systeme sehr aufwändig sein. Die Möglichkeit der Abkopplung von Wissen und Verarbeitungsprogramm, die der Arbeitsweise eines wissensbasierten Systems immanent ist, begünstigt allerdings den doch universelleren bzw. anwendungsunabhängigeren Einsatz dieses Wissens, sodass sich der benannte Aufwand im Einzelfall als lohnenswert darstellen kann.

Vor allem mit Blick auf den Bereich der Medizin kann dies eindrucksvoll verdeutlicht werden: Um ein medizinisches Expertensystem auf unterschiedliche Krankheiten anwenden zu können, reicht jeweils das Austauschen der Wissensbasis aus.[61] Bei IBM Watson handelt es sich als Expertensystem um einen solchen Software-Agenten, dem das wissensbasierte Lernen und somit eine Wissensbasis[62] zur Verarbeitung zu Grunde liegt. Im Gegensatz zu Maschinellem Lernen führen Expertensysteme dabei nicht zu dem sog. Black-Box-Effekt, d.h. dem Problem der Anwendenden, die

59 Zu alledem vgl. *Ertel*, Grundkurs Künstliche Intelligenz, Eine praxisorientierte Einführung, S. 22 f.

60 Zu dem Ganzen vgl. *Ertel*, Grundkurs Künstliche Intelligenz, Eine praxisorientierte Einführung, S. 22.

61 Zu dem Ganzen vgl. *Ertel*, Grundkurs Künstliche Intelligenz, Eine praxisorientierte Einführung, S. 22.

62 So beinhaltet Watson eine vier Terabyte große Wissensbasis, die bspw. den vollständigen Text von Wikipedia beinhaltet, vgl. *Ferrucci* et al., Towards the open advancement of questionsanswer systems/IBM, Forschungsbericht 2009, online abrufbar unter: https://dominoweb.draco.res.ibm.com/reports/rc24789.pdf, zuletzt abgerufen am 13.08.2023; *Ertel*, Grundkurs Künstliche Intelligenz, Eine praxisorientierte Einführung, S. 23.

Ausgabe/Entscheidung des KI-Systems nicht erklären bzw. interpretieren zu können. Gerade dieser Effekt, der im weiteren Verlauf der Arbeit noch näher erörtert wird, ist es jedoch, der zu rechtlichen Herausforderungen führt – nicht zuletzt im Einsatzbereich der Medizin.

Grundsätzlich besteht damit die Möglichkeit einer Künstlichen Intelligenz ein komplexes intelligentes Verhalten mithilfe von Programmiersprachen wie *Python* oder *Prolog* zu programmieren[63] und einem Ressourcenmangel in wichtigen Sektorbereichen wie der Medizin abzuhelfen. Problematisch ist jedoch, dass auch diese modernen Hochsprachen irgendwann an ihre Grenzen kommen. Auch limitiert diese Art der Programmierung das KI-System, wie bereits angedeutet, auf das Wissen von Expertinnen oder zugefügten Daten.

Systeme können ihr Wissen aber auch durch Maschinelles Lernen erwerben.[64] Das Maschinelle Lernen bietet mehr Potenzial, sektorübergreifend für Entlastung und bessere Ergebnisse zu sorgen, gleichzeitig aber aufgrund des Black-Box-Effekts mehr Risiken, weshalb sich die zu Grunde liegende Arbeit im weiteren Verlauf eingehend diesem Teilbereich der Künstlichen Intelligenz widmen wird.

2. Maschinelles Lernen (Machine Learning)

KI-Systeme sollen häufig mit hochkomplexen Daten arbeiten. Deshalb sollen die Programmierung, das Training, die Arbeitsweise und Vorzüge des Maschinellen Lernens nachfolgend vorgestellt werden, bevor es um konkrete Risiken derartiger Systeme gehen soll.

a. Programmieren von Lernalgorithmen

In der Folge und mit der Intention der Optimierung menschlichen Verhaltens durch Künstliche Intelligenzen hat sich durchgesetzt, der Künstlichen Intelligenz nicht mehr nur noch externes Wissen zu programmieren. Vielmehr sollen programmierte *Lernalgorithmen* das adaptive Lernen des

63 *Ertel*, a.a.O., S. 201.

64 So *Ertel*, Grundkurs Künstliche Intelligenz, Eine praxisorientierte Einführung, S.22.

Systems ermöglichen.[65] Hinter Maschinellem Lernen stehen daher eine Vielzahl verschiedener Lernalgorithmen, die zum Ziel haben, das menschlich-adaptive Verhalten maschinell nachzustellen und so für autonomes *„Verhalten"* des Systems zu sorgen.

Das Maschinelle Lernen dominiert die KI-Anwendungen in allen Fachgebieten[66] und befasst sich mit der computergestützten Modellierung und Realisierung von Lernphänomenen, der Extraktion von Wissen aus großen Datenbeständen und der Realisierung adaptiver Systeme.[67]

b. Training durch Lernaufgaben bzw. -verfahren

Die KI-Methode des Maschinellen Lernens funktioniert nicht wie Expertensysteme durch bereitgestelltes Expertenwissen, sondern sie wird trainiert, d.h. das System *lernt.* Dieses Lernen geschieht abstrakt anhand von Beispielen, aus denen das System zu Grunde liegende Muster lernt.[68] Diese Muster findet das System durch die bereitgestellten statistischen Lernalgorithmen,[69] die der Künstlichen Intelligenz während des Programmierens eingesetzt werden.[70] Das System trifft dann eine Entscheidung, indem es diese Muster auf die Eingabe der Trainierenden und später der Anwendenden anwendet.[71]

Diese nach der Programmierung stattfindende Trainingsphase wird von einer Trainierenden begleitet und kontrolliert. Der Grad der Beteiligung an dem Training durch die Trainierende steht in Abhängigkeit zur gewählten Lernaufgabe bzw. zum Lernverfahren.

Das Lernen bei dieser KI-Methode basiert also auf der Grundlage sog. Lernaufgaben bzw. -verfahren. Wichtige Lernaufgaben sind das *„überwachte Lernen" (supervised learning)*, das *„unüberwachte Lernen" (unsupervised*

65 Auch Mischformen aus Programmieren intelligenten Verhaltens und maschinellen Lernverfahren sind möglich, vgl. ebd.

66 So *Ertel,* Grundkurs Künstliche Intelligenz, Eine praxisorientierte Einführung, Vorwort V.

67 *Wrobel/Joachims/Morik,* in: Görz/Schmid/Braun, Handbuch der Künstlichen Intelligenz, S.405 f.

68 Vgl. *Glauner,* in: Grindblat/Etterer/Plugmann, Innovationen im Gesundheitswesen, S. 144.

69 Ertel, a.a.O, S. 145.

70 *Ertel,* Grundkurs Künstliche Intelligenz, Eine praxisorientierte Einführung, S. 201.

71 *Glauner,* in: Grindblat/Etterer/Plugmann, Innovationen im Gesundheitswesen, S. 145.

learning) und das *„Verstärkungslernen" (reinforcement learning)*.[72] Mit jeder Lernaufgabe kann eine Verbindung zum menschlichen Lernen hergestellt werden.[73]

Besondere Aufmerksamkeit erhalten die *neuronalen Netze* als wichtige Klasse in diesem Bereich.[74] Auf diesen Teil der Künstlichen Intelligenzen wird daher gesondert eingegangen.

Nachfolgend werden zunächst die drei zuvor benannten Lernaufgaben in knapper Form und dann die neuronalen Netze ausführlicher vorgestellt.

aa. Überwachtes Lernen oder „supervised learning"

Diese Säule beschreibt das Lernen von Funktionen aus Beispielen.[75] Der Lernalgorithmus des KI-Systems erhält Beispiele des funktionalen Zusammenhangs und lernt daraus eine allgemeine Funktion.[76]

Das überwachte Lernen mittels trainiender Person erklärt *Glauner* mit einem Eltern-Kind-Beispiel. Eltern erklären ihren Kindern, was sie sehen oder hören, indem sie gewisse Gegenstände in einer Umgebung beschreiben. Die Kinder erhalten also ein explizites „Label" dieser Gegenstände. Hört oder sieht das Kind diese „Label" erneut, erhält es also den Gegenstand als Eingabe, kann es mittels der erlernten „Funktion" autonom den Gegenstand dem Label zuordnen. Das Kind hat eine Regel aus einem Beispiel abgeleitet.[77]

---

72 *Wrobel/Joachims/Morik*, in: Görz/Schneeberger/Schmid, Handbuch der Künstlichen Intelligenz, S.406.

73 *Glauner*, in: Grindblat/Etterer/Plugmann, Innovationen im Gesundheitswesen, S. 146.

74 So *Ertel*, Grundkurs Künstliche Intelligenz, Eine praxisorientierte Einführung, S. 201.

75 *Wrobel/Joachims/Morik*, in: Görz/Schmid/Braun, Handbuch der Künstlichen Intelligenz, S.405.

76 Ebd.

77 Vgl. zu alledem *Glauner*, in: Grindblat/Etterer/Plugmann, Innovationen im Gesundheitswesen, S. 146.

Für diese Lernaufgabe gibt es mit den sog. „Entscheidungsbäumen“[78], dem „instanzbasierten Lernen“[79], der „Stützvektormethode“[80] und den „neuronalen Netzen“ verschiedene Varianten. Die Variante der neuronalen Netze wird an späterer Stelle genauer dargestellt.

bb. Unüberwachtes lernen oder „unsupervised learning“

Unüberwachte Lernalgorithmen erhalten demgegenüber keine klassifizierten Beispiele. Solche Systeme versuchen, interessante Strukturen in einer nicht-klassifizierten Umgebung zu identifizieren. Aus diesem Grunde funktionieren sie auch eher lokal, da nur den besonderen Auffälligkeiten dieser Umgebung Aufmerksamkeit geschenkt wird.[81]

Um wieder auf *Glauners* Beispiel zurückzukommen, lässt sich dies für diese Säule wie folgt modifizieren: Die Kinder erhalten keine beschreibende Erklärung der Umgebung durch die Eltern. Die Kinder lernen vielmehr

---

78 Der Entscheidungsbaum (*„decision tree“*) ist ein beliebtes Verfahren des Maschinellen Lernens. Er wird als Optimierungsverfahren durch die Baumstruktur mit Wurzeln, Verzweigungen, inneren Knoten und Blättern repräsentiert. Dieser Baum wird durch Beispiele gelernt, wobei jeder Knoten ein Beispiel enthält. Die Verzweigungen sind Attributwerte. Die Beispiele der Knoten werden durch die Frage „Welche Variable sollte auf die nächste Verzweigung angewendet werden?“ so lange auf Unterknoten aufgeteilt, bis jeder Pfad des Baumes zu einer eindeutigen Klassifikation führt oder keine Variable zum Teilen mehr verfügbar ist, vgl. *Knuth*, Informatik Spektrum 2021, 364 ff.; *Morik*, Digitale Welt, 2018, 22, 23.

79 Bei dem instanzbasierten Lernen werden die trainierten Daten in der Lernphase abgelegt. Der Datenspeicher dient der dauerhaften Klassifikation. Das instanzbasierte Lernen arbeitet dann durch lokale Approximation, d.h., die anhand der Daten angelegte Kurve wird nicht vollständig, sondern nur für den betroffenen Teil neu berechnet, wenn neue Punkte hinzukommen. Diese Methode wird deshalb auch als *„lazy learning“* oder *„speicherbasiertes Lernen“* bezeichnet, vgl. *Sultanow*, iX 2018, S. 46.

80 Die Stützvektormethode (*„support vector machine“*, SVM) ist ein Verfahren des Maschinellen Lernens, bei dem die Klassen durch eine Ebene getrennt werden. Diese Ebene liegt in der Mitte eines möglichst breiten Bandes (margin), in dem kein Beispiel liegt. Das Band wird wiederum von wichtigen Beispielen der Klassen begrenzt – sie werden Stützvektoren genannt. Die Beispiele, die von diesem Band weiter entfernt liegen, sind weniger wichtig. Die Ebene ergibt sich aus einer Gewichtiung der vorgegebenen Attributwerte, vgl. *Morik*, Digitale Welt, 2018, 22, 23.

81 Zu dem Ganzen siehe *Wrobel/Joachims/Morik*, in: Görz/Schmid/Braun, Handbuch der Künstlichen Intelligenz, S.405.

intuitiv durch eigene Reize und Beobachtungen.[82] Diese Lernaufgabe zielt also darauf ab, auffällige Strukturen in ungelabelter Umgebung zu identifizieren.

Zum unüberwachten Lernen gehören das „assoziative Regellernen", die „Subgruppenentdeckung" und die „Clusteranalyse". Letztbenannte Variante findet oft Anwendung im Data Mining.[83]

cc. Lernen durch Verstärkung oder „reinforcement learning"

Diese Lernaufgabe hat Ähnlichkeit mit dem überwachten Lernen, da das System für das Lernen positive und negative Rückmeldung, d.h. Belohnung, erhält.[84] Anders als das überwachte Lernen wird das Lernen durch Verstärkung indes angewendet, wenn für das Problem *kein* explizites Label existiert.[85] Das KI-System lernt beim Lernen durch Verstärkung mithin optimale Handlungsvorschriften aus Erfahrungen, indem es am Ende einer langen Folge von Aktionen eine positive oder negative Belohnung erhält.[86] Das KI-System handelt also getreu dem Motto „trial and error". Exemplarisch benennt *Glauner* hier das Fahrradfahren als eine Handlung, die schwer beschreibbar ist und bei der das Erlernen daher in der Regel durch Ausprobieren erfolgt.[87]

3. Neuronale Netzwerke als besonderer Teil des maschinellen Lernens

Das Lernen mit neuronalen Netzen stellt ebenfalls ein Lernverfahren der Künstlichen Intelligenz dar und wird daher üblicherweise dem Maschinel-

---

82 *Glauner,* in: Grindblat/Etterer/Plugmann, Innovationen im Gesundheitswesen, S. 146 f.

83 Zu alledem vgl. *Wrobel/Joachims/Morik,* in: Görz/Schmid/Braun, Handbuch der Künstlichen Intelligenz, S.406.

84 Ebd.

85 *Glauner,* in: Grindblat/Etterer/Plugmann, Innovationen im Gesundheitswesen, S. 147.

86 *Görz/Schneeberger/Schmid,* in: Görz/Schmid/Braun, Handbuch der Künstlichen Intelligenz, S.406.

87 *Glauner,* in: Grindblat/Etterer/Plugmann, Innovationen im Gesundheitswesen, S. 147.

len Lernen zugerechnet.[88] Aufgrund der Wichtigkeit für die Medizin wird diesem Teil im Folgenden besondere Aufmerksamkeit zuteil.

Es wurde bis hierher festgestellt, dass fast alle Gebiete der Künstlichen Intelligenz versuchen, menschlich-kognitive Prozesse nachzubilden.[89] Dieser Nachbildung kommen die neuronalen Netze auf biologischer und kognitionswissenschaftlicher Ebene am nächsten. Grund hierfür ist, dass die neuronalen Netze die Modellierung und Simulation von menschlichen neuronalen Netzen, also der Netzwerke aus Nervenzellen im Gehirn, darstellen sollen.[90] Anhand der menschlichen neuronalen Netze lässt sich die Adaptivität erläutern.

a. Menschliche neuronale Netze

Das menschliche Gehirn besitzt zwischen 10 bis 100 Milliarden Nervenzellen, auch Neuronen genannt. Diese Neuronen bestehen in ihrer Architektur aus einem Zellkörper und einem Axon. Von beiden Bereichen gehen Fasern ab, sog. Dendriten. Das Ende eines solchen Dendrits bildet die Synapse.

Über die Synapsen verbindet sich ein Neuron mit einem anderen Neuron, sodass sich im Gehirn eine Vielzahl neuronaler Verbindungen, auch *neuronale Netze* genannt, ergeben. Aufgabe der Neuronen im Gehirn ist das Weiterleiten von ankommenden elektrischen Spannungsimpulsen. Teile dieser Spannungen werden im Zellkörper gespeichert und weitergeleitet. Wenn eine bestimmte Schwelle der elektrischen Spannung überschritten wird, bildet das anliegende Axon ein sog. Aktionspotenzial aus, indem es die elektrische Spannung über die Dendriten an die Synapsen weiterleitet, die diese mithilfe von ionisierten Neurotransmittern über einen kleinen Spalt wiederum an das anknüpfende Neuron weiterleitet.

Die synaptischen Verbindungen sind jedoch nicht zwingend von Dauer. Sie verändern sich, wenn sie wenig bzw. verstärken sich, wenn sie viel genutzt werden (sog. *Hebb'sche-Regel*).[91] Die synaptische Leitfähigkeit ist mithin *adaptiv*. Es sind also die synaptischen Verbindungen, die uns Men-

---

88 *Görz/Schneeberger/Schmid*, in: Görz/Schmid/Braun, Handbuch der Künstlichen Intelligenz, 406; So *Ertel*, Grundkurs Künstliche Intelligenz, Eine praxisorientierte Einführung, S. 201.

89 *Ertel*, Grundkurs Künstliche Intelligenz, Eine praxisorientierte Einführung, S. 285.

90 Ebd.

91 Zu alledem *Ertel*, Grundkurs Künstliche Intelligenz, Eine praxisorientierte Einführung, S. 287 f.

schen die Adaptivität, d.h. die Anpassungsfähigkeit auf unterschiedliche Situationen und Strukturen, schenkt.

Alle Neuronen im Gehirn arbeiten asynchron und parallel, jedoch in einer im Vergleich zu einem Computer wesentlich reduzierten Geschwindigkeit.[92] Nach außen zeigt sich die Arbeit der Neuronen durch das periphere Nervensystem, bspw. durch die sensorischen Neuronen in der Retina des Auges,[93] die diese Impulse erhalten und uns so etwa eine vor ein Auto laufende Katze sehen lassen. Diese biologische Besonderheit könnte also durch einen Gewinn an Geschwindigkeit optimiert werden. Hier sollen die maschinellen neuronalen Netze einer Künstlichen Intelligenz ansetzen.

b. Maschinelle neuronale Netze

Wie eingangs beschrieben, finden die maschinellen neuronalen Netze ihren Ursprung im Jahr 1943,[94] wobei der große wissenschaftliche Durchbruch lange Zeit ausblieb. In den Jahren 2006 bis 2016 gelang es jedoch, ein großes Problem von Lernsystemen zu lösen: das Identifizieren von Objekten auf Bildern. Dies gelang mit einem neuronalen Netz bestehend aus mehreren Schichten von Neuronen, auch als sog. *„Deep Learning"* bezeichnet.

Ebenso wie die Neurowissenschaftlerinnen beschäftigten sich die Wissenschaftlerinnen im Rahmen der Künstlichen Intelligenz mit der Hebb'schen-Regel und der Frage danach, wie aus dem zuvor bezeichneten Arbeiten der neuronalen Netze intelligentes Verhalten resultiert. Die Hebb'sche-Regel wurde in der Folge vielfach modifiziert und etwa mit den „Hopfield Netzen", dem „Backpropagation-Algorithmus" oder eben dem „Deep Learning", unterschiedliche Lernalgorithmen aus ihr entwickelt. Vorgestellt werden nachfolgend die letzten beiden Algorithmen.[95]

92 *Ertel*, a.a.O., S. 290.

93 Ebd.

94 Siehe Fn. 29.

95 Zu alledem *Ertel*, Grundkurs Künstliche Intelligenz, Eine praxisorientierte Einführung, S. 13; vgl. auch *Heinrichs/Rüther*, in: dies., Künstliche Intelligenz, S. 12.

aa. *Der Backpropagation-Algorithmus*

Der Backpropagation-Algorithmus ist aufgrund seiner universellen Einsetzbarkeit das meistgenutzte neuronale Netz.[96] Es leitet Fehler von der Ausgabeschicht an die Eingabeschicht zurück (back propagation).[97] Dieser Lernalgorithmus besteht also aus mehreren inneren Schichten.

Die Trainierende gibt in der Trainingsphase ein Muster in die Eingabeschicht des KI-Systems und vergleicht die Ausgabe, also das Ergebnis, durch das System anschließend mit dem *gewünschten* Ergebnis. Stellt sich ein Fehler, also eine Abweichung zwischen tatsächlichem und gewünschtem Ergebnis heraus, leitet der Backpropagation-Algorithmus diesen Fehler bzw. die Abweichung von der Ausgabeschicht über mehrere, versteckte Schichten (sog. *hidden layers*) zurück an die Eingabeschicht. Dieser Prozess bewirkt eine neue Gewichtung zwischen den künstlichen Neuronen des Netzes. Bei dem Backpropagation-Algorithmus handelt es sich damit um *überwachtes Lernen*.[98]

bb. *Das Deep Learning*

Das Deep Learning ist eine Verknüpfung mehrerer der soeben vorgestellten Lernalgorithmen und besteht deshalb architektonisch aus vielen Schichten unterschiedlicher neuronaler Netze. Diese Schichten lassen sich in zwei Teile untergliedern.[99]

Der erste Teil der Schichten wird mittels Lernalgorithmen aus dem Bereich des unüberwachten Lernens vortrainiert.[100] Die erste Schicht stellt als Eingabeschicht dabei daher regelmäßig eine *Vorverarbeitungsschicht* dar, in der eine Extraktion von Merkmalen aus den präsentierten Rohdaten erfolgt. Darauf folgen mehrere „*Merkmalsschichten*“, d.h. solche Schichten, die nach der Eingabe ohne Trainierende jeweils ein Merkmal des Eingabemusters repräsentieren.[101] Je tiefer die Schicht liegt, desto einfacher ist das zu detektierende Merkmal, z.B. Ecken und Kanten eines Gegenstandes.

---

96 *Ertel*, Grundkurs Künstliche Intelligenz, Eine praxisorientierte Einführung, S. 13; vgl. auch *Heinrichs/Rüther*, in: dies., Künstliche Intelligenz, S. 12.

97 *Heinrichs/Rüther*, in: dies., Künstliche Intelligenz, S. 12.

98 Vgl. zum Ganzen *Heinrichs/Rüther*, in: dies., Künstliche Intelligenz, S. 12.

99 *Ertel*, Grundkurs Künstliche Intelligenz, Eine praxisorientierte Einführung, S. 322.

100 Vgl. *Ertel*, a.a.O., Abbildung 9.27, S. 323.

101 Ebd.

In diesem Bereich werden die Eingabedaten also in einem niedriger-dimensionalen Raum abgebildet, um die Merkmale ohne Informationsverlust konzentrierter filtern zu können. Das Lernen der Merkmale in diesen Schichten kann durch verschiedene Verfahren, wie bspw. dem sog. *„Stacked Denoising Autoencoder“*[102] erfolgen.

Der zweite Teil, anknüpfend an diese Schichten des unüberwachten Lernens, stellt ein mittels Lernalgorithmen aus dem Bereich des überwachten Lernens trainierbares klassisches neuronales Netz dar, oftmals der zuvor beschriebene Backpropagation-Algorithmus. Der Backpropagation-Algorithmus als ohnehin schon leistungsstarkes neuronales Netz wird durch das Komprimieren der Daten in der Merkmalsschicht im Wege des Deep Learnings nochmals leistungsfähiger gemacht.[103]

cc. *Deep Learning in der Medizin: Deep Medicine*

Das *Deep Learning* ist es auch, welches in der Medizin verheißungsvolle Ergebnisse präsentiert. Denn bei sog. diagnoseunterstützenden KI-Systemen, die der Methode des Deep Learning zuzuordnen sind, liegt die Fehlerrate bereits jetzt weit unter der von Ärztinnen.[104] Dies führte in der medizinischen Wissenschaft zu dem Namen *„Deep Medicine“*[105].

Doch nicht nur in der Medizin zeigt sich, dass das Deep Learning als Lernalgorithmus im Vergleich zu anderen Lernalgorithmen des maschinellen Lernens erhebliche Vorteile hat.[106] Bei den übrigen Lernalgorithmen des Maschinellen Lernens hat die Trainierende einen wesentlichen Einfluss darauf, dass das KI-System aus den Trainingsdaten sehr komplexe Ent-

---

102 Dieses Lernverfahren besteht aus mehreren Merkmalschichten, damit ein tiefes Netzwerk gebildet wird. Der Ausgabecode der ersten Schicht, wird als Eingabe in die aktuelle Schicht eingespeist. Als denoising, also entrauschend, wird dieses Verfahren bezeichnet, weil der Fehler der vorherigen Schicht bei der Rekonstruktion als Eingabe in die aktuelle Schicht immer weiter minimiert wird, vgl. *Vincent et. al.*, ICML 2008, 1096 ff., online abrufbar unter: https://doi.org/10.1145/1390156.1390294, zuletzt abgerufen am 25.02.2024.

103 *Ertel*, Grundkurs Künstliche Intelligenz, Eine praxisorientierte Einführung, S. 13; vgl. auch *Heinrichs/Rüther*, in: dies., Künstliche Intelligenz, S. 12 f., 321 ff.

104 Zu dem Ganzen vgl. *Ertel*, Grundkurs Künstliche Intelligenz, Eine praxisorientierte Einführung, S. 322.

105 *Zimmermann/Höffgen*, in: Grindblat/Etterer/Plugmann, Innovation im Gesundheitswesen, S. 184 ff.

106 *Ertel*, Grundkurs Künstliche Intelligenz, Eine praxisorientierte Einführung, S. 321.

scheidungen treffen kann.[107] Grund hierfür ist, dass die Trainierende dem Lernalgorithmus einen sinnvollen Satz von möglichst wenigen Merkmalen als Eingabe liefert – dazu sind die bisher vorgestellten Lernalgorithmen nicht autonom im Stande.[108] Dass und auch warum dies bei neuronalen Netzen wie dem Backpropagation-Lernalgorithmus, vor allem auch dem Deep Learning, anders ist, wurde soeben aufgezeigt.

Bevor in die konkrete Anwendung von KI-Methoden in der Medizin eingestiegen wird, soll zunächst betrachtet werden, welches Gefahrenpotenzial derartige KI-Systeme bzw. deren Methoden mit sich bringen.

IV. Risiken von Systemen des Maschinellen Lernens

Die natürliche Intelligenz eines Menschen künstlich nachzubauen, mit dem Ziel, diese im direkten Vergleich zur menschlichen, natürlichen Kognition zu verbessern, bietet nicht nur enorme Vorteile. Bei all der Betrachtung des potentiellen Mehrwerts von KI-Systeme darf nicht in Vergessenheit geraten, welche Risiken auf der anderen Seite stets mitschwingen.

Wie dargestellt, soll mit dem Maschinellen Lernen als KI-Methode allgemein erreicht werden, eine *maschinelle* Adaptivität, die an die menschliche angelehnt ist, zu erzeugen. Diese maschinelle Adaptivität wird auch Lernfähigkeit[109] oder *Autonomie* genannt. Ebenso wie ein Mensch autonome Entscheidungen treffen kann, die für Außenstehende nicht vorherseh- oder nachvollziehbar sind, kann auch eine lernfähige Künstliche Intelligenz grundsätzlich, d.h. in Abhängigkeit von ihrem Generalisierungsgrad,[110] derartige Entscheidungen treffen. Diese auch als Gefahr zu wertende fehlende Vorherseh- und Nachvollziehbarkeit der maschinellen Handlungen wird allgemein als *„Autonomierisiko“* bezeichnet.

Wie zuvor dargestellt, existieren neben den Software-Agenten ebenfalls Hardware-Agenten, die Aktuatoren und Sensoren besitzen und durch *Vernetzung* funktionieren. Auch diese Vernetzung mit anderen Systemen birgt ein Gefahrenpotenzial. Es wird von dem sog. *„Vernetzungsrisiko“*[111] gesprochen. Nachdem beide Begrifflichkeiten einen besonderen Stellenwert bei

107 Ebd.

108 Ebd.

109 *Zech*, a.a.O., A 37.

110 Auf die Grenzen dieser bzw. die Einflussnahme auf diese Autonomie wurde unter Teil A.III.2.eingegangen.

111 *Sommer*, Haftung für autonome Systeme, S. 45.

der Beurteilung der Haftungsfrage spielen, werden diese nachfolgend genauer erörtert.

1. Autonomierisiko

Wenn von Autonomie bei Künstlicher Intelligenz gesprochen wird, meint dies, dass dem System bei dessen Programmierung keine begrenzten Regeln vorgegeben wurden, sodass eine selbstständige Veränderung und Aktualisierung nach Inverkehrgabe ermöglicht wird.[112] Es ist also nicht festgelegt, wie das System in der Anwendungsphase in bestimmten Situationen entscheidet.

Hinzu kommt, dass sich die Entscheidungswege des KI-Systems aufgrund der komplexen Architektur, wie etwa der vielen Schichten von neuronalen Netzen, oftmals nicht verfolgen lassen und so nicht ersichtlich wird, welche Einflussfaktoren das autonome System zu der Entscheidung im konkreten Fall gebracht haben.[113] Diese fehlende Transparenz wird Opazität oder auch Black-Box genannt[114] und die beschränkte Vorhersehbarkeit allgemein als *„Autonomierisiko"*[115] bezeichnet.[116] Dies ist das Einfallstor für Diskussionen, ob der Einsatz von KI-Systemen bei der Frage nach einer Haftung für entstandene Schäden zu einer Unterbrechung oder sogar

---

112 COM(2020) 64 final, S. 8, 2: *Gassner/Junkat*, in: Rehmann/Tillmann, E-Health, Kap. 3, Rdnr. 369; *Haftenberger*, Die Produkthaftung für künstlich intelligente Medizinprodukte, S. 55.

113 *Thöne*, Autonome Systeme und deliktische Haftung, S. 9; *Kirn/Müller-Hengstenberger*, MMR 2014, 228; *Spindler*, in: Lohsse/Schulze/Staudenmayer, Liability for Artificial Intelligence and the Internet of Things, S. 126 f.; *Herberger*, NJW 2018, 2825, 2828; *Schmon*, IWRZ 2018, 254, 257; *Sosnitza*, CR 2016, 764, 765; *Haftenberger*, Die Produkthaftung für künstlich intelligente Medizinprodukte, S. 56.

114 COM(2020) 64 final, S. 11; *Haftenberger*, Die Produkthaftung für künstlich intelligente Medizinprodukte, S. 55; sehr ausführlich: *BITKOM*, Blick in die Blackbox 2019; *Martini* zu der technischen und rechtlichen Natur der Intransparenz vgl. *ders.*, Blackbox Algorithmus, S. 33 ff.

115 *Eichelberger* verwendet synonym den Begriff *„Intelligenzrisiko"*, vgl. *ders.*, in: Ebers/Heinze/Krügel/Steinrötter, KI und Robotik, § 5, Rdnr. 3.

116 *Haftenberger*, Die Produkthaftung für künstlich intelligente Medizinprodukte, S. 55 f.; *Zech*, ZfPW 2019, 202; *ders.*, in: Weizenbaum Series #2, Risiken digitaler Systeme, 2020, S. 44; *Thöne*, Autonome Systeme und deliktische Haftung, S. 207; *Kirn/Müller-Hengstenberg*, MMR 2014, 228.

zum Wegfall des Kausalzusammenhangs führt.[117] Auch zu Problemen im Rahmen der Beweislast führe die Autonomie und Opazität.[118] Diese Diskussionspunkte werden im Rahmen der rechtlichen Bewertung eingehend untersucht.[119]

2. Vernetzungsrisiko

Der Begriff der Vernetzung, wie er in dieser Arbeit zu Grunde gelegt wird, resultiert hauptsächlich aus der Entwicklung des Internets und der Industrie 4.0, die es ermöglicht haben, Menschen als belebte Materie und Dinge als unbelebte Materie miteinander zu vernetzen.[120] Wird im Rahmen des letztbenannten Bereichs die rein virtuelle Vernetzung (Internet) auf körperliche Gegenstände ausgedehnt, wird dies prägnant mit dem Ausdruck „Internet of Things" (IoT) bezeichnet.[121]

Das Vernetzungsrisiko meint die Gefahr, dass autonome Systeme durch diese Vernetzung in ihren Lernvorgängen durch fortlaufendes Antrainieren in negativer Weise derart beeinflusst werden, dass daraus Schäden bei Beteiligten resultieren.[122] Das Vernetzungsrisiko ist daher für (teil-)offene autonome Systeme am höchsten.[123] Agieren Algorithmen in enger Verflechtung mit anderen Algorithmen, gleich ob cyber- oder cyber-physikalische Vernetzung[124], kann es durch Verzerrungen dieser Algorithmen (= Bias der Algorithmen) oder Verzerrungen der trainierten Daten (= Bias der

---

117 *Wagner*, VersR 2020, 717, 724; *Teubner*, AcP 2018, 155 f.; *Reusch*, in: Braegelmann/Kaulartz, Rechtshandbuch Artificial Intelligence und Machine Learning, Kap. 4.1, Rdnr. 45 ff.; *Zech*, Gutachten A zum 73 DJT 2020/22, S. 74, 56 f; *Haftenberger*, Die Produkthaftung für künstlich intelligente Medizinprodukte, S. 57 f.

118 COM(2020) 64 final, S. 11 f., 13, 17; *Haftenberger*, Die Produkthaftung für künstlich intelligente Medizinprodukte, S. 55 f.; *Helle*, MedR, 2020, 997; *Rammos/Lange/Clausen*, in: Ebers/Heinze/Krügel/Steinrötter, KI und Robotik, § 28 Rdnr. 25; *Grützmacher*, CR 2021, 436; *Wagner*, AcP 2017, 747; *ders.*, VersR 2020, 717, 729.

119 Vgl. ausführlich in Kapitel drei beginnend bei B. ff.

120 *Deckert/Meyer*, Digitalisierung und Künstliche Intelligenz, S. 8 ff.

121 Ebd.; vgl. auch *Zech*, Gutachten A zum 73. DJT 2020/2022, A 45.

122 *Sommer*, Haftung für autonome Systeme, S. 45.

123 *Sommer* unterscheidet beim Vernetzungsrisiko zwischen geschlossenem, teil-offenem und offenem System, wobei sich das Risiko in Abhängigkeit des zeitlich-dynamischen Umfelds erhöht, d.h. je offener das System gestaltet ist und je länger das System im offenen Umfeld „antrainiert" wurde, desto höher ist das Vernetzungsrisiko vgl. *ders.*, Haftung für autonome Systeme, S. 45.

124 *Zech*, Gutachten A zum 73. DJT 2020/2022, A 45.

Daten)[125] zu multiplen schädigenden Handlungen kommen. Befürchtet wird juristisch insbesondere eine *multiple Kausalität*, die eine schwer zu korrigierende Haftungslücke aufwerfe.[126]

3. Einflussnahme durch Akteurinnen

Doch wie unvorhersehbar ist das Verhalten lernfähiger KI-Systeme wirklich? Während eines KI-Lebenszyklus kommen unterschiedliche Akteurinnen ins Spiel. Neben der Programmierenden haben Datenlieferantinnen, Trainierende und Anwendende eine Beteiligung am System.[127] Je nach Architektur des Systems im Einzelfall kann jede dieser Personen Einfluss auf die benannten KI-Risiken nehmen.[128]

a. Programmierende

Programmierende des KI-Systems stehen am Beginn eines KI-Lebenszyklus. Sie programmieren der lernfähigen Künstlichen Intelligenz eine Lernaufgabe. Dies veranlasst, dass das KI-System entsprechend der zur Verfügung gestellten Lernaufgabe lernen kann. Anders als bei Expertensystemen beruht das Wissen des KI-Systems nicht ausschließlich auf demjenigen der Programmierenden. Vielmehr ist das Wissen des lernfähigen KI-Systems ab einen gewissen Zeitpunkt (in der Regel und in Abhängigkeit zum Generalisierungsgrad) größer als dasjenige der Programmierenden.[129] Dies schmälert die Kontrolle und damit die Vorhersehbarkeit des Verhaltens durch die Programmierenden.[130] Dies bedeutet indes nicht, dass den Programmierenden jegliche Möglichkeit zur Einflussnahme verwehrt bliebe.[131]

---

125 *Sommer*, Haftung für autonome Systeme, S. 45.
126 *Teubner*, Ancilla Iuris, 2018, 35, 36 ff., 75.
127 Vgl. hierzu auch *Zech*, Gutachten A zum 73. DJT 2020/2022, A 42.
128 Ebd.; mit Blick auf die Medizinproduktehaftung *Haftenberger*, Die Produkthaftung für künstlich intelligente Medizinprodukte, S. 57 f;
129 *Zech*, Gutachten A zum 73. DJT 2020/2022, A 34.; eine Künstliche Intelligenz, die nicht darauf angelegt ist, „intelligenter“ als der Mensch zu sein, wird nach Auffassung der Verfasserin nicht mehr als Künstliche Intelligenz zu bezeichnen sein, vgl. hierzu unter A.I.
130 Vgl. *Zech*, Gutachten A zum 73. DJT 2020/2022, A 34.
131 *Zech*, a.a.O., A 35.

Zech verweist in diesem Zusammenhang auf zweierlei Möglichkeiten der Einflussnahme. So können Programmierende neben dem *„ob"* der Lernfähigkeit auch das *„wie"* (mit)bestimmen. Während das *„ob"* der Lernfähigkeit, d.h. der Bestimmung darüber, ob das KI-System überhaupt lernfähig sein soll, eher wenig Sinn bei Maschinellem Lernen ergibt – immerhin ist das Lernen grundlegendes Charakteristikum einer Künstlichen Intelligenz – bietet das Setzen von Grenzen durch die Programmierenden sinnvolle Pfeiler für eine Einflussnahme. Bei sog. *„High-level-Spezifikationen"* handelt es sich um abstrakte Grenzen des Lernbaren. Neben dieser softwaremäßigen Begrenzung gibt es die Möglichkeit der physischen Begrenzung durch Abtrennen des Systems vom Netz. Beide Varianten hemmen jedoch im Ergebnis den Fortschritt des Maschinellen Lernens.[132] Überdies spielt, wie bereits ausgeführt, für die Vernetzung eine große Rolle, ob das System geschlossen oder (teil-)offen konzipiert wurde.[133]

Diese Ausführungen zeigen deutlich, dass es bereits in der Phase der Programmierung notwendig ist, den geplanten Einsatzbereich eines KI-Systems mitzudenken und passende Grenzen zu setzen, um so die Risiken einzudämmen, damit schädigende Ereignisse in besonders sensiblen Bereichen verhütet werden können. Derartige Sicherungsmechanismen und die Einbeziehung der Medizinerinnen schon während dieser Phase eines KI-Lebenszyklus werden daher insbesondere im Bereich der KI-Medizin, in dem es sich überwiegend um sog. Hochrisiko-KI-Systeme handeln wird, von bedeutender Rolle für die Frage der Haftung sein. Dies wird im weiteren Verlauf der vorliegenden Arbeit eingehend untersucht.

b. Trainierende

Nach dem Programmieren beginnt das Training des Systems. Trainierende einer lernfähigen Künstlichen Intelligenz haben die Aufgabe, dem System die zum Lernen benötigten Datensätze auszusuchen und zu präsentieren. Sie sind demnach auch für die *Qualität der Trainingsdaten* verantwortlich,[134] die wiederum großen Einfluss auf das nachfolgende Lernen haben.

132 Zu alle dem *Zech*, Gutachten A zum 73. DJT 2020/2022, A 35.

133 Siehe hierzu unter A.IV.2.

134 Es besteht allerdings auch die Möglichkeit, dass Trainierende von Datenlieferantinnen minderwertige Daten erhalten haben.

Aber auch *Fehltrainings*[135] liegen im Verantwortungs- und somit Einflussbereich der Trainierenden.

Ungeachtet der Datenquelle bietet die Lernaufgabe selbst die Möglichkeit zur Einflussnahme durch die Trainierenden.[136] Denn ein Training findet bei allen der drei eingangs beschriebenen Lernaufgaben statt – jedoch mit jeweils unterschiedlicher Intensität. Beim überwachten Lernen haben Trainerende, wie es der Name bereits sagt, den größten Einfluss. Sie kennen die zu lernenden Regeln und wählen die Trainingsdaten den Regeln entsprechend aus. Am zuvor geschilderten Beispiel würden die Trainierende demnach Bilder der zuvor erklärten Gegenstände aussuchen.

Beim Lernen durch Verstärkung kennen Trainierende die Regeln ebenfalls, labeln diese aber nicht in den Trainingsdaten, sondern geben dem System durch positive oder negative Belohnung Rückmeldung. Beim unüberwachten Lernen haben Trainierende den geringsten Einfluss. Die Regeln sind hier noch unbekannt, sodass kein Label gesetzt werden kann. Vielmehr identifiziert das System anhand der Trainingsdaten eigenständig die Regeln.[137]

Zuletzt haben Trainierende die Möglichkeit, das System für eine festgelegte Lernphase zu trainieren und nach Abschluss dieser Phase *einzufrieren*, d.h. ein weiteres, autonomes Erlernen zu verhindern.[138] Bei dieser Variante dürfte es sich um ein sehr überschaubares und kontrollierbares Autonomie- und Vernetzungsrisiko handeln,[139] während die übrigen Trainingsarten aufgrund ihres höheren Potenzials, KI-Risiken zu begünstigen, vermehrte Aufmerksamkeit verlangen. Auch dies wird mit Blick auf eine spätere Anwendendenhaftung, um die es vorliegend ausschließlich gehen soll, noch von Interesse sein.

135 *Zech* verweist exemplarisch auf ein System, welches bei der Bilderkennung versehentlich auf die Bildunterschriften trainiert wurde, vgl. *dens.*, Gutachten A zum 73. DJT 2020/2022, A 34.

136 Ebd.

137 Zu dem Ganzen vgl. *Zech*, Gutachten A zum 73. DJT 2020/2022, A 36.

138 *Zech*, a.a.O., A 37.

139 Vielmehr ist kritisch zu hinterfragen, ob es sich bei dieser Art der Anwendung überhaupt um eine Künstliche Intelligenz handeln kann. Zumindest nach *Richs* Definition dürfte dies anzuzweifeln sein.

c. Anwendende

Ungeachtet der Tatsache, dass die konkrete Lernaufgabe des eingesetzten KI-Systems allgemeine Relevanz für die Akteurinnenhaftung bei aus dem Einsatz solcher Systeme resultierenden Schäden entfalten muss, bedingt sich die Möglichkeit zur Einflussnahme Anwendender durch die Zugriffsmöglichkeiten Herstellender auf das autonome System. Durch aufzuspielende Updates und Upgrades sind es weiterhin Herstellende, die auch im weiteren Lebenszyklus nach Inverkehrbringen eine Schlüsselposition einnehmen.[140] In der konkreten Gefährdungssituation während der Anwendung haben Anwendende aufgrund der zuvor beschriebenen Risiken damit insgesamt grundsätzlich zunächst die geringsten Einflussmöglichkeiten.[141]

Dies ist im Falle von KI-Systemen, die in der Medizin eingesetzt werden, teilweise anders zu bewerten.[142] Die Hintergründe dieser Aussage und damit verbunden die konkreten Möglichkeiten der ärztlichen Anwendenden zur Einflussnahme auf das KI-System, werden im weiteren Verlauf der Arbeit untersucht. Auch wird untersucht, wie sich die zuvor erwähnten Einflussmöglichkeiten durch die Möglichkeit zum Setzen von Grenzen in der Phase der Programmierung und des Trainings auf die vertragliche Arzthaftung der Anwendenden de lege lata auswirken muss. Denn so autonom, wie große Teile der Literatur befürchten und auf dieser Grundlage Zurechnungsproblematiken aufwerfen, sind KI-Systeme – zumindest aktuell – noch nicht.

d. Fazit

Das, was nach Abzug dieser dargestellten Einflussnahmequellen übrigbleibt, d.h. die *„spontanen Effekte“* des komplexen und lernfähigen Systems, um mit den Worten von *Zech* zu sprechen, kann als Autonomie bezeichnet werden.[143]

---

140 *Haftenberger*, Die Produkthaftung für künstlich intelligente Medizinprodukte, S. 57 f.

141 *Wagner*, VersR 2020, 717, 724; *Teubner*, AcP, 2018, 152 f.; *Haftenberger*, Die Produkthaftung für künstlich intelligente Medizinprodukte, S. 55 f.

142 Vgl. hierzu auch *Haftenberger*, Die Produkthaftung für künstlich intelligente Medizinprodukte, S. 59.

143 vgl. *Zech*, Gutachten A zum 73. DJT 2020/2022, A 37.

Für die rechtliche Frage nach der Verantwortlichkeit für das *„Verhalten"* eines lernfähigen KI-Systems kommt es nach alledem neben der Lernfähigkeit, d.h. der zu Grunde liegenden programmierten Lernaufgabe des gegenständlichen Systems an sich, überdies auf die verschiedenen Einflüsse der beteiligten Akteurinnen an.[144] Auch die Möglichkeit zum Setzen von Grenzen ist hier von enormer Relevanz. Bevor auf die rechtliche Einordnung von KI-Systemen und im Anschluss daran auf die konkrete Arzthaftung eingegangen wird, erfolgt nachfolgend zuvorderst ein Überblick über konkrete Erscheinungsformen von KI-Systemen in der Medizin.

B. Künstliche Intelligenz in der Medizin

Wenngleich die soeben erfolgten Ausführungen zur Wirk- und Funktionsweise von KI-Systemen im Allgemeinen Geltung haben, hat der Einsatz von autonomen Systemen in den verschiedenen Bereichen des gesellschaftlichen Lebens jeweils individuelle Beweggründe.

Im Gesundheitswesen präsentiert sich die Künstliche Intelligenz mit großem Potenzial für eine bessere Forschung, genauere und effizientere Behandlungen und zum Einsparen wichtiger, insbesondere personeller Ressourcen. Deshalb fand die Künstliche Intelligenz bereits früh Einzug in diesen fundamentalen Teil der Gesellschaft. Dieser frühe Weg in die Medizin wurde durch MYCIN geebnet, ein *Expertensystem*, das zur Verhütung von schweren Infektionen in der Lage war, Meningitis- und Bakteriämie-Bakterien zu identifizieren und eine entsprechende und patientenindividuelle Therapieempfehlung auszusprechen.[145]

Die qualitativen Fähigkeiten von KI-Systemen wachsen exponentiell zur wachsenden Datenverfügbarkeit. Dies ist unter anderem einer der Grün-

---

144 Aus technischer und haftungsrechtlicher Sicht komme es weniger auf die Differenzierung der Einflussnahmesphären an. Es genüge, auf die Lernfähigkeit als besondere Eigenschaft abzustellen und den Einfluss der verschiedenen Akteurinnen auf das Verhalten des Systems und damit auf durch das System verursachte Schäden (oder Nutzen) zu klären, vgl. *Zech*, Gutachten A zum 73. DJT 2020/2022, A 37.

145 *Glauner*, in: Pfannstiel, Künstliche Intelligenz im Gesundheitswesen, S. 148 f.; *Shortliffe/Buchanan*, A model of inexact reasoning in medicine, Mathematical biosciences, 1974, S. 351–379; Die Arbeit mit MYCIN begann 1972 an der Stanford University in Kalifornien, vgl. *Copeland*, Encyclopedia Britannica, online abrufbar unter: https://www.britannica.com/technology/MYCIN, zuletzt abgerufen am 28.11.2023.

de[146], weswegen sich die Rechenleistung von KI-Systemen im Gesundheitswesen durch den Ausbau des Internets deutlich verbesserte und es gelang, autonome Systeme in immer mehr medizinischen Fachdisziplinen einzusetzen.[147] Anders als bei MYCIN handelt es sich bei Künstlicher Intelligenz in der Medizin allerdings zumeist um Systeme des Maschinellen Lernens, weniger um Expertensysteme.[148]

Für eine bessere Übersicht der verschiedenen Einsatzbereiche von KI-Systemen in der Medizin haben *Zimmermann* und *Höffgen* drei Kategorien herausgearbeitet. Diese drei Kategorien, bestehend aus der *„Behandlungsfernen KI"*, der *„KI an der Schnittstelle zur Behandlungsnahen KI"* und die *„Behandlungsnahe KI"*,[149] werden nachfolgend vorgestellt, wobei sich die vorliegende Arbeit im weiteren Verlauf auf die rechtlichen Haftungsfragen beim Einsatz der sog. *„Behandlungsnahen KI"* beschränken wird. Für diese Behandlungsnahe KI in der Medizin hat sich der Begriff der *„Deep Medicine"* etabliert.[150]

I. „Behandlungsferne KI"[151]

Nicht jedes im Gesundheitswesen denkbare KI-System findet seinen Einsatz im klassischen Behandlungsgeschehen zwischen Behandelnden/Krankenhausträgerin und Patientin. So gibt es auch solche Systeme, die im Gesundheitswesen aus kompetitiven Gründen genutzt werden, zumeist zur Verwaltung von Krankenhäusern.[152] In diesen Fällen hat das autonome System, wenn überhaupt, nur mittelbaren Einfluss auf die Patientinnen.

146 *Glauner* verweist in diesem Zusammenhang noch auf die Fortschritte in den Bereichen des maschinellen Sehens und der Sprachverarbeitung, die ebenfalls ihren Anteil an einer Verbreitung hatten, vgl. *dens.* in: Pfannstiel, Künstliche Intelligenz im Gesundheitswesen, S. 149.

147 *Glauner,* in: Pfannstiel, Künstliche Intelligenz im Gesundheitswesen, S. 149; *Leskovec/Rajaraman/Ullmann*, Mining of massive datasets, Cambridge University Press, 2014.

148 Für eine Unterscheidung beider Systeme siehe A.III.

149 *Zimmermann/Höffgen*, in: Grindblat/Etterer/Plugmann, Innovation im Gesundheitswesen, S. 184 ff.

150 *Zimmermann/Höffgen*, in: Grindblat/Etterer/Plugmann, Innovation im Gesundheitswesen, S. 184 ff.

151 Ebd.

152 Vgl. *Zimmermann/Höffgen*, in: Grindblat/Etterer/Plugmann Innovation im Gesundheitswesen, S. 184

Aus diesem Grunde wird diese Erscheinungsform von KI-Systemen als „Behandlungsferne KI“ bezeichnet.

1. Äußere Erscheinungsformen

Die breite Masse der Bevölkerung sieht in einem Krankenhaus lediglich eine medizinische Versorgungsanstalt, die der Prävention, Verhütung und Heilung von Krankheiten zu Gunsten der Patientinnen dient. Vergessen wird dabei zu oft, dass ein Krankenhaus, wenn es nicht gerade unter öffentlicher Trägerschaft steht, ein Unternehmen ist, das im Wettbewerb zu anderen Einrichtungen steht – meist innerhalb des Einzugsgebiets – und wirtschaftlich sowie strategisch planen muss.[153]

Um am Markt Bestand und Erfolg zu haben, muss ein Krankenhaus das angebotene Leistungsportfolio der Nachfrage im Einzugsgebiet anpassen.[154] Dies soll dabei entsprechend der gesundheitspolitischen Erwartung im Sinne einer konsequenten Qualitätsorientierung weg vom Angebot möglichst vieler Leistungen hin zu einer Spezialisierung erfolgen.[155]

2. Stand der Entwicklung

Eine solche Optimierung des Krankenhauswesens kann durch „*Vebeto*“ geschehen, ein System, das mittels intelligenter Algorithmen öffentlich verfügbare Daten kombiniert und visualisiert, auf deren Grundlage marktspezifische Prioritäten durch die jeweilige Einrichtung gesetzt werden können.[156] Auf diese Weise erhält das beauftragende Krankenhaus eine datenbasierte Entscheidungshilfe, um die angebotenen Fachdisziplinen strategisch auf die jeweilige Region auszurichten.[157]

153 Vgl. *Zimmermann/Höffgen*, in: Grindblat/Etterer/Plugmann Innovation im Gesundheitswesen, S. 184.

154 Ebd.

155 Ebd.

156 Vgl. Internetpräsenz der Vebeto GmbH, online abrufbar unter: https://www.vebeto.de/krankenhausanalyse, zuletzt abgerufen am 13.07.2023.

157 Ebd.

An Vebeto kann man gut erkennen, dass KI-Systeme auch im Gesundheitswesen kein Neuland mehr sind. Vebeto wurde Anfang 2019 gegründet und wird seither erfolgreich eingesetzt.[158]

II. „KI an der Schnittstelle zu Behandlungsnaher KI"[159]

KI-Systeme in diesem Bereich treten einen Schritt näher an die Patientin, finden aber ebenso wenig unmittelbaren Kontakt zu diesen wie die Behandlungsferne KI. Hier geht es aber nicht mehr (nur) um wirtschaftliche Beweggründe, sondern vor allem um das effiziente Sparen von Ressourcen im Klinikalltag durch Optimierung von Prozessen und Entlastung von Personal.

1. Äußere Erscheinungsformen

Dieses Feld des möglichen Einsatzes von KI-Systemen ist breit und reicht von bloßer Ablaufkoordination in den Bereichen (Betten-)Belegung, Logistik, Reinigung und Medizintechnik bis hin zu der patientennäheren Präsentation möglicher Krankheitsverläufe und Therapieoptionen an die Behandelnden der konkreten Patientin.[160]

a. Simplinic

Simplinic bietet cloudbasierte Lösungen an, um die Ablaufkoordination in Krankenhäusern zu digitalisieren.[161] So kann das Bettenmanagement, welches in der Regel aufwändig durch das Pflegepersonal manuell telefonisch organisiert, koordiniert und selbst übernommen werden muss, nunmehr durch die algorithmusbasierte Lösung von simplinic ersetzt werden.[162] Laut

158 Ebd.

159 *Zimmermann/Höffgen*, in: Grindblat/Etterer/Plugmann, Innovation im Gesundheitswesen, S. 184 ff.

160 Vgl. *Zimmermann/Höffgen*, in: Grindblat/Etterer/Plugmann, Innovation im Gesundheitswesen, S. 185.

161 Siehe Internetpräsenz der simplinic GmbH, online abrufbar unter: https://www.simplinic.de/, zuletzt abgerufen am 13.07.2023.

162 Ebd.

Herstellender soll mittels der durch das autonome System zur Verfügung gestellten Funktionen die durchschnittliche Aufbereitungszeit der Betten um bis zu 40 % verkürzt werden.[163]

b. Envision und Sandman.ICU

Für großes Aufsehen sorgte auch das von der EU-Kommission geförderte Projekt *„Envision"*, welches sich mit der Softwarelösung *„Sandman.ICU"* während der Covid19-Pandemie stark auf den behandlungsnahen Bereich zubewegte.[164] Eingesetzt wurde diese KI-Lösung in der Anästhesiologie und der Intensivmedizin.[165] Das Programm verarbeitete Daten über physiologische Veränderungen, wichtige medizinische Ereignisse sowie über verabreichte Medikamente von Covid19-Patientinnen.[166] Nach Pseudonymisierung wurden die Daten wissenschaftlich aufbereitet, sodass die Künstliche Intelligenz der Behandelnden mittels dieser Daten und weiterer Quellen in Echtzeit mögliche Krankheitsverläufe und Therapieoptionen präsentieren konnte.[167]

c. Sandman.MD

Mit der App *„Sandman.MD"* wird durch das Start-Up „app@work" ein weiterer, nachbesserungsbedürftiger Bereich der Anästhesiologie und Intensivmedizin digitalisiert – die ärztliche Dokumentation.[168]

Medizinerinnen sind nach § 630f BGB verpflichtet, zum Zwecke der Dokumentation in unmittelbaren zeitlichen Zusammenhang zu der Behandlung eine Patientenakte in Papierform oder elektronisch zu führen. Die

---

163 Ebd.

164 Vgl. *Zimmermann/Höffgen*, in: Grindblat/Etterer/Plugmann, Innovation im Gesundheitswesen, S. 158; mehr zum Projekt online abrufbar unter: https://www.envision-icu.eu/research/, zuletzt abgerufen am 13.07.2023.

165 Vgl. *Hillienhof*, COVID-19: Künstliche Intelligenz soll Versorgung auf Intensivstationen verbessern, DÄBl. 2021; 118: A-38/B-32, online abrufbar unter: https://www.aerzteblatt.de/archiv/217301/COVID-19-Kuenstliche-Intelligenz-soll-Versorgung-auf-Intensivstationen-verbessern, zuletzt abgerufen am 29.02.2024.

166 Ebd.

167 Ebd.

168 Vgl. Internetpräsenz der app@work GmbH, online abrufbar unter: https://appatwork.com/, zuletzt abgerufen am 13.07.2023.

Behandelnde ist dabei verpflichtet, in dieser Akte sämtliche aus fachlicher Sicht für die derzeitige und künftige Behandlung wesentlichen Maßnahmen und deren Ergebnisse aufzuzeichnen, insbesondere die Anamnese, Diagnosen, Untersuchungen, Untersuchungsergebnisse, Befunde, Therapien und ihre Wirkungen, Eingriffe und ihre Wirkungen sowie Einwilligungen und damit einhergehende Aufklärungen. Ebenso sind Arztbriefe in die Patientenakte aufzunehmen. Die Behandelnde hat diese Daten sodann für einen Zeitraum von insgesamt zehn Jahren aufzubewahren.[169]

Die in § 630f BGB aufgezählten Anforderungen sind zeitintensiv. Einen Großteil der ärztlichen Tätigkeit während der eigentlichen Behandlung macht die ärztliche Dokumentation aus. Diese Zeit fehlt dann für den direkten Patientinnenkontakt.[170] Mit Sandman.MD wurde deshalb eine App entwickelt, die es Anästhesistinnen möglich macht, Messwerte aus Monitor und Beatmungsgerät kabellos zu protokollieren, alle Schritte von der Aufnahme der Patientin mit Anamnese über Planung und Durchführung der Anästhesie bis zur postoperativen Überwachung digital zu dokumentieren und Dokumentationen von Arztbriefen oder Aufklärungsbögen sowie Ereignissen während der Anästhesie oder Kennzeichnung von Blutkonserven mittels Fotoaufnahmen vornehmen zu lassen, ohne all diese Daten manuell in eine Papierakte erfassen zu müssen.[171] Dies schenkt mehr Zeit für die Überwachung der Patientin und macht die Daten durch elektronische Erfassung und Sicherung nachhaltig nutzbar.[172]

2. Stand der Entwicklung

Auch in diesem Bereich zeigt sich, dass KI-Systeme bereits mit Erfolg in die Arbeitsprozesse in Krankenhäusern eingeführt wurden. Wenngleich Krankenhäuser dies bislang noch zaghaft in Anspruch nehmen,[173] zeigt es

169 Zur Dokumentationspflicht und rechtlichen Folgen vgl. in Kapitel drei unter Teil E.XI.1.

170 Dies ist auch ein maßgeblicher Faktor, der zu falschen Diagnosen führt, vgl. hierzu ausführlich in Kapitel drei unter Teil E.III.2.a.aa.

171 Ebd.

172 Ebd.

173 Obwohl das Start-Up simplinic GmbH im November 2020 mit dem Eugen-Münch-Preis ausgezeichnet wurde, werden die Module der simplinic.Cloud laut Herstellerangabe in (nur) über 50 Krankenhäusern eingesetzt, online abrufbar unter: https://www.simplinic.de/, zuletzt abgerufen am 13.07.2023.

doch deutlich, dass KI-Systeme für Klinikbetreibende in diesem Bereich greifbar sind.

III. *„Behandlungsnahe KI“*[174] und die Deep Medicine

Grob beschrieben versteht man unter einer medizinischen Behandlung mit dem *Kernbereich ärztlicher Tätigkeit* den folgenden Ablauf: Diagnostik, Therapie und Nachsorge. Diese Abfolge gilt jeweils im Verhältnis Ärztin – Patientin. Die Behandelnde hat patientenindividuell eine Vielzahl von klinischen Daten zu bewältigen und muss entscheiden, welche Informationen benötigt werden, welche Untersuchungen gemacht werden, wie deren Ergebnisse zu interpretieren sind und welche diagnostischen Hypothesen sich dabei zusammenführen lassen, damit im Anschluss daran eine Behandlung/Therapie empfohlen werden kann.[175] Dies geschieht bislang im Wege der klinischen Entscheidungsfindung unter anderem durch Instrumente wie die evidenzbasierte Medizin und die Anwendung von klinischen Richtlinien. Dieser Prozess ist nicht nur aufwändig, sondern auch fehleranfällig.[176]

Die *„Behandlungsnahe KI“* setzt an diesem *Kernbereich* ärztlicher Tätigkeit, an. Unter dem Stichwort der *„Deep Medicine“* hat sich dabei aufgrund des enormen Potenzials, das ärztliche Personal zu entlasten und Fehleranfälligkeiten zu verhüten, ein ganz besonderer Fokus der autonomen Technologie entwickelt.[177] KI-Systeme sind in der Lage, die zunehmende Verfügbarkeit von Gesundheitsdaten zu verarbeiten, Muster in großen Datensätzen zu erkennen und die Behandelnden auf diese Weise in komplexen Entscheidungssituationen schnell und datenbasiert zu unterstützen.[178] Aber auch im Rahmen der sich der Diagnose anschließenden Therapie zeigen

174 *Zimmermann/Höffgen*, in: Grindblat/Etterer/Plugmann, Innovation im Gesundheitswesen, S. 184 ff.

175 Vgl. *Mandell*, Klinische Entscheidungsfindung im Überblick, MSD Manual, Ausgabe für medizinische Fachkreise, Mai 2021, online abrufbar unter: https://www.msdmanuals.com/de-de/profi/spezielle-fachgebiete/klinische-entscheidungsfindung/klinische-entscheidungsfindung-im-%C3%BCberblick, zuletzt abgerufen am 17.07.2023.

176 Vgl ebd.; ausführlich zu kognitiven Fehlern in der hausärztlichen Versorgung siehe auch Kapitel drei unter E.III.2.

177 *Shaban-Nejad et al.*, Explainable AI in Healthcare and Medicine, S. 1.

178 So *Hennrich et al.*, in: Pfannstiel, Künstliche Intelligenz im Gesundheitswesen, S. 418.

autonome Systeme bereits große Erfolge.[179] Deep Medicine zielt deshalb darauf ab, Künstliche Intelligenz dazu zu nutzen, die medizinische Intelligenz und die bisherige Entscheidungsfindung in der Medizin zu revolutionieren, indem sie das traditionelle klinische Informationsmanagement ergänzt.[180]

Überaus vielversprechende Aussichten zeigen sich für den Bereich der Diagnostik durch Diagnosesysteme, die der Behandelnden als Diagnoseunterstützung zur Verfügung stehen sollen.[181] Sehr bedeutsam sind Künstliche Intelligenzen hier für den Bereich der Radiologie[182], aber auch die Pathologie, Kardiologie, Gastroenterologie, die psychische Gesundheit und die hausärztliche Versorgung sind prominente Anwendungsgebiete.[183]

1. iDose und Clarity von Philips

Das Unternehmen Philips hat für die Radiologie unter anderem mit den Systemen *„iDose"* und *„Clarity"* Anwendungen für die bildgebenden Verfahren CT und Angiographie entwickelt. Beide Systeme verbessern die Bildqualität bei diesen bildgebenden Verfahren. Bei iDose handelt es sich um eine iterative Rekonstruktionstechnik für CT-Bilder, bei der die Strahlenbelastungsdosis trotz höherer Bildauflösung reduziert werden kann.[184] So wird die Patientin geschützt und Fehleinschätzungen unter anderem durch Artefaktreduktion verhütet.[185]

---

179 Insbesondere in der Insulintherapie bedeutet KI enormes Verbesserungspotenzial für Diabetikerinnen, vgl. Deutsche Diabetiker Gesellschaft (DDG), Herbsttagung 06.11.2021; *Keil*, CME 2022, 19, 48.

180 *Shaban-Nejad et. al.*, in: Huegle/Kalweit/Huegle/Boedecker, Explainable AI in Healthcare and Medicine, S. 1.

181 Ebd.

182 Ebd.

183 Vgl. *Hennrich et al.*, in: Pfannstiel, Künstliche Intelligenz im Gesundheitswesen, S. 419.

184 Für eine ausführlichere Erklärung vgl. Philips, *„Die Dosis im Blick"*, online abrufbar unter: https://www.documents.philips.com/doclib/enc/fetch/2000/4504/577242/577249/586938/587169/Die_Dosis_im_Blick-IR_CT_iDose_von_Philips-452296283493_LR.pdf, zuletzt abgerufen am 13.07.2023.

185 Ebd.

2. „AdaHealth" und „Babylon Health"

Für die hausärztliche Versorgung stehen mit „*Ada Health*"[186] und „*Babylon Health*"[187] sog. Symptom-Checker Apps zur Verfügung. Es handelt sich also um mobile Gesundheitstechnologien, die der Behandelnden durch Eingabe patientenindividueller Symptome Diagnose- und Therapievorschläge liefern. Diese Anwendungen können auch von der Patientin selbst bedient werden.

Potenzial in der Diagnosestellung liefern KI-Systeme auch hier wieder deshalb, weil sie aus bereits benannten Gründen eine schnellere und genauere Diagnose anbieten können, als dies die menschliche Kognition zulässt.[188] Der Bereich der hausärztlichen Anwendung von KI-Systemen zur Diagnoseunterstützung wird aufgrund seiner Relevanz anhand von konkreten Beispielen in Kapitel drei zum Gegenstand der rechtlichen Würdigung dieser Arbeit gemacht.

3. Dexcom G6 rtCGM

Künstliche Intelligenz hat auch in Sachen Insulintherapie große Aufmerksamkeit auf sich gezogen.[189] So existiert mit Dexcom G6 rtCGM ein autonomes System für die zeitgemäße Versorgung von insulinpflichtigen Diabetikerinnen des Typ-1-Diabetes, das es diesen erlaubt, ein mittels App auf dem Smartphone gesteuertes Diabetes- und Datenmanagement zu betreiben, Push-Benachrichtigungen für mehr Motivation und Compliance zu generieren und das Insulinmanagement mittels SmartPens und Insulinpumpen zu steuern.[190] Diabetikerinnen können nunmehr minutiös ihre Blutzucker-Einstellungen kontrollieren und auf ihre Lebensweise an-

186 AdaHealth GmbH hat als Gesundheitsanwendung am 14.12.2022 eine Zertifizierung zum Medizinprodukt im Sinne der Medizinprodukte-Verordnung erhalten, vgl. Internetpräsenz, online abrufbar unter: https://ada.com/editorial/achieving-eu-mdr-certification/, zuletzt abgerufen am 10.08.2023.

187 Babylon Partners Ltd. ist ein britisches Pendant zu AdaHealth und wird mittlerweile auch in Kooperation mit der TELUS Health Solutions Inc. in Kanada benutzt, vgl. Internetpräsenz, online abrufbar unter: https://www.babylonhealth.com/ca/regulatory, zuletzt abgerufen am 10.08.2023.

188 Zu alledem vgl. *Hennrich et al.*, in: Pfannstiel, Künstliche Intelligenz im Gesundheitswesen, S. 419; vgl. auch *Sellin/Pantel/Börsch et al.*, Schmerz 2024, 19 ff.

189 So *Keil*, CME 2022, 19, 48.

190 Ebd.

passen.[191] Erste Studien haben gezeigt, dass diese Anwendung dabei hilft, den HbA1c und die Zeit im Zielbereich (TiR) zu erreichen und eine nachhaltige glykämische Kontrolle zu erlangen.[192] Auch führt sie zu positiven Auswirkungen auf die Lebensweise der getesteten Diabetikerinnen.[193]

C. Deep Medicine – Ärztliche Anwendende als obligatorische Letztentscheidende

Bei den meisten zuvor benannten autonomen Systemen, insbesondere bei den prominenten entscheidungsunterstützenden Systemen, handelt es sich nicht um Expertensysteme, sondern um neuronale Netze, zumeist in der Form des Deep Learning als besonderem Lernalgorithmus des Maschinellen Lernens.[194] Die in diesem Bereich der behandlungsnahen KI eingesetzten Systeme *lernen* also.[195]

Warum diese Unterscheidung überaus relevant ist, wurde bereits unter A.IV. erläutert. Zusammengefasst lässt sich sagen, dass es sich bei Modellen des Maschinellen Lernens, zu denen das Deep Learning zählt, um sog. *Black-Box-Modelle* handelt, also solche Modelle, deren Ausgabe bzw. Ergebnis durch Anwendende[196] vermeintlich[197] nur schwer nachvollziehbar ist. Diese Unterscheidung wird innerhalb der rechtlichen Würdigung der Verantwortungszuschreibungen diskutiert. Auch wird im Folgenden erläutert, wie die Wissenschaft versucht, diese *Black-Box*-Modelle erklärbar und interpretierbar zu machen.[198] Auf der anderen Seite existieren aber auch

---

191 Ebd.

192 Vgl. Internetpräsenz der Dexcom Deutschland GmbH, online abrufbar unter: https://de.provider.dexcom.com/dexcom-rtcgm/nachgewiesene-ergebnisse, zuletzt abgerufen am 18.7.2023.

193 Begleitet wurden u.a. 40 Diabetikerinnen über einen Zeitraum von 6 Monaten, vgl. ebd. Aber es gibt auch entsprechende Darstellungen zu schwangeren Diabetikerinnen sowie an Diabetes-Typ-1 erkrankten Kindern. Für eine Zusammenfassung vgl. Deutsche Diabetes Gesellschaft – Jahrestagung 2021, online abrufbar unter: https://www.diabsite.de/aktuelles/nachrichten/2021/211012.html#quellen, zuletzt abgerufen am 18.07.2023.

194 Siehe hierzu A.III.3.b.cc.

195 Die Intensität und die Grenzen des Lernens hängen dabei von der programmierten Lernaufgabe ab, vgl. hierzu ausführlich unter A.III.2.

196 Sowie den Programmierenden und Trainierenden.

197 In Abhängigkeit von dem Generalisierungsgrad und die gesetzten Grenzen, vgl. Teil A.IV.3.

198 Vgl. C.II.

KI-Systeme in der Entwicklung, die noch nicht genug ausgereift sind, um sie umfassend klinisch nutzen zu können.[199]

Was bereits an dieser Stelle klargestellt werden soll und im zweiten Kapitel unter C.II.2. noch ausführlich dargestellt wird, ist, dass es sich bei KI-Systemen in der Medizin, egal welcher Lernalgorithmus nun programmiert wurde oder wie vielschichtig die eingesetzten neuronalen Netze sind, stets um KI-Systeme mit *geringerem Generalisierungsgrad* handeln wird. Im Ergebnis bedeutet dies eine eingeschränkte Autonomiefähigkeit des Systems und eine bessere Kontrollierbarkeit durch die ärztlichen Anwendenden. Denn in Folge dieser Klassifizierung werden die ärztlichen Anwendenden stets rechtlich verpflichtet sein, als *Letztentscheidende* zwischen Maschine und Patientin zu stehen. Dies soll unter dem Stichwort des *„human being in the loop"* bzw. der *„menschlichen Aufsicht"* die Kontrolle des Systems gewährleisten.[200] Es wird also immer eine Form *„schwacher KI"* sein.[201] Die rechtlichen Hintergründe und die Auswirkungen auf die ärztliche Haftung werden an späterer Stelle eingehend erläutert.[202]

I. Nachvollziehbarkeit des Ergebnisses des KI-Systems für ärztliche Anwendende als Letztentscheidende?

Die zuvor dargestellten Beispiele und die technischen Ausführungen zeigen deutlich, wie komplex die Architektur eines KI-Systems und damit das Zusammenspiel zwischen Dateneingabe, Verarbeitung und Ausgabe werden kann, bevor es zu einem Ergebnis kommt. Für das auf diese Weise generierte Ergebnis ist das gut, denn es wird in den meisten Fällen präziser sein als dasjenige einer menschlichen Behandelnden, da weitaus mehr und wissenschaftlich aktuellere Daten vom System verglichen werden können, während der menschlichen Kognition natürliche Grenzen gesetzt

199 Neuere Anwendungsgebiete bringen unter dem Stichwort „Radiomics" Bildverarbeitung und radiologische Grundlagenforschung zusammen, um u.a. Tumoreigenschaften vorhersagen zu können, vgl. *Zimmermann/Höffgen*, in: Grindblat/Etterer/Plugmann, Innovation im Gesundheitswesen, S. 187.

200 Siehe dazu ausführlich im dritten Kapitel unter C.II.2.

201 Vgl. hierzu bereits unter A.III.

202 Siehe hierzu im dritten Kapitel B.II. ff.

sind. Auch fallen Fehlerraten der Maschine geringer aus als bei ärztlichen Anwendenden.[203]

Diese Gedanken spiegeln die unter A.I. dargestellte Definition von *Rich* wider. Zur Erinnerung:

> *„Artificial Intelligence is the study of how to make computers do things at which, at the moment, people are better.“*[204]

Dies entspricht auch dem Sinn und dem Zweck von Künstlicher Intelligenz für den Bereich der Medizin. Die Künstliche Intelligenz wäre bei ihrer Anwendung in der Medizin (z.B. in der diagnostischen Entscheidungsfindung) regelmäßig leistungsfähiger als Ärztinnen.

Diesem angestrebten Übersteigen der kognitiven Fähigkeiten der menschlichen Anwendenden ist allerdings inhärent, dass es auch ärztlichen Anwendenden als Letztentscheidende schwer fallen könnte oder gar unmöglich sein wird, das Ergebnis der Künstlichen Intelligenz nachzuvollziehen und mit ihrer fachlichen Expertise zu kontrollieren.[205]

Können ärztliche Anwendende dieser der Position als Letztentscheidenden inhärenten Verpflichtung zur sorgsamen Kontrolle also überhaupt nachkommen oder handelt es sich bei dieser juristisch aufgetragenen Verpflichtung um einen Zirkelschluss? Denn wie soll ein Mensch eine Maschine kontrollieren, deren Sinn und Zweck es ist bzw. die darauf programmiert ist, „besser“ zu sein, als der Mensch? In diesem Zusammenhang kommt es häufig mit der Black-Box-Kritik zu der juristischen und ethischen Frage, ob und inwiefern die Anwendenden von KI-Systemen die Verantwortung für KI-Risiken wie das Autonomie- oder Vernetzungsrisiko tragen können, müssen oder dürfen. Wichtig ist diese Frage mit Blick auf die Deep Medicine gerade in der Medizin, wo es hauptsächlich zum Einsatz von vielschichtigen neuronalen Netzen kommt.

Unter dem Stichwort der *„meaningful human control“* befasst sich auch das Projekt *„vALID“* mit der Frage nach dem Grad der Herrschafts- bzw. Entscheidungsgewalt, die ärztliche Anwendende über das KI-System haben, und der damit verbundenen Zuschreibung von Verantwortung.[206] Das Pro-

203 Die kognitiven Hintergründe der Fehlerrate werden ausführlich unter E.III.2.a. dargestellt.

204 *Rich*, Artificial Intelligence, 1983; vgl. auch *Ertel*, Grundkurs Künstliche Intelligenz, Eine praxisorientierte Einführung, S. 3.

205 *Ertel*, a.a.O., S. 187.

206 Hierzu ausführlicher *Beck/Faber*, in: Buck-Heeb/Oppermann, Automatisierte Systeme, S. 276, Rdnr. 27.

jekt hat sich zum Ziel gesetzt, adäquate Praktiken für medizinische Entscheidungen mithilfe von KI-Systemen auszuarbeiten.[207] Die Erkenntnisse des Projekt vALID werden im dritten Kapitel unter E.III.4.b.dd.(2) erörtert und bewertet.

Aber auch ein eigenes Forschungsfeld hat sich auf Grundlage dieser Problematik entwickelt und wird in diesem Zusammenhang insbesondere mit Blick auf die rechtliche Zuschreibung von Verantwortungen besonders wichtig. Es geht um die sog. *„Explainable AI"*, die sich primär an Anwendende von Systemen des Maschinellen Lernens richtet.

II. Explainable AI

Explainable AI hat zum Ziel, die Begründung, Transparenz und Rückverfolgbarkeit des sog. maschinellen Black-Box-Lernens zu ermöglichen,[208] denn der Black-Box-Effekt macht es, wie bereits erläutert, für Anwendende schwierig, den zugrunde liegenden Algorithmus des Maschinellen Lern-Modells vollständig zu verstehen und mögliche Verzerrungen der Ausgabe der Künstlichen Intelligenz zu identifizieren.[209]

Dieses Forschungsfeld hat zwar Allgemeingültigkeit für den Umgang mit KI-Systemen. Dennoch hat es aufgrund der Deep Medicine und des Potenzials von Künstlicher Intelligenz bei gleichzeitiger Unsicherheit der Beteiligten über die Frage nach der Verantwortungszuschreibung besondere Bedeutung für die Medizin und das Gesundheitswesen insgesamt.[210] Vor allem im Bereich der Diagnostik sind tiefe neuronale Netze (Deep Learnings) besonders erfolgreich, sodass die Notwendigkeit zur Erklärbarkeit dieser neuronalen Netze immer wichtiger wird.[211] Explainable AI setzt hier an, denn es kann maßgeblich dazu beitragen, für Gewissheit zu sorgen, dass die Ausgabe bzw. das Ergebnis von KI-Systemen – bei entscheidungsunterstützendem Einsatz die ausgesprochene Empfehlung – fundiert, korrekt und vertretbar ist, und es ärztlichen Anwendenden ermöglichen,

207 Ebd.

208 Vgl. *Shaban-Nejad et al.*, in: Huegle/Kalweit/Huegle/Boedecker, Explainability and Interpretability: Keys to Deep Medicine, S. 2., *Körner*, in: Kaulartz/Braegelmann, Rechtshandbuch Artificial Intelligence und Machine Learning, Kap. 2.4, Rdnr. 1 ff.

209 Ebd.

210 *Shaban-Nejad et al.*, in: Huegle/Kalweit/Huegle/Boedecker, Explainability and Interpretability: Keys to Deep Medicine, S. 1 ff.

211 *Steinwendner*, in: Pfannstiel, Künstliche Intelligenz im Gesundheitswesen, S. 755.

bessere Entscheidungen beim Einsatz von KI-Systemen zu treffen.[212] Die Explainable AI konzentriert sich auf die Artificial Narrow Intelligence, die dafür entwickelt wurde, dem Menschen ganz spezifische Aufgaben abzunehmen.[213] Die XAI befasst sich also nur mit Künstlicher Intelligenz mit geringem Generalisierungsgrad, d.h. mit *„schwacher KI"*. Diese Art der Künstlichen Intelligenzen mit geringem Generalisierungsgrad lässt sich wiederum in die Bereiche der *symbolischen* und *nicht-symbolischen Künstlichen Intelligenz* unterteilen.[214] Wie diese Bereiche sich zur Explainable AI verhalten, wird nachfolgend erläutert.

1. Symbolische Künstliche Intelligenz

Die „klassische" symbolische Künstliche Intelligenz und auch das Expertensystem verfahren, wie eingangs ausführlicher beschrieben, mit regelbasierten-Systemen, logikbasierten Systemen oder Ontologien und ist damit menschlich-lesbar. Ein solches System besteht aus den Blöcken der Wissenskomponente, der Inferenzkomponente und dem Erklärungsmodul und verwendet einen bestimmten Regelsatz, um eine Beziehung zwischen Symbolen herzustellen („Wenn-Dann-Regel"). Mit diesem *Erklärungsmodul* ist den symbolischen-Systemen der Artificial Narrow Intelligence also eine Interpretierbarkeit inhärent,[215] sodass es einer Explainable AI nicht bedarf.

2. Nicht-symbolische Künstliche Intelligenz

Anders verhält sich dies bei nicht-symbolischen Systemen, zu denen auch das Maschinelle Lernen zählt. Diese Systeme beruhen nicht auf expliziten Regeln, sondern leiten ihre Entscheidungen (Klassifikation oder Regression) anhand großer Datenbeispiele ab. Sie lernen, sodass ihnen eine Interpretierbarkeit zumindest *nicht inhärent* ist. Die Explainable AI wird mithin für nicht-symbolische Künstliche Intelligenzen eingesetzt.

---

212 Ebd, S.2.

213 *Steinwendner*, in: Pfannstiel, Künstliche Intelligenz im Gesundheitswesen, S. 755.

214 Ebd.

215 Zu dem Ganzen *Steinwendner*, in: Pfannstiel, Künstliche Intelligenz im Gesundheitswesen, S. 755.

Die Explainable AI will es Anwendenden ermöglichen, mit dem menschlichen Verständnis zu begreifen, warum die konkrete Entscheidung von dem System getroffen worden ist. Dafür müssen die Eingabewerte eines Datensatzes mit der Entscheidung in Bezug gesetzt und verständlich erklärt werden. Dies geschieht durch sog. Erklärungsmodelle.[216] Die Konzeption dieser Erklärungsmodelle ist wiederum von verschiedenen Faktoren abhängig und wird individuell angepasst – auf die Datendimensionen, soziale Aspekte Anwendender u.v.m.[217] Das Erklärungsmodell einer Statistikerin sieht somit anders aus als das einer Medizinerin. Explainable AI kann aber grundsätzlich für jede Berufsgruppe funktionieren.

3. Beispiel: Explainable AI in der Radiologie

Steinwendner verweist in diesem Zusammenhang zur näheren Erklärung und Funktionsweise der Explainable AI beispielhaft auf eine Röntgenbildklassifikation durch ein neuronales Netz. Es geht darum, dass ein vortrainiertes neuronales Netz (Deep Learning) dahingehend modifiziert wird, dass es zwei Klassen (Klassifikation) von Röntgenbildern unterscheiden kann: Lungen- und Abdomenröntgen. Der vortrainierte Klassifikationsblock wird also durch ein vollständig konnektiertes neuronales Netz für die benannten Klassen ersetzt.

Nach einem Training von 100 Epochen wird das Ergebnis mittels Explainable AI interpretiert. Hierfür wird einerseits eine Verlust- und Genauigkeitskurve des Trainings, aber auch die sog. GradCAM-Methode angewendet. Bei Letztbenannter wird mittels Wärmebildfunktion dargestellt, welche Bereiche der Röntgenbilder mehr (rot) und welche weniger (blau) zur Entscheidung (Klassifikation) des Systems als Lungen- bzw. Abdomenröntgen beigetragen haben.[218]

---

216 Zu alledem *Steinwendner*, in: Pfannstiel, Künstliche Intelligenz im Gesundheitswesen, S. 757.

217 Ausführlich zu verschiedenen Kriterien der Interpretierbarkeit und der Frage, was wichtige und gute Eigenschaften für Erklärungsmodelle sind vgl. *Steinwendner*, in: Pfannstiel, Künstliche Intelligenz im Gesundheitswesen, S. 757 ff.

218 Zu alledem mitsamt Bildvergleich vgl. *Steinwendner*, in: Pfannstiel, Künstliche Intelligenz im Gesundheitswesen, S. 762 f.

III. Kritik an der Explainable AI

Teilweise wird angenommen/kritisiert, Explainable AI führe zu einem zu starken Vertrauen Anwendender in das KI-System. Dies soll insbesondere dann der Fall sein, wenn Anwendende daran glauben, das autonome System übersteige ihre kognitive Leistungsfähigkeit in der speziellen Situation der Anwendung, aber auch dann, wenn Anwendende denken, sie können die Risiken, die mit dem Einsatz verbunden sind, an das System abtreten.[219] Gerade die letztbenannte Erwägung ist es, die auch in die rechtlichen Diskussion einfließen muss und daher im dritten Kapitel näher erörtert wird.

Diese Skepsis verklart sich für den klinischen Betrieb in einer Studie von *Poursabzi-Sangdeh et al.*, die darlegten, dass medizinische Anwendende *offensichtliche* Fehler beim Einsatz einer Explainable AI eher nicht erkannten als die gleichen Fehler von Black-Box-Modellen *ohne* entsprechende Erklärungskomponente.[220] Ärztliche Anwendende neigten hier also tatsächlich dazu, dem Erklärungsmodell trotz offensichtlicher Fehler Glauben zu schenken, während die gleichen offensichtlichen Fehler bei einem Modell des Maschinellen Lernens ohne entsprechende Kontrollinstanz gerügt wurden.

IV. Fazit

Explainable AI eignet sich einerseits also dazu, Verzerrungen (*„bias“*) und Fehler von KI-Systemen zu verhüten bzw. aufzudecken, d.h., die Black-Box-Modelle zu interpretieren[221] und damit den zuvor herausgestellten Zirkelschluss *grundsätzlich* zu umgehen, sie lädt andererseits aber offenbar auch zur vollständigen Übernahme der Entscheidung *trotz ggfs. entgegenstehen-*

219 Zu dem Ganzen vgl. *Steinwendner*, in: Pfannstiel, Künstliche Intelligenz im Gesundheitswesen, S. 765.

220 *Poursabzi-Sangdeh et al.*, Manipulating and Measuring Model Interpretabililty, Computing Research Repository, online abrufbar unter: https://arxiv.org/abs/1802.07810, zuletzt abgerufen am 17.07.2023; vgl. auch *Steinwendner*, in: Pfannstiel, Künstliche Intelligenz im Gesundheitswesen, S. 765.

221 Vgl. *Steinwendner*, in: Pfannstiel, Künstliche Intelligenz im Gesundheitswesen, S. 765 ff.

der Fachkenntnisse[222] ein. Auch wird die Explainable AI aller Voraussicht nach nicht zu einer hundertprozentigen Interpretierbarkeit der Black-Box-Modelle führen, sodass es auch bei Einhaltung aller Sorgfaltspflichten durch ärztliche Anwendende bei einem *Rest-Autonomierisiko* verbleibt.

Inwieweit diese Erkenntnisse in die rechtliche Bewertung der Verantwortlichkeitszuordnung einfließen müssen und ob eine Haftung ärztlicher Anwendender als Letztentscheidende für durch die Autonomie des eingesetzten KI-Systems entstandene Fehler im Behandlungsgeschehen, die zu Gesundheitsschäden führten in Betracht kommt, ist Gegenstand des dritten Kapitels. Dort werden diese Aspekte in das rechtliche Schema des vertraglichen Arzthaftungsrechts eingefügt und lösungsorientiert untersucht, für welche Szenarien eine Haftung ärztlicher Anwendender denkbar ist. Dabei werden die gebildeten Fehlerquellen den jeweils einschlägigen Behandlungsbereichen, d.h. „klassische“ Behandlung oder Behandlungsumfeld und damit den möglichen Behandlungsfehlerfeldern des Diagnoseirrtum und des Therapiefehlers oder des Organisationsfehlers zugeordnet. Ausgeklammert werden die – durchaus denkbaren – Fälle, in denen Programmierenden durch falsche Programmierung oder Trainierenden durch schlechte/fehlerhafte Datenspeisung Fehler unterlaufen sind und dies zu einer Schädigung geführt hat. Die Untersuchung konzentriert sich, soweit möglich, auf die Haftung von ärztlichen Anwendenden.

Zunächst erfolgt im Rahmen von Kapitel zwei jedoch eine allgemeinjuristische Einordnung der Künstlichen Intelligenz, wobei u.a. die juristische Definition, die Frage danach, ob eine Künstliche Intelligenz Rechtspersönlichkeit besitzen kann, und die rechtlichen Folgen der Unterscheidung der verschiedenen Erscheinungsformen von KI-Systemen in den Blick genommen werden. Dies erfolgt unter besonderer Betrachtung europarechtlicher Erwägungen, sodass insbesondere die KI-VO und der KI-Haftungs-RL-V betrachtet wird. Eine Schlussfolgerung, ob der KI-Haftungs-RL-V auf das Arzthaftungsrecht anwendbar, ob er überhaupt für das Arzthaftungsrecht de lege ferenda nötig ist oder ob er zumindest hilfreiche Anknüpfungspunkte bietet, wird in Kapitel drei dieser Arbeit betrachtet.

222 Vgl. zu diesem Aspekt als möglichen Anknüpfungspunkt für Fehlverhalten der ärztlichen Anwendenden *Beck/Faber*, in: Buck-Heeb/Oppermann, Automatisierte Systeme, S. 275, Rdnr. 26; dazu noch ausführliche im dritten Kapitel in Teil C.II. und E.III.4.b.dd.

Zweites Kapitel – Rechtliche Einordnung der Künstlichen Intelligenz

Die Künstliche Intelligenz lernt, vernetzt sich, trifft autonome Entscheidungen, verändert unsere Gesellschaft nachhaltig und stellt sie dadurch vor neue Herausforderungen. In Kapitel eins wurde gezeigt, dass Künstliche Intelligenz in Form einer App funktionieren, von einem Roboter abhängig sein oder eine Suchmaschine im Internet darstellen kann. KI-Systeme in der Medizin sind, anders als nicht-autonome Medizinprodukte, die eine physische Erscheinungsform haben, meistens Software, wenngleich damit eine Abhängigkeit von Hardware (bspw. einem Roboter) nicht ausgeschlossen ist. Der rechtliche Unterschied zwischen einem nicht-autonomen (Medizin-)Produkt und einem autonomen (Medizin-)Produkt beginnt schon bei der Definition und bei der Frage nach dem rechtlichen Status eines autonomen Systems.

Kapitel zwei soll daher für Klarheit über die grundlegende rechtliche Einordnung von KI-Systemen sorgen und sich in diesem Zuge mit der rechtlichen Diskussion über Definition, Status und schließlich Verhältnis zum Medizinprodukterecht auseinandersetzen. Das Ergebnis dieser Einordnung ist maßgebend für die Untersuchung der nationalen Haftungsnormen und wird dieser zu Grunde gelegt. Bevor aber in Kapitel drei die vertragliche Arzthaftung auf KI-Sachverhalte angewendet wird, erfolgt eine Auseinandersetzung mit der geplanten Regulierung von KI-Systemen durch die Europäische Union, insbesondere auch der Einordnung von autonomen Systemen nach Risikograd und der Haftung bei im Einsatz von KI-Systemen entstandenen Schäden. Hier ist zu erörtern, welche Auswirkungen die Regelungen des europäischen Gesetzgebers auf das vertragliche Arzthaftungsrecht haben.

A. Rechtliche Definition der Künstlichen Intelligenz

Eingangs wurde mit der Definition von *Rich* eine solche der Wissenschaft zur Künstlichen Intelligenz vorgestellt. Um die mit KI-Systemen verbundenen Risiken rechtlich regulieren zu können, bedarf es indes einer trennscharfen Abgrenzung zu anderen Technologien durch eine einheitlich-gesetzliche Definition. Bevor es zu der gesetzliche Definition der Künstlichen Intelligenz in der KI-VO kam, gab es mehrere Definitions- und Präzisionsversuche durch die Europäische Kommission und die Hochrangige Expertengruppe für Künstliche Intelligenz.[223] Ob mit der aktuellen Definition eine im Vergleich zielführende Begriffsbestimmung von KI-Systemen erfolgt ist, ist zu erörtern.

I. Erster Definitionsversuch: EU-Kommission

In der Mitteilung der Kommission an das Europäische Parlament, den Europäischen Rat, den Rat, den Europäischen Wirtschafts- und Sozialausschuss und der Regionen zu einer Künstlichen Intelligenz für Europa, heißt es:

> *„Künstliche Intelligenz (KI) bezeichnet Systeme mit einem „intelligenten" Verhalten, die ihre Umgebung analysieren und mit einem gewissen Grad an Autonomie handeln, um bestimmte Ziele zu erreichen. KI-basierte Systeme können rein softwaregestützt in einer virtuellen Umgebung arbeiten (z. B. Sprachassistenten, Bildanalysesoftware, Suchmaschinen, Sprach- und Gesichtserkennungssysteme), aber auch in Hardware-Systeme eingebettet sein (z. B. moderne Roboter, autonome Pkw, Drohnen oder Anwendungen des, Internet der Dinge').*[224]"

Trotz sinnvoller Ansätze durch Beschreibung von Wirkweise und Anwendungsfelder sowie der Benennung eines Resultats führt diese Definition zu Rechtsunsicherheit und ist damit als juristische Definition nicht geeignet.[225] Durch Begriffe wie *„intelligent"* und *„mit einem gewissen Grad an Autonomie"* wird zwar eine Berücksichtigung künftiger und gewiss eintretender Entwicklungen von Künstlicher Intelligenz geschaffen, allerdings bieten sie durch ihre Unbestimmtheit gleichzeitig zu viel Spielraum für Interpretation und Einzelfallentscheidungen.[226] Positiv an dieser Definition ist jedoch das Auslassen menschlicher Einflussnahme auf das KI-System, denn Künstliche Intelligenz ist im Stande, autonom zu handeln. Auch zeigt sie, dass KI-Systeme sich nicht auf Maschinelles Lernen beschränken und nicht zwingend

---

223 *Ströbel/Grau*, ZD 2022, 599, 600.
224 COM(2018) 237 final, S. 1.
225 *Ströbel/Grau*, ZD 2022, 599, 600.
226 Vgl. *Ströbel/Grau*, ZD 2022, 599, 600.

von physischen Maschinen, d.h. Hardware, abhängig sind. Es wäre daher eine Möglichkeit, diese unbestimmten Begriffe durch eine Beschreibung von konkreten technischen Vorgehensweisen zu ersetzen.

II. Zweiter Definitionsversuch: HEG-KI

Die Hochrangige Expertengruppe für künstliche Intelligenz (HEG-KI) fasste für die Zwecke der Ethik-Leitlinien für eine vertrauenswürdige KI eine eigene Definition von KI-Systemen:

> *„Künstliche-Intelligenz-(KI)-Systeme sind vom Menschen entwickelte Software- (und möglicherweise auch Hardware-) Systeme, die in Bezug auf ein komplexes Ziel auf physischer oder digitaler Ebene agieren, indem sie ihre Umgebung durch Datenerfassung wahrnehmen, die gesammelten strukturierten oder unstrukturierten Daten interpretieren, Schlussfolgerungen daraus ziehen oder die aus diesen Daten abgeleiteten Informationen verarbeiten und über die geeignete(n) Maßnahme(n) zur Erreichung des vorgegebenen Ziels entscheiden. KI-Systeme können entweder symbolische Regeln verwenden oder ein numerisches Modell erlernen, und sie können auch ihr Verhalten anpassen, indem sie analysieren, wie die Umgebung von ihren vorherigen Aktionen beeinflusst wird.*[227]*“*

Die HEG-KI vermeidet damit die an der Kommissions-Definition als zu unpräzise kritisierten Begrifflichkeiten und nimmt stattdessen eine detailliertere Beschreibung der Vorgehensweise und Verarbeitungselemente von Künstlichen Intelligenzen vor. Insbesondere wird die unterschiedliche Lernweise, zu der Künstliche Intelligenzen im Stande sind, deutlich.

Der Definition der HEG-KI wird allerdings entgegengehalten, dass durch den starken Fokus auf das menschliche Verhalten hinter der Künstlichen Intelligenz nicht ausreichend hervorgehe, dass diese softwarebasiert ist. Dies gehe aus der Kommissions-Definition deutlicher hervor.[228] Diese Ansicht ist abzulehnen. Im direkten Vergleich der Definitionen *„(...) KI-basierte Systeme können rein softwaregestützt (...) arbeiten (...)“* einerseits und

227 Hochrangige Expertengruppe für Künstliche Intelligenz, Entwurf der Ethik-Leitlinien für eine vertrauenswürdige KI, Glossar, 8.04.2019, abrufbar unter https://ec.europa.eu/newsroom/dae/document.cfm?doc_id=60425, zuletzt abgerufen am 24.01.2023.

228 Vgl. *Dettling/Krüger*, MMR 2019, 211, 212.

„(...) vom Menschen entwickelte Software" andererseits lässt Letztbenannte mit Blick auf den Wortlaut auch trotz des Zusatzes zur menschlichen Einflussnahme keine andere Interpretation zur Eigenschaft von Künstlicher Intelligenz als Software zu. Durchaus Berechtigung hat dagegen der Einwand, wenn er sich ausschließlich auf den benannten Zusatz zum menschlichen Verhalten konzentriert, da Künstliche Intelligenzen in der Lage sind, sich selbst (um) zu programmieren[229] und menschliches Verhalten somit nicht voraussetzt. Dies bezieht sich sowohl auf die hier beschriebene Einflussnahme bei der Entwicklung, aber auch auf die Einflussnahme auf das Resultat/ die Entscheidung gerichtet. Denn auch diese kann die Künstliche Intelligenz autonom treffen.

III. Dritter Definitionsversuch: EU-Kommission

Für den Vorschlag einer Richtlinie für eine zivilrechtliche KI-Haftung vom 28. September 2022 wurde durch dessen Art. 2 Nr. 1 unter dem Stichwort *„Begriffsbestimmung"* für die Bezeichnung eines KI-Systems im Sinne dieses Vorschlags auf die Bestimmung im Sinne des Art. 3 Nr. 1 des Gesetzes über Künstliche Intelligenz verwiesen[230]. Darin heißt es:

> *„Für die Zwecke dieser Verordnung bezeichnet der Ausdruck „System der künstlichen Intelligenz" (KI-System) eine Software, die mit einer oder mehreren der im Anhang I aufgeführten Techniken und Konzepte entwickelt worden ist und im Hinblick auf eine Reihe von Zielen, die vom Menschen festgelegt werden, Ergebnisse wie Inhalte, Vorhersagen, Empfehlungen oder Entscheidungen hervorbringen kann, die das Umfeld beeinflussen, mit dem sie interagieren;(...)*[231]*"*

Die EU-Kommission bezweckte mit dieser Definition, die Künstliche Intelligenz als Rechtsbegriff so technologieneutral und zukunftstauglich wie möglich auszugestalten, um dem rasanten Fortschritt standzuhalten.[232] Positiv an dieser Definition ist, dass der Schwerpunkt auf die Ziele/Resultate der von KI-Systemen angestrebten Anwendung gerichtet ist. Auch verzich-

---

229 Vgl. *Ertel*, Grundkurs Künstliche Intelligenz, Eine praxisorientierte Einführung, S. 89 ff.

230 COM(2022) 496 final, S. 29.

231 COM(2021) 206 final, S. 46.

232 Vgl. Erwägungsgründe (5) und (6) zum KI-VO-V; siehe auch *Schreitmüller/Schucht*, ARP 2023, 226, 227;

tet diese Definition auf die menschliche Einflussnahme bei der Entwicklung von KI-Software, fügt diese allerdings bei den Resultaten/Zielen an, die durch die Künstliche Intelligenz jedoch autonom festgelegt werden können.

IV. Kritik

Mit Blick auf die Wirkweise von Künstlichen Intelligenzen wurde diese Definition auf einen ersten Blick knappgehalten, dies wird jedoch mit dem Verweis auf die in Anhang I entwickelten Techniken und Konzepte relativiert. Dadurch wird die Möglichkeit eröffnet, dass auch konventionelle Technologien unter den Begriff der Künstlichen Intelligenz fallen könnten.[233] Daher wurde in der Literatur vorgeschlagen, für den Begriff der Künstlichen Intelligenz einen gänzlich anderen Anknüpfungspunkt zu wählen und auf Ebene des Systems, d.h. einschließlich potenzieller Hardware, abzustellen.[234]

Daneben wurde durch die Europäische Kommission in Abgrenzung von *normalen* KI-Systemen der Begriff der *„Hochrisiko-KI"* eingeführt[235] (dazu sogleich). Herstellende und Anwendende von Künstlicher Intelligenz, die einen besonders sensiblen Lebensbereich betreffen und/oder ein besonders hohes Gefahrenpotenzial birgt, sollen besondere regulatorische Auflagen

233 Ebd., dort aufgeführte Begriffe wie *„Statistische Ansätze"* und *„Such- und Optimierungsfunktion"* würden zu dieser Gefahr führen; vgl. auch *Ströbel/Grau*, ZD 2022, 599, 600.

234 Vgl. Bundesverband deutscher Industrie e.V., Stellungnahme zum Entwurf einer europäischen KI-Verordnung, 8.11.2021, S. 3, abrufbar unter: https://bdi.eu/publikation/news/europaeische-ki-verordnung/

235 COM(2022) 456 final, S. 29 mit Verweis auf Art. 6 des Gesetzes über künstliche Intelligenz: *„Ungeachtet dessen, ob ein KI-System unabhängig von den unter den Buchstaben a und b genannten Produkten in Verkehr gebracht oder in Betrieb genommen wird, gilt es als Hochrisiko-KI-System, wenn die beiden folgenden Bedingungen erfüllt sind: a) das KI-System soll als Sicherheitskomponente eines unter die in Anhang II aufgeführten Harmonisierungsrechtsvorschriften der Union fallenden Produkts verwendet werden oder ist selbst ein solches Produkt; b) das Produkt, dessen Sicherheitskomponente das KI-System ist, oder das KI-System selbst als Produkt muss einer Konformitätsbewertung durch Dritte im Hinblick auf das Inverkehrbringen oder die Inbetriebnahme dieses Produkts gemäß den in Anhang II aufgeführten Harmonisierungsrechtsvorschriften der Union unterzogen werden. (2) Zusätzlich zu den in Absatz 1 genannten Hochrisiko-KI-Systemen gelten die in Anhang III genannten KI-Systeme ebenfalls als hochriskant."*, vgl. COM(2021) 206 final.

treffen. Doch auch dieser Begriff wird von Kritikerinnen als zu weit empfunden, weil er zu unverhältnismäßigen regulatorischen Maßnahmen für die Industrie führe.[236]

Nicht nur zur Harmonisierung des Binnenmarktes, sondern auch aus Gründen der allgemeinen Rechtssicherheit sollte es oberstes Ziel sein, eine präzise und insbesondere einheitliche Definition zu formulieren und gleichzeitig genügend Flexibilität für den technischen Fortschritt zu lassen. Vorgeschlagen wurde daher, den Fokus nicht zu sehr auf die Funktionsweise von KI-Systemen zu legen. Notwendiger sei es, das Resultat in den Blick zu nehmen, wobei darauf zu achten sei, sich nicht auf das Maschinelle Lernen zu beschränken.[237] Auch sollte aufgrund der Autonomie von KI-Systemen in Betracht gezogen werden, menschliches Hintergrundverhalten völlig aus der Definition auszuklammern.[238]

Am 14. Juni 2023 begannen die interinstitutionellen Gespräche im Trilog. Das EU-Parlament hat seine Verhandlungsposition zum Gesetz über Künstliche Intelligenz angenommen. In Abwandlung zur EU-Kommission formuliert das EU-Parlament seinen Vorschlag wie folgt:

> *„1. „System der künstlichen Intelligenz“ (KI-System) ein maschinengestütztes System, das so konzipiert ist, dass es mit unterschiedlichem Grad an Autonomie operieren kann und das für explizite oder implizite Ziele Ergebnisse wie Vorhersagen, Empfehlungen oder Entscheidungen hervorbringen kann, die das physische oder virtuelle Umfeld beeinflussen“.*[239]

Das EU-Parlament entfernt sich daher von der bisherigen Anknüpfung an eine Software und das Erfordernis der Festlegung durch einen Menschen[240] und hilft der infolge des Definitionsversuches der EU-Kommission angebrachten Kritik weitestgehend ab.

---

236 Durch diese weite Definition würden auch unkritische KI-Systeme als Hochrisiko-KI eingestuft werden, vgl. *Stündel*, Bundesverband deutscher Industrie e.V., Stellungnahme zum Entwurf einer Europäischen KI-Verordnung, 8.11.2021, S. 3, abrufbar unter: https://bdi.eu/publikation/news/europaeische-ki-verordnung/, zuletzt abgerufen am 13.12.2023.

237 COM(2021) 206 final, S. 19.

238 Vgl. *Dettling/Krüger*, PharmR 2018, 513, 514; *Dettling/Krüger* MMR 2019, 211, 212.

239 Abänderungen des Europäischen Parlaments vom 14.06.2023 zu dem Vorschlag für eine Verordnung des Europäischen Parlaments und des Rates zur Festlegung harmonisierter Vorschriften für künstliche Intelligenz (Gesetz über künstliche Intelligenz) und zur Änderung bestimmter Rechtsakte der Union (COM(2021)0206 – C9-0146/2021 – 2021/0106(COD)).

240 Vgl. *Etteldorf*, MMR-Aktuell 2023, 458363.

V. Aktueller Stand

Ungeachtet der inhaltlichen Aspekte resultierte Rechtsunsicherheit dadurch, dass mit jeder weiteren Definition für die verschiedenen Rechtsakte ein Konsens in weitere Ferne rückte. Dabei ist es allein im Sinne des New Legislative Framework[241] erstrebenswert, eine Einheitlichkeit im Binnenmarkt zu schaffen.[242] Denn Marktüberwachung und Qualität von Konformitätsbewertungsverfahren werden auch für KI-Systeme große Bedeutung haben.[243]

Am 9. Dezember 2023 kam es zu einer vorläufigen Einigung zwischen Ratsvorsitz und Verhandlungsführenden des Europäischen Parlaments über die vorgeschlagenen harmonisierten Vorschriften für Künstliche Intelligenz. So sollte die Definition eines KI-Systems im Vergleich zum ursprünglichen Kommissionsvorschlag ausreichend klare Kriterien zur Unterscheidung zwischen Künstlicher Intelligenz und einfacheren Softwaresystemen enthalten.[244] Mit nur leichten Abweichungen zum Vorschlag des EU-Parlaments veröffentlichte der Unionsgesetzgeber die KI-VO mit folgender Begriffsbestimmung:

> *„1. KI-System“ ein maschinengestütztes System, das für einen in unterschiedlichem Grade autonomen Betrieb ausgelegt ist und das nach seiner Betriebnahme anpassungsfähjig sein kann und das aus den erhaltenen Eingaben für explizite oder implizite Ziele ableitet, wie Ausgaben wie etwa Vorhersagen, Inhalte, Empfehlungen oder Entscheidungen erstellt werden, die physische oder virtuelle Umgebungen beeinflussen können“.*[245]

241 Der New Legislative Framework ist ein 2008 verabschiedeter europäischer Rechtsrahmen der darauf abzielt, den Binnenmarkt für Waren zu verbessern und die Bedingungen für das Inverkehrbringen einer breiten Palette von Produkten auf dem EU-Markt zu stärken. Insbesondere sollen Marktüberwachung verbessert und die Qualität der Konformitätsbewertungsverfahren gesteigert werden, vgl. https://single-market-economy.ec.europa.eu/single-market/goods/new-legislative-framework_en, zuletzt abgerufen am 24.01.2024.

242 vgl. *Stündel,* Bundesverband deutscher Industrie e.V., Stellungnahme zum Entwurf einer europäischen KI-Verordnung, 8.11.2021, S. 3, abrufbar unter: https://bdi.eu/publikation/news/europaeische-ki-verordnung/, zuletzt abgerufen am 13.08.2023.

243 Näheres vgl. C.III.

244 Vgl. Pressemitteilung des Europäischen Rat vom 9.12.2023, online abrufbar unter: https://www.consilium.europa.eu/de/press/press-releases/2023/12/09/artificial-intelligence-act-council-and-parliament-strike-a-deal-on-the-first-worldwide-rules-for-ai/, zuletzt abgerufen am 24.01.2024.

245 EU-Verordnung 2024/1689 vom 13. Juni 2024.

Es gelingt damit, eine zufriedenstellende Definition zu erreichen, die den benannten Bedenken Abhilfe verschafft.

B. Rechtlicher Status

Genauso wie beim Einsatz übriger Technologien kommt es auch bei der Verwendung von Künstlichen Intelligenzen zu Fehlern, die zu (im-)materiellen Schäden führen können. Diese Schäden können einerseits und in Abhängigkeit von dem Einsatzbereich der Künstlichen Intelligenz von bedeutendem Ausmaß,[246] andererseits haftungsrechtlich schwierig einzuordnen sein. Es stellt sich die berechtigte Frage, wen die Verantwortung eines beim Einsatz eines KI-Systems entstandenen Schadens trifft. Dem Haftungsrecht kommt im Bereich des technologischen Fortschritts eine wichtige Rolle zu, indem es Technikrisiken internalisiert und das Technikrecht dadurch maßgeblich steuert.[247]

Für Teile des Schrifttums gibt das Autonomierisiko selbstlernender und vernetzter Maschinen Anlass, bekannte Zurechnungs- und Verantwortungsstrukturen zu hinterfragen.[248] Grund hierfür ist nicht zuletzt der Einfluss einer Vielzahl von Akteurinnen während des Lebenszyklus eines KI-Systems. So kommt Fehlverhalten durch Programmierende, ein Fehlverhalten der Datenlieferantinnen, ein Fehlverhalten Trainierender oder ein Fehlverhalten Anwendender in Betracht, das zu einer fehlerhaften Ausgabe des KI-Systems geführt hat. Es kann aber auch sein, dass mehrere Akteurinnen fehlerhaft gehandelt haben, also bereits jedes Fehlverhalten für sich oder erst in der Gesamtschau zum schädigenden Ereignis führt

---

246 In der Medizin geht es stets um die menschliche Gesundheit. Selbst, wenn der Einsatzbereich auch in dieser Disziplin vielschichtig ist, so geht es doch um die Milderung von Schmerzen, der Heilung und Verhütung von Krankheiten sowie der Pflege von Menschen mit Beeinträchtigungen. All diese Bereiche betreffen ein hochsensibles und kostbares Rechtsgut: das Leben.

247 *Zech*, ZfPW 2019, 198, 209.

248 zur Befürchtung von multiplen Kausalitäten vgl. *Teubner,* Ancilla Iuris, 2018, 35, 36 ff., 75; in Bezug auf den Kausalzusammenhang vgl. *Mühlböck/Taupitz*, AcP, 2021, 179, 210; *Katzenmeier*, MedR 2021, 859, 867; in Bezug auf beweisrechtliche Probleme vgl. *Haftenberger*, Die Produkthaftung für künstlich intelligente Medizinprodukte, S. 55 f.; *Helle*, MedR, 2020, 997; *Rammos/Lange/Clausen,* in: Ebers/Heinze/Krügel/Steinrötter, KI und Robotik, § 28 Rdnr. 25; *Grützmacher*, CR 2021, 436; *Wagner*, AcP 2017, 747; *ders.*, VersR 2020, 717, 729.

– eine *multiple Kausalität* wird befürchtet.[249] Genauso kann es sein, dass alle Akteurinnen fehlerfrei gehandelt haben und es allein ein verwirklichtes KI-Risiko ist, das zum Schaden führt. Die verantwortliche Fehlerquelle auszumachen und diese überdies noch zu beweisen wird für die infolge des Einsatzes eines KI-Systems geschädigte Person haftungsrechtlich von elementarer Bedeutung sein. Ein haftungsproblematischer Schwerpunkt bei diesem Ansatzpunkt wäre mithin vor allem die *haftungsbegründende Kausalität und deren Beweisbarkeit.*

Es gibt aber auch andere Ansatzpunkte, die es gar nicht erst zu einer Überprüfung dieser benannten menschlichen Verantwortlichkeitssphären kommen lassen. So bringen Teile der Literatur vor, es sei nicht vertretbar, die Verantwortung für Entscheidungen weiterhin beim Menschen zu belassen, wenn das Übertragen dieser Entscheidungen auf autonome und sich weiterentwickelnde Systeme von der Gesellschaft akzeptiert würde.[250] Das vertiefte Eintauchen in diese problematische Suche nach verantwortlichen Akteurinnen ließe sich also gänzlich vermeiden, ginge man von einer eigenen juristischen Verantwortlichkeit der Künstlichen Intelligenz aus. Da die rechtliche Einordnung eines KI-Systems darüber entscheidet, ob eine Haftung der beteiligten Akteurinnen überhaupt in Betracht kommt oder bereits dem Grunde nach abzulehnen ist, erfolgt nachfolgend eine kritische Untersuchung, ob KI-Systemen *de lege lata* eine Rechtspersönlichkeit zuzusprechen ist oder dies bei negativer Beantwortung *de lege ferenda* ernsthaft erwogen werden sollte.

I. Eigene Rechtspersönlichkeit

Der Kern des Autonomierisikos präsentiert sich für Kritikerinnen als unvorhersehbare technische Entscheidungsmacht der Künstlichen Intelligenz, die es nicht mehr selbstverständlich erscheinen lasse, eine Zurechnung zu Herstellenden oder Anwendenden herzuleiten.[251] Dies führe zur Gefahr von Haftungslücken, wenn keine direkte Lösung über die Künstliche Intelligenz als Adressatin gefunden werden kann.[252]

249 *Teubner,* Ancilla Iuris, 2018, 35, 36 ff., 75.
250 *Hilgendorf,* in: Rotsch, Criminal Compliance, S. 310 ff.; *Beck,* MedR 2018, 772, 774.
251 *Schirmer,* JZ 2019, 711; Teubner, AcP 218, 155 ff.
252 Ebd.

Bevor in Kapitel drei dieser Arbeit eine Auseinandersetzung mit diesen befürchteten Haftungslücken im vertraglichen Arzthaftungsrecht erfolgt, ist vorrangig und allgemeingültig zu hinterfragen, ob eine Künstliche Intelligenz *de lege lata* aufgrund ihrer *„Intelligenz“* dem Rechtssubjekt der natürlichen Person zugeordnet oder aufgrund ihrer Entscheidungsketten[253] analog einer juristischen Person behandelt werden kann. Wird dies ablehnend beantwortet, wäre weiterhin zu erwägen, *de lege ferenda* an eine Einführung einer neuen Rechtspersönlichkeit in Form einer *elektronischen Person* zu denken.[254]

1. Natürliche oder juristische Person

In der Roboterethik wird darüber diskutiert, inwieweit und unter welchen Bedingungen Roboter als moralische Subjekte *(moral agents)* und Objekte moralischer Berücksichtigung *(moral patients)* einzuordnen sind.[255] In der Informationsphilosophie gibt es ähnliche Überlegungen, die sich mit der moralischen Verantwortlichkeit von Algorithmen befasst. Hier wird autonomen Systemen mittlerweile eine *„accountability“*, jedoch noch keine *„responsibility“* zugesprochen. Juristisch hieße dies, dass Künstliche Intelligenz zwar bislang kein *Verschulden* im Sinne subjektiver Vorwerfbarkeit, wohl aber *Rechtswidrigkeit* zugerechnet werden könnte.[256]

a. Der Begriff der Rechtsfähigkeit

Trägerin eines subjektiven Rechts kann nur eine Person sein, die Rechtsfähigkeit besitzt. Inhaber von Rechten und Pflichten kann daher jede natürliche Person (jeder Mensch) und eine juristische Person des privaten oder öffentlichen Rechts sein.[257] Daneben gibt es einige Personengesellschaften,

---

253 Vgl. *Teubner*, AcP 218, 155, 164 f.

254 *Matthias*, Automaten als Träger von Rechten: Plädoyer für eine Gesetzesänderung, S. 83 ff.; *Beck*, in: Hilgendorf/Günther, Robotik und Gesetzgebung, S. 257; *John*, Haftung für künstliche Intelligenz, S.372 f.; *Mayinger*, Die künstliche Person, 2017, S. 166;

255 *Bauberger et al.*, in: Görz/Schmid/Braun, Handbuch der Künstlichen Intelligenz, S. 922.

256 Vgl. zum Ganzen *Teubner*, AcP 218, 155, 164 f.

257 *Fuchs*, in: Weber, Rechtswörterbuch, Rechtssubjekt.

denen das Gesetz den Status eines Rechtssubjekts (bspw. die offene Handelsgesellschaft oder Partnerschaftsgesellschaft)[258] und damit *Teilrechtsfähigkeit* zukommen lässt. Ohne, dass dies gesetzlich verankert war,[259] jedoch durch die Rechtsprechung[260] veranlasst, besaß auch die Gesellschaft bürgerlichen Rechts in der Form der Außen-GbR Teilrechtsfähigkeit, soweit sie durch Teilnahme am Rechtsverkehr eigene Rechte und Pflichten begründet. Person in diesem Sinne meint Rechtsperson bzw. Rechtspersönlichkeit.

Nach den obigen Ausführungen lässt sich zusammentragen, dass das deutsche Gesellschaftsrecht neben der natürlichen Person (Mensch) also rechtsfähige Vereinigungen mit Rechtspersönlichkeit (bspw. GmbH und AG) und solche ohne Rechtspersönlichkeit (bspw. OHG und GbR)[261] kennt. Es ist mithin zwischen *voll- und teilrechtsfähigen Rechtssubjekten* zu unterscheiden.

b. Rechtssubjektivität und Rechtspersönlichkeit

Die Taxonomie der Begrifflichkeiten *Rechtsfähigkeit*, *Rechtssubjektivität* und *Rechtspersönlichkeit* ist von grundlegender Bedeutung für die Rechtsordnung. Festzuhalten ist nach dem eben Ausgeführten zunächst, dass nicht jedes Subjekt, das rechtsfähig ist, Rechtspersönlichkeit besitzen muss,[262] wie dies am Beispiel der Personengesellschaften plastisch wird. Rechtssubjekt bezeichnet als Oberbegriff alle rechtsfähigen Entitäten als Trägerinnen von Rechten und Pflichten.[263] Sie sind zu unterteilen in Rechtspersonen (natürliche und juristische Personen) und sonstige teilrechtsfähige Subjekte (siehe zuvor). Dies führt dazu, dass Rechtspersonen die Vermutung der unbeschränkten Rechtsfähigkeit zukommt, während Rechte und Pflichten teilrechtsfähigen Subjekten positiv zugewiesen wer-

258 *Fuchs*, in: Weber, Rechtswörterbuch, Rechtssubjekt.

259 Änderung dieses Umstands mit Inkrafttreten des Gesetzes zur Moderniesierung des Personengesellschaftsrechts (Personengesellschaftsrechtsmodernisierung – MoPeG) vom 10.08.2021 (BGBI I S. 3436) am 01.01.2024; vgl. hierfür etwa *Röß*, NZG 2023, 401 ff.

260 BGHZ 146, 341 = NJW 2001, 1056.

261 *Beuthien*, NJW 2005, 855, 856.

262 Vgl. *Schirmer*, JZ 14/2019, S. 712; andere Ansicht wohl: *Klingbeil*, AcP 217, 848, 859: *„Wer rechtsfähig ist, ist notwendigerweise Rechtsperson"*.

263 Ebd.

den müssen.[264] *Linke* verweist in diesem Kontext darauf, dass der Begriff der Rechtsperson moralisch aufgeladen sei, wohingegen die Kategorie der teilrechtsfähigen Subjekte ausschließlich funktionalen Erwägungen unterliege.[265]

Der Begriff der Rechtsfähigkeit wird vom Gesetz nicht definiert, sondern vorausgesetzt.[266] Die herrschende Meinung bezeichnet sie als die Fähigkeit, Träger von Rechten und Pflichten zu sein.[267] Da nur Rechtssubjekte Rechtsfähigkeit besitzen können, ist dies konsequent. Die zuvor beschriebenen roboterethischen und informationsphilosophischen Debatten, welches Maß an moralischer Verantwortung einer Künstlichen Intelligenz zugesprochen werden kann, betreffen grundsätzlich die *moralische* Statusfrage von KI-Systemen. Sie sind jedoch auch insoweit für den *rechtlichen* Status relevant, als die Ausgestaltung und Bewertung des rechtlichen Status nur auf Basis sozialmoralischer Überlegungen möglich ist. Dies gilt, obwohl der Gesetzgeber frei in der Schöpfung und Gestaltung des Rechts und somit auch einem Rechtsstatus ist.[268] Doch führt dies aus nachfolgenden Gründen im Ergebnis nicht dazu, ein KI-System als natürliche oder juristische Person im Rechtssinne zu betrachten.

Anknüpfend an die *moralische* Verantwortung von Künstlicher Intelligenz tritt in der transhumanistischen Literatur die Vorstellung hinzu, wonach KI-Systemen ethisches bzw. moralisches Verhalten einprogrammiert werden könnte, damit diese eine konkretere und näher zu bezeichnende Art der Verantwortung für ihr Handeln übernehmen können. Dies, gepaart mit den Prognosen zur Singularität, veranlasst jene Gruppen dazu, keinen Unterschied mehr zwischen dem Menschen und der Maschine[269] machen zu wollen. Dieser transhumanistische Vergleich – Autonomie des KI-Systems und Handlungsautonomie des Menschen – führt jedoch unumgäng-

---

264 Ebd.

265 Insbesondere zum Begriff der Funktionalität der Teilrechtsfähigkeit und dem Erfordernis, dieser positiv Rechte und Pflichten zuweisen zu müssen vgl. *Linke*, MMR 2021, 200, 201, mit Verweis auf *Schirmer*, JZ 2019, 711 ff.

266 So *Lehmann*, AcP 207, 225, 226.

267 *Fahse* in: Soergel BGB, § 1, Rdnr. 1; *Roller*, Die Rechtsfähigkeit des Nasciturus, S. 180 ff.; *Saenger*, in: Erman BGB, § 1, Rdnr. 1; *Schultze-v. Lasaulx*, in: Soergel BGB, Allgemeiner Teil 1, Rdnr. 1; *Spickhoff*, in: Kommentar Medizinrecht, § 1, Rdnr. 6; *Lehmann*, AcP 207, 225, 226ff.

268 Zu alledem *Beck*, in: Hilgendorf/Günther, Robotik und Gesetzgebung, S. 240.

269 Grundlegend *Matthias*, Automaten als Träger von Rechten: Plädoyer für eine Gesetzesänderung, S. 45–62, vgl. *dens.*, a.a.O., S. 85–89; *Gaede*, Künstliche Intelligenz – Rechte und Strafen für Roboter 2019, S. 31–55.

lich dazu, dass Handlungen von Menschen ebenfalls auf ihre Unvorhersehbarkeit und somit auf die Komplexität ihres menschlichen Organismus reduziert werden. Diese Annahme widerspräche dem Rechtssystem, dem deontologische Grundlagen des ethischen Handelns zugrunde liegen.[270]

Ähnlich verhält es sich mit Argumenten zu einer behaupteten ontologischen Kontinuität zwischen dem Menschen und dem KI-System. So will man einen Personenstatus der Künstlichen Intelligenz mit dem Verweis darauf begründen, dass derartige Systeme (Selbst-)Bewusstsein entwickeln könnten.[271] Diese Argumentation hinkt jedoch kognitionswissenschaftlich deshalb, weil sich ein (Selbst-)Bewusstsein nicht messen lässt.[272] Auch lässt sich dieser Begriff nicht operationalisieren.[273]

c. Fazit

Im Ergebnis bleibt es dabei, dass KI-Systeme keine Rechtspersonen sind. Denn eine Rechtspersönlichkeit wird, ungeachtet des moralischen Einflusses auf das Recht, von der Rechtsordnung zuerkannt und muss sich daher stets auf einen Rechtssatz zurückführen lassen.[274] Für den rechtlichen Status ergibt sich die Antwort also aus dem Gesetz. Die Rechtsordnung setzt die Rechtspersönlichkeit natürlicher Personen gemäß § 1 BGB aufgrund von Art. 1 Abs. 1 GG voraus und erkennt sie für juristische Personen einfachgesetzlich[275] an.[276] Für KI-Systeme findet sich hier, trotz oder gerade wegen ihrer Autonomie und kognitiven Fähigkeiten, (derzeit) keine Zuord-

270 *Bauberger et al.*, in: Görz/Schmid/Braun, Handbuch der Künstlichen Intelligenz, S. 924.

271 Vgl. *Matthias*, Automaten als Träger von Rechten: Plädoyer für eine Gesetzesänderung, S. 45–62, *dens.*, S. 85–89.

272 *Bauberger et al.*, in: Görz/Schmid/Braun, Handbuch der Künstlichen Intelligenz, S. 924 f.

273 *Bauberger et al.*, in: Görz/Schmid/Braun, Handbuch der Künstlichen Intelligenz, S. 924 f.

274 *Lehmann*, AcP 207, 225, 231; *Behme*, in: BeckOGK, § 1 Rn. 36.

275 Vgl. § 21 BGB, § 1 Abs. 1 S. 1 AktG, § 13 Abs. 1 GmbHG, § 17 Abs. 1 GenG, Art. 1 Abs. 3 SE-VO.

276 *Linke*, MMR 2021, 200, 201.

nung. KI-Systeme dürfen damit de lege lata als *„tool“*,[277] also Werkzeug und damit als bloßes *Rechtsobjekt* betrachtet werden.[278]

Die Debatte nach dem moralischen Status muss damit verlagert werden. Es muss gefragt werden, ob die Entwicklungen zum moralischen Status *de lege ferenda* eine Reaktion des Gesetzgebers erforderlich macht.

2. Die „ePerson“

Es gibt Stimmen in der Literatur, die aufgrund der wachsenden Entscheidungskompetenz der Maschinen, ihrer immer größer werdenden Ähnlichkeit zum Menschen und Funktionsfähigkeit für die Gesellschaft, fordern, KI-Systemen Verantwortung, Pflichten und Rechte zuzuschreiben.[279] So könnten KI-Systeme durch die Verleihung des Status *„Person“* als moralische und rechtliche Entitäten eingeordnet werden, die durch den Zusatz *„elektronisch“* zu einer eigenen Konzeption führen, die deutlich macht, dass sie sich in der Reichweite ihrer Rechte und Pflichten von der natürlichen Person Mensch unterscheiden.[280] Durch diese Konstituierung könnten, so wird vertreten, Nachweisprobleme bei Haftungsfragen gelöst werden.[281] Auch können auf diese Weise andere Akteurinnen, wie etwa Herstellende eines KI-Systems, aus der Haftung entlassen werden.[282]

Das Europäische Parlament griff diese Problematik auf, als es die Kommission in ihrer Resolution vom 16. Februar 2017 dazu aufforderte, zu untersuchen, ob es sinnhaft wäre, für die *„ausgeklügeltsten autonomen Roboter“* ein Rechtssubjekt in Form einer elektronischen Person zu schaffen, die für den Ausgleich der durch diese Systeme geschaffenen Schäden haftet. In diesem Kontext sollte ebenfalls bewertet werden, ob ein obligatorisches Versicherungssystem und Entschädigungsfonds einzurichten seien.[283]

---

277 Vgl. *Viola*, Artificial intelligence, real benefits, 18.12.2018, online abrufbar unter: https://ec.europa.eu/futurium/en/blog/artificial-intelligence-real-benefits.html, zuletzt abgerufen am 16.10.2023.

278 *Dettling/Krüger*, MMR 2019, 211, 212.

279 Vgl. hierzu *Beck*, in: Hilgendorf/Günther, Robotik und Gesetzgebung, S. 243; befürwortend auch: *Misselhorn*, Grundfragen der Maschinenethik, 2018, S. 70 ff.

280 Ebd.

281 *Beck*, in: Hilgendorf/Günther, Robotik und Gesetzgebung, S. 257; *John*, Haftung für künstliche Intelligenz, 2007, S.372 f.; *Mayinger*, Die künstliche Person, 2017, S. 166.

282 Ebd.

283 EU-Parlament, Entschließung vom 16.02.2017 – 2015/2013 (INL), Rd. 59 lit. a, b, f.

Wegen der rechtsdogmatischen Schwierigkeiten und der zunehmenden Autonomie von Künstlichen Intelligenzen, insbesondere bei Modellen des Deep Learnings, bleibt daher zu untersuchen, ob dieser Idee *de lege ferenda* zu folgen sein wird und gesetzgeberischer Handlungsbedarf besteht. In Betracht kommt die Erweiterung des Rechtspersonenkreises um eine elektronische Person *(„e-Person“)* als weiteres Rechtssubjekt für bestimmte autonome Systeme.[284]

a. Zweckmäßigkeit

Der Gesetzgeber ist grundsätzlich frei darin, den Kreis der Rechtspersonen in einer Art und Weise zu erweitern, die ihm zweckmäßig erscheint.[285] Es wäre also durchaus und grundsätzlich möglich, eine solche elektronische Rechtsperson zu erschaffen. Zu beachten ist an dieser Stelle allerdings, dass das Einfügen einer solchen Rechtspersönlichkeit in das bestehende Gefüge des Personenrechts einen schweren Eingriff darstellen würde.[286] Daher ist kritisch zu überprüfen, ob dies *zweckmäßig* und *erfolgversprechend* erscheint.

Zentrale Funktion der Schaffung einer neuen Person im Zivilrecht ist es, Vermögensmassen trennen zu können. Hinter einer juristischen Person – und so würde aller Voraussicht nach auch die elektronische Person ausgestaltet werden – stehen natürliche Personen, die diese steuern. Diese natürlichen Personen werden durch die Anerkennung der Rechtsfähigkeit zugunsten der Haftung des neuen Rechtssubjekts von der eigenen Haftung für die Folgen des Handelns der betriebenen Entität (bzw. der ihr zugerechneten Handlungen) befreit.[287]

---

284 Vgl. *Matthias*, Automaten als Träger von Rechten: Plädoyer für eine Gesetzesänderung, S. 83 ff.; *Beck*, in Robotik und Gesetzgebung, S. 239 ff.: *„So wie das Konzept der natürlichen Person schon längst durch die Figur einer juristischen Person ergänzt wurde, wäre es möglich, noch einen Schritt weiterzugehen und eine e-Person zu kreieren, die als eigenständiges Haftungssubjekt anzusehen wäre.“*; *Teubner*, AcP 218, 155, 188; dagegen: *Dettling/Krüger*, MMR 2019, 211, 212; *Borges*, NJW 2018, 977.; *Katzenmeier*, MedR 2021, 859, 866; Siehe dazu auch: *Beck*, JR 2009, 225, 220 f.; *dies.*, in: Hilgendorf/Günther, Robotik und Gesetzgebung, 2012, S. 239, 255 ff.

285 *Kersten*, JZ, 2015, 1, 7; *Linke*, MMR 2021, 200, 201.

286 *Brand*, MedR 219, 943, 948, *Linke*, MMR 2021, 200, 202.

287 Vgl. *Riehm*, RDi 2020, 42, 44.

b. Diskussion

Einige Kritikerinnen führen an, dass Rechtssubjektivität allein Menschen vorbehalten sei und äußern in diesem Zusammenhang ontologische und epistemologische Bedenken.[288] Diese Bedenken können allerdings bereits mit Verweis auf die Existenz der einfachgesetzlich anerkannten juristischen Person ausgeräumt werden.

aa. Philosophie, Soziologie und funktionales Recht

Wie unter B.I. beschrieben, spielen für die Statusfrage sowohl *moralische* als auch *rechtliche* Erwägungen eine Rolle. Dies gilt auch für die Frage, ob ein Erfordernis zur Schaffung einer neuen Rechtspersönlichkeit, einer *„ePerson"*, zu bejahen ist und welche Argumente für eine Umsetzung sprechen. In der Literatur existieren für die Legitimation verschiedenste Ansichten. Im Wesentlichen lassen diese sich jedoch auf die drei Begründungsansätze der Philosophie, Soziologie und des funktionalen Rechts reduzieren:

Als prominent ist auch hier zunächst die philosophische bzw. transhumanistische Haltung zu benennen, wonach KI-Systeme aufgrund ihrer moralischen Berechtigung eine Vergleichbarkeit zu natürlichen Personen aufweisen würden. Dieses Argument kann indes nicht durchgreifen, da es kognitionswissenschaftlicher Bewertung nicht standhält und aus zuvor benannten Gründen nicht dem geltenden Rechtssystem entspricht.[289] Zudem wird die Einführung aus Gründen der Bedrohung der Vormachtstellung des Menschen und der damit verbundenen Gefahr für das humanistische Fundament unserer Gesellschaft teilweise sogar als verfassungswidrig be-

288 *Eidenmüller*, ZEuP 2017, 765, 755 f.; *Müller-Hengstenberg/Kirn*, MMR 2014, 307 f.; von der Gefahr ein *„Untermenschentum"* heraufzubeschwören siehe *Brand*, MedR 2019, 943, 948, *Mühlböck/Taupitz*, AcP 221, 179, 214.

289 *Schirmer*, JZ 2019, 711, 716. Das geltende Recht unterliegt einem anthropomorphen Ansatz. Gerade in Bezug auf eine Wissenszurechnung beim Einsatz von KI-Systemen wird bereits de lege lata diskutiert, ob sich der Gesetzgeber in eine innovationsermöglichendere und mehr in die Richtung eines funktionalen Verständnisses bewegen sollte, vgl. zu dem Thema *Seidel*, CR 2023, 636 ff.

trachtet,[290] zumindest wird zurecht jedoch eine gewisse Zurückhaltung gefordert.[291]

Die soziologische Wissenschaft argumentiert mit dem Begriff der *Akteurin*. KI-Systeme seien als Akteurinnen bereits in anderen Bereichen akzeptiert, sodass sich diese Annahme auch auf das Recht auswirken müsse.[292]

Zwar ist es in der Tat so, dass das Recht auf soziologische Irritationen reagieren sollte. Doch obliegt es dem Recht auch, diese Neuerungen mit der ihm zur Verfügung stehenden, eigenen Sprache zu verarbeiten und zu übersetzen.[293] Ob es dabei die radikale Variante wählt, eine neue Rechtspersönlichkeit zu schöpfen, es bloß neue Regelungskomplexe einführt oder mit bereits vorhandenen juristischen Konstrukten arbeitet, obliegt der Legislative und ist im Einzelnen nach Zweckmäßigkeit zu bewerten.[294] Es bleibt damit trotz soziologischer Kritik dabei, dass es allein auf die *juristische* Zweckmäßigkeit ankommt.[295]

Damit stellt sich die Frage, ob es zweckmäßiger ist, mit der Schöpfung einer dritten Rechtsperson, die einen vollumfänglichen Zugang zum Recht – u.a. zum Haftungsapparat – hat, eine ganzheitliche Lösung anzustreben, oder ob eine bloß situative Festlegung einzelner moralischer und rechtlicher Regelungen im Umgang mit KI-Systemen ausreicht.[296] Bei all dem Bestreben, eine eigene Rechtspersönlichkeit für KI-Systeme zu erschaffen, bleibt es doch stets dabei, dass der Gesetzgeber nur sehr restriktiv mit dieser Einordnung umgeht und es äußerst fragwürdig erscheint, Maschinen

---

290 *Eidenmüller*, ZEuP 2017, 765, 776; *Schirmer*, JZ 2019, 711, 716; vgl. auch die Untersuchung des EU-Parlaments, dass., European Civil Law Rules in Robotics, PE 571.379, 2016, S. 14–16; zur Verfassungswidrigkeit: vgl. *Müller-Hengstenberg/Kirn*, MMR 2014, 307 f.

291 *Schirmer*, 2019, 711, 716, der in diesem Zusammenhang auf das Computerprogramm AlphaGo verweist, das innerhalb weniger Stunden und nur gefüttert mit Regelwerk auf dem Level eines Go-Großmeisters operierte.

292 *Allen/Widdison*, Harvard Journal of Law & Technology 1996, 25, 36 ff. mit Verweis auf Teubners Ausführungen zum rechtlichen Status von gesellschaftsrechtlichen Akteurinnen, *dies.*, The American Journal of Comparative Law, 1988, Volume 36, Issue 1, 130–155; vgl. auch allgemein zum gesellschaftlichen Begriff des Akteurs: *dies.*, ZfRS 2006, 6, 9ff.; *Boehme-Neßler*, Unscharfes Recht 2008, S. 389; siehe auch *Beck*, JR 2009, 225, 230.

293 Vgl. hierzu *Fitzi*, in: Hilgendorf/Günther, Robotik und Gesetzgebung, S. 377, 393 f.

294 Vgl. *Linke*, MMR 2021, 200, 202.

295 Vgl. *Linke*, MMR 2021, 200, 202 zu: *Behme*, in: BeckOGK BGB, § 1, Rn. 38; *Riehm*, RDi 2020, 42; *Wagner*, in: Faust/Schäfer, Zivilrechtliche und rechtsökonomische Probleme des Internet und der künstlichen Intelligenz, 2019, S. 32.

296 *Beck*, in: Hilgendorf/Günther, Robotik und Gesetzgebung, S. 247.

ein solch machtvolles Instrument zuzusprechen – *„nur"*, weil sie autonom Entscheidungsprozesse durchführen,[297] eine menschliche Adaptivität also grundsätzlich nachahmen *können*. Die Einführung einer neuen Rechtspersönlichkeit muss sich vielmehr daran messen lassen, ob sie Antworten auf die mit autonomen Systemen verbundenen Probleme ermöglicht, d.h. ob die gesetzlichen Wertungen in diesem Zusammenhang überzeugend übersetzt werden oder es *mildere und weniger invasive Mittel* als Reaktion gibt.[298]

bb. Chancen-Risiken-Waage

Riehm führt richtig aus, der Status der Rechtspersönlichkeit führe im Zivilrecht zu einer Bündelung von Rechten und Pflichten sowie Aktiva und Passiva, aber eben auch dazu, dass das jeweilige Rechtssubjekt für eigenes bzw. das ihr zugerechnete Verhalten rechtlich einstehen muss. Sinn und Zweck dieser *Chancen-Risiken-Waage* sei es, einen Anreiz für die handelnde Rechtspersönlichkeit zu schaffen, das jeweilige Verhalten so zu steuern, dass nur solche Risiken eingegangen werden, denen mindestens gleichwertige Chancen gegenüberstehen. Es sei auch erst dieser Zusammenhang, der die Rechtsperson für die Rechtsordnung steuerbar werden lasse, weil das Rechtssubjekt dann nämlich die Konsequenzen eines Verstoßes selbst tragen muss – durch die Haftung einerseits und mögliche Bußgelder oder Geldstrafen andererseits. Jedenfalls sei die Vermögenshaftung zentraler Anknüpfungspunkt.

Dass dieser Zweck sich im Falle von handelnden natürlichen Personen erfüllt, dürfte selbsterklärend sein. Auch bei juristischen Personen, die von natürlichen Personen gesteuert werden, erscheint dies zweckförderlich. Denn in den Handlungen dieser juristischen Personen manifestieren sich diejenigen, der diese steuernden natürlichen Person(en) – lediglich mit dem Unterschied der möglichen Haftungsbeschränkung. Es bleibt jedoch

297 Vgl. *Linke*, MMR 2021, 200, 202; an dieser Stelle ist abermals darauf hinzuweisen, dass KI-Systeme in der Regel durch die menschlichen Akteurinnen begrenzt und somit vornehmlich als *„schwache KI"* mit geringem Generalisierungsgrad und somit höherer Möglichkeit der Kontrollier- und Erklärbarkeit auftreten werden, vgl. hierzu bereits Kapitel eins, A.IV.3.

298 *Linke*, MMR 2021, 200, 202; *Reuter*, AcP 207, 673, 674.

dabei, dass die juristische Person selbst lediglich als rechtlicher Mantel fungiert und keine eigenen Entscheidungen treffen kann.[299]

Anders als der Mensch, dem auch ein emotionaler Entscheidungsapparat zur Verfügung steht,[300] handelt die Künstliche Intelligenz auf Grundlage von Algorithmen und entwickelten Mustern, vgl. A.III.2.b. Ein KI-System dürfte mit technischer Gleichgültigkeit darauf reagieren, ob es die Konsequenzen eines Verstoßes selbst tragen muss – zumindest werden eine drohende Haftung, Bußgelder oder Geldstrafen ihr *„Verhalten"* für die Rechtsordnung nicht steuerbarer machen und sie nicht von Fehlentscheidungen im Sinne einer Chancen-Risiken-Abwägung abhalten. Dies spricht eindeutig gegen die Verleihung einer eigenen Rechtspersönlichkeit.

cc. Notwendigkeit eindeutiger Identifikation als Rechtssubjekt

Riehm deutet noch ein weiteres großes Problemfeld an, das sich nur schwer überzeugend übersetzen lässt – technische Komplexität von KI-Systemen. Es gebe nicht *„die Eine"* Künstliche Intelligenz, die sich ohne weitere Spezifikation kategorisieren lässt. Sie sei in ihrem technischen Fortschritt je nach Verwendung sehr vielschichtig. Allein die Einordnung in *schwache* und *starke* Künstliche Intelligenzen[301] führe zu einem maßgeblichen Unterschied. Die Anerkennung von KI-Systemen als Rechtsperson setze jedoch zwingend voraus, dass diese eindeutig als Rechtssubjekte nach außen hin identifizierbar sind.[302] Daher müsse auch geklärt werden, wo technische Grenzen zu ziehen sind und welchen KI-Systemen diese Rechtsfähigkeit zukommen soll. Dies auch unter Berücksichtigung ihrer Möglichkeit, sich mit anderen Systemen oder nicht rechtsfähigen Programmen zu vernetzen[303] oder weiterzuentwickeln. Für physische KI-Systeme dürfte diese Herausforderung noch zu bewältigen sein – die Rechtsfähigkeit könne an die Hardware geknüpft werden –, doch sobald die Algorithmen einer Hardware nicht eindeutig zugeordnet werden können, wie dies bspw. bei

299 Zu alledem siehe *Riehm*, RDi 2020, 42, 44.

300 *Riehm* spricht hier von dem wirtschaftlichen *„Überlebenswillen"*, den Menschen naturgemäß haben und der sie in ihrem Handeln beeinflusst, *ders.*, RDi 2020, 42, 44.

301 Vgl. hierzu Kapitel eins unter Teil A.III.

302 *Riehm*, RDi 2020, 42, 44.

303 *Mühlböck/Taupitz*, AcP 221, 179, 215.

Internet-Suchmaschinen der Fall sei, erscheine dies, so die Ansicht *Riehms*, unlösbar.[304]

Mit Blick auf Rechtssicherheit soll in diesem Zusammenhang auch darauf hingewiesen werden, dass die Verleihung einer Rechtspersönlichkeit, egal ob dies nun in Gestalt einer natürlichen, juristischen oder neuen, elektronischen Person geschieht, grundsätzlich erst einmal bedeutet, dem Rechtssubjekt volle Rechtsfähigkeit zuzusprechen. Dies wiederum bedeutet nicht weniger als eine automatische Inhaberschaft von uneingeschränkten Rechten und Pflichten des KI-Systems. Es müsste daher aktiv begründet werden, warum gerade diesen Rechtssubjekten Rechte aus der Rechtsordnung vorenthalten werden.[305] Dies spricht eindeutig gegen die Einführung einer neuen Rechtsperson.

dd. Missbrauchspotenzial durch beteiligte Akteurinnen

Hielte man es juristisch und auch ethisch vertretbar, Handlungen von KI-Systemen genauso zu behandeln, wie die eines Menschen und befürwortet damit die Schöpfung einer neuen, eigenen Rechtsperson, so müssten diese Systeme aus Gründen der Praktikabilität und zur Gewährleistung der Rechtssicherheit ebenso auszustatten sein, wie juristische Personen. Dies bedeutet im Ergebnis in jeden Fall Dreierlei: ein eigener Haftungsverband, eine Handlungsorganisation und eine Identitätsausstattung.[306]

Ginge man also von der Künstlichen Intelligenz als Rechtssubjekt und damit taugliche Adressatin aus, würde diese eine eigene Haftungsmasse benötigen, um Schäden von Anspruchsstellenden regulieren zu können.[307] Verantwortliche Akteurinnen für das Bereitstellen einer solchen Haftungsmasse wären dann die unmittelbar am verursachten Schaden Beteiligten, die sonst zur Haftung herangezogen würden – meist Herstellende und/oder Anwendende.[308] Dann aber bestünde eine realistische Gefahr, dass KI-Systeme mit eigener Rechtspersönlichkeit zur Abschirmung von haf-

---

304 Vgl. zu alledem *Riehm*, RDi 2020, 42, 44.

305 Vgl. *Schirmer*, JZ 2019, 711, 716; *ders.*, JZ 2016, 660, 662 f.

306 *Mühlböck/Taupitz*, AcP 221, 179, 215.

307 *Mühlböck/Taupitz*, AcP 221, 179, 215; *Ensthaler*, InTeR 2017, 1; *Beck*, in: Hilgendorfer/Günther, Robotik und Gesetzgebung, S. 257.

308 *Wagner*, VersR 2020, 717, 739; *Zech*, Gutachten zum 73. DJT, 2020, S. A 97; *Riehm*, RDi 2020, 42, 46.

tungsrechtlichen Ansprüchen missbraucht werden.[309] Anders als bei Handelsgesellschaften käme der Einsatz einer solchen Masse nicht einem produktiven Stammkapital, sondern eben einer bloßen Haftungsmasse gleich. Dies führt zwangsläufig dazu, dass die so bereitgestellte Summe nicht für sich arbeitet, sondern auf den eingezahlten Betrag begrenzt wäre – eine Rückgriffshaftung auf dahinterstehende Akteurinnen wäre mithin nach wie vor oft notwendig.[310] Im Ergebnis müsste – zumindest für Fälle, in denen die Haftungsmasse den Schaden nicht deckt – eine zivilrechtliche Haftung der Akteurinnen doch geprüft werden.

Überdies ist dem Grunde nach schon äußerst kritisch zu hinterfragen, wie erstrebenswert es ist, Herstellende und Anwendende aus ihrer Haftung zu entlassen. Denn ein rapides Abnehmen der Motivation für das Ergreifen von Präventionsmaßnahmen zur Herstellung und Instandhaltung sicherer Systeme dürfte zumindest ernsthaft zu befürchten sein.[311]

c. Fazit

Nach alledem bleibt festzuhalten, dass die Idee der Einführung einer eigenen Rechtspersönlichkeit in Form der *„ePerson“* mehr Bedenken, als Befürwortung begegnet. Einer solch fundamentalen Erweiterung des Rechtspersonenkreises bedürfte es allerdings erst gar nicht, könnte der Künstlichen Intelligenz ähnlich der BGB-Gesellschaft bereits eine Teilrechtsfähigkeit zuerkannt werden. Denn dann wäre es nicht mehr sachgerecht, eine neue Rechtsperson zu erschaffen. Dies insbesondere deshalb, weil einer Rechtspersönlichkeit dem Grunde nach alle Rechte und Pflichten zustünden, wohingegen diese bei bloßer Teilrechtsfähigkeit anwendungsspezifisch zugesprochen werden müssten. Dies macht eine kontrollierbarere Ausgestaltung möglich. Diese Erwägungen sollen daher nun abschließend zum Gegenstand gemacht werden.

---

309 *Mühlböck/Taupitz*, AcP 2021, 215 f.; *Denga*, CR 2018, 69, 77; *Spindler*, in: Grigoleit/Petersen, FS Canaris, S. 709, 714; *Linke*, MMR 2021, 200, 202.

310 *Riehm*, RDi 2020, 42, 45; *Koch*, in: Lohsse/Schulze/Staudenmayer, Liability für Artificial Intelligence and the Internet of Things, S. 99; 115; *Howells/ Twigg-Flesner:* Interconnextivity and Liability: AI and the Internet of Things, 30.04.2021, online abrufbar unter: https://dx.doi.org/10.2139/ssrn.3843134, zuletzt abgerufen am 14.12.2023.

311 *Katzenmeier*, MedR 2021, 256; *Riehm*, RDi 2020, 42, 44 f.

II. Lösung: Teilrechtsfähigkeit

Das Haftungsrecht benötigt keine volle Rechtsfähigkeit, um Schadensersatzansprüche zu begründen. Vielmehr lässt es eine funktionale Teilrechtsfähigkeit ausreichen.[312] Damit stellt sich die Frage, ob die Grundsätze der Lehre von der Teilrechtsfähigkeit sich auf KI-Systeme übertragen lassen.

1. Lehre von der Teilrechtsfähigkeit

Das Konstrukt der Teilrechtsfähigkeit koppelt die Rechtsfähigkeit von dem Erfordernis, Rechtsperson zu sein, ab.[313] Bei den dadurch ermöglichten rechtsfähigen Nicht-Personen bzw. teilrechtsfähigen Rechtssubjekten wirkt eine Rechtsfähigkeitsvermutung,[314] wie diese für Rechtspersonen (d.h. natürliche und juristische Personen) Geltung hat, nicht. Im Umkehrschluss müssen die einzelnen Rechte und Pflichten eines solchen teilrechtsfähigen Rechtssubjekts *ausdrücklich und positiv festgestellt* werden. Dies würde der zuvor beschriebenen Rechtsunsicherheit weitestgehend abhelfen.

2. Kritik

Kritiker, die die Lehre von der funktionell bestimmten Teilrechtsfähigkeit als *„willkürliches Rosinenpicken hinsichtlich der Voraussetzungen und Folgen von Rechtsfähigkeit"*[315] bezeichnen, überzeugen mit ihrer Argumentation nicht. Sie führen an, eine Entität sei entweder Trägerin von Rechten und

---

312 Teilrechtsfähige Personengesellschaften können ebenso wie natürliche und juristische und damit Voll-Rechtsfähige Rechtssubjekte zur haftungsrechtlichen Verantwortung herangezogen werden.

313 Vgl. *Schirmer*, JZ 2019, 714; *Linke*, MMR 2021, 200, 201,

314 Die Rechtsfähigkeitsvermutung betont *Schirmer*, JZ 14/2019, 714, mit Verweis auf *Savigny*, System des heutigen Römischen Rechts, Band 2, 1840, S. 2, der auf die Möglichkeit der Rechtsordnung verweist, Beschränkungen des ursprünglichen Personenbegriffes vorzunehmen. Die der Rechtsperson anhaftende Vermutung grundsätzlich unbeschränkten Haftung sei es daher, die die volle moralische Dimension zeichne, vgl. auch *Behme*, in: BeckOGK BGB, § 1 Rdnr. 5; ähnlich zum sog. *„Normaltypus"* auch *Fabricius*, Relativität der Rechtsfähigkeit, 1963, S. 67.

315 So ausdrücklich *Riehm*, RDi 2020, 42, 47; *Klingbeil* meint, der formal-abstrakte Begriff der Rechtsfähigkeit sei einer Quantifizierung nicht zugänglich, vgl. *ders.*, JZ 2019; 718, 722.

Pflichten oder nicht. Sobald eine Entität irgendein Recht hat, sei sie rechtsfähig. Gleichzeitig könne aber nicht jedes Rechtssubjekt die Voraussetzungen jeder Rechtsnorm erfüllen.[316] Bestimmte Rechte könnten von bestimmten Rechtssubjekten daher nicht erworben werden.[317]

Die gesetzgeberische Akzeptanz dieses Konstrukts der Teilrechtsfähigkeit kann jedoch nicht geleugnet werden. Anders lässt sich der Wortlaut des § 14 Abs. 1 BGB, der die Unternehmerin als *„eine natürliche oder juristische Person oder eine rechtsfähige Personengesellschaft"* bezeichnet, nicht erklären.[318]

Der BGH attestierte am Beispiel der GbR die Notwendigkeit, für spezifische Probleme eine funktionierende Lösung finden zu müssen. Die Akzeptanz der Teilrechtsfähigkeit und das funktionale Verständnis dieses Begriffs durch den BGH zeigt sich bspw. in seiner Entscheidung zur Grundbuchfähigkeit der BGB-Gesellschaft. Diese erwachse nicht allein schon aus dem Status der Teilrechtsfähigkeit. Vielmehr bedürfe es der Zuweisung bestimmter Rechte und Pflichten, wie in diesem Fall der Fähigkeit, Eigentum an Grundstücken und grundstücksgleichen Rechten sowie beschränkte dingliche Rechte an Ebendiesen zu erwerben, denn teilrechtsfähige Rechtssubjekte seien natürlichen und juristischen Personen gerade nicht gleichgestellt. Daher bedürfe es einer positiven Bestimmung spezifischer Rechte und Pflichten.[319] Dass das Haftungsrecht, wie eingangs beschrieben, keine volle Rechtsfähigkeit und mithin keine Rechtspersönlichkeit als Adressatin benötigt, um Schadensersatzansprüche zu begründen, lässt sich auch an einer weiteren Lösung erahnen, die die Rechtsprechung im Falle des Nasciturus vornahm:

Grundsätzlich ist der Mensch nach § 1 BGB mit seiner Geburt rechtsfähig und besitzt als natürliche Person eine entsprechende Rechtspersönlichkeit, die ihn zum Träger von Rechten und Pflichten macht. Dies führt grundsätzlich dazu, dass dem ungeborenen Menschen keine Rechtspersönlichkeit und damit qua Gesetz keine Rechtsfähigkeit zukommt.[320] In seiner Entscheidung aus dem Jahr 1972 sprach sich der BGH zur Schließung von unangemessenen Haftungslücken dafür aus, dass der Nasciturus bzw.

---

316 *Riehm*, RDi 2020, 42, 47.

317 Ebd.

318 BGH NJW 2001, 1056, 1059; Vgl. hierzu auch Schirmer, JZ 14/2019, 712.

319 Vgl. *Schirmer*, JZ 14/2019, 714; BGH Urt. v. 4.12.2008 – V ZB 74/08 = NJW 2009, 594, 595.

320 Vgl. zum Meinungsstand *Roller*, Die Rechtsfähigkeit des Nasciturus, S. 129.

das *„werdende Leben"* aufgrund der mit der Entwicklung im Mutterleib verbundenen Behandlungsrisiken *„haftungsrechtlich als verletzungsfähig zu behandeln"* sei.[321] Auch in weiteren Entscheidungen[322] befürwortete die Rechtsprechung die Möglichkeit, bereits den ungeborenen Menschen zu schützen. Selbst wenn der BGH sich bis heute nicht eindeutig für eine Teilrechtsfähigkeit des Nasciturus ausgesprochen hat und es auch Gegnerinnen[323] dieser Überlegung[324] gibt, so zeigt diese Vorgehensweise jedoch mindestens, dass die Rechtsprechung anwendungsspezifisch auf sich entwickelnde Problemfelder reagiert und wie im vorliegenden Fall haftungsrechtliche Anknüpfungspunkte kreiert, sogar ohne dabei eine Teilrechtsfähigkeit ausdrücklich zuzusprechen.

3. Übertragung dieser Grundsätze auf KI-Systeme

Auch im Falle der Künstlichen Intelligenz könnte anwendungsspezifisch reagiert werden. Anwendungsspezifisch bedeutet in diesem Fall, auch auf die mit Künstlicher Intelligenz verknüpften Problemfelder zu reagieren, indem aktiv und lösungsorientiert Rechte und Pflichten zugesprochen werden. Anders als im zuvor geschilderten Fall des Nasciturus ist es nicht die Künstliche Intelligenz, die haftungsrechtlich als verletzungsfähig behandelt werden sollte, denn es ist weder die Künstliche Intelligenz noch sind es dahinterstehende Akteurinnen, die im Rahmen von Haftungsprozessen zu schützen sind. Es sind die mit der Künstlichen Intelligenz in Berührung kommenden Dritten bzw. zukünftig Geschädigten, die in den Blick haftungsrechtlicher Gestaltung zu nehmen sind. Daher sind die konkreten Voraussetzungen für die Anerkennung einer Teilrechtsfähigkeit bzw. eines die Geschädigten begünstigenden Äquivalents zu überprüfen.

321 BGH, Urt. v. 11.01.1972 – VI ZR 46/71 = NJW 1972, 1126.

322 BGH, Urt. v. 17.05.1995 – VIII ZR 94/94 = NJW 1995, 2028, 2030; OLG Celle, Beschl. v. 30.01.2018 – 9 W 13/18 = NZG 2018, 303; BGH, Urt. v. 20.12.1952 – II ZR 141/51 = NJW 1953, 417; BGH, Urt. v. 20.10.1967 – IV ZR 202/66 = BeckRS 1967, 31374584.

323 *Prütting*, in: PWW BGB, § 1 Rdnr. 16, der sich dafür ausspricht, dass ein Rechtserwerb des Nasciturus unter der aufschiebenden Bedingung der Geburt steht und eine beschränkte Rechtsfähigkeit damit nicht anzunehmen sei; auch kritisch: *Behme*, in: BeckOGK BGB, § 1 Rn. 6.

324 Für eine solche Teilrechtsfähigkeit *Fahse*, in: Soergel, Rdnr. 16; *Ellenberger*, in: Grüneberg BGB, § 1 Rdnr. 7; *Kannowski*, in: Staudinger BGB, § 1 Rn. 15; tendenziell auch: *Spickhoff*, in: Kommentar Medizinrecht, § 1 Rn. 45 f.; zum Meinungsstand: *Roller*, Die Rechtsfähigkeit des Nasciturus, S. 202 ff.

Doch bereits an dieser Stelle ist festzustellen, dass die Künstliche Intelligenz nicht im Eigeninteresse handelt. Sie handelt ausschließlich im Interesse ihrer Anwendenden, d.h. einem Menschen oder einer Organisation.[325] Sie handelt damit zumindest nicht primär im Interesse der mit ihr in Berührung kommenden Dritten. Dies spricht eindeutig dagegen, KI-Systemen eine Teilrechtsfähigkeit und damit funktional und anwendungsspezifisch Rechte und Pflichten zuzusprechen. Denn dies ließe auch die Möglichkeit offen, KI-Systeme im Interesse Anwendender mit Rechten und Pflichten auszugestalten, die wiederum eine Abschirmung vor haftungsrechtlichen Konsequenzen ermöglichen.

Doch auch mit Blick auf die weitere Begründung der Verfechtenden dieses Lösungsansatzes, ist eine Teilrechtsfähigkeit abzulehnen. Denn danach soll sich die Rechtsfähigkeit von KI-Systemen nur insoweit realisieren, als dies erforderlich ist, um Zurechnungsregeln für Hilfspersonen anwendbar zu machen, etwa für das Stellvertretungsrecht (§ 164 Abs. 1 BGB) und die vertraglichen Haftung nach § 278 BGB,[326] um so sich vermeintlich ergebene Haftungslücken schließen zu können. In eine ähnliche Richtung gehen Teile der Literatur, die Konstruktionen einer analogen Anwendung des § 278 BGB oder einer Garantiehaftung im Sinne der §§ 276 ff. BGB diskutieren.[327] Denn fraglich ist schon, ob es *de lege lata* überhaupt zu den benannten Haftungslücken kommt. Dies wird für das Arzthaftungsrecht in Kapitel drei dieser Arbeit ausführlich erörtert.

Auch gibt es Vertreterinnen in der Literatur, die ein Vorgehen nach den soeben benannten Optionen aus anderen Erwägungen nicht für notwendig halten. Sie schlagen vor, überhaupt keine Haftung für Schäden von KI-Systemen vorzunehmen, d.h. weder für das autonome System, noch die dahinterstehenden Menschen. Die Idee dahinter ist, die Haftung über die Einführung von kollektiven Versicherungssystemen oder staatlichen Ent-

325 *Teubner*, AcP 218, 155, 163; *Schirmer*, JZ 2016, 660 ff.

326 In diesem Zusammenhang wird etwa die Einführung eines *„umgekehrten 90a BGB“* gefordert, vgl. *Schirmer*, JZ 2016, 660 ff.

327 Näheres dazu in Kapitel drei C.II.b., vgl. hierzu auch *Riehm*, RDi 2020, 42, 48; ablehnend: *Grapentin*, Vertragsschluss und vertragliches Verschulden beim Einsatz von künstlicher Intelligenz und Softwareagenten, S. 131.

schädigungsfonds[328] zu lösen.[329] Diese Möglichkeit zog bereits das Europäische Parlament in Betracht.[330] Auf diese Weise soll ein Systemwechsel von der geltenden Individualhaftung hin zu einem kollektiven Entschädigungssystem nach dem Vorbild der gesetzlichen Unfallversicherung angestrebt werden. Ähnlich fortschrittlich sind Überlegungen zu einem Patientenrechtegesetz 2.0[331].

Im Ergebnis sind jedoch sowohl diese Lösungsvorschläge als auch eine Teilrechtsfähigkeit abzulehnen. Denn die Künstliche Intelligenz zum (teil)rechtsfähigen Rechtssubjekt zu befördern, würde ebenfalls bedeuten, ihr als Adressatin eines Schadensersatzanspruches eine eigene Haftungsmasse zukommen zu lassen. Auch auf dieser Ebene ergibt sich damit abermals eine ähnliche Situation wie bei Einführung einer elektronischen Rechtsperson. Es besteht die Gefahr, dass die Künstliche Intelligenz als Rechtssubjekt zur Haftungsabschirmung missbraucht und die Motivation zur Vornahme von Präventionsmaßnahmen zur Verhütung von Fehlern durch die KI-Systeme untergraben wird. Auch ist ein KI-System nicht in der Lage, Naturalrestitutionen zu bewirken.[332]

III. Gesamtfazit

In der Gesamtschau lässt sich nach alledem festhalten, dass KI-Systemen *de lege lata* der Status der Rechtsperson nicht zuerkannt werden kann. Dementgegen erscheint die Beförderung autonomer Systeme zu teilrechtsfähi-

---

328 Speziell zur KI-Problematik: *Brand*, MedR 2019, 943, 947; *Wagner*, MedR 2021, 101 ff.; *Katzenmeier*, MedR 2021, 859, 866; *Knetsch*, Haftungsrecht und Entschädigungsfonds, 2012; Für eine allg. Ergänzung der Arzthaftung durch Fonds: *Hart/ Francke*, Der Modellversuch eines Patientenentschädigungs- und -härtefallfonds, 2013; zu den Entwicklungen seit 2013 eingehend *Hart*, MedR 2023, 110 ff.

329 *Brand*, MedR 2019, 942, 947; *Katzenmeier*, MedR 221, 859, 866.

330 Entschließung des Europäischen Parlaments vom 20.10.2020 mit Empfehlungen an die Kommission für eine Regelung der zivilrechtlichen Haftung beim Einsatz künstlicher Intelligenz (2020/2014(INL)) (ABl. C 404 v. 6.10.2021, S. 107).

331 vgl. *Gutmann*, Stärkung und Weiterentwicklung der Patientenrechte in Deutschland, Rechtswissenschaftliches Gutachten im Auftrag des Sozialverband Deutschland e.V., 31.12.2021, online abrufbar unter: www.sovd.de/Gutachten-Patienterechte, zuletzt abgerufen am 13.12.2023; vgl. hierzu auch das Positionspapier des Medizinrechtsanwälte e.V. zur Stärkung der Patientenrechte, online abrufbar unter: Mehr-Patientenrechte-wagen-Positionspapier-des-Medizinrechtsanwaelte-e.V..pdf, zuletzt abgerufen am 13.12.2023.

332 Vgl. etwa *Mühlböck/Taupitz*, AcP 2021, 215 f.; *Denga*, CR 2018, 69, 77.

gen Rechtssubjekten grundsätzlich möglich und im Gegensatz zu einem *de lege ferenda* geplanten Erschaffen einer neuen Rechtsperson in Form der *„ePerson"* aufgrund der besseren Kontrollierbarkeit als zweckmäßigere und somit vorzugswürdigere Lösung. Es wäre möglich, durch problemspezifisches Zuerkennen von Rechten und Pflichten auf rechtsdogmatische Probleme wie Haftungslücken zu antworten, ohne autonomen Systemen dabei volle Rechtsfähigkeit zusprechen zu müssen. Dennoch leidet auch diese Lösung an den ähnlichen Symptomen wie dies eine elektronische Rechtsperson täte - die Gefahr, dass beteiligte Akteurinnen das Rechtssubjekt KI-System als Haftungsschirm missbrauchen. Eine solche Abschirmung wäre nicht legitim. Einer Entlastung der Akteurinnen, insbesondere der Anwendenden von KI-Systemen, bedarf es nicht. Wie in Kapitel drei gezeigt wird, sollte das Haftungsrisiko von diesen Beteiligten getragen werden.

KI-Systeme besitzen *de lege lata* keine Rechtspersönlichkeit. Auch ist ihnen *de lege ferenda* keine Teilrechtsfähigkeit zuzuschreiben und es bedarf *de lege ferenda* erst recht keiner neuen *„ePerson"*. Vielmehr erscheint eine Haftung der beteiligten Akteurinnen als milderes Mittel vorzugsweise in Betracht zu ziehen. Diese Möglichkeit ist daher im Kontext des vertraglichen Arzthaftungsrechts Untersuchungsgegenstand des Kapitels drei und Mittelpunkt dieser Arbeit. Dafür muss jedoch zuvor präzisiert werden, was Rechtsobjekt im Zusammenhang mit Künstlicher Intelligenz in der Medizin genau bedeutet.

C. Europarechtliche Einordnung

Plausibel erscheint es, ein im Rahmen der Behandlung eingesetztes KI-System als einfaches Medizinprodukt einzustufen. Das Medizinprodukterecht, die Einordnung von KI-Systemen als Medizinprodukte sowie dessen Regulierung im unionsrechtlichen Kontext sind mithin nachfolgend in den Blick zu nehmen.

I. Künstliche Intelligenz als Medizinprodukt

KI-Systeme werden durch eine Reihe unterschiedlicher Rechtsgebiete reguliert. Neben dem Datenschutz- und Verbraucherschutzrecht[333] ist in diesem Zusammenhang insbesondere die KI-VO zu benennen.[334] Auf die für die Haftungsfrage wichtige europarechtliche Einordnung, vor allem aber auf die Haftungslücken, die der europäische Gesetzgeber für den außervertraglichen Bereich ausgemacht hat, wird an späterer Stelle gesondert eingegangen. Da für die unionsrechtliche Einordnung von autonomen Systemen in der Medizin die Einordnung als Medizinprodukt im Sinne der Medizinprodukte-Verordnung (MPV) von entscheidender Bedeutung ist, soll es nachfolgend zunächst um diese Einordnung eines autonomen Systems als Medizinprodukt gehen.

Wird Künstliche Intelligenz in der Medizin eingesetzt, kommt der Produktstatus eines Medizinprodukts in Betracht.[335] Es stellt sich daher die Frage, welche Anforderungen ein KI-System erfüllen muss, um sich von zertifizierten Stellen als Medizinprodukt mit erforderlicher CE-Kennzeichnung qualifizieren zu lassen.[336] Denn dies ist nicht nur notwendige Voraussetzung für eine Abrechnung derartiger Gesundheitsleistungen zu Lasten der Krankenkassen, sondern bereits, um das Medizinprodukt überhaupt in Verkehr bringen zu dürfen.[337]

1. Definition des Medizinprodukts nach der Medizinprodukteverordnung (MPV)

Das in Deutschland geltende Medizinproduktegesetz (MPG) wurde durch die in der EU seit dem 26.5.2021 geltende Medizinprodukteverordnung (MPV) abgelöst.[338] Ein die Medizinprodukte-Verordnung mit nationalen

333 Die zu Grunde liegende Ausarbeitung beschränkt sich auf eine Auseinandersetzung mit zivilrechtlichen Arzthaftungsansprüchen. Eine Erörterung der übrigen, mit KI-Systemen in Verbindung stehenden Teilrechtsgebiete erfolgt dabei nicht.

334 EU-Verordnung 2024/1689 vom 13. Juni 2024; vgl. hierzu auch *Ströbel/Grau*, ZD 2022, 599, 600, seinerzeit noch abstellend auf die KI-VO-V, COM(2021) 206 final.

335 So *Saliba*, in: Chibanguza/Kuß/Steege, Künstliche Intelligenz, S. 633.

336 *Ströbel/Grau*, ZD 2022, 599, 600 am Beispiel von sog. Symptom-Checker Apps.

337 Ebd.

338 Vgl. Medizinprodukte-Verordnung (EU) 2017/745; das Medizinproduktegesetz war dabei selbst nur ein Durchsetzungsgesetz der Medizinprodukte-Richtlinie 93/42/EWG, vgl. *Ströbel/Grau*, ZD 2022, 599, 602.

Vorschriften ergänzendes, aber nicht eigenständiges Werk, findet sich mit dem Medizinprodukte-Durchführungsgesetz (MPDG). Art. 2 Nr. 1 Medizinprodukte-Verordnung definiert als Medizinprodukt ein Instrument, einen Apparat, ein Gerät, eine Software, ein Implantat, ein Reagenz, ein Material oder einen anderen Gegenstand, das der Herstellenden zufolge für Menschen bestimmt ist und allein oder in Kombination einen oder mehrere der in Art. 2 Nr. 1 benannten spezifischen medizinischen Zwecke erfüllen soll. Dabei ist zu beachten, dass diese Zweckbestimmung nach Art. 2 Nr. 12 der Verordnung die Verwendung bezeichnet, *„für die ein Produkt entsprechend den Angaben des Herstellers auf der Kennzeichnung, in der Gebrauchsanweisung oder dem Werbe- oder Verkaufsmaterial bzw. den Werbe- oder Verkaufsangaben und seinen Angaben bei der klinischen Bewertung bestimmt ist"*.

2. Künstliche Intelligenz als Medizinprodukt nach der Medizinprodukte-Verordnung

Nachdem Künstliche Intelligenz funktional in eine im Übrigen programmierte Umgebung eingebettet und regulatorisch daher stets im Zusammenhang mit Software zu betrachten ist, kann sie als Medizinprodukt im Sinne des Art. 2 Nr. 1 Medizinprodukte-Verordnung gefasst werden, wenn Herstellende einen entsprechenden *medizinischen Zweck* bestimmen.[339] Diese daher grundsätzlich *subjektive* Bewertung durch die Herstellenden erfährt Einschränkungen durch *objektive* Kriterien, wenn der tatsächlichen Leistungsfähigkeit eines potenziellen Medizinprodukts im Rahmen dieser Qualifikation erhöhte Bedeutung zukommt, was bei lernender Künstlicher Intelligenz, deren Aufgabe es ist, ein verbessertes Leistungsniveau zu schaffen, stets der Fall sein dürfte.[340] Liegt die Zweckbestimmung nach Art. 2

339 Vgl. hierzu auch *Saliba*, in: Chibanguza/Kuß/Steege, Künstliche Intelligenz, S. 634; *Hill/Schmitt*, WiKo, Art. 2 MDR Rdnr. 4; der EuGH bestätigte in einer Vorabentscheidung die Relevanz dieser Einstufung des Zwecks, vgl. EuGH GRUR 2013, 82 ff. – Brain Products. In diesem Fall ging es um eine App, die Gehirnströme misst, von den Herstellenden allerdings zu Forschungszwecken genutzt wurde. Der EuGH verneinte daher die Zweckbestimmung als Medizinprodukt, siehe hierzu auch *Haftenberger*, Die Produkthaftung für künstlich intelligente Medizinprodukte, S. 40.

340 *Saliba*, in: Chibanguza/Kuß/Steege, Künstliche Intelligenz, S. 634 f.; *Eickbusch*, MPR 2021, S. 55 ff.; *Haftenberger*, Die Produkthaftung für künstlich intelligente Medizinprodukte, S. 41; für Grenzen dieser subjektiven Kriterien durch objektive Kriterien bei tatsächlicher Leistungsfähigkeit des Medizinprodukts und tatsächlich

Nr. 1 MPV also grundsätzlich vor, wird Künstliche Intelligenz auch ohne entsprechenden Akt der Herstellenden als Medizinprodukt einzustufen sein.[341] Der Spielraum für Herstellende, durch eine Umformulierung des Zwecks den Anwendungsbereich der Medizinprodukte-Verordnung zu umgehen, ist daher eingeschränkt und eine willkürliche Zweckbestimmung nicht möglich.[342] Im Übrigen muss die subjektive Bestimmung der Herstellenden nach dem Verkehrsverständnis, so der BGH, eindeutig sein und darf nicht willkürlich erscheinen.[343] Für die Einordnung als Medizinprodukt kommt es dem Unionsgesetzgeber dabei maßgeblich auf den *medizinischen Verwendungszweck*, nicht jedoch auf die Art der Wirkung an.[344] KI-Systeme, die zur Behandlung von Patientinnen, d.h. im behandlungsnahen Bereich[345], eingesetzt werden, dürften offenkundig der objektiven Zweckbestimmung „medizinische Behandlung" entsprechen und sind demnach als Medizinprodukte im Sinne des Art. 2 Nr. 1 Medizinprodukte-Verordnung einzuordnen.[346]

Die Einordnung als Medizinprodukt hat zur Folge, dass eine Reihe von Regelungen zu befolgen sind. Hierzu gehören neben der Medizinprodukte-Verordnung die Medizinproduktebetreiberverordnung (MPBetreibV), die Medizinprodukte-Abgabeverordnung, die Medizinprodukte-Anwendermelde- und Informationsverordnung (MPAMIV), die Medizinprodukte-Durchführungsgesetz-Gebührenverordnung (MPDGGebV) und die Ver-

---

objektiv zu erwartender Anwendungsart vgl. auch *Lücker*, in: Kommentar Medizinrecht § 2 Rdnrn. 12 ff.; für die Rechtsprechung vgl. LG München, Urt. v. 20.12.2000 – 7 HK O 9797/00.

341 Ebd.

342 Vgl. auch *Ströbel/Grau*, die hier exemplarisch auf eine App zur Analyse der Herzleistung verweisen, die durch Umformulierung des Zwecks als Fitness-Tracker ohne medizinprodukterechtliche Zertifizierung vermarktet wurde, *dies.*, ZD 2022, 599, 603

343 BGH, Urt. v. 18.04.2013 – I ZR 53/09 = MedR 2015, 34 f. – Messgerät II; das Sicherheitssystem des Medizinprodukterechts dürfe aufgrund nicht nachvollziehbarer Einstufungsentscheidungen durch Herstellende nicht umgangen werden; zu diesem Thema auch *Gassner*, MPR 2015, 73, 76, 79 ff.; *Haftenberger*, Die Produkthaftung für künstlich intelligente Medizinprodukte, S. 41.

344 Ein Medizinprodukt muss, um als solches eingestuft werden zu können, nicht unmittelbar im oder am menschlichen Körper wirken. Auch Software, die bspw. als Unterstützung bei der Verschreibung und Abgabe von Medikamenten dient, gilt als Medizinprodukt, vgl. EuGH, EuZW 2018, 167 Rdnr. 29; *Haftenberger*, Die Produkthaftung für künstlich intelligente Medizinprodukte, S. 43; *Hofmann*, MPR 2021, 161, 162; *Dettling/Krüger*, PharmR 2018, 520.

345 Vgl. hierzu bereits in Kapitel eins unter Teil B.III.

346 *Haftenberger*, Die Produkthaftung für künstlich intelligente Medizinprodukte, S. 43.

ordnung über klinische Prüfungen von Medizinprodukten (MPKPV), im gegebenen Falle aber auch die EU-Verordnung über In-Vitro-Diagnostika (In Vitro Diagnostic Regulation, „IVDR").[347]

3. Klassifizierung und Konformitätsbewertung

Zu beachten gilt, dass Medizinprodukte entsprechend Art. 51 Abs. 1 MPV unter Berücksichtigung ihrer Zweckbestimmung und der damit verbundenen Risiken in Klassen eingestuft werden, die sich aus dem Anhang VIII der Medizinprodukte-Verordnung ergeben. Ziff. 3.3. des Anhang VIII lässt sich entnehmen, dass Software, die ein Produkt steuert oder dessen Anwendung beeinflusst, derselben Klasse zugerechnet wird wie das Produkt selbst. Ist die Software von anderen Produkten unabhängig, so wird sie für sich allein klassifiziert. Auf der Grundlage der so bestimmten Klasse, bestimmt sich das darauffolgende Konformitätsbewertungsverfahren.[348]

a. Klassifizierung von Software als Medizinprodukt – Regel 11

Hinsichtlich der Klassifizierungsregeln gilt für Software Regel 11, wonach Software, die dazu bestimmt ist, Informationen zu liefern, die zu *Entscheidungen für diagnostische oder therapeutische Zwecke* herangezogen werden, in die Klasse IIa einzustufen sind. Ausnahmsweise ist eine solche Software der Klasse III zuzuordnen, wenn sie potenziell zum Tod oder einer irreversiblen Verschlechterung und der Klasse IIb, wenn sie potenziell zu einer schwerwiegenden Verschlechterung des Gesundheitszustands führen kann, d.h. bspw. wenn sie einen chirurgischen Eingriff verursachen kann oder vitale physiologische Prozesse beobachtet.[349] Die bloße Möglichkeit zur Herbeiführung des Todes reicht also aus, um Klasse III anzunehmen.[350] *Saliba* verweist in diesem Zusammenhang zu Recht auf die Problematik, die eine lernende Künstliche Intelligenz bei dieser Unterscheidung mit sich bringt: die zum Zeitpunkt des Einsatzes der Software erreichte Form der

347 Verordnung (EU) 2017/746 vom 5.04.2017 über In-vitro-Diagnostika und zur Aufhebung der Richtlinie 98/79/EG und des Beschlusses 2010/227/EU der Kommission.

348 *Ströbel/Grau*, ZD 2022, 599, 603.

349 Vgl. hierzu auch *Saliba*, in: Chibanguza/Kuß/Steege, Künstliche Intelligenz, S. 636; für die Beispielen vgl. *Ströbel/Grau*, ZD 2022, 500, 603.

350 *Saliba*, in: Chibanguza/Kuß/Steege, Künstliche Intelligenz, S. 636

Künstlichen Intelligenz kann im Falle lernender Künstlicher Intelligenz nicht vorausgesagt werden.[351] Damit ist es nicht möglich, jede in Nr. 11 benannte Eventualität auszuschließen.[352] Bei KI-Systemen, die als Entscheidungsunterstützung für Behandelnde eingesetzt wird, ist daher regelmäßig eine Einstufung in Klasse III angezeigt, mindestens jedoch in Klasse IIa.[353] Auch in Fällen von KI-Systemen mit geringem Generalisierungsgrad und/oder vielen gesetzten Grenzen (vgl. Kapitel eins unter Teil A.IV.3.) dürfte zumindest Klasse IIa anzunehmen sein. Gleichermaßen kommt für KI-Systeme in der Medizin, aufgrund ihrer Anwendung in der Diagnostik oder Therapie bzw. ihrer Überwachung physiologischer Prozesse, oftmals eine Einstufung in Klasse IIb in Betracht.[354] Diese Einordnung hat Auswirkungen auf das Konformitätsbewertungsverfahren.

b. Konformitätsbewertung

Das Konformitätsbewertungsverfahren erfolgt je nach Risikoklasse des Medizinprodukts entweder durch die Herstellenden alleine oder zusammen mit einer zertifizierten Stelle gem. Art. 52 Abs. 1 MPV.[355] Mit Ausnahme von Medizinprodukten der Klasse I ist für die Durchführung des Konformitätsbewertungsverfahrens jeweils die Mitwirkung einer *Benannten Stelle* vorausgesetzt, d.h. auch bei medizinischen KI-Systemen ist regelmäßig eine Benannte Stelle hinzuzuziehen.[356]

351 Auch dies hängt abermals von dem vorliegenden Generalisierungsgrad und den dem KI-System gesetzten Grenzen ab, vgl. Kapitel eins unter Teil A.IV.3.

352 Ebd.

353 So auch *Dettling*, PharmR 2019, 633, 638. KI-Systeme würden jedenfalls stets zu Entscheidungen für diagnostische oder therapeutische Zwecke herangezogen werden.

354 Ausnahmen hiervon gelten daher nur für Systeme, die zur reinen Prävention eingesetzt werden, wie bspw. Apps zur Empfängnisverhütung, für die zukünftig weithin die Chance besteht, der Klasse I zugeordnet zu werden, vgl. *Ströbel/Grau*, ZD 2022, 599, 603.

355 Hinsichtlich der Sicherheitsanforderungen kommt es auf die Kriterien Wiederholbarkeit, Zuverlässigkeit, Leistung, Stand der Technik und Risikomanagement nach Nr. 17 des Anhang I an, siehe hierzu *Ströbel/Grau*, ZD 2022, 599, 603.

356 Grundsätzlich käme dadurch auch eine Haftung der benannten Stelle gegenüber Patientinnen in Betracht, so z.B., wenn diese Überwachungspflichten verletzt; zu Pflichten und Haftung der benannten Stelle bei Hochrisiko-Medizinprodukten vgl. *Rott*, NJW 2017, 1146.

c. CE-Kennzeichnung

Nach erfolgreichem Konformitätsbewertungsverfahren und Erfüllung der Sicherheits- und Leistungsanforderungen gem. Art. 5 Abs. 1, Abs. 2 MPV in Verbindung mit Anhang I MPV erhält das Medizinprodukt die Befugnis zum Tragen einer CE-Kennzeichnung mit der Folge, dass dieses im Europäischen Wirtschaftsraum frei verkehrsfähig ist.[357] Die Überwachung dieser zertifizierten Medizinprodukte erfolgt durch das Bundesinstitut für Arzneimittel und Medizinprodukte sowie das Paul-Ehrlich-Institut.[358]

d. Problemfelder der Einordnung von KI-Systemen als Medizinprodukt

Mit der Einordnung von medizinischen KI-Systemen in höhere Risikoklassen gehen erhöhte Anforderungen an die Zertifizierung einher. Eine Umfrage des Bundesverbands Medizintechnologie e.V. hat ergeben, dass dieser vertiefte Regelungsinhalt der seit Mai 2021 geltenden Medizinprodukte-Verordnung bereits im September 2021, d.h. nur wenige Monate nach in Kraft treten, zur Folge hatte, dass 70 % der befragten MedTech-Unternehmen die Herstellung ganzer Produktlinien oder zumindest einzelner Medizinprodukte eingestellt haben.[359] Dieser Effekt wird sich auch bei der Entwicklung von KI-Systemen für die Medizin bemerkbar machen. Denn KI-Systeme zeigen noch einen weiteren Ansatzpunkt für Probleme, wenn sie als Medizinprodukte eingeordnet werden. Die Weiterentwicklungsmöglichkeit KI-getriebener Software kann zu einer signifikanten Änderung der genehmigten Auslegung des Medizinprodukts führen.[360] Dies kann bei einer undynamischen Betrachtung dazu führen, dass das Produkt kontinuierlich erneuten Konformitätsbewertungsverfahren unterworfen wäre.[361] Der Pflicht zur Vorlage der erforderlichen Pläne über diese Änderungen zur vorherigen Genehmigung durch die Benannte Stelle nach Anhang

357 *Ströbel/Grau*, ZD 2022, 599, 603.

358 Ebd.

359 *BVMed*, MDR-Folgen: Über 70 Prozent der MedTech-Unternehmen haben Produkte eingestellt, online abrufbar unter: https://www.bvmed.de/de/bvmed/presse/pressemeldungen/mdr-folgen-ueber-70-prozent-der-medtech-unternehmen-haben-produkte-eingestellt, zuletzt abgerufen am 20.01.2023.

360 *Saliba*, in: Chibanguza/Kuß/Steege, Künstliche Intelligenz, S. 637

361 Vgl. *Saliba*, in: Chibanguza/Kuß/Steege, Künstliche Intelligenz, S. 637.

VII Ziff. 4.9 könnten Herstellende angesichts der Unvorhersehbarkeit indes nicht nachkommen.[362]

Angesichts dieser nur schwer lösbaren Hindernisse des Medizinprodukterechts, die den ökonomischen Mehrwert, den KI-Systeme bereithalten zu hemmen bedrohen, wird als Lösungsansatz vermehrt auf das Diskussionspapier der FDA zu intelligent agierenden Medizinprodukten (sog. *„Proposed Regulatory Framework for Modifications to Artificial Intelligence/Machine Learning (AI/ML)-Based Software as a Medical Device (SaMD)"*) verwiesen.[363] Die FDA, die feststellte, dass das Medizinprodukterecht auch in den USA für Technologien wie Künstliche Intelligenz nicht geschaffen ist, hat mit den sog. „Good Machine Learning Practises (GMLP)", einer Pflicht zur Bewertung von Sicherheit bzw. Leistungsfähigkeit vor der Einreichung von Änderungen nach Zulassung der Produkte sowie eine strenge Überwachung ein entsprechendes Konzept entwickelt, um KI-Systeme in der Medizin nutzbar zu machen. Überdies wird diskutiert, die Algorithmen von KI-Systemen in der Medizin, etwa durch die Vorgabe von Entscheidungskorridoren, zu regulieren.[364]

4. Zusammenfassung und Gesamtfazit

Die in der Medizin zur Behandlung genutzten KI-Systeme gelten aufgrund des medizinischen Verwendungszwecks trotz subjektiver Zweckbestimmung in der Regel als Medizinprodukte im Sinne des Art. 2 Nr. 1 MPV. Wie bereits festgestellt, sind autonome Systeme in diesem Einsatzbereich regelmäßig der Klasse III, mindestens aber der Klasse IIa/IIb zuzuordnen, mit der Folge, dass Herstellende ein Konformitätsbewertungsverfahren zu durchlaufen haben. Insgesamt wird dies nicht nur zu vermehrten Kosten führen, die sich technologiehemmend auswirken können. Vielmehr führt das Weiterlernen autonomer Systeme – insofern keine Limitierung vorliegt – mit Blick auf die genehmigte Auslegung zu Zuordnungsproblemen.

Aus dem Medizinprodukterecht resultieren vornehmlich Pflichten für Herstellende. Aber auch Betreibende, zu denen insbesondere Ärztinnen

---

362 Ebd.

363 Ebd.; vgl. hierzu auch: *Gassner/Juknat*, EPLR 2019, 176, 178; *Gassner/Schreiegg*, MPR 2019, 198, 200; *Frost*, MPR 2019, 117, 120; *Dettling*, MPJ 2019, 176, 184.

364 Zu Limitierungen und weiteren Erwägungen eines Qualitäts- und Risikomanagements von Medizinprodukten im Gesundheitswesen vgl. *Sahinter et. al.*, Xavier Health 2018, S. 11 ff.; vgl. auch *Saliba*, Chibanguza/Kuß/Steege, Künstliche Intelligenz, S. 637, dies war bereits Gegenstand in Kapitel eins A.IV.3.

und Klinikbetreiberinnen zählen, haben vor allem die Anforderungen der MPAMIV und der MPBetrV zu beachten. Dabei handelt es sich vornehmlich um Meldepflichten über *„mutmaßliche schwerwiegende Vorkommnisse"* (vgl. § 3 MPAMIV) und Instandhaltungs-, Aufbereitungs-, und Qualitätssicherungspflichten, die ein sicheres und ordnungsgemäßes Anwenden der in der Gesundheitseinrichtung an der Patientin eingesetztes Medizinprodukt gewährleisten sollen (vgl. §§ 3 ff. MPBetrV). Verstöße werden als Ordnungswidrigkeiten mit Geldbußen sanktioniert.

Grundsätzlich ermöglicht ein Verstoß gegen das Medizinprodukterecht auch einen Schadensersatzanspruch. Dabei handelt es sich allerdings um eine Produkt- bzw. Produzentenhaftung der Herstellenden. Eine solche Haftung der Betreibenden oder Anwendenden kommt nur in Betracht, wenn diese das Medizinprodukt zu einem anderen Zweck als dem der Herstellenden beabsichtigten verwenden.[365] In dieser Arbeit hingegen soll untersucht werden, ob geschädigte Patientinnen einen Schadensersatzanspruch gegen ärztliche Anwendende oder Klinikbetreiberinnen geltend machen können, wenn die Zweckbestimmung befolgt wurde und es zu einem Schaden kam. Wenngleich KI-Systeme in der Medizin also als Medizinprodukte einzustufen sind, schafft das Medizinprodukterecht vornehmlich Abhilfe, wenn es um Ansprüche gegen Herstellende geht. Doch selbst die Produkthaftung benötigt auf autonome Systeme abgestimmte Anpassungen,[366] die es bislang nicht aufwies.

Der europäische Gesetzgeber befürchtet durch den Einsatz von KI-Systemen grundsätzliche Haftungsrisiken, die zu Haftungslücken führen können und mithin einen als dringend bewerteten Handlungsbedarf auch für eine außervertragliche Haftung Betreibender begründen. Die in der Folge initiierte Regulierung durch die EU, die neben der Anpassung der Produkthaftung auch eine Haftung für Anwendende und Betreibende von KI-Systemen vorsieht, betrifft dabei haftungsrechtlich den *außervertraglichen* Haftungsbereich. Wenngleich das außervertragliche Haftungsrecht nicht Gegenstand dieser Arbeit ist, sind die dieser Regulierung zu Grunde liegenden Erwägungen ebenfalls wichtig, wenn es um die Frage nach einer *vertraglichen* Arzthaftung geht. Eine eingehende Darstellung der Regulie-

---

365 Siehe Rechtecheck.de, online abrufbar unter: https://rechtecheck.de/medizinrecht/haftungsrecht/haftung-medizinprodukte-schadensersatz/, zuletzt abgerufen am 27.09.2023.

366 Für eine ausführliche Auseinandersetzung mit der Herstellendenhaftung für künstlich intelligente Medizinprodukte siehe *Haftenberger*, Die Produkthaftung für künstlich intelligente Medizinprodukte.

rung durch die EU wird daher der Untersuchung der Anwendbarkeit der vertraglichen Arzthaftung auf KI-Sachverhalte vorangestellt.

II. Regulierung durch die EU

Auf EU-Ebene wurde gleich an mehreren Stellen der Versuch unternommen, eine Definition von Künstlicher Intelligenz zu formulieren. Auch wenn die Frage nach einer Definition noch immer im Zentrum laufender Erörterungen im EU-Parlament, im Rat sowie in den EU-Mitgliedstaaten steht,[367] so ist doch festzustellen, dass die nationalen juristischen Diskussionen auf europäischer Ebene längst eingeholt wurden.[368] Denn mit dem Vorschlag zur produktsicherheitsrechtlichen Regulierung von Künstlicher Intelligenz (KI-VO-V),[369] den vorgeschlagenen Neuerungen in der Produkthaftungs-RL (ProdHaft-RL-V), der Richtlinie für eine zivilrechtliche Haftung für KI-Systeme (KI-Haftungs-RL-V) und der Verordnung zur Cyberresilience von IT-Produkten wird das Fundament für eine weitreichende rechtliche Regulierung von KI-Systemen in Europa erschaffen.

Neben diesen vorwiegend rechtlichen Erwägungen existiert mit der Ethik-Leitlinie der Hochrangigen Expertengruppe (HEG-KI)[370] eine ausführliche Betrachtung der mit Künstlicher Intelligenz verbundenen *ethischen* Herausforderungen. Diese Leitlinie hatte großen Einfluss auf die benannten Regulierungsvorhaben, weshalb sie nachfolgend genauer betrachtet werden soll. Erst im Nachgang werden die für Betreibende und Anwendende von KI-Systemen maßgeblichen Regelungen der KI-VO und des KI-Haftungs-RL-V in der jeweils aktuellen Fassung diskutiert.[371]

367 Vgl. *Schulz-Große/Genske*, GuP 2023, 81, 83.

368 Vgl. *Spindler*, CR 2022, 689 f.

369 Vorschlag für eine Verordnung des Europäischen Parlaments und des Rates zur Festlegung harmonisierter Vorschriften für künstliche Intelligenz (Gesetz über künstliche Intelligenz) und zur Änderung bestimmter Rechtsakte der Union, COM(2021) 206 final, mittlerweile KI-VO, vgl. EU-Veordnung 2024/1689 vom 13. Juni 2024.

370 Hochrangige Expertengruppe für Künstliche Intelligenz, Entwurf der Ethik-Leitlinien für eine vertrauenswürdige KI, 8.04.2019, abrufbar unter https://ec.europa.eu/newsroom/dae/document.cfm?doc_id=60425, zuletzt abgerufen am 24.01.2023.

371 Die Produkthaftungs-RL betrifft nur die Herstellenden von Medizinprodukte-KI und wird daher nicht weiter untersucht.

1. Ethik-Leitlinie der HEG-KI

Die Initiative der HEG-KI geht zurück auf die Politischen Leitlinien für die Kommission (2019–2024),[372] die einen Legislativvorschlag für ein europäisches Konzept für die menschlichen und ethischen Aspekte der Künstlichen Intelligenz vorsahen. Die HEG-KI besteht aus Expertinnen von über 350 Organisationen, die durch Erarbeitung der Ethik-Leitlinien die Förderung einer vertrauenswürdigen Künstlichen Intelligenz erreichen wollen.[373] An diese von *von der Leyen* initiierten Leitlinien anknüpfend, veröffentlichte die Kommission im April 2018 ihr Weißbuch zur Künstlichen Intelligenz für Europa, worin sie ankündigte, eine Strategie in Form eines gemeinsam mit den Mitgliedsstaaten erarbeiteten *„KI-Plans"* auszuarbeiten, um die Entwicklung und Nutzung von Künstlicher Intelligenz in Europa zu begünstigen.[374] Außerdem kündigte die Kommission in diesem Weißbuch das Erarbeiten von Ethikleitlinien, einer Leitlinie zur Auslegung der Produkthaftungsrichtlinie und die Vorlage eines Berichts zur Auswirkung von Künstlicher Intelligenz auf den Haftungs- und Sicherheitsrahmen an.[375]

In dem am 19. Februar 2020 veröffentlichten Weißbuch zur Künstlichen Intelligenz - Ein europäisches Konzept für Exzellenz und Vertrauen,[376] stellte die Kommission in der Folge politische Optionen vor, die eine schnelle und sichere Entwicklung Künstlicher Intelligenz in Europa unter uneingeschränkter Achtung der Werte und Rechte ermöglichen sollten. Gegenstand des damit angestrebten *„Ökosystems für Exzellenz"* sind die mit den Mitgliedsstaaten gemeinsam formulierten Maßnahmen.[377]

Hintergrund der Initiative der HEG-KI war daneben aber auch die wiederholte Forderung des Europäischen Parlaments nach legislativen Maßnahmen zur Gewährleistung des Schutzes von Ethikgrundsätzen in der

372 *„Eine Union, die mehr erreichen will – Meine Agenda für Europa"*, online abrufbar unter: https://commission.europa.eu/system/files/2020-04/political-guidelines-next-commission_de.pdf, zuletzt abgerufen am 21.01.2023.

373 Vgl. Hochrangige Expertengruppe für Künstliche Intelligenz, Entwurf der Ethik-Leitlinien für eine vertrauenswürdige KI, 8.04.2019, abrufbar unter https://ec.europa.eu/newsroom/dae/document.cfm?doc_id=60425, zuletzt abgerufen am 24.01.2023.

374 Weißbuch zur Künstlichen Intelligenz - Künstliche Intelligenz für Europa, COM(2018)237 final.

375 COM(2018) 237 final, S. 20.

376 Weißbuch zur Künstlichen Intelligenz – Ein europäisches Konzept für Exzellenz und Vertrauen, COM(2020) 65 final, S. 6.

377 COM(2020) 65 final, S. 6.

Union[378] sowie einer zivilrechtlichen Haftung[379] und dem vom Europäischen Rat formulierten Ziel,[380] dass die Union bei der Entwicklung einer vertrauenswürdigen und ethisch vertretbaren Künstlichen Intelligenz im weltweiten Vergleich eine Führungsrolle einnehmen soll.

2. Die KI-VO

Am 21. April 2021 machte die EU-Kommission auf Grundlage der vorbezeichneten Erwägungen mit der Veröffentlichung eines Vorschlags zur produktsicherheitsrechtlichen Regulierung[381] einen Aufschlag für einen gesetzlichen Rahmen zur europaweiten Regulierung von Künstlicher Intelligenz. Dieser Vorschlag der Kommission enthielt harmonisierende Vorschriften für die Entwicklung, das Inverkehrbringen und die Inbetriebnahme von und damit ein Regulierungssystem für KI-Systeme in der Union.[382] Am 13. Juni 2024 veröffentlichte der Unionsgesetzgeber schließlich die KI-VO.[383]

a. Anwendungsbereich

Der *räumliche* Anwendungsbereich richtet sich nach Art. 2 KI-VO nach dem Marktortprinzip und erstreckt sich daher u.a. auf alle Betreibenden bzw. Anbietenden von KI-Modellen mit allgemeinen Verwendungszweck, die in der Union in Verkehr oder in Betrieb genommen werden (Abs. 1 lit. a

---

378 Entschließung des Europäischen Parlaments vom 20.10.2020 mit Empfehlungen an die Kommission zu dem Rahmen für die ethischen Aspekte von künstlicher Intelligenz, Robotik und damit zusammenhängenden Technologien, 2020/2012 (INL).

379 Entschließung des Europäischen Parlaments vom 20.10.2020 mit Empfehlungen an die Kommission für eine Regelung der zivilrechtlichen Haftung beim Einsatz künstlicher Intelligenz, 2020/2014 (INL).

380 Europäischer Rat, Außerordentliche Tagung des Europäischen Rates (1. Und 2.10.2020) – Schlussfolgerungen, EUCO 13/20, 2020, S. 6.

381 Vgl. *Spindler*, CR 2022, 689 f.

382 COM(2021) 206 final.

383 EU-Verordnung 2024/1689 des Europäischen Parlaments und des Rates vom 13. Juni 2024 zur Festlegung harmonisierter Vorschriften für künstliche Intelligenz und zur Änderung der Verordnung (EG) Nr. 300/2008, (EU) Nr. 167/2013, (EU) Nr. 168/2013, (EU) 2018/858, (EU) 2018/1139 und (EU) 2019/2144 sowie der Richtlinie 2014/90/EU, (EU) 2016/767 und (EU) 2020/1828 (Verordnung über künstliche Intelligenz).

und b), sowie solchen, die in einem Drittland niedergelassen oder ansässig sind, wenn das vom System hervorgebrachte Ergebnis in der Union verwendet wird (Abs. 1 lit. c).[384] Der *sachliche* Anwendungsbereich ist eröffnet, wenn eine nutzerseitige Verwendung im Sinne der KI-VO anzunehmen ist.[385]

Inhaltlich regelt die KI-VO nach ihrem allgemeinen Bestimmungen (Titel I) Verbote bestimmter Praktiken im Bereich der Künstlichen Intelligenz (Titel II) sowie besondere Anforderungen an sog. *Hochrisiko-KI-Systeme* (Titel III), die im Mittelpunkt der KI-VO stehen. Titel III trifft für diese sog. *Hochrisiko-KI-Systeme* Bestimmungen zu Verfahren und besondere Verpflichtungen für die beteiligten Akteurinnen derartiger Systeme.[386]

Hochrisiko-KI-Systeme sind Systeme, die erhebliche Risiken für Gesundheit und Sicherheit oder die Grundrechte von Personen bergen. Der Vorschlag trifft Kriterien zur Einstufung eines KI-Systems und legt nach den Grundsätzen für eine vertrauenswürdige KI horizontale Auflagen für derartige Systeme fest. U.a. müssen sie sich Konformitätsbewertungsverfahren unterziehen, bevor sie in der Union in Verkehr gebracht werden dürfen. Vor allem Anbietenden und Betreibenden dieser Hochrisiko-KI-Systeme werden dabei spezielle Pflichten auferlegt.[387]

b. Risikobasierter Ansatz der KI-VO

Die KI-VO ordnet KI-Systeme ebenso wie die MDR im Sinne eines risikobasierten Ansatzes in Kategorien bzw. Klassen ein.[388] Zwischen den Klassen I *„unannehmbares Risiko“*, II *„hohes Risiko“* sowie III *„geringes“* und *„minimales Risiko“* erfolgen abgestufte Zulassungsvoraussetzungen.[389]

Titel II der KI-VO führt in diesem Zuge eine Liste der KI-Systeme der Klasse I mit einem *„unannehmbaren Risiko“* als sog. verbotene Praktiken im Bereich der Künstlichen Intelligenz auf. Diese Systeme verletzen Werte der Union, bspw. Grundrechte. So sind etwa Praktiken, die ein erhebliches Potenzial aufweisen, Personen zu manipulieren, indem diese durch das

384 So *Schulz-Große/Genske*, GuP 2023, 81, 83.
385 Ebd.
386 EU-Verordnung 2024/1689 vom 13. Juni 2024.
387 Art. 16 und 26 KI-VO, vgl. EU-Verordnung 2024/1689 vom 13. Juni 2024.
388 So *Ströbel/Grau*, ZD 2022, 599, 604; hierzu auch *Heinrichs et al.*, MedR 2023, 259, 260; *Schulz-Große/Genske*, GuP 2023, 81, 84.
389 Ebd.; vgl. auch BR-Drs. 488/21, S. 9.

genutzte KI-System unbewusst beeinflusst werden, sich selbst oder andere zu schädigen, als verboten einzustufen.[390]

Kapitel 2 befasst sich mit Hochrisiko-KI-Systemen, also Systemen mit hohem Risiko. Die Gründe für die besonderen Regelungen von KI-Systemen mit hohem Risiko werden nachfolgend genauer erörtert.

aa. „Vertrauenswürdige KI"

Die besonderen rechtlichen Anforderungen an Hochrisiko-KI-Systeme, die sich aus Kapitel 2 der KI-VO ergeben, gelten als Mindestanforderungen und gehen auf die zuvor benannte Ethik-Leitlinien der HEG-KI zurück. Als Grundpfeiler einer vertrauenswürdigen Künstlichen Intelligenz benannte die HEG-KI mit der Rechtmäßigkeit von Künstlicher Intelligenz (1), deren Robustheit (2) und der Einhaltung ethischer Grundsätze und Werte (3) drei Komponenten, die während des gesamten Lebenszyklus des Systems einzuhalten sind.[391] Die Rechtsmäßigkeit von KI-Systemen soll durch die KI-VO gewährleistet werden.

bb. Hochrisiko-KI-Systeme (Klasse II) – Pflichtenkatalog

Wird ein KI-System nach Art. 6 KI-VO als Hochrisiko-KI-System eingestuft, folgen daraus eine Reihe von Pflichten. Mit Blick auf die mit Hochrisiko-KI-Systemen verbundenen Aufgabenbereiche wird zwischen zwei Zeitpunkten unterschieden – *vor* dem Inverkehrbringen und *nach* dem Inverkehrbringen. Dies wird nachfolgend in knapper Form skizziert.

Mit Blick auf das Inverkehrbringen ist insbesondere Art. 43 KI-VO zu beachten. Anbietende von Hochrisiko-KI-Systemen sind verpflichtet, diese vor dem Inverkehrbringen oder der Inbetriebnahme einem Konformitätsbewertungsverfahren zu unterziehen.[392] Erfüllt es die nachfolgend zu erörternden Kriterien, haben Anbietende eine Konformitätserklärung nach Art. 47 KI-VO zu erstellen und eine CE-Konformitätskennzeichnung nach Art. 48 KI-VO anzubringen.

---

390 EU-Verordnung 2024/1689 vom 13. Juni 2024.

391 Hochrangige Expertengruppe für Künstliche Intelligenz, Entwurf der Ethik-Leitlinien für eine vertrauenswürdige KI, 8.04.2019, S. 2, abrufbar unter: https://ec.europa.eu/newsroom/dae/document.cfm?doc_id=60425, zuletzt abgerufen am 24.01.2023.

392 Siehe Art. 43 KI-VO, EU-Verordnung 2024/1689 vom 13. Juni 2024.

Weitere Anforderungen an Hochrisiko-KI-Systeme regeln die Art. 8 bis 15 KI-VO. Die Vorschriften treffen Bestimmungen zu Risikomanagement (Art. 9 KI-VO), Daten und Daten-Governance (Art. 10 KI-VO), technischer Dokumentation (Art. 11 KI-VO), Aufzeichnungspflichten (Art. 12 KI-VO), Transparenz und Bereitstellung von Informationen für die Betreibenden (Art. 13 KI-VO), menschliche Aufsicht (Art. 14 KI-VO) sowie Genauigkeit, Robustheit und Cybersicherheit (Art. 15 KI-VO).

Hieran anknüpfend folgen in Art. 16 bis 22 KI-VO spezifische Pflichten für Anbietende, mit Art. 23 KI-VO Pflichten für Einführende, gefolgt von Pflichten für Handelnde (Art. 24 KI-VO) und Betreibende (Art. 26 KI-VO).

Neben der Notwendigkeit, ein Konformitätsbewertungsverfahren zu durchlaufen, führen Hochrisiko-KI-Systeme allein aufgrund ihrer Klassifizierung zu einer Reihe weiterer Anforderungen. Diese sind nicht nur von Anbietenden zu erfüllen, sondern bestehen während des gesamten Lebenszyklus fort und treffen deshalb jede beteiligte Akteurin, so auch ärztliche Anwendende von KI-Systemen in der Medizin. Die rechtlichen Auswirkungen werden in Kapitel drei untersucht.

Die KI-VO hält zur Wahrung der zum Zeitpunkt des Inverkehrbringens einzuhaltenden Anforderungen für den gesamten Lebenszyklus des betroffenen KI-Systems weitere, kontinuierliche Anforderungen bereit, die vor allem in Beobachtungs- und Meldepflichten bestehen. Dabei sollen Marktüberwachungsbehörden auf nationaler Ebene für die Einhaltung der Regularien sorgen und verfügen zu diesem Zweck über entsprechende Kontrollbefugnisse, die sich aus der Verordnung (EU)2019/1020 zur Marktüberwachung ergeben.[393]

Anbietende und Betreibende eines solchen KI-Systems haben nach Art. 72 KI-VO ein eigenes System zur Beobachtung nach dem Inverkehrbringen und zur systematischen Erfassung von gesammelten Daten zur Leistung des Hochrisiko-KI-Systems über deren gesamte Lebensdauer hinweg einzurichten, aktiv zu halten, zu dokumentieren und zu analysieren.[394] Überdies müssen Meldungen zu schwerwiegenden Vorfällen und Fehlfunktionen betroffener KI-Systeme von Anbietenden unmittelbar nach Feststellung, spätestens aber 15 Tage nach Kenntniserlangung, gegenüber der zuständigen Marktüberwachungsbehörde erfolgen (vgl. Art. 73 KI-VO).[395]

393 EU-Verordnung 2024/1689 vom 13. Juni 2024, Erw.Gr. 156.
394 EU-Verordnung 2024/1689 vom 13. Juni 2024.
395 Ebd.

c. Die KI-VO und KI-Systeme in der Medizin

Titel III der KI-VO enthält genaue Angaben zu den Kriterien einer Klassifizierung. So bestimmt Art. 6 Abs. 1 lit. a und b KI-VO in Verbindung mit Anhang I etwa, dass KI-Systeme, die als Sicherheitsbauteil eines der unter Anhang I aufgeführten Harmonisierungsrechtsvorschriften der Union fallenden Produkts verwendet werden oder selbst ein solches Produkt sein sollen, als Hochrisiko-KI-System eingestuft werden, wenn das Produkt einer Konformitätsbewertung durch Dritte im Hinblick auf das Inverkehrbringen oder die Inbetriebnahme im Sinne der in Anhang I aufgeführten Harmonisierungsrechtsvorschriften unterzogen werden muss.[396] Anhang I ist damit näher zu betrachten.

aa. Hochrisiko-KI-Systeme und die Medizinprodukte-Verordnung

Nr. 11 des Anhangs I verweist auf die Medizinprodukte-Verordnung. Wie bereits zuvor erörtert, werden die allermeisten KI-Systeme im behandlungsnahen Bereich der Medizin mindestens der Klasse IIa der Medizinprodukte-Verordnung zuzuordnen sein und mithin einem Konformitätsbewertungsverfahren unter Einbeziehung einer Benannten Stelle unterliegen. Dies wiederum führt im Ergebnis dazu, dass medizinische KI-Systeme im Bereich der Medizinprodukte ungeachtet ihres tatsächlichen Risikos, das bei der Verwendung besteht, nach Art. 6 der KI-VO als Hochrisiko-KI-System einzustufen sind.[397] In weiterer Folge bedeutet dies, dass sich KI-Medizinprodukte *zwei* Zulassungsprozessen, genauer gesagt zwei Konformitätsbewertungsverfahren mitsamt der Einhaltung weiterer Anforderungen, denen ein Hochrisiko-KI-System zu genügen hat, unterziehen müssen – dem der Medizinprodukte-Verordnung sowie dem der KI-VO, was zu einer entsprechenden Mehrbelastung der Herstellenden,[398] aber auch der Anwendenden führen wird.

---

396 EU-Verordnung 2024/1689 vom 13. Juni 2024.

397 So auch *Ströbel/Grau*, ZD 2022, 599, 604; *Heinrichs et al.*, MedR 2023, 259, 260.

398 Ebd.

bb. Konsequenz: erhöhter Pflichtenkatalog

Besondere Bedeutung kommt Art. 14 zu. Dieser verpflichtet beim Einsatz von Hochrisiko-KI-Systemen zur *menschlichen Aufsicht.* Näheres lässt sich den Erwägungsgründen zu Art. 14 der KI-VO entnehmen.[399] Insbesondere seien *Diagnose- und Behandlungsentscheidungen ohne* menschliche Aufsicht oder Überprüfung erst gar nicht zulassungsfähig.[400] Durch Art. 14 KI-VO wird also festgelegt, dass entscheidungsunterstützende KI-Systeme in der medizinischen Behandlung niemals unmittelbar und ohne bedeutende Kontrolle[401] der ärztlichen Anwendenden an der Patientin wirken dürfen.

Neben dem sich daraus immanent ergebenen Haftungsrisiko sämtlicher Akteurinnen[402] bei Verstoß gegen diesen Pflichtenkatalog erfordern diese Voraussetzungen aber auch nicht zu unterschätzende finanzielle Ressourcen.[403]

d. Kosten eines Hochrisiko-KI-Systems

Die EU-Kommission schätzte die im Zusammenhang mit einer Hochrisiko-KI anfallenden Kosten am Beispiel eines durchschnittlichen Hochrisiko-KI-Systems auf circa 170.000,00 EUR.[404] Nennenswerte Kostenpunkte stellten dabei die mit 6.000,00 bis 7.000,00 EUR geschätzten Liefer- und die mit 3.000,00 bis 7.500,00 EUR geschätzten Überprüfungskosten

399 Vgl. Art. 14 KI-VO-V sowie COM(2021) 206 final, Erw.Gr. 58. Mittlerweile stehen diese Vorgaben zu Art. 14 KI-VO in Erw.Gr. 91 EU-Verordnung 2024/1689 vom 13. Juni 2024.

400 Vgl. hierzu *Schulz-Große/Genske*, GuP 2023, 81, 87.

401 Zu dem Begriff der bedeutenden Kontrolle siehe bereits in Kapitel eins unter Teil C.I.; Hierzu wird in Kapitel drei unter Teil E.III.4.b.dd.(2) ff. noch eingehend ausgeführt.

402 Akteurinnen meint dabei sämtliche an dem Prozess des Inverkehrbringens und Inbetriebnehmens beteiligten Personen und Institutionen. So kommt neben der offensichtlicheren Haftung der Anbietenden und Anwendenden ebenso weniger offensichtlich möglicherweise auch eine Haftung bspw. der Benannten Stelle als Zertifizierungsstelle im Konformitätsbewertungsverfahren nach der MDR in Betracht, so zu einer zusätzlichen Risikoquelle im Medizinproduktesektor *Zech/Hünefeld*, MedR 2023, 1, 2 mit Verweis auf EuGH, NJW 2017, 1161, Rdnrn. 58 f; BGH NJW 2020, 1514, Rdnr. 20.

403 *Heinrichs et al.*, MedR 2023, 259, 260.

404 COM(2021) 206 final, S. 11; darauf näher eingehend vgl. *Heinrichs et al.*, MedR 2023, 259, 260.

für die Lieferantinnen dar.[405] Für Anwendende einer Hochrisiko-KI, d.h. für die Medizin-Branche die Kliniken und/oder Ärztinnen,[406] fielen Kosten für die vorgeschriebene menschliche Aufsicht in Höhe von 5.000,00 bis 8.000,00 EUR jährlich an.[407] *Heinrichs et. al.* merken in diesem Zusammenhang zurecht kritisch an, dass diese Gesamtkosten zusammengerechnet 8,24 % bis 13,24 % des Gesamtwertes einer solchen Hochrisiko-KI entsprechen[408] – zumindest dann, wenn die Schätzung der EU-Kommission die Realität abbildet und die Kosten nicht doch weitaus höher liegen.[409] Nicht zu vergessen sind daneben noch die Kosten der Herstellenden für eine Betriebshaftpflichtversicherung, die nach der Medizinprodukte-Verordnung stets abgeschlossen werden muss.[410]

Ob sich der Gesundheitssektor derartige Ausgaben für eine Technologie, die zwar enormes Potenzial bietet, deren Haftungsrisiken aber nicht final abschätzbar sind, leisten kann oder will ist indes fraglich.

3. Der KI-Haftungs-RL-V

Die EU-Kommission formulierte im Anschluss an die produktsicherheitsrechtliche Regulierung der sich seinerzeit im Vorschlag befindlichen KI-VO-V neben einer Reform der Produkthaftungs-Richtlinie (ProdHaft-RL-

---

405 Ebd.

406 Es hängt davon ab, welche Behandlungssituation vorzufinden ist, d.h., ob ambulante oder (teil-)stationäre Behandlung. Auch kommt es auf die vertragliche Gestaltung im Einzelfall an, vgl. hierzu ausführlich Kapitel drei unter D.II.

407 Ebd.

408 Anzumerken ist in diesem Zusammenhang, dass die Kosten der eigenen Durchführung der Diagnose durch die Ärztin, die ohne den Einsatz eines autonomen Systems anfallen würden, dadurch nicht einfach analog ersetzt werden, sodass sich die Kosten ausgleichen. Vielmehr sind Anwendende nach wie vor dazu verpflichtet, den Ergebnisvorschlag des Systems zu überprüfen und eine eigene Diagnose zu stellen. Auch entstehen Kosten für die Fortbildung und Aneignung technischer Kompetenzen, vgl. hierzu noch näher im dritten Kapitel.

409 So *Heinrichs et al.*, MedR 2023, 259, 260.

410 Nach der MDR muss der Hersteller *„für eine ausreichende Deckung"* sorgen, vgl. Erw.Gr. 31, Art. 10 Abs. 16 VO (EU) 2017/745; ob eine solche *„ausreichende"* Deckung dann jedoch für die durch KI-Systeme in der Medizin verursachten Schäden ausreicht ist indes fraglich, vgl. zu den Versicherungen, die im Hintergrund von KI-Akteurinnen in der Medizin stehen *Zech/Hünefeld*, MedR 2023, 1, 2.

V),[411] die die Haftung der Herstellenden regelt, einen Vorschlag für eine Richtlinie zur Ausgestaltung der Haftung für KI-Systeme (KI-Haftungs-RL-V)[412] und fasst zeitgleich einen Vorschlag zur Cyberresilience von IT-Produkten[413] zur Erweiterung der Produktsicherheitsvorschriften. Der KI-Haftungs-RL-V betrifft dabei allein die Haftung der Anwendenden von KI-Systemen.[414] Der KI-Haftungs-RL-V, der Haftungsmodifikationen für den *außervertraglichen* Bereich regelt, wird daher unter Umständen auch für den *vertraglichen* Bereich von großer Bedeutung sein. Die Leitmotive dieses Vorschlags sind daher näher zu betrachten.

a. Hintergrund: Befürchtete Haftungslücken

Das Europäische Parlament formulierte in einer Entschließung vom 20. Oktober 2021 im Vorfeld des KI-Haftungs-RL-V zur zivilrechtlichen Haftung die Befürchtung, *„dass Opazität, Konnektivität und Autonomie von KI-Systemen es in der Praxis sehr schwer oder sogar unmöglich machen könnten, konkrete schädliche Aktionen von KI-Systemen auf konkrete menschliche Eingaben oder Konstruktionsentscheidungen zurückzuführen"* und weist darauf hin, *„dass konkrete und abgestimmte Anpassungen der Haftungsvorschriften notwendig sind, um zu vermeiden, dass Umstände eintreten, in denen erlittene Personen- oder Sachschaden letztendlich nicht entschädigt werden."*[415]

---

411 Vorschlag der EU-Kommission vom 28.09.2022 für eine Richtlinie des Europäischen Parlaments und des Rates über die Haftung für fehlerhafte Produkte (ProdHaft-RL-V), COM(2022) 495 final; mittlerweile veröffentlicht durch EU-Verordnung 2024/1689 vom 13. Juni 2024.

412 Vorschlag der EU-Kommission vom 28.09.2022 für eine Richtlinie des Europäischen Parlaments und des Rates zur Anpassung der Vorschriften über die außervertragliche zivilrechtliche Haftung bei künstlicher Intelligenz (KI-Haftungs-V), COM(2022) 496 final.

413 Proposal for a Regulatoin of the European Parliament and of the Council on horizontal cybersecurity requirements for products with digital elements and amending Regulation (EU) 2019/1020, COM(2022) 454 final vom 15.09.2022; vgl. dazu *Spindler*, CR 2022, 689, 690.

414 Zur Unterscheidung der Frontend- und des Backend-Betreibenden vgl. *Wagner*, ZEuP 2021, 545, 551 f.; siehe auch *Heiss*, EuZW 2021, 932, 934.

415 Entschließung des Europäischen Parlaments vom 20.10.2020 mit Empfehlungen an die Kommission für eine Regelung der zivilrechtlichen Haftung beim Einsatz künstlicher Intelligenz, 2020/2014 (INL).

Damit spricht auch das Europäische Parlament die in Kapitel eins (A.IV.) in Hinblick auf Kausalzusammenhang und Beweisbarkeit benannten Bedenken an. In einer weiten Auslegung des indirekten Initiativrechts nach Art. 225 AEUV enthielt diese Entschließung einen ausformulierten Vorschlag für eine Verordnung des Europäischen Parlaments und des Rates über eine Haftung für den Betrieb von Systemen mit künstlicher Intelligenz.[416] Konkret forderte das Europäische Parlament eine Haftung der Anwendenden[417] als neue Haftungsintermediäre für KI-Systeme, die komplementär zur bestehenden Produkthaftung gelten sollte.[418] Überdies sollte mit neuen Vorschriften zur KI-Haftung der *„neuen"* Unterscheidung zwischen Hochrisiko-KI-Systemen und den übrigen Systemen, von denen ein geringeres Gefahrenpotenzial ausgeht, Rechnung getragen werden.[419] Konkret forderte das Europäische Parlament unter anderem eine verschuldens*unabhängige* Haftung für Anbietende von Hochrisiko-KI-Systemen (Art. 4 Abs. 1), wobei es auf einen Fehler des KI-Systems nicht ankommen solle und die Betriebsrisiken mithin über eine obligatorische Haftpflichtversicherung abgedeckt werden (Art. 4 Abs. 4).[420] Dies entspricht den bereits angesprochenen Forderungen von Teilen der Literatur nach einer Gefährdungshaftung. Von dieser Forderung wich die EU-Kommission jedoch ab.

Der von der Kommission am 28. September 2022 veröffentlichte Vorschlag für eine Richtlinie zur Ausgestaltung der Haftung für KI-Systeme[421] baute auf dem KI-VO-V[422] auf und übernahm zur Herstellung der Kohärenz eine Vielzahl von Begrifflichkeiten, wie die der Definitionen von Künstlicher Intelligenz, der Kategorie Hochrisiko-KI-Systeme (Art. 6 Abs. 1 KI-VO-V) sowie der Anbietenden (Art. 3 Nr. 2 KI-VO-V) und Nutzenden (Art. 3 Nr. 4 KI-VO-V).[423]

---

416 Vgl. auch *Handorn/Juknat*, MPR 2022, 77, 87 f.

417 Die KI-VO, siehe EU-Veordnung 2024/1689 vom 13. Juni 2024, spricht von Betreibenden. In der vorliegenden Arbeit wird einheitlich der Begriff Anwendende verwendet.

418 Ebd.; vgl. hierzu *Handorn/Juknat*, MPR 2022, 77, 87 f.

419 Vgl. *Handorn/Juknat*, MPR 2022, 77, 88.

420 Ebd.

421 COM(2022) 496 final.

422 Nunmehr KI-VO, vgl. EU-Veordnung 2024/1689 vom 13. Juni 2024.

423 Siehe hierzu COM(2022) 496 final, Erw.Gr. 15; vgl. hierzu auch *Spindler*, CR 2022, 689, 690. Nunmehr zu finden in Art. 3 Nr. 3 (Anbietende) und Art. 3 Nr. 4 (der KI-VO spricht hier nicht länger von Nutzenden, sondern Betreibenden) der KI-VO, vgl. EU-Veordnung 2024/1689 vom 13. Juni 2024.

Inhaltlich beschränkte sich die Kommission entgegen der vom EU-Parlament geforderten Gefährdungshaftung jedoch auf zu Gunsten der Geschädigten wirkende Beweiserleichterungen, die zur Behebung von Informationsasymmetrien beitragen sollen.[424] Vorbehaltlich einer Umsetzung ins nationale Recht sollen die nachfolgend skizzierten Beweiserleichterungen auch bei Fehlern Anwendender von Hochrisiko-KI-Systemen und damit auch beim Einsatz von medizinischen KI-Systemen greifen.

b. Beweiserleichterungen – Offenlegungspflicht und gesetzliche Vermutungen

Der Vorschlag sieht konkret vor, Beweislasten der durch Künstliche Intelligenz geschädigten Personen mithilfe von Offenlegungspflichten und widerlegbaren Vermutungen zu erleichtern. Die Richtlinie strebt durch die benannte Offenlegungspflicht von Beweismitteln an, den Geschädigten eine Möglichkeit zu eröffnen, Informationen über Hochrisiko-KI-Systeme zu erhalten, die gemäß dem Gesetz über künstliche Intelligenz (KI-VO) aufzuzeichnen bzw. zu dokumentieren sind. Durch die widerlegbaren Vermutungen sollen Geschädigte eine *„angemessenere“* Beweislast tragen, um eine *„Chance“* zu erhalten, *„mit berechtigten Haftungsansprüchen erfolgreich zu sein.“*[425]

Durch diese Regelungen möchte die Kommission die durch die Autonomie und Komplexität von KI-Systemen vorgegebene Problematik für Geschädigte, Ansprüche gegen Anwendende dieser Systeme erfolgreich durchzusetzen, entgegentreten.[426]

c. Fehlende Verzahnung zwischen KI-VO und KI-Haftungs-RL-V

Nachdem die KI-VO für Anwendende eines Hochrisiko-KI-Systems mit den Art. 8 bis 15 KI-VO besondere Anforderungen, etwa zur Dokumentation und menschlichen Aufsicht, formulierte, verpasst der KI-Haftungs-RL-V durch den bezeichneten Anspruch auf Offenlegung von Dokumentationen eine Verzahnung zwischen den vorgegebenen Erleichterungen für Geschä-

424 So *Spindler*, CR 2022, 689, 690.
425 COM(2022) 496 final, S. 13.
426 *Spindler*, CR 2022, 689, 700.

digte des KI-Haftungs-RL-V und den produktsicherheitsrechtlichen Vorgaben der KI-VO.[427]

Den Erwägungsgründen zum KI-Haftungs-RL-V lässt sich entnehmen, dass der Vorschlag nur dort Anwendung finden soll, wo sich ein KI-System ohne Einbindung eines Menschen unmittelbar auf die geschädigte Person ausgewirkt hat.[428] Dies hat zur Folge, dass bereits da, wo KI-Systeme als bloße Entscheidungs*unterstützung* eingesetzt werden, d.h. der Mensch als anwendende bzw. nutzende Person eine eigenverantwortliche Entscheidung auf Grundlage dieser Unterstützung trifft, der KI-Haftungs-RL-V und damit die zuvor dargestellten haftungsrechtlichen Begünstigungen der Geschädigten keine Anwendung finden sollen.[429] Für den behandlungsnahen Bereich in der Medizin bedeutet dies, dass in diesem Bereich eingesetzte autonome Systeme nicht in den Anwendungsbereich des KI-Haftungs-RL-V fallen würden, da es sich regelmäßig um Hochrisiko-KI-Systeme nach Art. 6 KI-VO handeln wird, die zwingend der menschlichen Aufsicht nach Art. 14 KI-VO unterliegen und damit nicht unmittelbar Anwendung auf den Menschen finden können. Dies stellt die KI-VO durch zahlreiche Vorgaben klar.[430] Insbesondere seien Diagnose- und Behandlungsentscheidungen ohne menschliche Aufsicht oder Überprüfung erst gar nicht zulassungsfähig.[431]

Zur Begründung führt die EU-Kommission an, dass es bei entstandenen Schäden in Fällen, in denen das KI-System lediglich eine Entscheidungs*grundlage* zur Verfügung stelle, die von dem Menschen berücksichtigt wurde, möglich sei, „*den Schaden auf eine menschliche Handlung oder Unterlassung zurückzuführen, da die Ergebnisse des KI-Systems nicht zwischen der menschlichen Handlung bzw. Unterlassung und dem Schaden steht, sodass die Feststellung der Kausalität nicht schwieriger ist als in Situationen, in denen kein KI-System beteiligt ist.*“[432]

---

427 Ebd.; die KI-VO sieht zwar die Pflicht zur Dokumentation, allerdings kein Recht der Betroffenen auf Einsicht vor. Diese Lücke soll durch den KI-Haftungs-RL-V geschlossen werden, vgl. hierzu COM(2022) 456 final, Erw.Gr. 16.

428 Siehe hierzu COM(2022) 496 final, Erw.Gr. 15.

429 Hierzu *Spindler*, CR 2022, 689, 700; vgl. auch *Haftenberger*, Die Produkthaftung für künstlich intelligente Medizinprodukte, S. 258 ff.

430 Vgl. Art. 14 KI-VO oder etwa Art. 13 KI-VO sowie Erw.Gr. 58, nunmehr zu finden in Erw.Gr. 91, vgl. EU-Veordnung 2024/1689 vom 13. Juni 2024.

431 Vgl. hierzu *Schulz-Große/Genske*, GuP 2023, 81, 87.

432 COM(2022) 456 final, Erw.Gr. 15.

Folgte man den Erwägungsgründen der EU-Kommission nun streng, so findet der KI-Haftungs-RL-V und damit die für den außervertraglichen Bereich geplanten Beweiserleichterungen auf Hochrisiko-KI-Systeme insgesamt keine Anwendung. Der Widerspruch zur angestrebten Verzahnung mit der KI-VO ist offensichtlich.[433]

Der Vorschlag der EU-Kommission ist zu kritisieren. Denn auch wenn sich ein (Hochrisiko-)KI-System nach alledem aufgrund der menschlichen Aufsicht nach Art. 14 KI-VO lediglich mittelbar auf den Menschen auswirkt und Anwendenden als bloße Entscheidungsgrundlage bzw. -unterstützung dient, spricht doch einiges dafür, diese Mensch-Maschine Interaktion[434] bei der Untersuchung einer Haftung Anwendender zu würdigen. Denn trotz der am Ende des Entscheidungszyklus stehenden Letztentscheidung der Anwendenden des autonomen Systems, kann es aufgrund der maschinellen Risiken, wie der Autonomie und der Opazität, zu Fehlern und in der Folge zu Schäden kommen. Daher ist zu hinterfragen, inwieweit Anwendende für das Verhalten des Systems verantwortlich gemacht werden können, wenn derartige Risiken weder beeinflusst noch vorhergesehen werden können. Ob und inwieweit dies bei der Frage nach dem Kausalzusammenhang und der anschließenden Frage nach der Beweisbarkeit der haftungsbegründenden Kausalität Berücksichtigung findet, wird neben den weiteren Voraussetzungen eines vertraglichen Haftungsanspruchs im Mittelpunkt dieser Arbeit stehen.

4. Zusammenfassung und Gesamtfazit

Nach alledem ist festzuhalten, dass es sich bei behandlungsnahen KI-Systemen, d.h. solchen Systemen, die zur Patientinnen-Behandlung eingesetzt werden sollen, im Sinne der MDR um Medizinprodukte und damit nach Anhang I Nr. 11 der KI-VO um Hochrisiko-KI-Systeme handeln wird.

Aus dieser Einstufung folgt ein durch die beteiligten Akteurinnen während des gesamten Lebenszyklus einzuhaltender Pflichtenkatalog beim Ein-

433 Daneben wird ein Hochrisiko-KI-System, das gänzlich ohne menschliche Aufsicht unmittelbar am Menschen agieren soll, auch nach dem ProdHaft-RL-V als fehlerhaft eingestuft und würde damit auch die entsprechenden Auswirkungen auf die Frage der Kausalität auslösen, so *Spindler*, CR 2022, 689, 700.

434 Zum Begriff der Mensch-Maschine Interaktion vgl. auch *Samhammer et al.*, Klinische Entscheidungsfindung mit Künstlicher Intelligenz, Ein interdisziplinärer Governance-Ansatz, S. 42 ff.

satz des autonomen Systems. Anwendende haben dabei unter anderem die sich aus Art. 26 KI-VO ergebenen Anforderungen zu beachten. Im medizinischen Kontext werden also auch ärztliche Anwendende beim Einsatz von KI-Systemen eine Reihe von Pflichten zu beachten haben, deren Verstoß zu Sanktionen im Sinne der KI-VO führen kann.

Grundsätzlich sind die KI-VO und der KI-Haftungs-RL-V miteinander verzahnt. Ein Verstoß gegen die Pflichten der KI-VO soll durch entsprechende Beweiserleichterungen in Form von Offenlegungspflichten und gesetzlichen Vermutungen des KI-Haftungs-RL-V für die beim Einsatz des KI-Systems entstandenen Schäden im außervertraglichen Bereich beweisbarer werden. Der KI-Haftungs-RL-V soll aber nicht anwendbar sein, wenn das Ergebnis des KI-System nur als Entscheidungs*grundlage* und somit nur als Basis für eine Entscheidung Anwendender dient. In diesen Fällen soll es bei einer Haftung der Anwendenden nach den üblichen Regelungen bleiben, da eine Feststellung der Kausalität nicht schwieriger wäre, als in Situationen, in denen kein KI-System beteiligt ist. Problematisch ist diese Schlussfolgerung mit Blick auf Hochrisiko-KI-Systeme, für die Art. 14 KI-VO die menschliche Aufsicht vorschreibt, weil Selbige der Anwendbarkeit des KI-Haftungs-RL-V entgegenstünde. Für behandlungsnahe KI-Systeme, die als Hochrisiko-KI-Systeme einzustufen sind, kämen die Beweiserleichterungen des KI-Haftungs-RL-V mithin nicht in Betracht, sodass es bei bisherigen haftungsrechtlichen Maßstäben bliebe. Ebenso ließe dies die diskutierten KI-Risiken, die auch in dieser vorgelagerten Phase das endgültige Ergebnis der Anwendenden, die das System als Entscheidungsgrundlage nutzen, beeinflusst, außen vor.

Ungeachtet der Frage, wie interessengerecht diese Interpretation ist, sollen die Regelungen zunächst nur für den außervertraglichen Bereich in das nationale Recht umgesetzt werden. Gegenstand der vorliegenden Arbeit hingegen ist aber das vertragliche Arzthaftungsrecht. Für diesen Bereich findet der KI-Haftungs-RL-V keine Anwendung, sodass trotz des aufgezeigten Widerspruchs untersucht werden muss, inwieweit sich das Dazwischentreten eines autonomen Systems durch spezielle KI-Risiken auf den Kausalzusammenhang und somit die haftungsbegründende Kausalität auswirkt. Es ist zu untersuchen, ob ärztliche Anwendende für sämtliche im Rahmen der Mensch-Maschine Interaktion entstehenden Schäden verantwortlich sind. Weiter ist zu prüfen, wie beweisbar eine solche Haftung dem Grunde nach für die im Arzthaftungsprozess beweisbelastete Patientin ist. Von entscheidender Bedeutung ist, ob die besonderen arzthaftungsrechtlichen Beweiserleichterungen des § 630h BGB den rechtlichen Befürchtungen *de lege lata* Abhilfe verschaffen. In diesem Fall bedarf es keiner weiteren Überlegungen, ob die Leitgedanken des europäischen Gesetzgebers sich *de lege ferenda* auf das Arzthaftungsrecht auswirken sollten, um eine haftungsrechtliche Verantwortliche identifizieren zu können.

Drittes Kapitel – Vertragliche Arzthaftung beim Einsatz von KI-Systemen

> *„Haftungsrechtliche Verantwortlichkeit bedeutet, dass jemand für einen Schaden haftbar gemacht werden kann. Der wichtigste Aspekt ist dabei, wer als Verantwortlicher für die entstandenen Schäden haftbar gemacht werden kann (de lege lata) oder soll (de lege ferenda), wenn digitale Systeme als Schadensquelle wirken.“*[435]

Mit diesen Worten fasst *Zech* die rechtlichen Problemstellungen, die sich beim Einsatz von KI-Systemen im menschlichen Alltag ergeben, sehr passend zusammen. Auch wenn sich sein Gutachten dabei auf die außervertragliche Haftung beschränkt, stellt sich in jedem denkbaren Einsatzbereich von KI-Systemen stets die Frage nach der verantwortlichen Person, wenn es zu einem schädigenden Ereignis durch ein solches digitales System kommt. Diese Frage ist auch im Arzthaftungsrecht wegweisend – egal ob vertraglich oder außervertraglich.

Ebenso wie in anderen Bereichen des geltenden Rechts, wie bspw. beim autonomen Fahren im Bereich des Straßenverkehrsrechts, muss auch für das geltende Arzthaftungsrecht überprüft werden, ob die bestehenden Normen im Zusammenhang mit neuartigen Systemen zweck- und interessengerecht sind.[436] Gegenstand der nachfolgenden Untersuchung ist daher die Frage, ob das vertragliche Arzthaftungsrecht *de lege lata* eine beweisbare haftungsrechtliche Verantwortlichkeit der ärztlichen Anwendenden von behandlungsnahen KI-Systemen zulässt. Bieten die §§ 630a i.V.m. § 280 Abs. 1 BGB eine Haftungsgrundlage, wenn autonome Systeme als Schadensquelle (mit-)ursächlich wirken? Gerprüft wird, welche konkreten Fehlerquellen sich beim Einsatz behandlungsnaher KI-Systeme identifizieren lassen und wie sich das Dazwischentreten eines autonomen Systems auf den Kausalzusammenhang und die ärztlichen Sorgfaltspflichten auswirkt. Auch werden der Grad der Generalisierung eines Systems sowie die diesem gesetzten Grenzen eine Rolle spielen. In diesem Zusammenhang insgesamt zu ergründen ist, welchen Einfluss ärztliche Anwendende auf den Entscheidungsvorschlag des KI-Systems vor, während und nach dem Arbeitsprozess

435 *Zech*, Gutachten A zum 73. DJT, Hamburg 2020/Bonn 2022, A 13.
436 Vgl. zur allgemeinen außervertraglichen Haftung ebd.

nehmen können, um eine Aussage darüber treffen zu können, ob der entstandene (Gesundheits-)Schaden der Patientin auf ein Tun oder Unterlassen der ärztlichen Anwendenden eines KI-Systems zurückgeführt werden kann. Von entscheidender Bedeutung für die Beantwortung dieser Frage sind die Beweiserleichterungen des § 630h BGB.

Auch wenn die Diskussion über den Begriff der Betreibenden, wobei in der vorliegenden Arbeit hierfür synonym der Begriff „*Anwendende*" verwendet wird, auf europäischer Eben noch nicht erschöpft ist, so steht fest, dass neben natürlichen Personen auch juristische Personen Betreibende in diesem Sinne sein können.[437] Für die nachfolgenden rechtlichen Untersuchungen bedeutet dies, dass neben persönlich handelnden ärztlichen Anwendenden auch die dahinterstehende Klinikbetreiberin Anwendende im Sinne der KI-VO sein kann.

Wie bereits an vielen Stellen in dieser Arbeit verdeutlicht, ist ein großer Einsatzbereich für Künstliche Intelligenz in der Medizin der Bereich der Diagnostik. In der Einleitung wurden Beispiele aus der Radiologie und Dermatologie dargestellt. Im weiteren Verlauf kamen die Diabetologie und die hausärztliche Versorgung hinzu.[438]

Wird Künstliche Intelligenz in der medizinischen Behandlung eingesetzt, handelt es sich in der Regel um entscheidungs*unterstützende* und nicht *-ersetzende* KI-Systeme. Die letzte Entscheidung verbleibt bei den ärztlichen Anwendenden des Systems, für das, da es sich in diesem Bereich um Hochrisiko-KI-Systeme im Sinne der KI-VO handelt wird, durch Art. 14 KI-VO eine menschliche Aufsicht vorgeschrieben wird, die die unmittelbare Anwendung auf den Menschen verhindern soll.[439]

Die zuvor dargestellten Gedanken spielten eine untergeordnete Rolle, wenn Künstliche Intelligenz als eigene Rechtspersönlichkeit Haftungsadressatin für ihr eigenes *Verhalten* sein könnte. Die rechtliche Einordnung der Künstlichen Intelligenz als Rechtspersönlichkeit wurde im zweiten Kapitel unter Teil B. erörtert. Lehnt man eine solche ab, wie dies dieser Arbeit zu Grunde gelegt wird, ist kritisch zu untersuchen, welche konkreten Problemfelder im Bereich der haftungsbegründenden Kausalität beim Einsatz

---

437 Vgl. *Schulz-Große/Genske*, GuP 2023, 81, 84. Im Vergleich zum Vorschlag der EU-Kommission zur KI-VO, die den Begriff „Nutzende" verwendete, ist der Unionsgesetzgeber nun dazu übergegangen in der KI-VO den Begriff der „Betreibenden" zu nutzen.

438 Vgl. erstes Kapitel unter Teil B.III. ff.

439 Zu alledem siehe erstes Kapitel unter Teil C.I. und zweites Kapitel unter Teil C.II.2.

von KI-Systemen entstandenen (Gesundheits-)Schäden zu identifizieren sind.

Gegenstand der weiteren Untersuchung ist nach alledem die Interaktion zwischen dem Menschen und der Maschine,[440] wobei geprüft wird, welche haftungsrechtlichen Auswirkungen das Dazwischentreten der Maschine in das sonst klassische Ärztinnen-Patientinnen-Verhältnis entfaltet. Dabei werden mit dem Autonomie- und Vernetzungsrisiko[441] die neuen Risiken in den Fokus der rechtlichen Bewertung gelangen, aber auch Beteiligungen anderer Akteurinnen bleiben nicht gänzlich ohne Berücksichtigung.[442]

Zu untersuchen ist, ob das vertragliche Arzthaftungsrecht *de lege lata* mit den neuen, KI-spezifischen Risiken,[443] aber auch den sonstigen Pflichtverstößen, die im Zusammenhang mit dem Einsatz autonomer Systeme denkbar sind, umgehen kann oder es *de lege ferenda* solcher Haftungsverschärfungen oder Beweiserleichterungen auch für den vertraglichen Arzthaftungsbereich bedarf, wie dies vom europäischen Gesetzgeber für den außervertraglichen Bereich angestrebt wird. Im Mittelpunkt dieser Arbeit wird deshalb herauszuarbeiten sein, ob diese Bedenken mit Blick auf das Arzthaftungsrecht berechtigt sind oder es bereits das benötigte Werkzeug bereithält, um auf die technischen Risiken reagieren zu können. Immerhin hat das Medizinrecht in der Vergangenheit mit dem Patientenrechtegesetz eindrucksvoll gezeigt und zeigt dies für zukünftige Entwicklungen mit den Erwägungen zum Patientenrechtegesetz 2.0,[444] dass es sich dynamisch fortbilden lässt.

Nachfolgend wird erörtert, wie sich ein solches Risiko beim Einsatz in der Medizin realisieren kann, inwieweit die Verwirklichung eines solchen Risikos als Pflichtverletzung der am Geschehen beteiligten ärztlichen Anwendenden bzw. der dahinterstehenden Klinikbetreiberin zu klassifizieren

---

440 *Samhammer et al.*, Klinische Entscheidungsfindung mit Künstlicher Intelligenz, Ein interdisziplinärer Governance-Ansatz, S. 42 ff.

441 Vgl. hierzu erstes Kapitel unter A.IV.1. u. 2.

442 Vgl. hierzu erstes Kapitel unter A.IV.3.

443 Ausführlich zu den *„neugewonnenen"* KI-Risiken beim Einsatz in der Medizin *Zech/Hünefeld*, MedR 2023, 1 ff.

444 vgl. *Gutmann*, Stärkung und Weiterentwicklung der Patientenrechte in Deutschland, Rechtswissenschaftliches Gutachten im Auftrag des Sozialverband Deutschland e.V., 31.12.2021, online abrufbar unter: www.sovd.de/Gutachten-Patientenrechte, zuletzt abgerufen am 13.12.2023; vgl. hierzu auch das Positionspapier des Medizinrechtsanwälte e.V. zur Stärkung der Patientenrechte, online abrufbar unter: Mehr-Patientenrechte-wagen-Positionspapier-des-Medizinrechtsanwaelte-e.V..pdf, zuletzt abgerufen am 13.12.2023.

ist und inwieweit in diesem Zusammenhang von einem menschlichen Verschulden gesprochen werden kann. Pflichtverletzung meint im Zuge dieser Arbeit Behandlungsfehler und Organisationsfehler, wie sie im vertraglichen Arzthaftungsrecht bekannt sind.

Um die Anknüpfungspunkte der hochkomplexen KI-Systeme besser begreifen zu können, wird zunächst ein Einblick in den Organisationsapparat des Arzthaftungsrechts gegeben.

A. Grundsätze des deutschen Arzthaftungsrechts

Das Arztrecht[445] und das Gesundheits- oder Medizinrecht sind sog. Querschnittsfächer. Das Arztrecht umfasst eine Vielzahl an teilweise kodifizierten Rechtsnormen und dreht sich maßgeblich um die Berufstätigkeit des ärztlichen Personals.[446] Durch eine Vielzahl von Gesundheits- und Berufsgesetzen, Satzungen, Verordnungen und Leitlinien, EU-Richtlinien mit den hinzukommenden Verordnungen, die die Profession betreffen, sowie stets wiederkehrenden Novellen, ist die Medizin auch dank der sich zum Vorteil der Heilkunst entwickelnden und breit gefächerten medizinischen Wissenschaft mittlerweile mit einem dichten Netzwerk legislativer Vorschriften ausgestattet.[447]

Ärztliches Personal und Krankenhausträgerin haften im Arzthaftungsrecht für eigenes Fehlverhalten und für solches der ärztlichen sowie nichtärztlichen Mitarbeitenden auf der Grundlage des Behandlungsvertrages oder wegen Geschäftsführung ohne Auftrag gemäß §§ 280 Abs. 1, 278 oder 31, 89 BGB auf Schadensersatz. Die deliktische Haftung ergibt sich aus §§ 823, 31, 89 BGB oder § 831 BGB.[448]

Das *vertragliche* Arzthaftungsrecht ist maßgeblich in den §§ 630a ff. BGB geregelt, die als *Patientenrechtegesetz* im Jahr 2013[449] als ein durch die Rechtsprechung geformtes Konstrukt in Vorschriften zum Behandlungsver-

445 Nicht zu verwechseln mit dem Arzthaftungsrecht. Das Arztrecht ist als Oberbegriff für alle den Beruf der Ärztin betreffenden Vorschriften zu begreifen.

446 *Kern/Rehborn*, in: dies., Handbuch zum Arztrecht, Rdnrn. 2 f.

447 *Kern/Rehborn*, in: dies., Handbuch zum Arztrecht, Rdnr. 3; *Laufs/Katzenmeier*, in: dies., Arztrecht, Rdnr. 26.

448 *Kern/Rehborn*, in: dies., Handbuch zum Arztrecht, § 93 Rdnr. 3.

449 Gesetz zur Verbesserung der Rechte von Patientinnen und Patienten vom 20.02.2013 (BGBl. I S. 277).

trag in Gesetzesform gegossen wurden.[450] Vor dieser Kodifikation wurden arzthaftungsrechtliche Sachverhalte ausschließlich über das *Deliktsrecht* gelöst.

Der Behandlungsvertrag[451] (§ 630a BGB) verpflichtet das ärztliche Personal unter anderem[452] zur Behandlung, d.h. Diagnostik,[453] Therapie und Nachsorge der Patientinnen, nach dem gebotenen Sorgfaltsmaßstab im Sinne des § 630a Abs. 2 BGB. Daneben haben die Medizinerinnen aufzuklären (§ 630e BGB) und nach erfolgter Aufklärung die Einwilligung der Patientinnen einzuholen (§ 630d BGB).

Neben diesen *vertraglichen* Ansprüchen kennt das Arzthaftungsrecht auch nach der Kodifikation noch immer eine Haftung aus unerlaubter Handlung (§§ 823 ff. BGB), da die fehlerhafte Erfüllung des Behandlungsvertrages *zugleich* einen deliktischen Eingriff in Körper und Gesundheit darstellt.[454] Nach ständiger Rechtsprechung bedarf es für eine Rechtmäßigkeit dieses Eingriffes einer informierten Einwilligung der Patientinnen.[455]

Diese vertragliche Rechtsgrundlage auf der einen und die gesetzliche Rechtsgrundlage auf der anderen Seite stehen selbstständig nebeneinander und bleiben im Sinne gesetzlicher Anspruchskonkurrenz anspruchsbegründend.[456] In beiden Haftungsordnungen entsprechen sich der Sorgfaltsmaßstab einfacher Fahrlässigkeit, die Anforderungen an die Kausalität und im

---

450 *Kern/Rehborn*, in: dies., Handbuch zum Arztrecht, Rdnr. 3; *Laufs/Katzenmeier*, in: dies., Arztrecht, Rdnr. 26.

451 Von dem Behandlungsvertrag ist auch die vertragsärztliche Versorgung umfasst, d.h. die Behandlung von gesetzlich, freiwillig oder familienversicherten Patientinnen im Sinne des SGB V, siehe etwa § 76 Abs. 4 SGB V zur *„Sorgfalt nach den Vorschriften des bürgerlichen Rechts“*, vgl. *Spickhoff*, in: Kommentar Medizinrecht, § 630a Rdnrn. 19 f.; *Eichelberger*, in: Chibanguza/Kuß/Steege, Künstliche Intelligenz, S. 657.

452 Neben den aufgezählten Pflichten treffen die Behandelnden weitere Verpflichtungen aus den § 630a ff. BGB. Dabei ist insbesondere auf die speziellen Aufklärungserfordernisse in Form der Sicherungsaufklärung (§ 630c Abs. 2, S. 1 BGB) und der wirtschaftlichen Aufklärung (§ 630c Abs. 2, S. 3 BGB) sowie die Dokumentationspflicht (§ 630f BGB) und die Herausgabepflicht aus § 630g BGB hinzuweisen, vgl. *Katzenmeier*, in: BeckOK BGB, § 630a Rdnrn. 101 ff.; *Eichelberger*, in: Chibanguza/Kuß/Steege, Künstliche Intelligenz, S. 657.

453 Unter Diagnostik versteht sich das Zusammenspiel aus Anamnese, Befunderhebung und Diagnose, vgl. *Eichelberger*, in: Chibanguza/Kuß/Steege, Künstliche Intelligenz, S. 657.

454 *Greiner*, in: Kommentar Medizinrecht, § 839 Rdnr. 1.

455 BGH, Urt. V. 14.03.2006 – VI ZR 279/04 = NJW 2006, 2108.

456 *Greiner*, in: Kommentar Medizinrecht, § 839 Rdnr. 1;

wesentlichen Umfang der ersatzfähige Schaden der Patientinnen.[457] Das deutsche Arzthaftungsrecht fußt damit auf dem Erfordernis zur Beachtung medizinischer *Sorgfaltspflichten,* wobei dem Gebot, Patientinnen nach dem aktuellen Erkenntnisstand der medizinischen Wissenschaft zu behandeln, besondere Bedeutung zukommt, vgl. § 630a Abs. 2 BGB.[458]

B. Vertragliche Arzthaftung, § 280 Abs. 1 in Verbindung mit §§ 630a ff. BGB

Das Verhalten der Behandelnden muss sich an *drei grundsätzlichen Regeln* messen lassen. Am Geläufigsten dürfte die Pflicht zu einer *lege artis* entsprechenden Behandlung, d.h., die Einhaltung der fachlichen Regeln, sein.[459] Überdies muss der ärztliche Eingriff aber auch sachlich gerechtfertigt sein, wobei dies zivilrechtlich bspw. durch eine medizinische Indikation erfüllt ist.[460] Zuletzt bedarf es einer informierten Einwilligung, d.h. der Eingriff darf nur nach Einwilligung an einer vollumfänglich aufgeklärten Patientin erfolgen.[461]

I. Die fachgerechte Behandlung

Anknüpfungspunkte für die Arzthaftung sind danach das Unterschreiten einer *fachgerechten* Behandlung, auch *Behandlungsfehler* genannt, und die ärztliche Eigenmacht durch Missachtung des Selbstbestimmungsrechts der Patientin, d.h. der *Aufklärungsfehler.*[462] Behandlungs- und Aufklärungsfehler begründen daher grundsätzlich eine Haftung der behandelnden Ärztin. Als besonderer Fall im Kontext des vertraglichen Arzthaftungsrechts sind *Organisationsfehler* in den Blick zu nehmen, die insbesondere eine Haftung der Klinikbetreiberin ermöglichen.

---

457 *Greiner*, in: Kommentar Medizinrecht, § 839 Rdnr. 1; *Kern/Rehborn*, in: dies., Handbuch zum Arztrecht, § 92 Rdnrn. 22 ff.

458 *Helle*, MedR 2020, 992, 998.

459 *Katzenmeier*, in: dies., Arztrecht, Kap. X. Rdnr. 1.

460 Eine medizinische Indikation ist anzunehmen, wenn der ärztliche Heilauftrag die Maßnahme umfasst und gebietet, vgl. *Katzenmeier*, in: Laufs/Katzenmeier/Lipp, Arztrecht, 8. Aufl 2021, Kap. X Rdnr. 1. Näheres zum Indikationsbegriff und dessen Verhältnis zur ärztlichen Legitimation vgl. *Lipp*, MedR 2015, 762 ff.

461 *Katzenmeier*, in: dies., Arztrecht, Kap. X. Rdnr. 1.

462 *Katzenmeier*, in: dies., Arzthaftung, S. 273 ff., S. 322 ff.; *Deutsch/Spickhoff*, Medizinrecht, S. 292 ff. u. 402 ff.

Das *Verschulden* nach § 280 Abs. 1 S. 2 BGB spielt im vertraglichen Arzthaftungsrecht nach ständiger Rechtsprechung[463] praktisch keine Rolle[464] – zumindest dann nicht, wenn es um den klassischen arzthaftungsrechtlichen Fall eines in der Person der Behandelnden realisierten Haftungsrisikos geht. Relevant wird das Verschulden hingegen, wenn es um Nebenpflichtverletzungen geht. Hierzu wird an späterer Stelle gesondert ausgeführt.[465]

Der *Schaden* unterteilt sich dann in Primär- und Sekundärschaden, wobei der haftungsbegründende Kausalzusammenhang zwischen Behandlungsfehler und Primärschaden (Gesundheitsschaden)[466] und der haftungsausfüllende Kausalzusammenhang zwischen Primärschaden und Sekundärschaden besteht. Der haftungsbegründenden Kausalität kommt im Gegensatz zur haftungsausfüllenden Kausalität mit Blick auf die prozessuale Beweisbarkeit im Arzthaftungsrecht besondere Bedeutung zu. Diese auch für KI-Sachverhalte wichtige Problematik wird nachfolgend erörtert.

Die haftungsbegründende Kausalität meint im Arzthaftungsrecht also den Ursachenzusammenhang zwischen Behandlungsfehler und Primärschaden, wobei für die Annahme eines haftungsbegründenden Kausalzusammenhangs die *Mit*ursächlichkeit der Pflichtverletzung ausreichend ist.[467] Die Behandelnde hat sich also auch zu verantworten, wenn ihr Behandlungsfehler nicht die einzige Schadensursache war – die Mitursächlichkeit steht der Alleinursächlichkeit insofern gleich.[468]

II. Beweisrecht

Parallel zu diesem rein materiellrechtlichen Fundament steht das arzthaftungsrechtliche *Beweisrecht*. Die materiellrechtliche Bewertung, die einer infolge eines Behandlungsfehlers geschädigten Patientin grundsätzlich die Möglichkeit einräumt, von ihrer Vertragspartnerin Ersatz ihrer (im-)mate-

---

463 Vgl. BGH NJW 2001, 1786, 1787.

464 *Wagner*, in: MüKo BGB, Vor. § 630a, Rdnr. 21; Ebd. § 630a, Rdnr. 106; ebd. § 630h Rdnr. 9.

465 Siehe hierzu unter Teil E.XI.

466 *Wagner*, in: MüKo BGB, § 630a, Rdnr. 129.

467 BGH, Urt. v. 27.6.2000 – VI ZR 201/99 = NJW 2000, 3423, 3424; *Wagner*, in: MüKo BGB, § 630a, Rdnr. 221.

468 Etwas anderes soll nur gelten, wenn feststeht, dass der Behandlungsfehler nur zu einem abgrenzbaren Teil des Schadens geführt hat, also eine sog. abgrenzbare Teilkausalität vorliegt, vgl. BGH, Urt. v. 20.5.2014 – VI ZR 187/13 = MedR 2015, 111, 113, m.Anm. *Seibl*; vgl. auch *Wagner*, in: MüKo BGB, § 630a, Rdnr. 221.

riellen Schäden zu erhalten, ist von der praktischen Durchsetzbarkeit abzugrenzen, wobei dem Arzthaftungsrecht patientinnenseitige Beweisschwierigkeiten inhärent sind. Dem Beweisrecht kommt daher besondere Bedeutung zu.

Nach dem allgemeinen Grundsatz der Beweislastverteilung müssen die Voraussetzung einer Norm von derjenigen Partei bewiesen werden, die für sie günstige Rechtsfolgen aus ihr herleitet.[469] Dieser Grundsatz gilt auch für die fehlerhafte Erfüllung eines Behandlungsvertrages und die Arzthaftung.[470]

1. Beweislastverteilung im Arzthaftungsrecht

Eine geschädigte Patientin ist demgegenüber in der Regel darlegungs- und beweisbelastet für das wirksame Zustandekommen des Behandlungsvertrages,[471] die Pflichtverletzung, den Schaden und die Kausalität des pflichtwidrigen Verhaltens für den erlittenen Schaden (haftungsbegründende Kausalität) sowie die Kausalität zwischen Primärschaden und Folgeschaden (haftungsausfüllende Kausalität).[472] Demgegenüber, obliegt es der Behandelndenseite, eine informierte Aufklärung zu beweisen.[473]

469 *Wagner*, in: MüKo BGB, § 630h, Rdnr. 7.

470 Ebd.; BT-Drs. 17/10488, S. 27.

471 BT-Drs. 17/10488, S. 27 f.; *Wagner*, in: MüKo BGB, § 630h Rrdnr. 7; für die Rechtsprechung vgl. BGH, Urt. v. 10.01.1984 – VI ZR 158/82 = NJW 1984, 1400, 1401.

472 Entsprechend der allgemeinen Grundsätze des Deliktsrechts hat die Patientin den Ursachenzusammenhang zwischen Pflichtverstoß und Schaden auch im vertraglichen Arzthaftungsrecht zu beweisen, vgl. BGH, Urt. v. 18.9.2009 – V ZR 75/08 = NJW 2009, 3787, Rdnr. 33; speziell für das Arzthaftungsrecht vgl. etwa BGH, Urt. v. 14.1.2014 – VI ZR 340/13 = NJW-RR 2014, 1147, Rdnr. 5; BGH, Urt. v. 12.2.2008 – VI ZR 221/06 = NJW 2008, 1381, Rdnr. 9; vgl. auch *Wagner*, in: MüKo BGB, § 630h Rdnr. 7.

473 *Wagner*, in: MüKo BGB, § 630h Rdnr. 14.

a. Reduzierte Darlegungslast der Patientin

Aufgrund der dem Arzthaftungsrecht immanenten Informationsasymmetrie zwischen Ärztin und Patientin und dem Wissensgefälle,[474] werden an die Darlegungslast der Patientin grundsätzlich nur maßvolle Anforderungen gestellt.[475] Im Ergebnis wird der Substantiierungslast daher genügt, wenn der Ablauf der Behandlung in groben Zügen geschildert, der Misserfolg der Behandlung dargelegt und Verdachtsgründe, die mit hinreichender Plausibilität für einen Behandlungsfehler sprechen, offengelegt werden.[476] Dem Ausgleich dieser Informationsassymetrien dient auch die die Ärztinnen treffende Dokumentations- und Editionspflicht der §§ 630f, 630g BGB.[477]

b. Beweismaß

Ungeachtet dieser reduzierten Darlegungslast verbleibt es bei der grundsätzlichen Beweislast der Patientin, für deren Erfüllung sie sich eines Privat- oder Schlichtungsgutachtens bzw. eines solchen des Medizinischen Dienstes der Krankenkasse bedienen kann, um das Wissensgefälle auszugleichen.[478] Gerade das gerichtliche Sachverständigengutachten hat hohe Relevanz.[479]

Im Arzthaftungsprozess bereitet die haftungs*ausfüllende* Kausalität aufgrund ihres geltenden Beweismaßes des § 287 ZPO, nach dem die *über-*

---

474 Die unter anderem mit den ärztlichen Aufklärungspflichten (§§ 630c, 630e BGB) ausgeglichen werden sollen. Es obliegt der Behandelndenseite mithin auch, eine informierte Aufklärung zu beweisen, vgl. *Wagner*, in: MüKo BGB, § 630h Rdnr. 14.

475 St. Rspr.: BGH, Beschl. v. 18.2.2020 – VI ZR 280/19 = NJW-RR 2020, 720, 721; BGH, Beschl. v. 25.6.2019 – VI ZR 12/17 = NJW-RR 2019, 1360, 1362; BGH, Beschl. v. 16.8.2916 – VI ZR 634/15 = NJW-RR 2016, 1360, 1362.

476 *Ulsenheimer*, in: Laufs/Lipp/Rehborn, Handbuch des Arztrechts, § 115 Rdnr. 6; Selbst mit einem vorprozessual (negativem) Schlichtungsgutachten muss sich die Patientin inhaltlich nicht auseinandersetzen, vielmehr wird sie aufgrund der Informationsassymetrie wie eine am Geschehen nicht Anwesende behandelt, vgl. *Vogeler*, MedR 2022, 178.

477 *Wagner*, in: MüKo BGB, § 630a Rdnr. 234.

478 Vgl. hierzu *Wagner*, in: MüKo BGB, § 630a Rdnrn. 235, 236.

479 Die Feststellung eines groben Behandlungsfehlers obliegt dem Tatrichter. Aufgrund fehlender eigener Expertise muss sich das Gericht für eine normative Feststellung an die Aussage des Sachverständigen halten, vgl. hierzu ebd.

wiegende Wahrscheinlichkeit genügt, weniger Schwierigkeiten.[480] Für die haftungs*begründende* Kausalität sieht dies bedeutend anders aus.[481] Zwar reicht materiellrechtlich für die Feststellung einer Haftung eine Mitursächlichkeit aus, wie zuvor erläutert, prozessual gilt insoweit nach der Rechtsprechung jedoch das Regelbeweismaß und damit eine *volle richterliche Überzeugung* nach § 286 ZPO.[482] Dies führt allein aufgrund der Unwägbarkeiten des menschlichen Organismus regelmäßig zu unüberwindbaren Beweisschwierigkeiten zu Lasten einer geschädigten Patientin.[483]

2. Beweiserleichterungen durch § 630h BGB

Der soeben dargestellte patientinnenseitig bloß begrenzte Einblick in die Behandlungsabläufe und die als medizinischer Laie fehlende realistische Möglichkeit, das ärztliche Tun bewerten zu können, stellt das Kernproblem eines Arzthaftungsprozesses dar.[484] Dies wiederum führt zu Schwierigkeiten des zuständigen Gerichts, die durch § 286 ZPO vorausgesetzte erforderliche Überzeugung von der Wahrheit bzw. Unwahrheit der tatsächlichen Behauptungen trotz Ausschöpfung aller zulässigen Beweismittel zu erlangen.[485]

Die Rechtsprechung hat daher über Jahrzehnte hinweg besondere Beweislastregeln für den Arzthaftungsprozess entwickelt, um der vom BVerfG angemahnten Einhaltung des Gebots der Waffengleichheit[486] zwischen den Parteien eines Arzthaftungsprozesses gerecht werden zu können. Die-

480 *Wagner*, in: MüKo BGB, § 630h, Rdnr. 7; BGH, Urt. v. 5.11.2013 – VI ZR 527/12 = NJW 2014, 688, Rdnr. 13; BGH, Urt. v. 22.5.2012 – VI ZR 157/11 = NJW 2012, 2024, Rdnr. 23.

481 BGH Urt. v. 12.2.2008 – VI ZR 221/06 = NJW 2008, 1381, Rdnr. 9; *Wagner*, in: MüKo BGB, § 630h Rdnr. 7.

482 BGH, Urt. v. 4.11.2003 – VI ZR 28/03 = NJW 2004, 777, 778; BGH, Urt. v. 12.2.2008 – VI ZR 221/06 = NJW 2008, 1381, Rdnr. 9.

483 Zur Kritik vgl. *Wagner*, in: MüKo BGB, § 630h, Rdnr. 94; Selbst dann, wenn der medizinische Sachverständige feststellt, dass der Gesundheitsschaden bei fachgerechter Behandlung mit einer Wahrscheinlichkeit von 50–70 % ausgeblieben wäre, wird die Klage abgewiesen; vgl. ebd., Rdnr. 82.

484 Vgl. *Katzenmeier*, in: BeckOK BGB, § 630h, Rdnr. 10.

485 Vgl. *Katzenmeier*, in: BeckOK BGB, § 630h, Rdnr. 7; BT-Drs. 17/10488, S. 4; *Uhlenbruck*, NJW 1965, 1057; s. auch *Zoll*, MedR 2009, 569.

486 Vgl. *Wagner*, in: MüKo BGB, § 630h Rdnr. 3; BVerfGE, Beschl. 25.07.1979 – 2 BvR 878/74 = NJW 1979, 1925, 1927 ff.; BGH, Urt. v. 20.11.2019 = IV ZR 159/18 = VersR 2019, 554 Rn. 16.

se hat der Gesetzgeber bei der Schaffung der §§ 630a ff. BGB in § 630h BGB kodifiziert.[487] Diesen Normen liegt die allgemeine Haftungsnorm des § 280 Abs. 1 S. 2 BGB als Vorbild zu Grunde und bestimmt abweichende Besonderheiten im Anwendungsbereich des Behandlungsvertrages.[488] Die Regelungen zur Beweislastverteilung für Geschädigte sind überwiegend ausschlaggebend für den Ausgang des gerichtlichen Verfahrens.

Gerade mit Blick auf die haftungsbegründende Kausalität mit dem strengen Beweismaß des § 287 ZPO, wurde für den Arzthaftungsprozess die später in § 630h Abs. 5 BGB kodifizierte Regel, der u.a. bei festgestelltem grobem Behandlungsfehler eine Vermutung der haftungs*begründenden* Kausalität vorsieht, entwickelt.[489] Die haftungsbegründende Kausalität steht insofern in einem engen Zusammenhang mit dem Behandlungsfehler, also dem Vorwurf eines ärztlichen Verstoßes gegen den geltenden Sorgfaltsmaßstab. Um die Folgen des § 630h Abs. 5 BGB auszulösen, reicht es indes aus, dass der als grob festgestellte Behandlungsfehler *geeignet* ist, den eingetretenen Schaden zu verursachen; nahelegen oder wahrscheinlich machen, muss der Fehler den Schaden hingegen nicht.[490]

III. Fazit

Diese Beweiserleichterungen, die es in dieser Form im BGB sonst kaum gibt, könnten gerade im Zusammenhang mit KI-Sachverhalten in der Medizin Relevanz entfalten. Die viel diskutierte Problematik des möglicherweise fehlenden Kausalzusammenhangs beim Einsatz eines autonomen

---

487 § 630h BGB gilt nicht für die deliktische Arzthaftung. Im Deliktsrecht gelten nach wie vor die Sonderregeln, die die Rechtsprechung herausbildet. Dies soll die Flexibilität von §§ 823 BGB ff. wahren, was es durchaus auch ermöglicht, über den grundsätzlich angedachten Gleichlauf zwischen vertraglichem und deliktischem Arzthaftungsrecht hinauszugehen, wenn die Rechtsprechung dies für angezeigt hält, vgl. *Katzenmeier*, in BeckOK BGB, § 630h Rdnr. 6; *Spindler*, in: Katzenmeier, FS Hart, S. 593; eine analoge Anwendung des § 630h BGB in Betracht ziehend: *Laufs/ Kern*, in: dies., Handbuch des Arztrecht, § 92, Rdnr. 24; BT-Drs. 17/10488, 27.

488 Vgl. *Katzenmeier*, in: BeckOK BGB, § 630h, Rdnr. 1; BT-Drs. 17/10488, 27.

489 Für die Feststellung eines Behandlungsfehlers als grob muss sich das Gericht aller vorhandenen Gutachten bedienen, vgl. *Wagner*, in: MüKo BGB, § 630a Rdnrn. 123, 236; zur Umkehr der objektiven Beweislast bei grobem Behandlungsfehler vgl. BGH, Urt. v. 27.4.2004 – VI ZR 34/03 = NJW 2004, 2011.

490 BGH, Urt. v. 27.4.2004 – VI ZR 34/03 = NJW 2004, 2011, 2013; BGH, Urt. v. 21.9.1982 – VI ZR 302/80 = NJW 1983, 333, 334.

Systems erinnert an die schwere Nachweisbarkeit der haftungsbegründenden Kausalität in einem ordinären Arzthaftungsprozess, wegen derer der Gesetzgeber die Regelung des § 630h Abs. 5 BGB geschaffen hat, wohingegen die prophezeihte *multiple Kausalität*, die eine schwer zu korrigierende Haftungslücke aufwerfe,[491] auf materiellrechtlicher Ebene zuvor mit den Ausführungen zu der Alleinursächlichkeit gleichstehenden Mitursächlichkeit beantwortet werden könnte.

Ungeachtet dieser Frage, ob der Kausalzusammenhang durch den Einsatz autonomer Systeme überhaupt gestört wird oder dies womöglich gar nicht der Fall ist, könnten Kausalitätsprobleme im vertraglichen Arzthaftungsrecht auch gelöst werden, wenn der Behandelnden der Vorwurf eines groben Behandlungsfehlers gemacht werden kann. Dann nämlich könnte § 630h Abs. 5 BGB zu Gunsten der geschädigten Patientin zu einer Vermutung dieser haftungsbegründenden Kausalität führen. Ärztliche Anwendende müssten sich dann von dem Vorwurf entlasten, was regelmäßig nicht gelingen wird.

Für die realistische Chance, einen vertraglichen Arzthaftungsanspruch geltend zu machen, bedarf es daher bereits im Allgemeinen, aber vor allem auch mit Blick auf einen KI-Sachverhalt, eines Zusammenspiels des materiellen- und prozessualen Arzthaftungsrechts, d.h. des groben Behandlungsfehlers (§ 630a BGB) und der daraus folgenden Vermutung der haftungsbegründenden Kausalität (§ 630h Abs. 5 BGB). Neben dem (Nicht-)Vorliegen eines Kausalzusammenhangs beim Einsatz eines autonomen Systems wird daher gleichermaßen entscheidend sein, welche (Sorgfalts-)Pflichten ärztliche Anwendende eines KI-Systems treffen, d.h., ob und wann es bei KI-Sachverhalten zum Vorwurf des groben Behandlungsfehlers kommen kann.

Im Mittelpunkt steht daher nachfolgend zunächst die Frage, wie sich die *übliche* Haftungskonstellation der Behandelnden, die einen *Fehler* macht und deshalb die Haftung nach § 630a BGB i.V.m. § 280 Abs. 1 BGB auslöst, verändert, wenn zwischen Ärztin und Patientin eine dritte Komponente in das Behandlungsgeschehen tritt, die nicht bloßes Medizinprodukt im herkömmlich bekannten Sinne ist, sondern sich autonom weiterentwickeln und vernetzen kann, d.h. individuelle Haftungsrisiken produziert,[492] dabei

491 Siehe hierzu Kapitel eins unter Teil A.IV.2.

492 Ausführlich zu KI-Risiken *Zech/Hünefeld*, MedR 2023, 1 ff.

aber aufgrund fehlender Rechtspersönlichkeit[493] selbst nicht zum Haftungssubjekt gemacht werden kann.

C. Veränderung dieser Grundsätze durch den Einsatz von KI-Systemen

Die Lösung etwaiger Kausalitäts- und Zurechnungsprobleme ist für die Frage, ob ein Anspruch einer infolge des Einsatzes eines autonomen Systems geschädigten Patientin gegen die Behandelnde in Betracht kommt, ebenso entscheidend wie die Frage, welche Pflichten bzw. welcher Sorgfaltsmaßstab beim Einsatz eines solchen Systems von der Behandelnden einzuhalten ist. Den einzelnen Prüfungspunkten des § 630a BGB i.V.m. § 280 Abs. 1 BGB wird daher die Untersuchung vorangestellt, inwieweit sich die soeben dargestellten Grundsätze des vertraglichen Arzthaftungsrechts auf den Einsatz eines autonomen Systems anwenden lassen oder sich diese verändern müssen.[494] Für diese Zwecke ist es notwendig, die bereits im ersten und zweiten Kapitel immer wieder auftauchenden Einflussfaktoren von und auf autonome(n) Systeme(n) nochmals genauer, insbesondere für den Einsatz während der medizinischen Behandlung, in den Blick zu nehmen.

I. Multiple Einflussfaktoren

KI-Systeme können schon in dem der Diagnosestellung vorgelagerten Bereich, der Befundung, erhebliche Relevanz entfalten: bei der Verwendung im Rahmen von bildgebenden Verfahren in der Radiologie. KI-Systeme dienen dort der Auswertung von Röntgen-, CT oder MRT-Bildern. Diese Bilder werden durch Segmentierung, Anomaliendetektion[495] und Klassifi-

493 Vgl. dazu im zweiten Kapitel unter Teil B.

494 Für eine Modifikation bestehender Sorgfaltspflichten insb. *Haagen*, Verantwortung für Künstliche Intelligenz.

495 Es ist möglich, ein Klassifizierungsmodell mit nur einer bekannten Klasse zu trainieren. Dem KI-System können auf diese Weise also Daten präsentiert werden, die keine Anomalien zeigen. Durch die Definition dieser Daten, bspw. als „Klasse A", kann das KI-System diese Klasse im Prozess erkennen. Es erkennt dann aber auch, wenn eine Abweichung dieser „keine Anomalie"-Klasse auftaucht. Das System meldet sodann eine Anomalie, vgl. *Bause*, KI ist ein evolutionärer Prozess, Interview v. 04.05.2021, Beckhoff New Automation Technology, online abrufbar unter: https://www.beckhoff.com/de-de/unternehmen/news/news-detail_291249.html, zuletzt abgerufen am 11.01.2023.

kation nach Krankheitsart durch das KI-System überprüft und versprechen neben erheblichen Erfolgen bei der Qualität der Befundung auch Ressourcenersparnisse durch Kosten- und Personaleinsparungen.[496] Außerdem wird durch den Einsatz derartiger KI-Systeme im Befundungsbereich ermöglicht, auch in Ländern mit mangelhafter medizinischer Versorgung einen gleichwertigen Qualitätsstandard zu erreichen.[497]

Die Medizin ist durch ihre Datenverfügbarkeit wie geschaffen für eine Technologie wie Künstliche Intelligenz, die Millionen von Berechnungen innerhalb kürzester Zeit durchführt und ihre Arbeit stets evaluiert. Neben vorgefilterten Daten durch die Trainierenden meint Daten in diesem Kontext auch Rohdaten (Stichwort *„BigData"*),[498] wie Patientinnendaten unter Einbeziehung verschiedener Faktoren, wie etwa Arzneimittelverordnungen, Familiengeschichte oder Symptomatik. Weiterhin werden Forschungsergebnisse der Wissenschaft, Notizen von ärztlichem oder Pflegepersonal, klinische Studien und Leitlinien verwendet.

Diese Datenmengen werden von dem Algorithmus des KI-Systems als Informationsquellen genutzt, um aus Einzelfällen Muster zu generieren, die dann auf neue, der Künstlichen Intelligenz präsentierte Fälle angewendet und schließlich einem bestimmten Schlüssel zugeordnet werden. Je nach Einsatz- und Aufgabenbereich des jeweiligen KI-Systems stellt dieser Schlüssel dann bspw. einen Diagnosevorschlag, die Auswertung eines bildgebenden Verfahrens oder ein anderes Ergebnis dar.[499]

So positiv die Datenverfügbarkeit im medizinischen Sektor ist, so erhöht ist die Anfälligkeit für verschiedene Störfaktoren. Störfaktoren haben zur Folge, dass Daten für den Algorithmus der Künstlichen Intelligenz nicht nutzbar sind und zu Informations- und Datendefiziten führen können. Ein solches Datendefizit hat quantitative Auswirkungen auf die Datenmenge und somit die Berechnungsgrundlage, im schlimmsten Fall können aber auch qualitative Auswirkungen auf den Behandlungsstandard die Folge sein.

Störfaktoren können rein formal unterschiedliche Sprachen, Alphabete, Sonderzeichen oder handschriftliche Notizen in elektronischen Akten sein, die in der medizinischen Welt häufig vorkommen. Materielle Störfaktoren

---

496 *Mayer*, ZRP 2018, 233, 236.

497 Ebd.

498 Zur Vielschichtigkeit des Begriffes vgl. *Kolany-Raiser/Heil/Orwat/Hoeren*, Big Data – Gesellschafliche Herausforderungen und rechtliche Lösungen, 2019, S. 4.

499 Für eine Übersicht der unterschiedlichen Lernverfahren vgl. erstes Kapitel A.III.2 ff.

können religiöse oder kulturelle Einflüsse in den Krankenunterlagen sein. Als Beispiel für Letzteres sei die Palliativmedizin benannt, die in einigen Staaten nicht praktiziert wird. Unter Berücksichtigung dieser Störfaktoren kann es passieren, dass ein KI-System etwa Diagnose- und Therapieempfehlungen ausspricht, die nach den Standards in einem Staat unvollständig oder falsch sind.[500]

Abzugrenzen von diesen Rohdaten sind die vorgefilterten, qualitativ hochwertigen Daten, die Trainierende dem KI-Systems während der Trainingsphase präsentieren. Ob es sich um qualitativ vorgefilterte Daten Trainierender oder ungefilterte Rohdaten handelt, hängt von der konkreten Lernaufgabe und dem Generalisierungsgrad des Systems ab.[501]

Ein *Autonomierisiko* kann sich grundsätzlich in beiden Fällen verwirklichen, wobei dies wahrscheinlicher ist, wenn das KI-System ungefilterte und dadurch zu einem erheblichen Teil qualitativ minderwertige (Roh-)Daten erhält.[502] Ein Autonomierisiko kann sich aber auch erst während der Anwendung verwirklichen und ist damit grundsätzlich unabhängig von begangenen Pflichtverletzungen etwaig beteiligter Akteurinnen. Zu einem Fehler kann es also durch ein KI-Risiko, aber genauso auch durch einen Sorgfaltspflichtverstoß einer Akteurin kommen. Problematisch für die grundsätzlich beweisbelastete geschädigte Person ist dabei, die wirkende Fehlerquelle ausfindig und beweisbar zu machen.

II. Kausalzusammenhang und Sorgfaltspflichten

Es sind insbesondere diese spezifischen Risiken des autonomen Systems, die – auch außerhalb des Arzthaftungsrechts – als Neuland zu Uneinigkeit zwischen Juristinnen führen. Zwischen das Ärztin-Patientin-Verhältnis mit seinen *menschlichen* Risiken tritt nun eine Maschine in das Geschehen und platziert eigene, maschinelle Risiken *zwischen* Ärztin und Patientin.[503] Wie verändert sich also die Rolle der Behandelnden durch dieses Dazwischentreten? Kommt es zu einer Verschiebung oder gar Auflösung der

---

500 Zu alledem *Jorzig*, in: Chibanguza/Kuß/Steege, Künstliche Intelligenz, S. 590, vgl. zur Datenverfügbarkeit auch *Keßler*, MMR 2017, 589, 590 f.

501 Vgl. in Kapitel eins unter Teil A.III.2.

502 Auch die durch Trainierende vorgefilterten Daten können minderwertig sein. Dieser Blickwinkel wird hier jedoch vernachlässigt.

503 Hierzu auch *Hünefeld/Zech*, die diese unterschiedlichen Bereiche als *„Zurechnungspole"* bezeichnen, vgl. *dies.*, MedR 2023, 1 ff.

ohne den Einsatz der Maschine bestehenden Sorgfaltspflichten aus dem Behandlungsvertrag?[504] Sind es der Einfluss verschiedenster Akteurinnen und die abstrakte Möglichkeit, dass sich KI-Risiken realisieren allein, deren Existenz bereits zu einer Unterbrechung des Kausalzusammenhangs führen? Oder ist es ohne weiteres möglich, den Schaden auf eine menschliche Handlung oder Unterlassung zurückzuführen, da die Ergebnisse des KI-Systems nicht zwischen der menchlichen Handlung bzw. dem Unterlassen und dem Schaden steht, sodass die Feststellung der Kausalität nicht schwieriger ist als in Situationen, in denen kein KI-System beteiligt ist?[505] Ohne dogmatische Einordnung des Dazwischentretens der Maschine lassen sich diese Fragen nicht beantworten.

Bei der Prüfung des Kausalzusammenhangs ist auch im Arzthaftungsrecht zwischen der haftungsbegründenden und der haftungsausfüllenden Kausalität zu unterscheiden. Die haftungsbegründende Kausalität betrifft den Zusammenhang zwischen dem Behandlungsfehler und der Rechtsgutsverletzung, d. h. dem ersten Verletzungserfolg im Sinne einer Belastung der gesundheitlichen Befindlichkeit der Patientin (Primärschaden).[506] Hingegen bezieht sich die haftungsausfüllende Kausalität auf den ursächlichen Zusammenhang zwischen der Rechtsgutsverletzung und weiteren Gesundheitsschäden der Patientin.[507] Der Einsatz von KI-Systemen während der Behandlung wirkt allein im Rahmen der Sorgfaltspflichten und der haftungsbegründenden Kausalität.

Die Kausalität befasst sich mit Zurechnungsfragen von Verhalten und Handlungen.[508] Nach der vorherrschenden *conditio-sine-qua-non-Formel* darf für die Kausalität ein Ereignis nicht hinweggedacht werden können, ohne dass der Erfolg entfiele.[509] Grundsätzlich haftet die behandelnde Ärztin für alle adäquat-kausalen Schadensfolgen.[510] Die Verantwortung entfällt weder allein dadurch, dass sich die Patientin in die Hände einer die

504 Zur Verschiebung des Sorgfaltsmaßstabs bei Herstellung und Nutzung autonomer Systeme vgl. auch *Horner/Kaulartz*, CR 2016, 7 ff.

505 COM(2022) 456 final, Erw.Gr. 15.; vgl bereits in Kapitel zwei unter C.II.

506 BGH, Urt. v. 24.06.1986 – VI ZR 21/85 = NJW 1987, 705, 706; BGH Urt. v. 22.05.2012 – VI ZR 157/11 = NJW 2012, 2024, Rdnr. 10.

507 BGH, Urt. v. 24.06.1986 – VI ZR 21/85 = NJW 1987, 705, 706; BGH Urt. v. 22.05.2012 – VI ZR 157/11 = NJW 2012, 2024, Rdnr. 10.

508 Vgl. *Zech*, ZfPW 2019, 198, 206.

509 Z.B. BGH, Urt. v. 06.06.2013 – XI ZR 204/12 = NJW 2013, 2345; BGH, Urt. v. 09.11.2017 – XI ZR 270/16 = NJW 2018, 541.

510 OLG Koblenz, Beschl. v. 25.09.2017 – 5 U 427/17 – juris.

weitere Behandlung vollständig übernehmenden Ärztin begeben hat, noch dadurch, dass auch dieser Ärztin eigene Behandlungsfehler unterlaufen.[511] Ebenso verhält es sich beim Einsatz autonomer Systeme.

Die *Lehre vom Schutzzweck der Norm* begrenzt dieses weite Verständnis der Äquivalenztheorie, um Ausuferungen zu vermeiden.[512] Voraussetzung ist daher stets, dass der Schaden aus der Verletzung eines Rechtsguts entstanden ist, zu dessen Schutz die Rechtsnorm erlassen worden ist.[513]

Der Einsatz eines autonomen Systems könnte unter diesem Gesichtspunkt den Kausalzusammenhang stören. Es ist daher in den Blick zu nehmen, welche *Säulen der Risikozuweisung* es im Arzthaftungsrecht bislang gab und wie sich diese beim Einsatz von KI-Systemen verändern.[514]

Das Medizinrecht kennt mit der Risikozurechnung durch die Patientin bzw. der dahinterstehenden (Sozial-)Versicherung, der Produkthaftung von Herstellenden beim Einsatz von Medizinprodukten und schließlich der klassischen Arzthaftung durch die Behandelnde bzw. die Klinikbetreiberin grundsätzlich drei Arten der Risikozuweisung.[515]

Die Frage danach, ob man Programmierende, Trainierende und/oder Anwendende von KI-Systemen für derartige Risiken haften lassen kann, ist seit geraumer Zeit Gegenstand wissenschaftlicher Diskussion. Teile der Literatur diskutieren eine Zurechnung der KI-Systeme über eine Haftung für einen sog. *„digitalen Erfüllungsgehilfen"* im Sinne des § 278 BGB analog.[516] Auch außervertragliche Ansatzpunkte, wie bspw. die Haftung für den sog. *„maschinellen Verrichtungsgehilfen"* nach § 831 BGB analog[517] bzw. eine Roboterhaftung im Sinne einer verschuldensabhängigen Haftung oder eine

511 BGH, Urt. v. 22.05.2012 = NJW 2012, 2024; OLG Koblenz, Beschl. v. 25.09.2017 – 5 U 427/17 – juris.

512 *Taeger*, Außervertragliche Haftung für fehlerhafte Computerprogramme, S. 200 f.; *Haftenberger*, Die Produkthaftung für künstlich intelligente Medizinprodukte, S. 259.

513 BGH, Urt. v. 23.11.1955 – VI ZR 193/54 = NJW 1956, 217, 219; BGH Urt. v. 22.05.2012 – VI ZR 157/11 = NJW 2012, 2024, 2025; *Taeger*, Außervertragliche Haftung für fehlerhafte Computerprogramme, S. 201; *Haftenberger*, Die Produkthaftung für künstlich intelligente Medizinprodukte, S. 259.

514 Vgl. hierzu auch *Zech/Hünefeld*, MedR 2023, 1 ff.

515 Vgl. hierzu auch *Zech/Hünefeld*, MedR 2023, 1 ff.

516 *Teubner*, AcP 2018, 155, 186 ff.; *Schirmer*, JZ 2016, 660, 664 f.; dagegen etwa *Katzenmeier*, MedR 2021, 859, 861; *Klingbeil* weist argumentativ auf die fehlende Rechtssubjektivität autonomer Systeme hin, vgl. *ders.*, JZ 2019, 718, 719.

517 *Denga*, CR 2018, 69, 75; *Katzenmeier/Achterfeld*, in: Katzenmeier, FS Hart, S. 313; *Katzenmeier*, MedR 2021, 859, 867.

Gefährdungshaftung analog einer Tierhalterhaftung entsprechend des § 833 BGB[518] werden angedacht.

Zwar wirkt es so, als würden durch den Einzug von KI-Systemen auch im Klinikalltag diese Arten der Risikozurechnung neu interpretieret werden.[519] Immerhin begründet das eingesetzte KI-System grundsätzlich weitere, neue Risiken im Behandlungsgeschehen[520] und kommt anders als die Patientin, die Herstellenden, die Trainierenden oder die Ärztin bzw. Krankenhausträgerin selbst mangels Rechtspersönlichkeit nicht als Zurechnungsadressatin in Betracht. Dennoch werden weder ein neues Haftungsregime noch etwaige Zurechnungsanalogien benötigt, um eine interessengerechte Klärung der Haftungsfrage zu erzielen, die *de lege lata* – zumindest für das vertragliche Arzthaftungsrecht – erreichbar ist.

Die EU-Kommission geht so weit, gar keinen Unterschied zwischen Fällen, in denen KI-Systeme lediglich als Entscheidungsgrundlage genutzt werden, und jenen Fällen, in denen schon gar kein autonomes System eingesetzt wurde, zu machen.[521] Diese Betrachtung ist indes zu undifferenziert.

De lege lata trifft die Ärztin neben dem (vorsätzlichen) Dazwischentreten Dritter in zwei Fällen *keine* Haftung: Zum einen, wenn das *Erstrisiko* zum Zeitpunkt des Dazwischentretens bereits abgeklungen ist, sich der erste Fehler auf den weiteren Kausalverlauf mithin nicht auswirkt und es dadurch an einem inneren Zusammenhang fehlt.[522] Zum anderen kommt das Ablehnen eines Kausalzusammenhangs in Betracht, wenn der Fehler einer nachbehandelnden Ärztin in außergewöhnlich hohem Maße festgestellt

---

518 *Brunotte*, CR 2017, 583, 585; *Borges*, NJW 2018, 977, 981; dagegen etwa *Grützmacher*, CR 2017, 695, 698.

519 *Haftenberger*, Die Produkthaftung für künstlich intelligente Medizinprodukte, S. 259; Vgl. hierzu auch *Zech/Hünefeld*, MedR 2023, 1 ff.; zur Befürchtung von multiplen Kausalitäten vgl. *Teubner*, Ancilla Iuris, 2018, 35, 36 ff., 75; in Bezug auf den Kausalzusammenhang vgl. *Mühlböck/Taupitz*, AcP, 2021, 179, 210; *Katzenmeier*, MedR 2021, 859, 867; in Bezug auf beweisrechtliche Probleme vgl. *Haftenberger*, Die Produkthaftung für künstlich intelligente Medizinprodukte, S. 55 f.; *Helle*, MedR, 2020, 997; *Rammos/Lange/Clausen*, in: Ebers/Heinze/Krügel/Steinrötter, KI und Robotik, § 28 Rdnr. 25; *Grützmacher*, CR 2021, 436; *Wagner*, AcP 2017, 747; *ders.*, VersR 2020, 717, 729.

520 *Haftenberger*, Die Produkthaftung für künstlich intelligente Medizinprodukte, S. 259.

521 COM(2022) 456 final, Erw.Gr. 15.

522 Saarl. OLG, Urt. v. 03.11.1999 – 1 U 419/97-91 = MedR 2000, 326; OLG Koblenz, Beschl. v. 25.09.2017 – 5 U 427/17 – juris Rdnr. 23.

werden kann.[523] Ein grober Behandlungsfehler reicht dafür nicht. Nach der Lehre vom Schutzzweck der Norm lehnt die Rechtsprechung den Kausalzusammenhang zwischen dem ersten Fehler und dem Schaden erst dann ab, wenn *„ein äußerer, gleichsam zufälliger Zusammenhang"* festgestellt wird, denn dann stammen die grundsätzlich äquivalenten und adäquaten Schadensfolgen nicht länger aus dem Bereich der Gefahren, zu deren Abwendung die verletzte Vertragspflicht übernommen wurde.[524] Ein (grober) Behandlungsfehler müsste *„den Behandlungsverlauf also richtungsgebend verändert"* haben.[525]

Nach alledem kann ein fehlender Kausalzusammenhang auch nach der Lehre von dem Schutzzweck der Norm beim Einsatz von autonomen Systemen als dazwischentretende „Dritte" im Behandlungsgeschehen nicht ohne Weiteres abgelehnt werden. Denn trotz des Dazwischentretens eines autonomen Systems in das Ärztin-Patientin-Verhältnis, trifft ärztliche Anwendende während der Eingabe, des Arbeitsprozesses und auch nach der Ausgabe spezifische KI-Pflichten. Insbesondere darf ein Hochrisiko-KI-System, wie es nach Maßgabe der Medizinprodukte-Verordnung und der geplanten KI-VO in der Medizin im behandlungsnahen Bereich vorzufinden sein wird, nur als Entscheidungs*grundlage* der ärztlichen Anwendenden dienen. Ärztliche Anwendende halten das KI-System als Letztentscheidende von einer unmittelbaren Wirkung auf die Patientin ab.[526] Daneben treffen auch die Klinikbetreiberin trotz oder gerade aufgrund des Dazwischentretens eines autonomen Systems weiterhin Pflichten im Rahmen ihrer Organisationspflicht.[527] Das Erstrisiko durch die Behandelnde ist mithin zum Zeitpunkt des Einsatzes des autonomen Systems nicht abgeklungen, ein innerer Kausalzusammenhang besteht *grundsätzlich* fort.

Möglich bleibt, dass der Schutzzweck der Norm durch KI-Systeme entstandene Schäden nicht abdeckt, weil durch die Opazität und die Autono-

523 *„Erforderlich ist also, dass der die Zweitschädigung herbeiführende Arzt in außergewöhnlich hohem Maße die an ein gewissenhaftes Verhalten zu stellenden Anforderungen außer Acht gelassen und derart gegen alle ärztlichen Regeln verstoßen haben muss, dass der Schaden seinem Handeln haftungsrechtlich-wertend allein zugeordnet werden muss."*, BGH, Urt. v. 22.05.2012 – VI ZR 157/11 = NJW 2012, 2024; vgl. auch OLG Koblenz, Beschl. v. 25.09.2017 – 5 U 427/17 – juris Rdnr. 23.

524 OLG Koblenz, Beschl. v. 25.09.2017 – 5 U 427/17 – juris Rdnr. 23; vgl. auch *Greiner*, in: Geiß/ders., Arzthaftpflichtrecht, B. Rdnr. 191.

525 *Steffen/Pauge*, in: Pauge/Offenloch/Gödicke, Arzthaftungsrecht, S. 283.

526 Vgl. hierzu bereits im ersten Kapitel unter Teil C.I. und im zweiten Kapitel unter Teil C.II.2.

527 Dazu sodann unter Teil VII. dieses Kapitels.

mie *„ein äußerer, gleichsam zufälliger Zusammenhang"*[528] hergestellt wird, durch den der *„Behandlungsverlauf richtungsgebend verändert wurde"*[529]. Ob dies der Fall ist, hängt wiederum maßgeblich davon ab, welche Rolle und welcher Grad an Verantwortlichkeit den spezifischen KI-Pflichten der ärztlichen Anwendenden und der Klinikbetreiberin zukommen und wie erklärbar das Verhalten des autonomen Systems für Anwendende ist. Auch ist maßgeblich, welcher Grad an Generalisierung bzw. welche Lernaufgabe vorliegt und ob dem System Grenzen gesetzt wurden.

Wie bereits an anderer Stelle verdeutlicht, geht es in dieser Arbeit nicht um KI-Systeme, die ihre erarbeiteten Ergebnisse unmittelbar an der Patientin umsetzen.[530] Die Untersuchung beschränkt sich auf Fälle der bloß mittelbaren Auswirkung, insbesondere im Einsatzbereich der Diagnostik. Die Rolle der Behandelnden ist kritisch zu erörtern. Die Überprüfung des Pflichtenkatalogs erfordert dabei eine differenzierte Betrachtung: während die Pflichten ärztlicher Anwendender vornehmlich den Bereich der klassischen Behandlung zuzuordnen ist, lassen sich diejenigen der Klinikbetreiberin vornehmlich als Organisationspflichten dem Behandlungsumfeld zuschreiben.

1. Klassischer Behandlungsbereich – Die menschliche Aufsicht

Für eine Haftung ärztlicher Anwendender, gerade mit Blick auf Sorgfaltsanforderungen,[531] ist maßgeblich, welche rechtlichen Anforderungen vor allem an eine menschliche Aufsicht vor und während des Einsatzes des Systems gestellt werden dürfen, d.h. inwieweit eine menschliche Einflussnahme auf die Künstliche Intelligenz als Entscheidungsgrundlage durch

528 *Greiner*, in: Geiß/ders., Arzthaftpflichtrecht, B. Rdnr. 191; vgl. auch OLG Koblenz, Beschl. v. 25.09.2017 – 5 U 427/17 – juris Rdnr. 23.

529 *Steffen/Pauge*, in: Pauge/Offenloch/Gödicke, Arzthaftungsrecht, S. 283; vgl. auch OLG Koblenz, Beschl. v. 25.09.2017 – 5 U 427/17 – juris Rdnr. 23.

530 Mit dieser produkthaftungsrechtlichen Frage befasst sich *Haftenberger*, die als Beispiel KI-Systeme im Rahmen der Arzneimittelabgabe thematisiert. Wenn etwa eine aufgrund eines Produktfehlers ermittelte tödliche Überdosis automatisch injiziert wird, ist weder die Kausalität noch der Schutzzweck der Norm problematisch, vgl. *dies.*, Die Produkthaftung für künstlich intelligente Medizinprodukte, S. 259 f.

531 Vgl. *Haagen*, Verantwortung für Künstliche Intelligenz, S. 189 ff. *Grützmacher* weist darauf hin, dass die Sorgfaltsanforderungen der Betreibenden eines Systems der Industrie 4.0 proportional zum zu erwarteten Nutzen steigen sollten, vgl. *ders.*, CR 2016, 695, 697.

ärztliche Anwendende möglich ist, aber auch, welcher Generalisierungsgrad vorliegt.

Haagen meint, dass gerade bei Abläufen, bei denen Anwendende das System überwachen, stets dazwischengeschaltet sind und schließlich das Ergebnis überprüfen, die Fehler der Künstlichen Intelligenz selbst nicht derart gravierend sein könnten.[532] Unterläuft ein Fehler, wäre er zweifelsohne der menschlichen Anwendenden zuzuordnen. Mit anderen Worten dürfte eine größere Einflussnahme durch Anwendende eine größere eigene Verantwortung und damit höhere Sorgfaltspflichten begründen. Für eine rechtliche Bewertung der Verantwortlichkeit des ärztlichen Personals ist mithin von Bedeutung, in welchem Behandlungsstadium KI-Systeme in der Medizin auftauchen kann und wie eine menschliche Aufsicht *konkret* ausgestaltet ist.

a. „Vertrauenswürdige KI"

Gerade mit Blick auf KI-Systeme mit hohem Risiko, sog. Hochrisiko-KI, wie sie hauptsächlich in der Medizin anzutreffen sind,[533] sind erhöhte ethische und rechtliche Anforderungen an den Einsatz zu stellen. Unter dem Stichwort der vertrauenswürdigen KI[534] formulierten die Hochrangige Expertengruppe und anknüpfend hieran die Europäische Kommission daher, wie bereits erörtert, verschiedene Arten von Anforderungen an den Einsatz solcher Hochrisiko-KI-Systeme.[535]

Neben speziellen Anforderungen an die Aufbewahrung von Daten und Aufzeichnungen oder an die Trainingsdaten, die für ein KI-System mit hohem Risiko verwendet werden, ist eine *menschliche Aufsicht* über das einzusetzende System vorgesehen, die dafür Sorge tragen soll, dass die *menschliche* Autonomie durch das KI-System nicht untergraben wird. Diese konkreten Anforderungen an die Aufsicht stehen in Abhängigkeit zu der beabsichtigten Nutzung des KI-Systems. Diese Erwägungen fanden auch in

532 Vgl. hierzu *Haagen*, a.a.O., S. 203.

533 Bsp.: KI-gestützte Medizin-Apps werden mindestens der Risikoklasse IIa zugeordnet und müssen daher ein Konformitätsbewertungsverfahren durchlaufen. Damit sind sie als Produkt i.S.d. Art. 6 Abs. 1 lit. a KI-VO als Hochrisiko-KI-System einzuordnen. Die Einstufung als Hochrisiko-KI ist damit unabhängig von dem tatsächlichen Risiko, das von einer Anwendung ausgeht, vgl. hierzu bereits unter C.II.

534 Europäische Kommission, Weißbuch zur Künstlichen Intelligenz, COM(2020) 65 final, S. 25; AI HLEG, Ethics Guidlines on Artificial Intelligence, S. 16.

535 Vgl. hierzu bereits in Kapitel zwei unter Teil C..II.2.

Art. 14 KI-VO ihre Berücksichtigung, indem die Erforderlichkeit menschlicher Aufsicht bei Verwendung von Hochrisiko-KI-Systemen bestimmt wurde.

b. „Human oversight"

Wie zuvor dargelegt, setzte sich die Hochrangige Expertengruppe mit den Ethik-Leitlinien für eine vertrauenswürdige KI zum Ziel, einer durch Ängste und Missvertrauen der Gesellschaft bedingten Stagnation des technologischen Fortschritts und somit der sozialen und ökonomischen Vorteile, die KI-Systeme mit sich bringen können, entgegenzuwirken, wobei ethische Gesichtspunkte den Grundpfeiler darstellen sollten.[536] Für einen Aspekt dieser Leitlinien, die Einflussnahme auf KI-Systeme durch eine menschliche Aufsicht *(„human oversight"),* wurden insgesamt drei konkrete Lenkungs- und Kontrollmechanismen entwickelt.[537] Einer dieser Mechanismen setzt eine interaktive Einbindung Anwendender des KI-Systems voraus, sog. *„Human-in-the-Loop"* (HITL), der zweite eine Überprüfung und Kontrolle durch Anwendende, sog. *„Human-on-the-Loop"* (HOTL), während der dritte Mechanismus eine Gesamtsteuerung durch Anwendende voraussetzt, sog. *„Human-in-Command"* (HIC).[538] Diese drei Mechanismen unterscheiden sich in ihrer Steuerungsmöglichkeit durch den Menschen, sodass Anwendenden jeweils eine andere Rolle zu Teil wird. Dies wiederum könnte sich auf die eigenen *Sorgfaltspflichten* dieser Person auswirken.[539]

aa. „Human in the loop"

HITL soll es Anwendenden ermöglichen, während eines jeden Entscheidungszyklus des KI-Systems einzugreifen.[540] Auf diese Weise können An-

536 AI HLEG, Ethics Guidlines on Artificial Intelligence, S. 4.

537 AI HLEG, Ethics Guidlines on Artificial Intelligence, S. 16.

538 Ebd.; siehe hierzu ausführlich *Haagen*, Verantwortung für Künstliche Intelligenz, S. 197 ff.

539 *Haagen* setzt sich an dieser Stelle mit den Sorgfaltsanforderungen der Herstellenden bei der Entwicklung, dem Inverkehrbringen oder nach dem Inverkehrbringen auseinander, vgl. *Haagen*, Verantwortung für Künstliche Intelligenz, S. 197 ff.

540 AI HLEG, Ethics Guidlines on Artificial Intelligence, S. 16.

wendende im Bedarfsfall jede Handlung des Systems *übersteuern*.[541] Die Künstliche Intelligenz kommt im Falle von HITL also derart zum Einsatz, dass dieses Entscheidungsprozesse durchläuft und ein Ergebnis liefert.[542] Das Ergebnis wird aber von den Anwendenden „abgenommen". Als Beispiel hierfür ist der Spurhalteassistent eines Kfz zu nennen.[543] Das System trifft in dieser Variante keine eigenen endgültigen Entscheidungen ohne die Anwendenden,[544] wenngleich es möglich bleibt, dass das System die kognitiven Kompetenzen der Anwendenden übersteigt. Die Entscheidung, ob das Ergebnis übernommen wird, liegt bei den Anwendenden.

bb. „Human on the loop"

Bei HOTL verhält sich dies anders. Hier handelt das System selbst und unmittelbar im Sinne einer „starken KI", d.h. mit hohem Generalisierungsgrad. Der menschliche Eingriff geschieht in dieser Variante lediglich während des Trainings, d.h. Trainierende entscheiden über die Trainingsdaten und kontrollieren das Erlernen der notwendigen Funktionen. Nach Abschluss der Trainingsphase kommt es zur Anwendung durch autonomes Lernen. HOTL ist der Standardfall des maschinellen Lernens,[545] wenn es um Hardware-Agenten geht. Anwendende können nur durch das Abschalten des Systems Einfluss auf die Handlung nehmen.[546] Exemplarisch sei auf den Notbremsassistent verwiesen, der ohne menschlichen Einfluss im erlernten Fall bremst.[547]

cc. „Human in Comand"

Die dritte Variante, HIC, bietet die größte Steuerungsmöglichkeit durch Anwendende, denen es ermöglicht wird, die Gesamtaktivität des KI-Sys-

---

541 *Haagen*, Verantwortung für Künstliche Intelligenz, S. 198.

542 Ebd.

543 *Peylo*, in: Beck/Kusche/Valerius, Digitalisierung, Automatisierung, KI und Recht, S. 101; *Haagen*, Verantwortung für Künstliche Intelligenz, S. 198.

544 So zu dem Ganzen *Haagen*, Verantwortung für Künstliche Intelligenz, S. 198.

545 So zu dem Ganzen *Haagen*, Verantwortung für Künstliche Intelligenz, S. 198.

546 Vgl. *Haagen*, Verantwortung für Künstliche Intelligenz, S. 199.

547 Zum Beispiel vgl. *Peylo*, in: Beck/Kusche/Valerius, Digitalisierung, Automatisierung, KI und Recht, S. 101; *Haagen*, Verantwortung für Künstliche Intelligenz, S. 199.

tems zu überwachen und sogar zu entscheiden, ob, wann und wie das System genutzt werden soll.[548] Als Beispiel ist hierfür eine Kamera zur Verkehrszeichenerkennung zu nennen. Bei diesem System können Anwendende selbst entscheiden, ob sie sich an die Geschwindigkeitsempfehlungen halten oder nicht.[549] Nach den eingangs erfolgten technischen Ausführungen ist anzuzweifeln, dass es sich bei derartigen Systemen tatsächlich um Künstliche Intelligenzen handelt. Zumindest, wenn man der Definition von *Rich* folgt.[550]

dd. Fazit

Im Sinne der zuvor dargelegten Bewertungskriterien der Hochrangigen Expertengruppe für eine menschliche Aufsicht über KI-Systeme handelt es sich bei den meisten in der Medizin auftauchenden Systemen um solche, die der Variante *„Human-in-the-Loop"* zuzuordnen sind,[551] – zumindest im Rahmen des dieser Arbeit zu Grunde liegenden behandlungsnahen Bereichs. Sowohl bei diagnoseunterstützenden Systemen, wie etwa Symptom-Checker Apps, als auch bei therapieunterstützenden Systemen werden von den Systemen zwar eigene Ergebnisse herausgegeben. Diese Ergebnisse unterliegen jedoch stets der Bewertung durch ärztliche Anwendende, die das Ergebnis der Künstlichen Intelligenz mit ihrer eigenen Expertise überprüfen. Künstliche Intelligenz wird in der Medizin daher vorwiegend zur Verbesserung der Diagnosefindung, Reduktion von Fehlern und schließlich der Verzahnung von Diagnose und Therapie, also hauptsächlich *unterstützend* genutzt.[552]

548 Vgl. *Haagen*, Verantwortung für Künstliche Intelligenz, S. 199.

549 Zum Beispiel vgl. *Peylo*, in: Beck/Kusche/Valerius, Digitalisierung, Automatisierung, KI und Recht, S. 101; *Haagen*, Verantwortung für Künstliche Intelligenz, S. 199.

550 Vgl. die entsprechenden Ausführungen in Kapitel eins unter A.I.

551 *Grätzel von Grätz*, Künstliche Intelligenz in Produkten von Siemens Healthineers, online abrufbar unter: https://www.siemens-healthineers.com/de/news/kuenstliche-intelligenz-in-produkten.html, zuletzt abgerufen am 13.01.2023; zur Bewertung dieser Erscheinungsformen als HITL-Konstellationen siehe *Haagen*, Verantwortung für Künstliche Intelligenz, S. 203.

552 Vgl. auch *Grätzel von Grätz*, Künstliche Intelligenz in Produkten von Siemens Healthineers, online abrufbar unter: https://www.siemens-healthineers.com/de/news/kuenstliche-intelligenz-in-produkten.html, zuletzt abgerufen am 13.01.2023. Es handelt sich nach alledem um „schwache KI", d.h. Künstliche Intelligenzen mit geringem Generalisierungsgrad, die darüber hinaus auch als Nicht-symbolische

Da ärztliche Anwendende in einem besonderen Maße involviert sind, ihnen gleichzeitig aber auch nicht eine verschuldensunabhängige Haftung aufgebürdet werden soll, eröffnen die soeben erarbeiteten Ansätze *grundsätzlich* die Möglichkeit, den Maßstab der eigenen Sorgfaltsanforderungen der ärztlichen Anwendenden einzelfallbezogen an diese technischen Gegebenheiten anzupassen. Eine Verallgemeinerung der Sorgfaltspflichten[553] würde nicht nur sowohl den medizinischen, als auch den technischen Fortschritt hemmen. Vielmehr verbietet sich eine solche Herangehensweise angesichts des im Arzthaftungsrecht als Maßstab heranzuziehenden fachlichen Standards. Die Untersuchung nach der Möglichkeit *de lege lata* einer solchen Anpassung des fachlichen Standards auf den technologischen Fortschritt erfolgt daher an den einschlägigen Punkten während der nachfolgenden materiellrechtlichen Prüfung des § 630a i.V.m. § 280 Abs. 1 BGB.

2. Behandlungsumfeld – Organisationspflichten der Klinikbetreiberin

Die Organisationspflichten der Klinikbetreiberin betreffen zwar nicht den klassischen Behandlungsbereich, sondern das Behandlungsumfeld, unterliegen jedoch ebenfalls einem Standard, dessen Einhaltung die Beachtung von Sorgfaltspflichten erfordert. Auch in diesem Bereich sind daher Anpassungen an den technologischen Fortschritt vorzunehmen. Dies erfolgt im Anschluss an die entsprechende Untersuchung des klassischen Behandlungsbereiches.

III. Zusammenfassung

Nach alledem lässt sich festhalten, dass Hochrisiko KI-Systeme voraussichtlich nur unter *menschlicher Aufsicht* eingesetzt werden dürfen, vgl. Art. 14 KI-VO. KI-Systeme in der behandlungsnahen Medizin sind Hochrisiko-KI-Systeme.[554] Im behandlungsnahen Bereich dienen KI-Systeme vorwiegend der effizienteren und fehlerärmeren Behandlung und damit lediglich als *Unterstützung* ärztlich Anwendender. Konkret sollen KI-Systeme in der Medizin lediglich als *Entscheidungsunterstützung* dienen, nicht jedoch soll eine

---

Künstliche Intelligenzen durch Kontrollinstanzen wie Explainable AI kontrolliert werden können, vgl. hierzu auführlich in Kapitel eins unter Teil C.II.

553 Etwa allein durch eine Gebrauchsanweisung als Maßstab.

554 Siehe hierzu ausführlich im zweiten Kapitel unter Teil C.II.2.b.

Diagnose eines solchen Systems einer abweichenden ärztlichen Meinung Vorzug gewährt werden. Dies wäre zum aktuellen Zeitpunkt auch mit Blick auf die KI-VO nicht denkbar.

In Anwendung der Ethik-Leitlinien der Hochrangigen Expertengruppe sind KI-Systeme in der Medizin überwiegend einer menschlichen Aufsicht in Form der „*Human-in-the-Loop*"-Variante zuzuordnen, sodass eine Einflussnahme durch die Medizinerin zu jedem Zeitpunkt möglich bleibt. Wie diese Einflussnahme im konkreten Fall auszusehen hat, ist indes abhängig von den Umständen und der Art des Einsatzbereiches sowie dem Generalisierungsgrad und den gesetzten Grenzen. Verallgemeinerungen verbieten sich dabei.[555] Gerade im Bereich der diagnoseunterstützenden Künstlichen Intelligenz müsste die rechtliche Verpflichtung zur menschlichen Aufsicht in Form der Letztentscheidung durch ärztliche Anwendende also bei der Ermittlung der Sorgfaltsanforderungen Berücksichtigung finden. Eine Einflussnahme der jeweiligen Behandelnden hätte danach zur Folge, dass bei (Gesundheits-)Schadenseintritt grundsätzlich eine Haftung der ärztlichen Anwendenden wegen *eigenem Sorgfaltspflichtverstoßes* in Betracht kommt und eine Produkt-/Produzentenhaftung nur hinzutritt.[556]

Wie hoch die Anforderungen an einen Sorgfaltsmaßstab des ärztlichen Personals genau sein werden, da eine Entscheidung des eingesetzten KI-Systems aufgrund der Letztentscheidungspflicht nie zu unmittelbaren Konsequenzen führt,[557] bleibt zu prüfen. In jedem Fall fällt der Einsatz eines KI-Systems grundsätzlich in den Schutzzweck der einschlägigen Haftungsnorm, und der Kausalzusammenhang bzw. die haftungsbegründende Kausalität wird durch den Einsatz von KI-Systemen im behandlungsnahen Bereich nicht unterbrochen, wenn sich aufgrund der kontinuierlichen Kontrolle der ärztlichen Anwendenden erhöhte Sorgfaltspflichten feststellen und mit dem bislang geltenden fachlichen Standard vereinbaren lassen.

Mit Blick auf die Befürchtung, der Einsatz von autonomen Systemen könnte den Kausalzusammenhang unterbrechen, kommt allein in Betracht, dass der Einsatz nicht unter den Schutzzweck der Norm fällt, weil dadurch „*ein äußerer, gleichsam zufälliger Zusammenhang*" erzeugt wird, der „*den*

555 Vgl. hierzu auch *Haftenberger*, Die Produkthaftung für künstlich intelligente Medizinprodukte, S. 259.

556 Vgl. *Mayer*, ZRP 2018, 233, 236; *ders.*, in: Barton/Müller, Künstliche Intelligenz in der Anwendung, S. 25 ff.

557 Vgl. hierzu *Haagen*, Verantwortung für Künstliche Intelligenz, S. 203 f.

Behandlungsverlauf also richtungsgebend verändert“ hat.[558] Die Beantwortung hängt mithin maßgeblich von den einzuhaltenden ärztlichen Sorgfaltspflichten, im Arzthaftungsrecht dem fachlichen Standard, ab.

Im weiteren Verlauf der Arbeit wird deshalb diskutiert, inwieweit der dem Arzthaftungsrecht zu Grunde liegende fachliche Standard *de lege lata* auf den Einsatz von Technologien reagieren oder entsprechend angepasst werden kann. Eine Bewertung dieser Möglichkeiten hängt maßgeblich davon ab, in welchem Bereich der Behandlung der Vorwurf des Pflichtverstoßes gemacht werden soll, d.h., ob im Bereich der *klassischen Behandlungsfehler (Teil E.III.-VI.), der Organisationsfehler (Teil E.VII-X.) oder der behandlungsakzessorischen Nebenpflichten (Teil E.XI.).* Die weitere Ausarbeitung setzt sich daher eingehend mit möglichen Behandlungsfehlerfeldern, die beim Einsatz von KI-Systemen denkbar sind, auseinander. Diese Auseinandersetzung wird sich an einigen der eingangs vorgestellten KI-Systemen des behandlungsnahen Bereichs orientieren. Besonderes Augenmerk wird jeweils anschließend dem Beweisrecht in Bezug auf den zu Grunde liegenden *Fehler* zukommen. Denn selbst wenn Opazität und Autonomie von KI-Systemen im behandlungsnahen Bereich nicht zur Unterbrechung des Kausalzusammenhangs führen, bleibt es bei den auf die haftungsbegründende Kausalität gerichteten Beweisschwierigkeiten der geschädigten Patientin.

D. Der Behandlungsvertrag (§ 630a BGB)

Der Behandlungsvertrag stellt grundsätzlich einen speziellen Dienstvertragstyp[559] dar, was dazu führt, dass die Behandelnde entsprechend des Wortlauts des § 630a BGB lediglich die *„Leistung der versprochenen Behandlung“* schuldet.[560]

558 *Steffen/Pauge*, in: Pauge/Offenloch/Gödicke, Arzthaftungsrecht, S. 283.

559 Vgl. BT-Drs 17/10488.

560 *„Wegen der Komplexität der Vorgänge im menschlichen Körper, die durch den Menschen kaum beherrschbar ist, [...] könne ein Erfolg der Behandlung am lebenden Organismus im Allgemeinen nicht garantiert werden“*, vgl. *Kern/Rehborn*, in: dies., Handbuch zum Arztrecht, § 43 Rdnr. 7; Ausnahmen kämen allenfalls in einzelnen medizinischen Disziplinen vor, bspw. im Bereich der Labormedizin bei Laboranalysen, vgl. *Busche*, in: MüKo BGB, § 631 Rdnr. 125 mit Verweis auf OLG Stuttgart, Urt. v. 19.4.2005 - 1 U 74/03 = NVwZ-RR 2006, 6, 7 ff.

Ausnahmsweise kann aber auch ein spezifischer Leistungserfolg und damit ein Werkvertrag vereinbart werden.[561] Auch ein Dienstvertrag mit werkvertraglichen Elementen ist grundsätzlich und insbesondere bei zahnmedizinischer Behandlung denkbar.[562] Zum Gegenstand des Vertrages wird also immer eine medizinische Behandlung gegen Entgelt,[563] wobei medizinisch dabei nicht nur die Heilung, Linderung oder Verhütung von Krankheiten meint, sondern auch Eingriffe aus dem Bereich der Wunschmedizin umfasst.[564]

I. Vertragsparteien im Sinne des § 630a BGB

Auf der einen Seite des Behandlungsvertrages steht die Patientin. Auf Unterschiede zwischen privat versicherten Patientinnen, Kassenpatientinnen, Selbstzahlenden oder Kindern bzw. Lebenspartnerinnen als Patientinnen durch eine bestehende Familienversicherung soll vorliegend nicht näher eingegangen werden.[565]

Die vertragliche Einstandspflicht trifft die Behandelnde, die mit der Patientin den Behandlungsvertrag (§ 630a Abs. 1 BGB) über die stationäre oder ambulante Behandlung geschlossen hat. Vertragspartei kann der Arzt bzw. die Ärztin, der bzw. die die Patientin tatsächlich behandelt, aber auch das Krankenhaus sein, für das das ärztliche Personal als Erfüllungsgehilfe (§ 278 S. 1 Alt. 2 BGB)[566] tätig wird.[567] Wichtig für die Rolle der Vertragspartei ist nicht, wer die Behandlung *in personam* durchführt,[568] sondern allein, wer die Behandlung zugesagt hat.[569] Vertragspartei kann sowohl

561 *Gutmann*, in: Staudinger BGB, § 630a, Rdnr. 4.

562 Ebd.

563 *Prütting/Friedrich*, in: Prütting Medizinrecht, § 630a Rdnr. 10.

564 *Gutmann*, in: Staudinger BGB, § 630a, Rdnr, 28; *Prütting/Friedrich*, in: Prütting Medizinrecht, § 630a Rdnr. 10; *Prütting*, MedR 2011, 275.

565 Hierzu näher siehe etwa bei *Wagner*, in: MüKo BGB, § 630a Rdnrn. 18 ff.

566 Vgl. *Spickhoff*, in: Kommentar Medizinrecht, § 630a, Rdnr. 23 ff.; *Eichelberger*, in: Chibanguza/Kuß/Steege, Künstliche Intelligenz, S. 659; Vertragspartei kann auch eine juristische Person sein, vgl. BT-Drs. 17/10488, S. 18; *Prütting/Friedrich*, in: Prütting, Medizinrecht, § 630a Rdnr. 16.

567 Demgegenüber trifft die deliktische Handlung stets die behandelnde Person selbst, vgl. *Katzenmeier*, in: Laufs/Katzenmeier/Lipp, Arztrecht, Kap. XI, Rdnr. 17; *Eichelberger*, in: Chibanguza/Kuß/Steege, Künstliche Intelligenz, S. 659.

568 *Gutmann*, in: Staudinger BGB, § 630a, Rdnr. 42.

569 Vgl. BT-Drs. 17/10488, S. 18; siehe auch *Prütting/Friedrich*, in: Prütting Medizinrecht, § 630a Rdnr. 16; *Gutmann*, in: Staudinger BGB, § 630a Rdnr. 42.

eine natürliche, als auch eine juristische Person werden. Um einen Schuldvertrag schließen zu können, ist eine vorhandene Rechtspersönlichkeit unabdingabre Voraussetzung. KI-Systeme kommen mangels Rechtspersönlichkeit als Vertragspartei damit nicht in Betracht.

Im Übrigen ist für die Frage, wer als Haftungsadressatin eines vertraglichen Schadensersatzanspruchs grundsätzlich in Betracht kommt, die Behandlungskonstellation im konkreten Fall zu betrachten. Zu unterscheiden ist zunächst, ob die Behandlung innerhalb oder außerhalb eines Krankenhauses stattfindet.

1. Ambulante Behandlung bei niedergelassener Ärztin

Sucht die Patientin eine niedergelassene Ärztin auf, wird diese Vertragspartei, wobei es unerheblich ist, ob die Praxis privat- oder vertragsärztlich ausgerichtet ist.[570] Dies gilt für eine Einzelpraxis ebenso wie für eine Praxisgemeinschaft.[571]

Problematisch können die Fälle des ärztlichen Konsils sein. Zieht die Vertragspartnerin eine Kollegin ohne Kenntnis der Patientin zu Rate, d.h. bedient sie sich eines *internen* Konsils, bleibt sie Vertragspartei im Sinne des § 630a BGB.[572] Hat die Patientin hingegen Kenntnis oder überweist die Behandelnde diese gänzlich an eine andere Ärztin, kommt für diesen Abschnitt in der Regel ein eigener Behandlungsvertrag zustande.[573]

2. Krankenhausbehandlung

Eine Krankenhausbehandlung kann ambulant oder (teil-)stationär stattfinden. Wenngleich es für die Rolle als Vertragspartei unerheblich ist, ob eine juristische oder natürliche Person handelt, so dass auch eine Krankenhaus-

570 *Gutmann*, in: Staudinger BGB, § 630a, Rdnr. 44.

571 Praxisgemeinschaft meint im Gegensatz zur Gemeinschaftspraxis das bloße Teilen der organisatorischen Abläufe, wie bspw. die technische Infrastruktur, wohingegen die Patientinnen eindeutig den einzelnen und nur diesen Ärztinnen zugeordnet sind; vgl. hierzu auch *Gutmann*, in: Staudinger BGB, § 630a, Rdnr. 44.

572 *Greiner*, in: *Greiß/Greiner*, Arzthaftpflichtrecht. B. Rdnrn. 121 ff.; *Prütting/Friedrich*, in: Prütting Medizinrecht, § 630a Rdnr. 18.

573 Die Konsilärztin ist demnach nicht nur Erfüllungsgehilfin i.S.d. § 278 BGB, siehe *Prütting/Friedrich*, in: Prütting Medizinrecht, § 630a. Rdnr. 18 mit Verweis auf BGH, Urt. v. 29.6.1999 - VI ZR 24–98 = NJW 1999, 2731, 2732.

trägerin Vertragspartei werden kann, ist für die Klassifizierung als Vertragspartei maßgeblich zu unterscheiden, ob eine ambulante oder stationäre Behandlung geplant ist. Aufgrund des großen Wirkungskreises kommen mannigfache Vertragsgestaltungen in Betracht.

Im Rahmen der ambulanten Krankenhausbehandlung wird die Person Vertragspartei, die die Ambulanz betreibt, d.h. entweder die liquidationsberechtigte leitende (Chef-)Ärztin oder die Krankenhausträgerin.[574]

Die Vertragsgestaltung bei stationärer Behandlung lässt sich in drei Vertragstypen unterteilen: 1. Totaler Krankenhausaufnahmevertrag, 2. Gespaltener Arzt-Krankenhaus-Vertrag und 3. Totaler Krankenhausaufnahmevertrag mit Arztzusatzvertrag.

Bei dem totalen Krankenhausaufnahmevertrag handelt es sich um die gängigste Vertragsform bei einer stationären Krankenhausbehandlung. In dieser Vertragsform werden sämtliche während des gesamten Krankenhausaufenthaltes relevanten Verträge, wie Miet-, Werk- und Behandlungsvertrag durch Leistungen der Unterbringung, Verköstigung und Pflege/ärztliche Heilbehandlung, in einem einzigen Vertrag vereint.[575] Die Patientin erhält auf diese Weise mit der Krankenhausträgerin, die für sämtliche organisatorische Abläufe und die Behandlung selbst durch das pflegerische und ärztliche Personal, deren diese sich als Erfüllungsgehilfinnen nach §§ 280, 278 BGB bedient, haftet, eine einzige Haftungsschuldnerin.[576] Auf der anderen Seite ist die Krankenhausträgerin als alleinige Gläubigerin der Patientin vergütungsberechtigt.[577]

Beim gespaltenen Arzt-Krankenhaus-Vertrag bieten sich zwei Vertragspartnerinnen, allerdings mit verschiedenen Pflichtenbereichen. Die Grundform dieses Vertragstypus ist der sog. Belegarztvertrag.[578] Eine Belegärztin ist eine niedergelassene Ärztin, die einen Nutzungsvertrag mit dem Krankenhaus über Dienste, Einrichtungen und Mittel schließt, um dort ihre Pa-

---

574 *Prütting/Friedrich*, in: Prütting Medizinrecht, § 630a Rdnr. 21; *Spickhoff*, in: Kommentar Medizinrecht, § 630a Rdnr. 27.

575 Siehe *Wagner*, in: MüKo BGB, § 630a Rdnr. 35.

576 Anzumerken ist, dass trotz dieser Haftung durch die Krankenhausträgerin eine persönliche Haftung der pflichtwidrig handelnden Ärztinnen grundsätzlich dennoch in Betracht kommt. Ärztinnen mit privatrechtlichem Dienstvertrag nach § 823 Abs. 1 BGB bzw. Chefärztinnen nach § 831 BGB und verbeamtete Ärztinnen nach amtshaftungsrechtlichen Ansprüchen, vgl. *Wagner*, in: MüKo BGB, § 630a, Rdnrn. 38 f.

577 Ebd.

578 *Greiner*, in: Geiß/Greiner, Arzthaftpflichtrecht, A. Rndr. 31; *Blechschmitt*, Die straf- und zivilrechtliche Haftung beim Einsatz roboterassistierter Chirurgie, S. 90.

tientinnen zu behandeln.[579] Im Sinne einer Haftungstrennung beschränkt sich die Verantwortung der Klinikbetreiberin auf allgemeine Krankenhausdienste, wohingegen die Belegärztin für die Behandlungsleistungen verantwortlich ist.[580]

Der totale Krankhenhausaufnahmevertrag mit Arztzusatzvertrag führt zu einer vertraglichen Verpflichtung der Krankenhausträgerin und der liquidationsberechtigten leitenden Krankenhausärztinnen. Der Arztzusatzvertrag ist als sog. Wahlleistung zu begreifen und wird mit einer liquidationsberechtigten leitenden Krankenhausärztin geschlossen („Chefarzt-Behandlung"").[581] Die Krankenhausträgerin bleibt ebenso wie beim totalen Krankenhausaufnahmevertrag für alle im stationären Behandlungsverhältnis zu erbringenden Leistungen verantwortlich, sodass sie *auch* für die Behandlung der selbstliquidierenden Ärztin im Sinne des § 278 BGB haftet.[582] Daneben ist die selbstliquidierende Ärztin aber auch Selbst verpflichtet und muss als zusätzliche Haftungsschuldnerin auch nach § 278 BGB für die von ihr hinzugezogene ärztliche Assistenz haften.[583]

3. Grundsätze des Vertragsschlusses

Auch im Medizinrecht gilt der Grundsatz der Abschlussfreiheit – die Patientin kann sich also die Behandelnden grundsätzlich frei aussuchen.[584] Zu Einschränkungen kommt es jedoch bei gesetzlich versicherten Patientinnen, die nach § 76 SGB V gehalten sind, zur vertragsärztlichen Versorgung zugelassene Ärztinnen zu wählen, wovon lediglich in medizinischen Notfällen abgewichen werden darf.[585]

Ebenso wie die Patientin ist auch die Behandelnde grundsätzlich frei.[586] Mit Ausnahme von Notfällen und rechtlichen Verpflichtungen (vgl. § 7

---

579 *Greiner*, in: Geiß/Greiner, Arzthaftpflichtrecht, A. Rndr. 31, Rdnr. 31.

580 *Greiner*, in: Geiß/Greiner, Arzthaftpflichtrecht, A. Rndr. 33; *Blechschmitt*, Die straf- und zivilrechtliche Haftung beim Einsatz roboterassistierter Chirurgie, S. 90.

581 *Greiner*, in: Geiß/Greiner, Arzthaftpflichtrecht, A., Rdnr. 49; *Blechschmitt*, Die straf- und zivilrechtliche Haftung beim Einsatz roboterassistierter Chirurgie, S. 91.

582 *Greiner*, in: Geiß/Greiner, Arzthaftpflichtrecht, A., Rdnr, 52; *Blechschmitt*, Die straf- und zivilrechtliche Haftung beim Einsatz roboterassistierter Chirurgie, S. 91.

583 Ebd.

584 *Kern/Rehborn*, in: Laufs/Kern/Rehborn, Arztrecht, § 44 Rdnr. 12; *Prütting/Friedrich*, in: Prütting Medizinrecht, § 630a Rdnr. 7.

585 *Prütting/Friedrich*, in: Prütting Medizinrecht, § 630a Rdnr. 7.

586 *Prütting/Friedrich*, a.a.O. Rdnr. 8.

Abs. 2 S. 2 MBO-Ä), besteht für sie grundsätzlich kein Kontrahierungszwang, für die Ablehnung einer Patientin bedarf es jedoch eines sachlichen Grundes, vgl. § 13 Abs. 7 S. 3 BMV-Ä[587] und § 7 Abs. 2 MBO-Ä.

Gegenstände des Vertrages, insbesondere dessen Entstehen, richten sich nach allgemeinen zivilrechtlichen Anforderungen.[588] Anwendbar auf den Behandlungsvertrag sind deshalb auch die Regelungen der §§ 145 ff. BGB.

II. Fazit

Für den Einsatz von KI-Systemen in der Medizin und der Identifizierung der Vertragsparteien kommt es auf die konkrete Ausgestaltung des Behandlungsvertrages an. Vertragspartei der behandelten Patientin wird daher je nach vertraglicher Konstellation die Klinikbetreibende als KI-Betreibende und/oder die Ärztin als KI-Anwendende bzw. als KI-Betreibende *und* Anwendende, wenn sie in personam behandelt.[589] Ist die Klinikbetreibende Vertragspartei, muss sich diese das Verhalten der KI-Anwendenden als ihr medizinisches Fachpersonal über § 278 BGB zurechnen lassen, wenn mit anwendender Ärztin kein Zusatzvertrag geschlossen wurde.[590]

Ist die ärztliche Anwendende selbst nicht Vertragspartei geworden, kann allein eine deliktische Arzthaftung erwogen werden. Die Feststellung eines Pflichtverstoßes ist dennoch notwendig, da es bei einer vertraglichen Haftung der hinter den ärztlichen Anwendenden stehenden Klinikbetreibenden über § 278 BGB bleibt.

Daneben können Klinikbetreibende eigene Pflichtverstöße begehen. Diese Konstellationen werden nachfolgend zunächst abstrakt und dann im Kontext eines KI-Sachverhalts dargestellt.

E. Pflichtverletzung im Sinne der §§ 630a ff. BGB

Nach § 630a Abs. 1 BGB ist die Behandelnde *„zur Leistung der versprochenen Behandlung"* verpflichtet. Für ein Unterschreiten dieser versprochenen Behandlung ist im Arzthaftungsrecht der Terminus des Behandlungsfehlers

---

587 Ebd.
588 *Kern/Rehborn*, in: Laufs/Kern/Rehborn, Handbuch zum Arztrecht, § 93 Rdnr. 4.
589 Vgl. *Mühlböck/Taupitz*, AcP 221, 181, 196.
590 Ebd.

etabliert.[591] Um eine Aussage darüber treffen zu können, ob die Behandelnde im Sinne des § 280 Abs. 1 BGB eine Pflicht verletzt hat, also ein Behandlungsfehler anzunehmen ist, muss zunächst festgelegt werden, was der Gesetzgeber unter einer *versprochenen Behandlung* im Rahmen eines Behandlungsvertrages versteht und wie sich dies anhand des Behandlungsfehlerbegriffes manifestieren lässt. Dies wird nachfolgend dargestellt, um im Nachgang untersuchen zu können, welche Position KI-Systeme im Bereich der versprochenen Behandlung einnehmen, d.h. welche denkbaren Anknüpfungspunkte es für ärztliche Pflichtverstöße gibt und welcher Sorgfaltsmaßstab beim Einsatz autonomer Systeme anzuwenden ist.

I. Leistung der versprochenen Behandlung im Sinne des § 630a BGB

Obwohl oder gerade weil das Spektrum möglicher Verstöße sehr breit und die Verantwortung auf den Schultern der Behandelnden sehr groß ist, existiert im Gesetz *keine* Legaldefinition des Behandlungsfehlers.[592] Um Abhilfe zu verschaffen, entwickelte die Rechtsprechung daher ein weites Verständnis möglich fehlerhaften ärztlichen Verhaltens, das von der Lehre überwiegende Zustimmung erfährt.[593] Der BGH hat im Jahre 1987 folgende Beschreibung getroffen:

> *„Ob der Arzt einen Behandlungsfehler begangen hat, der zu einer Gesundheitsschädigung des Patienten geführt hat, beantwortet sich ausschließlich danach, ob der Arzt unter Einsatz der von ihm zu fordernden medizinischen Kenntnissen und Erfahrungen im konkreten Fall vertretbare Entscheidungen über die diagnostischen sowie therapeutischen Maßnahmen getroffen und diese Maßnahmen sorgfältig durchgeführt hat.“*[594]

---

591 Zum veralteten und emotional aufgeladenen Begriff des *„Kunstfehlers“* vgl. *Katzenmeier*, in: Laufs/Katzenmeier/Lipp, Arztrecht, Kap. X. Rdnr. 3; *ders.*, in: Laufs/Kern/Rehborn, Handbuch zur Arzthaftung, Rdnr. 273 ff.

592 *Katzenmeier*, in: BeckOK BGB, § 630a Rdnr. 193; *ders.*, in: Laufs/Katzenmeier/Lipp, Arztrecht, Kap. X. Rdnrn. 3 f.; *Förster*, in: BeckOK BGB, § 823 Rdnr. 794; auch der Gesetzgeber stellte fest, dass der Bereich möglicher Behandlungsfehler immens ist, vgl. BT-Drs. 17/10488, S. 20.

593 *Katzenmeier*, in: BeckOK BGB, § 630a Rdnr. 194; *ders.*, in: Laufs/Katzenmeier/Lipp, Arztrecht, Kap. X. Rdnrn. 3 f.

594 BGH, Urt. v. 10.03.1987 – VI ZR 88/86 = NJW 1987, 2291, 2292.

1. Leistungspflichten im Behandlungsgeschehen

Um der versprochenen Behandlung und mithin dem Behandlungsfehlerbegriff Griffigkeit zu verleihen, ist es zunächst notwendig, ein Verständnis von den Leistungspflichten aus dem Behandlungsvertrag zu bekommen, die sich aus der klassischen Behandlung und Pflichten aus dem Behandlungsumfeld zusammensetzen.

a. Die klassische Behandlung

Einer jeden Behandlung liegt ein irgendwie geartetes Leiden zu Grunde. Um ein Leiden lindern, heilen oder verhüten zu können, benötigt es eine angemessene Therapie. Für die Festlegung auf eine passende und funktionierende Therapie, ist die Bestimmung einer Diagnose unerlässlich. Auf dem Weg zu einer Diagnose ist oftmals die Erhebung und Auswertung von Befunden notwendig.

Das klassische Behandlungsgeschehen und somit der Weg der Diagnostik beginnt daher in der Regel mit der Erfragung von medizinisch relevanten Informationen durch die Behandelnde. Gegenstand einer solchen Erfragung, der Anamnese, ist neben den das Leiden begleitenden Symptomen und der Betrachtung etwaiger (familiärer) Vorerkrankungen unter anderem auch die Frage nach bestehenden Allergien oder der Einnahme von Medikamenten. Durch körperliche, apparative oder chemische Untersuchung unmittelbar und durch naturwissenschaftliche Recherche mittelbar erfolgt die Befunderhebung als wichtiges Element und Bestandteil der Diagnostik. Die Diagnostik endet schließlich durch die Auswertung der so erhobenen und gesicherten Befunde und Zufallsbefunde mit der Zuordnung des Leidens zu einem Krankheitsbild. Ein unsachgemäßes Verhalten der Behandelnden kann dabei sowohl in einem Tun als auch in einem Unterlassen, etwa durch Vornahme eines nicht indizierten oder durch Unterlassen eines gebotenen Eingriffs bestehen. Behandlungsfehler können in jedem Behandlungsstadium erfolgen: bei der Anamnese, der Diagnostik, der Therapie, der Prophylaxe oder der Nachsorge.[595] Die Literatur bemüht zur Entwirrung möglicher Behandlungsfehlerfelder einzelne Fallgruppen, wobei exemplarisch im Bereich der Diagnose der Befunderhebungsfehler und der

595 Zu dem Ganzen vgl. *Katzenmeier*, in: Laufs/Katzenmeier/Lipp, Arztrecht, Kap. X. Rdnr. 4.

Diagnoseirrtum,[596] im Bereich der Therapie die Wahl und Durchführung der Therapiemethode sowie die therapeutische Aufklärung benannt werden sollen.

b. Das Behandlungsumfeld

Angesichts dieser Vielfältigkeit an möglichen Fehlerpunkten geht das Arzthaftungsrecht berechtigt von einem *weiten* Verständnis des Behandlungsfehlerbegriffs aus und kennt nicht nur fehlerhaftes Verhalten während der zuvor geschilderten Behandlungsabfolge. Vielmehr macht das Behandlungsumfeld mittlerweile einen zunehmend großen Teil des Arzthaftungsrechts aus, sodass auch Fehler in der Organisation, etwa bei durch Hygienemängel[597] verursachte Schäden, zum Pflichtenkreis der Zuständigen zu zählen ist[598] und einen Behandlungsfehler darstellen können.

2. Sorgfaltsmaßstab § 630a Abs. 2 BGB

Absatz 2 des § 630a BGB konkretisiert die ärztliche Hauptleistungspflicht, indem er festlegt, dass *„die Behandlung [...] nach den zum Zeitpunkt der Behandlung bestehenden, allgemein anerkannten fachlichen Standards zu erfolgen [hat], soweit nicht etwas anderes vereinbart ist"* und ergänzt damit die allgemeine Regelung des § 276 Abs. 2 BGB.[599] § 630a Abs. 2 BGB formuliert also mit diesem *„Standard"* einen speziell für die Behandelnde als Partei festgelegten Sorgfalts*standard* als Bezugsgröße und Haftungsvoraussetzung.[600] Verstöße gegen den geltenden *Standard* sind dabei spiegelbildlich zu den arzthaftungsrechtlichen Behandlungsfehlern zu verstehen.[601]

---

596 Zu beachten gilt, dass aufgrund der oftmals fehlenden Eindeutigkeit von Symptomen einer Erkrankung Diagnoseirrtümer häufig nicht *„Folge eines vorwerfbaren Versehens des Arztes"* und deshalb nur mit Zurückhaltung als Behandlungsfehler eingestuft werden, vgl. hierzu BGH, Urt. v. 20.05.2003 – VI ZR 312/02 = NJW 2003, 2827, 2828; siehe auch *Katzenmeier*, in: Laufs/Katzenmeier/Lipp, Arztrecht, Kap. X. Rdnr. 2.

597 Vgl. hierzu unter E.VII.1.b.

598 Ebd.; *Francke/Hart*, Charta der Patientenrechte, Rdnrn. 34 ff.

599 BT-Drs. 17/10488, S. 19.

600 Vgl. *Gutmann*, in: Staudinger BGB, § 630a Rdnr. 131.

601 Vgl. ebd.; vgl. auch *Blechschmitt*, Die straf- und zivilrechtliche Haftung roboterassistierter Chirurgie, S. 54 ff.

Der Gesetzgeber, der von *fachlichen* Standards spricht, hat die Formulierung dabei bewusst offen gewählt, um die Berücksichtigung von Standards unterschiedlicher Berufsgruppen zu ermöglichen. Medizinerinnen schulden die allgemein anerkannten Standards der *Medizin*, wobei diese nicht auf ein bestimmtes Behandlungsziel, sondern auf die Art und Weise der Behandlung durch in der Praxis etablierte Verhaltensmuster gerichtet sind.[602]

a. Medizinischer Standard

Der Gesetzgeber greift das in der Rechtsprechung verfestigte Verständnis auf, wonach für den medizinischen Standard auf den jeweiligen Stand naturwissenschaftlicher Erkenntnis und ärztlicher Erfahrung abzustellen ist, der zur Erreichung des Behandlungsziels erforderlich ist und sich in der Erprobung bewährt hat.[603] Insgesamt ist ein solcher Standard erst anzunehmen, wenn die Behandlungspraktik an einer großen Anzahl von Patientinnen erprobt wurde, ein geringeres Risiko darstellt oder sich weniger belastend auswirkt oder bessere Heilungschancen bestehen. Darüber hinaus muss die Methode in der medizinischen Wissenschaft im Wesentlichen außer Streit stehen.[604]

Dieser Standard ist dynamisch zu verstehen, unterschiedliche medizinische Fachdisziplinen erfordern einen jeweils anderen (medizinischen) Standard.

Konkret bedeutet dies, dass eine Fachärztin für Dermatologie einen anderen Standard schuldet, als eine Fachärztin für Augenheilkunde. Auch existiert mit dem sog. *„Facharztstandard"* eine solche *Dynamik*[605] in Bezug auf Spezialkenntnisse, d.h. Fachärztinnen schulden im Vergleich zu Hausärztinnen eine qualitativ höherwertige Behandlung und müssen sich auf ihrem Gebiet regelmäßig fortbilden und die jeweiligen Fachzeitschriften

602 Vgl. *Taupitz*, AcP 2011, 353, 358; BT-Drs. 17/10488, S. 19.

603 BT-Drs. 17/10488, S. 19 mit Bezug auf *Carstensen*, DÄBl 1989, A-2431 (A-2432); für die Rechtsprechung vgl. BGH, Urt. v. 24.2.2015 – VI ZR 106/13 = NJW 2015, 1601; BGH, Urt, v. 15.4.2014 – VI ZR 382/12 = NJW-RR 2014, 1053, 1054.

604 Vgl. *Helle*, MedR 2020, 993, 998; *Kern/Rehborn*, in: Laufs/Kern/Rehborn, Handbuch des Arztrechts, Rdnr. 50.

605 Zum Standard als dynamischen Rechtsbegriff vgl. etwa *Gutmann*, in: Staudinger BGB, § 630a Rdnr. 145.

lesen.[606] Ebenso muss sich eine Fachärztin überlegenes Wissen in der eigenen Disziplin *„standarderhöhend"* anrechnen lassen.[607] Im Technikrecht geht es um den Stand von Wissenschaft und Technik. Wie sich dieser mit der Dynamik des Standardbegriffs beim Einsatz von KI-Systemen verbinden lässt, wird im weiteren Verlauf der Arbeit deutlich werden.

Mit der Kodifikation des Standard-Begriffs verdeutlichte der Gesetzgeber daher, was bereits zuvor zwischen Literatur und Rechtsprechung gelebter Konsens war: Zum ärztlichen Vertragsangebot gehört die Gewährleistung eines *„Standards guter ärztlicher Behandlung"* durch die Behandelnde mit der Folge eines Behandlungsfehlers bei dessen Unterschreitung.[608]

Zentrales Problem in Arzthaftungsprozessen ist es jedoch, diesen trotz Definitionsversuchs noch immer unbestimmten Standardbegriff auf den einzelnen Fall anzuwenden. Denn auch wenn die Gesetzesbegründung auf die bisherige Rechtsprechung Bezug nimmt, versäumt sie weiterhin, eine Konkretisierung vorzunehmen.[609]

b. Bestimmung des medizinischen Standards

Bei dem Standardbegriff des § 630a Abs. 2 BGB handelt es sich um einen Rechtsbegriff.[610]

Aufgrund der Anlehnung an den allgemeinen Sorgfaltsmaßstab des § 276 Abs. 2 BGB, der den Begriff der Fahrlässigkeit definiert, besteht ein Verstoß gegen den allgemein anerkannten fachlichen Standard nach § 630a Abs. 2 BGB aus *zwei Elementen*: Einer Pflichtwidrigkeit in Form eines Behandlungsfehlers und einer Sorgfaltswidrigkeit als Verschulden im Sinne des objektivierten Fahrlässigkeitsbegriffs.[611] Gleichzeitig unterstreicht der Definitionsversuch des medizinischen Standards jedoch auch, dass bei dessen Auslegung maßgeblich Werkzeuge der medizinischen, nicht jedoch der ju-

---

606 Vgl. BT-Drs. 17/10488, S. 19; *Gutmann*, in: Staudinger BGB, § 630a Rdnr. 145.

607 Ebd.

608 Vgl. *Katzenmeier*, in: Laufs/Katzenmeier/Lipp, Arztrecht, Kap. X. Rdnr. 6; zum Standard-Begriff in der Rechtsprechung vor Kodifikation vgl. BGH, Urt. v. 16.5.2000 – VI ZR 321/98 = NJW 2000, 2737, 2740; BGH, Urt. v. 29.11.1994 – VI ZR 189/93 = NJW 1995, 776, 777.

609 *Gutmann*, in: Staudinger, § 630a Rdnr. 132; *Katzenmeier*, in: Laufs/Katzenmeier/Lipp, Arztrecht, Kap. X. Rdnr. 7.

610 Vgl. hierzu eingehend *Gutmann*, in: Staudinger BGB, § 630a Rdnrn. 133 ff.

611 Ebd.; *Jansen*, Der Medizinische Standard, 2019, S. 58 ff., 348 f.

ristischen Wissenschaft zu nutzen sind.[612] Um eine normative Einordnung des medizinischen Standards im Arzthaftungsprozess vornehmen zu können, muss die Tatrichterin den medizinischen Standard deshalb jeweils durch medizinische Sachverständigengutachten feststellen lassen und darf diesen nicht *„aus eigener rechtlicher Beurteilung heraus"* bestimmen.[613]

3. Leitlinien und Richtlinien

Wenngleich die Gesetzesbegründung anführt, es käme zur Bestimmung des medizinischen Standards regelmäßig auf Leitlinien an, die von wissenschaftlichen Fachgesellschaften vorgegeben werden, ist dies nur bedingt der Fall.[614] Vielmehr dienen derartige Leitlinien der medizinischen Sachverständigen lediglich als relevante Erkenntnisquellen zur Bestimmung des medizinischen Standards, der dann die Grundlage für das rechtliche Urteil darstellt.[615] Keineswegs können Leitlinien unbesehen mit dem individuell zu ermittelnden medizinischen Standard gleichgesetzt werden, denn um dem naturwissenschaftlichen Stand der Erkenntnisse und der ärztlichen Erfahrung zu entsprechen, ist ein hoher Grad an Evidenzbasiertheit und Rationalität des Verfahrens der Festlegung von Leitlinien erforderlich.[616] Nicht jede Leitlinie entspricht diesem Maßstab.

Um die qualitative Nutzbarkeit der jeweiligen Leitlinie für diese Zwecke transparent zu machen, wurden Qualitätskriterien definiert, die Leitlinien in Stufen (S 1 bis S 3) unterteilen, wobei eine S 1 Leitlinie aufgrund ihrer qualitativen Minderwertigkeit lediglich einer Empfehlung gleichkommt,

---

612 *Gutmann* führt daher richtigerweise aus, dass die Frage danach, was der *„Stand der naturwissenschaftlichen Erkenntnisse und der ärztlichen Erfahrung"* ist, *„der zur Erreichung des ärztlichen Behandlungsziels erforderlich ist und sich in der Erprobung bewährt hat"*, durch evidenzbasierte Methoden der Medizin, nicht jedoch mit Mitteln des Rechts zu beantworten ist, vgl. *dens.*, in: Staudinger, BGB, § 630a Rdnr. 134.

613 Vgl. *Gutmann*, a.a.O. Rdnr. 135 mit Verweis auf BGH, Urt. v. 29.11.1994 – VI ZR 189/93 = NJW 1995, 776, 777; BGH, Urt. v. 24.2.2015 – VI ZR 106/13 = NJW 2015, 1601, 1602; Etwas anderes gelte nur, wenn der Tatrichter ausnahmsweise selbst über das erforderliche medizinische Fachwissen verfügt, vgl. BGH, Urt. v. 8.7.2003 – VI ZR 304/02 = NJW 2003, 2827.

614 BT-Drs. 17/10488, S. 19; Kritisch hierzu *Mansel*, in: Jauernig BGB, § 630a Rdnr. 18; *Taupitz*, GesR 2015, 65, 69.

615 *Gutmann*, in: Staudinger, BGB, § 630a, Rdnr. 157; *Mansel*, in: Jauernig BGB, § 630a Rdnr. 18.

616 *Gutmann*, in: Staudinger BGB, § 630a, Rdnr. 154.

wohingegen eine S 3 Leitlinie die hochwertigste Evidenz und damit prozessuale Verwertbarkeit anzeigt.[617]

Leitlinien unterscheiden sich aber nicht nur stark in ihrer Qualität und Aktualität. Auch orientieren sich Leitlinien am Standardfall und -patienten, sodass sich bereits dem Grunde nach nicht jeder Fall unter die jeweilige Leitlinie subsumieren lässt[618] und ihre Tauglichkeit als medizinischer Standard abzulehnen ist. Vielmehr kommt ihnen lediglich Indizwirkung von unterschiedlichem Gewicht zu, sodass der Verstoß gegen sie ein pflichtwidriges und eine Beachtung ein pflichtgemäßes Verhalten lediglich indiziert.[619] Eine Indizwirkung ist aber für beide Seiten stets widerlegbar.[620]

Von Leitlinien abzugrenzende Richtlinien haben ihre Berechtigung als Regelungen, die von berufsrechtlich, standesrechtlich oder satzungsrechtlich legitimierten Institutionen als qualitätssichernde Vorgaben aufgestellt wurden, diese sind aber ebenso wenig mit dem medizinischen Standard gleichzusetzen.[621]

4. Zusammenfassung

Es lässt sich also zusammenfassen, dass es zur Bewertung ärztlichen Verhaltens und schließlich der Entscheidung für oder gegen die Annahme eines sog. Behandlungsfehlers einer objektivierten Bezugsgröße bedarf. Diese Bezugsgröße besteht in dem allgemein anerkannten fachlichen Standard. Bei einer Unterschreitung dieses berufsgruppenabhängigen Standards wird haftungsrechtlich von einem Behandlungsfehler gesprochen, wobei keine allgemeine Definition existiert, sondern ein Verstoß normativ und einzel-

---

617 Ebd.; zu den deutschen „Meta-Richtlinien", die der Erstellung und Bewertung derartiger Qualitätskriterien dienen vgl. AWMF/ÄZQ ZaeFQ 2001 Suppl I und BÄK/KB DÄBl 1997, A2154.

618 *Gutmann*, in: Staudinger BGB, § 630a, Rdnr. 156; *Taupitz*, GesR 2015, 65, 69; *Hart*, MedR 2002, 321, 325.

619 *Blechschmitt*, Die straf- und zivilrechtliche Haftung des Arztes beim Einsatz roboterassistierter Chirurgie, S. 56; *Spickhoff*, in: Kommentar Medizinrecht, § 630a Rdnr. 40; *Gutmann*, in: Staudinger, BGB, § 630a Rdnr. 158.

620 *Gutmann*, in: Staudinger, BGB, § 630a Rdnr. 158; *Wagner*, in: MüKo BGB, § 630a Rdnr. 127; *Hart*, MedR 2013, 159, 160; mit einzelnen Fallbeispielen *Geiß/Greiner*, in: Arzthaftpflichtrecht, B, Rdnr. 9a.

621 *Wenzel*, Handbuch des Fachanwalts Medizinrecht, S. 328, Rdnr. 224; *Gutmann*, in: Staudinger, BGB, § 630a Rdnr. 159; *Blechschmitt*, Die straf- und zivilrechtliche Haftung des Arztes beim Einsatz roboterassistierter Chirurgie, S. 57.

fallabhängig unter Zuhilfenahme von medizinischen Sachverständigengutachten festzustellen ist.

Leitlinien und Richtlinien können und sollten dabei – je nach Qualität und Aktualität – als Ermittlungsgrundlage zur Feststellung des jeweiligen medizinischen Standards und somit zur Beantwortung der Frage, ob ein behandlungsfehlerhaftes Verhalten zu Grunde liegt, herangezogen werden. Es bleibt jedoch dabei, dass der Behandlungsfehler ausschließlich durch eine medizinische Sachverständige festgestellt wird und erst dann als Grundlage für ein rechtliches Urteil der Tatrichterin dienen kann.

II. Der Behandlungsfehler – Verstoß gegen den Sorgfaltsmaßstab

Die grundsätzliche Pflicht der Behandelnden ist es also, die Behandlung der Patientinnen nach den zum Zeitpunkt der Behandlung bestehenden, allgemein anerkannten fachlichen Standards durchzuführen, vgl. § 630a Abs. 2 Hs. 1 BGB. Geschieht dieses Ergreifen der möglichen und zumutbaren Maßnahmen durch das behandelnde Personal nur unzureichend oder unterbleibt es in Gänze, stellt dies einen Behandlungsfehler dar. Dieses Unterschreiten des medizinischen Standards aus § 630a Abs. 2 Hs. 1 BGB stellt mithin eine *„Um- oder Abkehr des vom Behandelnden Geschuldeten“*[622] aus dem Schuldvertrag in Form des Behandlungsvertrages im Sinne des § 630a BGB dar. Doch es gilt zu differenzieren:

1. Schicksalhafter Misserfolg – kein Behandlungsfehler

Streng zu unterscheiden von der vertragswidrigen Standardunterschreitung ist der schicksalhafte Misserfolg einer Behandlung. Derartige Verläufe treten auf und können nicht automatisch auf eine Standardunterschreitung, d.h. einen Behandlungsfehler schließen lassen. Vielmehr muss aktiv festgestellt werden, dass aus objektiver Sicht ein richtiges Verhalten unterlassen oder falsches vorgenommen wurde.[623]

622 *Kern/Rehborn*, in: Laufs/Kern/Rehborn, Handbuch des Arztrechts,, § 96 Rdnr. 17.
623 Vgl. *Kern/Rehborn*, in: Laufs/Kern/Rehborn, Handbuch des Arztrechts, § 96 Rdnr. 17.

2. Neuland- bzw. Außenseitermethoden – Vereinbarung im Sinne des § 630a Abs. 2 BGB

Ebenfalls abzugrenzen ist eine Standardunterschreitung von den Bereichen der Medizin, in denen es *keinen* medizinischen Standard gibt oder es diesen zwar gibt, die Behandelnden sich aber für eine *andere Behandlungsmethode* entscheiden. Die Anwendung einer bislang unbeachteten *Neuland- oder Außenseitermethode*, die (noch) nicht medizinischer Standard ist, unterfällt einem anderen Beurteilungsmaßstab.

Ein im Bereich dieser Neuland- und Außenseitermethoden begangener Behandlungsfehler lässt sich aufgrund einer ausnahmsweise zulässigen Vereinbarung zur Abweichung vom medizinischen Standard (vgl. § 630a Abs. 2 Alt. 2 BGB) nicht unter die zuvor dargelegten Kriterien subsumieren und bedarf einer eingehenden Einzelfallprüfung. Trotz individuellem Konkretisierungserfordernis und fehlender Objektivierungskriterien lassen sich auch für Neuland- und Außenseitermethoden Bewertungsmaßstäbe ausmachen, was im Rahmen der Therapiefehler unter E.V. noch von entscheidender Bedeutung sein wird.

3. Behandlungsfehler im engeren Sinne, im weiteren Sinne und Aufklärungsfehler

Der Gesetzgeber eröffnet den Vertragsparteien als Ausfluss der Privatautonomie in § 630a Abs. 2 Hs. 2 BGB also grundsätzlich die Möglichkeit, eine Abweichung von dem allgemein anerkannten fachlichen Standard zu vereinbaren. Wurde eine solche Vereinbarung nicht getroffen, verbleibt es bei dem Grundsatz, dass ein Behandlungsfehler der Behandelnden anzunehmen ist, wenn eine negative Abweichung vom medizinischen Standard festgestellt wird.

Abzugrenzen von den Behandlungsfehlern als Pflichtverletzung ist der ärztliche Aufklärungsfehler. Die dahinterstehende Selbstbestimmungsaufklärung, die stets vor einem medizinischen Eingriff durch die Behandelnde zu erfolgen hat, dient dazu, die Patientin mit den verbundenen Risiken dieses Eingriffes vertraut zu machen, und erlaubt es, das Selbstbestimmungsrecht auszuüben.[624] Erst die infolge dieser Aufklärung (vgl. § 630e BGB)

624 BGH, Urt. v. 15.3.2005 – VI ZR 289/03 = NJW 2005, 1716; vgl. hierzu auch *Förster*, in: BeckOK BGB, § 823 Rdnr. 815.

durch die Patientin erfolgte Einwilligung in den Eingriff (vgl. § 630d BGB) beseitigt die Rechtswidrigkeit des Eingriffes, der ansonsten den Tatbestand der Körperverletzung verwirklichen würde.[625] Aufgrund der großen Bedeutung des Selbstbestimmungsrechts und der Folgen eines Verstoßes hat die Rechtsprechung mit dem Aufklärungsfehler einen eigenen Fehlertypus entwickelt, mit dem der Patientin auf prozessualer Ebene überdies beweisrechtliche Erleichterungen zugute kommen, vgl. § 630h Abs. 2 BGB.[626]

Zu beachten gilt, dass diese *einwilligungsbezogene* Aufklärung von der *therapeutischen* Aufklärung abzugrenzen ist. Letztere ist als Teil der Therapie dem Bereich der Behandlungsfehler, nicht der Aufklärungsfehler zuzuordnen. Dies hat keineswegs zur Folge, dass die Patientin zweimal aufgeklärt werden muss. Vielmehr geschieht im Zuge der Gesamtaufklärung eine rechtliche Aufspaltung dieser Teilaufklärungen.[627] Der eigene Pflichtenkreis der Selbstbestimmungsaufklärung wird in der vorliegenden Ausarbeitung ausgeklammert.[628]

4. Einsatz von Künstlicher Intelligenz und Behandlungsfehler

Unter Reduktion der zuvor geschilderten Umstände, kann es im Rahmen des Einsatzes von KI-Systemen während einer medizinischen Behandlung daher grundsätzlich zu mehreren denkbaren Anknüpfungspunkten für ein vorwerfbares und arzthaftungsrechtlich relevantes ärztliches Verhalten kommen.[629] So ist neben der grundsätzlichen Frage des *„ob"* und des *„wie"* von KI-Systemen als Behandlungsmethode im Rahmen der Therapiefreiheit überdies daran zu denken, dass ärztliche Anwendende das System im Rahmen ihrer Organisationspflichten falsch bedienen, nicht überwachen, Updates nicht aufspielen oder sich technisch nicht schulen. Auch an Diagnosefehler aufgrund des Übernehmens eines Diagnosevorschlags ohne

625 *Förster*, in: BeckOK BGB, § 823 Rdnr. 815.

626 Für die Rechtsprechung vgl. BGH, Urt. v. 14.9.2004 – VI ZR 186/03 = NJW 2004, 3703, 3704; BGH, Urt. v. 15.3.2005 – VI ZR 289/03 = NJW 2005, 1716, 1717;

627 *Förster*, in: BeckOK BGB, § 823 Rdnr. 816.

628 Eine eingehende Auseinandersetzung mit der Thematik der Aufklärung beim Einsatz von KI in der medizinischen Behandlung vgl. *Rahn*, Ärztliche Aufklärung durch Künstliche Intelligenz.

629 *Beck/Faber*, in: Buck-Heeb/Oppermann, Automatisierte Systeme, S. 252 f.

Einfluss eigener Expertise ist zu denken.[630] Weiterhin wird in diesem Zusammenhang untersucht, wie es sich auswirkt, wenn nicht ausgeschlossen werden kann, dass äußere Einflüsse oder ein KI-Risiko (mit-)ursächlich für den Fehler waren.

Ohne an dieser Stelle eine weitere Konkretisierung vornehmen zu wollen, läuft es also maßgeblich auf die Frage hinaus, welchen Einfluss ärztliche Anwendende durch ihre Sorgfaltspflichten, insbesondere ihre Verpflichtung zur Letztentscheidung und Kontrolle, auf das Ergebnis bzw. den Ergebnisvorschlag des KI-Systems und schließlich das sich unmittelbar auf die Patientin auswirkende Endergebnis nehmen können.[631] Von besonderer Wichtigkeit wird dabei auch der mögliche Einfluss auf ein KI-Risiko durch die Anwendenden[632] und der Frage sein, ob sich ein solches KI-Risiko überhaupt unmittelbar auf die Patientin auswirken kann. KI-spezifisches Risiko meint in diesem Zusammenhang Risiken, wie das Autonomie- oder Vernetzungsrisiko. Also ein „Verhalten" des autonomen Systems, das nicht direkt auf menschliches Vorverhalten zurückzuführen ist, sondern insofern als „unvorhersehbar"[633] bezeichnet wird.

Da KI-Systeme wohl als Medizinprodukte einzuordnen sind,[634] gibt es jedoch Stimmen, die entgegen der Anwendbarkeit der *klassischen* Behandlungsfehlergruppe vertreten, dass sich eine Verantwortlichkeit für Technologien dieser Art eher als Organisationshaftung begreifen lässt und eine Haftung deshalb *allenfalls* für die Qualität und Sicherheit von Therapiepro-

630 So auch *Beck/Faber*, in: Buck-Heeb/Oppermann, Automatisierte Systeme, S. 275 Rdnr. 26.

631 So auch *Beck et al.*, Rechtliche Aspekte des Einsatzes von KI und Robotik in Medizin und Pflege, S. 255 ff.

632 Ebd.

633 Die rechtliche Einordnung des Autonomierisikos und dessen *„Unvorhersehbarkeit"* löst in der juristischen Literatur vielfache Diskussionen etwa zu einer Gefährdungshaftung als Lösung oder Erwägungen zur Zurechnungsmechanik des § 278 BGB und der Frage aus, ob ein KI-System ein *„digitaler Erfüllungsgehilfe"* sein kann, zur Diskussion vgl. etwa *Brand*, MedR 2019, 718, 719; *Mühlböck/Taupitz*, AcP 2021, 179, 198; *Katzenmeier*, MedR 2021, 859, 861; *Beck/Faber*, in: Buck-Heeb/Oppermann, Automatisierte Systeme, S. 275; *Teubner*, AcP 2018, 155, 186 ff.; *Schirmer*, JZ 2016, 660, 664 ff.; *Knetsch*, Haftungsrecht und Entschädigungsfonds, 2012. Zu kritisieren ist dabei allerdings, dass diese Betrachtungen implizieren, dass ein eigener Sorgfaltspflichtverstoß der Anwendenden mitsamt Verschuldensvorwurf von vornherein abzulehnen wäre.

634 Vgl. hierzu in Kapitel zwei unter Teil C.

grammen denkbar ist.[635] Die Maschine steht nunmehr zwischen dem sonst klassischen Ärztinnen-Patientinnen-Kontakt. Die ohne den Einsatz autonomer Systeme sonst einschlägigen klassischen Behandlungsfehler würden daher zu Programmanwendungsfehlern mutieren.[636] In der praktischen Anwendung ließen sich Pflichten der Krankenhausträgerin bzw. Behandelnden beim Einsatz von KI-Systemen dann allenfalls auf Sicherheits- und Kontrollvorkehrungen, im Ergebnis also auf Einstellungspflichten des betroffenen Gerätes beschränken.[637] Der darüberhinausgehende Arbeitsprozess bliebe in dieser Konsequenz arzthaftungsrechtlich unbeachtet. Folgt man dieser Ansicht, hätte das zur Konsequenz, dass die KI-Black-Box dann zur Arzthaftungs-Black-Box führen würde.

Nach einer einführenden Erörterung, weswegen sehr wohl auch klassische Behandlungsfehlergruppen beim Einsatz von KI-Systemen denkbar sind, erfolgt daher eine eingehende rechtliche Untersuchung möglichen behandlungsfehlerhaften Verhaltens der ärztlichen Anwendenden. Die Behandlungsfehlergruppe des Diagnosefehlers wird ebenso, wie die des Therapiefehlers abstrakt betrachtet und sodann auf KI-Sachverhalte angewendet.

Im Anschluss an diese klassischen Behandlungsfehler wird Stellung zu den vertretenen Ansichten zu einem möglichen Organisationsverschulden beim Einsatz von KI-Systemen im Behandlungsgeschehen genommen. Im Ergebnis wird eine Entscheidung darüber getroffen, ob eine Haftung wegen Organisationsfehlern alternativ oder kumulativ zu den klassischen Behandlungsfehlern rechtlich denkbar ist.

Im gesamten Zusammenhang wird dabei stets die Rolle der ärztlichen Anwendenden und damit der Möglichkeit zur Einflussnahme auf das autonome System vor der Eingabe, während des Arbeitsprozesses und nach dem Ergebnis im Mittelpunkt stehen.

---

635 Zu einer solchen Verantwortlichkeit für intra- und inter-/multidisziplinäre und teletechnologische Zusammenarbeit *Hart*, MedR 2016, 669, 675; diesem für KI-Systeme in der Medizin folgend wohl auch *Katzenmeier*, MedR 2021, 859, 860.

636 Ebd.; *Horner/Kaulartz*, CR 2016, 8 f.; Justiz NRW, Bericht der Arbeitsgruppe *„Digitaler Neustart"*, 2019, S. 7: *„Je autonomer ein System agiert, desto häufiger wird der Arzt nicht mehr für Ausführungsfehler, sondern nur noch für Fehler bei der Auswahl, Überwachung und Wartung des Produkts haften"*; vgl. hierzu auch *Haftenberger*, Die Produkthaftung für künstlich intelligente Medizinprodukte, S. 23.

637 *Katzenmeier*, MedR 2023, 859, 860.

III. Diagnosefehler

Eine das Leiden verhütende, lindernde oder verbessernde Therapie erfordert vorgelagert eine eingehende Untersuchung durch die Behandelnde, die unter Ausschöpfung aller zur Verfügung stehenden Informationen und Ressourcen zur richtigen *Diagnose* führt.[638] Die Diagnose beruht auf der Bewertung erhobener und gesicherter *Befunde*.[639] Behandlungsfehler in diesen Stadien der Behandlung können daher in Form von Befunderhebungsfehlern und bei falscher Interpretation der zu Grunde liegenden korrekt erhoben und gesicherten Befunde als Diagnoseirrtum vorliegen.

Im Folgenden werden diese beiden Unterarten des *Diagnosefehlers* eingehend abstrakt-rechtlich beleuchtet, wobei jeweils ein Einblick erfolgt, warum es in der medizinischen Praxis in diesen Stadien der Behandlung – ohne autonome Systeme – häufig zu Diagnosefehlern kommt und warum die Fehlerrate gerade in der hausärztlichen Versorgung immens ist. Weiterhin werden Beispiele dafür benannt, wie KI-Systeme in diesem Bereich eingesetzt werden können. Am Beispiel eines diagnoseunterstützenden KI-Systems wird sodann erörtert, inwieweit Pflichtverstöße Klinikbetreibender bzw. Behandelnder in dieser Fallgruppe in Betracht kommen.

Wie festgestellt, ist eine Haftung grundsätzlich nur dann möglich, wenn Klinikbetreibenden bzw. Behandelnden der Vorwurf des sorgfaltspflichtwidrigen Verhaltens im Sinne einer *Standardunterschreitung* in diesem Stadium der Diagnosestellung gemacht werden kann. Die verschiedenen Anknüpfungspunkte für ein solch *standardunterschreitendes Verhalten* werden an dem sodann dargestellten Beispiel verdeutlicht. Erst am Ende dieser Prüfung wird eine Aussage darüber getroffen, ob der geschädigten Patientin infolge der Annahme eines Diagnosefehlers die Beweiserleichterung des § 630h Abs. 5 BGB zu Gute kommen kann.

638 Vgl. *Förster*, in: BeckOK BGB, § 823 Rdnr. 801.
639 Ebd.

1. Befunderhebungsfehler beim Einsatz Künstlicher Intelligenz

Die Befunderhebung und Diagnosestellung geschehen in der klinischen Praxis iterativ,[640] was die Abgrenzung dieser zwei Bereiche erschwert.[641] Eine solche Abgrenzung ist indes wichtig, da an die jeweiligen Verstöße unterschiedlich starke beweisrechtliche Konsequenzen geknüpft sind.[642]

Die Befunderhebung meint den für die Stellung der Diagnose vorgelagerten Bereich der Informationsgewinnung.[643] Von einem Befunderhebungsfehler ist daher die Rede, wenn die Behandelnde die zur richtigen Schlussfolgerung (Diagnose) notwendigen Befunde gar nicht erst erhoben und im Einzelfall notwendige Untersuchungen unterlassen hat,[644] so dass ein Mangel in der für die Diagnose zusammengestellten Diagnose*basis* vorliegt.[645]

Ob der geschädigten Patientin in der Folge Beweiserleichterungen im Sinne des § 630h Abs. 5 BGB zur Verfügung stehen, hängt davon ab, ob die das KI-System einsetzende Behandelnde als Veranlasserin eine eigene Sorgfaltspflicht aus diesem Bereich verletzt und somit gegen den im Rahmen der Befundung geltenden medizinischen Standard verstoßen hat.

2. Diagnoseirrtum

> *„Unter einem Diagnosefehler versteht man im Allgemeinen nur die fehlerhafte Interpretation bereits erhobener Befunde“.*[646]

Die Diagnosestellung ist ein Verfahren zur Feststellung oder zum Ausschluss einer körperlichen und psychischen Erkrankung.[647] Gerade im

640 Es entsteht ein Prozess aus Einzelbefunden mit folgender Zwischendiagnosen, die nach Erschöpfung in einer (korrigierbaren) Arbeitsdiagnose münden, ausführlich und mit darstellender Formel siehe *Kolvenbach*, MedR 2018, 950, 952 f.

641 Vgl. *Wagner*, in: MüKo BGB, § 630h, Rdnr. 104; *Kolvenbach*, MedR 2018, 950, 953 ff.

642 Vgl. hierzu ausführlich unter E.IV. ff.

643 *Wagner*, in: MüKo BGB, § 630h, Rdnr. 104.

644 So *Wagner*, in: MüKo BGB, § 630a, Rdnr. 179.

645 *Kolvenbach*, MedR 2018, 950, 953; vgl. auch *Wagner*, in: MüKo BGB, § 630h, Rdnr. 104.

646 *Haag*, in: Geigel Haftpflichtprozess, Rdnr. 248.

647 So *Hennrich et. al.*, in: Pfannstiel, Künstliche Intelligenz im Gesundheitswesen, S. 417 mit Verweis auf *Singh et. al.*, Diagnostic errors, 2016, World Health Organization (WHO), online abrufbar unter: https://apps.who.int/iris/bitstream/handle/10665/252410/9789241511636-eng.pdf, zuletzt abgerufen am 12.08.2023.

Bereich der hausärztlichen Versorgung birgt der Einsatz von KI-Systemen große Potenziale. Zum einen, weil Künstliche Intelligenz durch personelle Entlastung dafür sorgen kann, dass Hausärztinnen mehr Zeit für den Patientinnen-Kontakt haben, der aufgrund von über 200 Konsultationen wöchentlich mit einer durchschnittlichen Kontaktzeit von 7,6 Minuten bislang verhältnismäßig kurz ausfällt.[648] Zum anderen aber auch, weil dieser Bereich nicht zuletzt wegen dieser bloß kurzen Arzt-Patientinnen-Kontaktzeit besonders fehleranfällig ist.[649]

Mehrere Studien gehen von einer Fehlerquote bei der Diagnosestellung von 10–15 % aus.[650] Die Auswirkungen von Diagnosefehlern sind weitreichend: Sie reichen von Verletzungen über vermeidbare Krankheiten bis hin zu Krankenhausaufenthalten und können im schlimmsten Fall zum Tod führen.[651] Neben diesen Defiziten der Patientinnen-Sicherheit führen Diagnosefehler zwangsläufig auch zu höheren Kosten im Gesundheitswesen.[652] KI-Systeme können diese Fehlerrate minimieren.[653] Um die Gründe für diese Aussage verstehen zu können, werden die Gründe für die benannte Fehleranfälligkeit näher beleuchtet.

---

648 Vgl. *Deveugele et al.*, Consultation length in general practice: Cross sectional study in six European countries, British Medical Journal, 325(7362), 472–474; *Hennrich et al.*, in: Pfannstiel, Künstliche Intelligenz im Gesundheitswesen, S. 415.

649 *Hennrich et al.*, in: Pfannstiel, Künstliche Intelligenz im Gesundheitswesen, S. 414.

650 Das Messen von Diagnosefehlern ist aufgrund der unterschiedlichen Untersuchungsmethoden schwer. Mehrere Studien, die sich zur Untersuchung auf eine Bewertung durch Autopsiedaten stützt, kommt zu der benannten Fehlerquote, vgl. *Singh et. al.*, The frequency of diagnostic errors in outpatient car: estimations from three large observational studies involving US adult populations, British Medical Journal Quality and Safety, 9(23), 727 ff.; *Graber* spricht sogar von einer Diskrepanz von 10–20 %, vgl. *dens.*, The incidence of diagnostic error in medicine, British Medical Journal Quality and Safety, 22(2), ii21–ii27.

651 In etwa 10 % der Diagnosefehler tragen zum Tod der Patientin bei, vgl. hierzu *van Such et. al.*, Extent of diagnostic agreement among medical referrals, 04.04.2017, Journal of Evaluation in Clinical Practice, S. 870 ff.

652 *Hennrich et. al.*, in: Pfannstiel, Künstliche Intelligenz im Gesundheitswesen, S. 414.

653 Ebd.

a. Gründe für eine fehlerhafte Diagnose

Die Gründe für die hohe Fehlerrate bei der Diagnosestellung im hausärztlichen Bereich sind zwei großen Faktoren zuzuordnen: den systembezogenen und den kognitiven Faktoren.[654]

aa. Systembezogene Faktoren

Als systembezogene Faktoren werden organisatorische Probleme benannt, wie der unzureichende Zugang zu Fachärztinnen, mangelnde Kommunikation zwischen den am Diagnoseprozess beteiligten Personen und schlechte Teamarbeit, aber auch technische Probleme und Fragen zu relevanten Richtlinien und Verfahren.[655]

bb. Kognitive Faktoren

Kognitive Faktoren sind ausschließlich bei den Behandelnden zu suchen und bestehen etwa in einem klassischen Wissensdefizit[656] oder einem zu frühen Abschluss des Behandlungsfalls.[657]

Am Beispiel der hauärztlichen Versorgung, im Rahmen derer eine erste Diagnose nach kurzer Zeit und anhand von wenigen Informationen gestellt werden muss – denn für mehr verbleibt aufgrund der systembezogenen Faktoren keine Zeit – ergibt sich das Fehlerpotenzial bereits aus ressourcentechnischer Sicht. Doch gerade bei den Hausärztinnen zählt die Dia-

---

654 *Graber/Franklin/Gordon*, Diagnostic error in Internal medicine, Archives of Internal Medicine, 1493–1499; vgl. auch *Hennrich et al.*, in: Pfannstiel, Künstliche Intelligenz im Gesundheitswesen, S. 418.

655 So *Hennrich et al.*, in: Pfannstiel, Künstliche Intelligenz im Gesundheitswesen, S. 418.

656 Problematisch ist dies insbesondere in der hausärztlichen Versorgung, da Hausärztinnen gewissermaßen die Generalistinnen der Medizin darstellen und mithin das breiteste Wissen bereitstellen müssen. Hinzu kommt jedoch auch das exponentielle Wachstum des medizinischen Wissens, das es nahezu unmöglich macht, sich stets informiert zu halten, vgl. hierzu auch *Hennrich et al.*, in: Pfannstiel, Künstliche Intelligenz im Gesundheitswesen, S. 417.

657 Ebd.

gnosestellung nicht nur zu den Hauptaufgaben.[658] Vielmehr konsultieren Patientinnen Hausärztinnen zumeist bereits in einem sehr frühen Stadium ihrer Krankheit, sodass bei einer präzisen und konzentrieren Diagnostik in diesem Bereich auch das größte Potenzial besteht, eine Krankheit rechtzeitig zu erkennen und entsprechend zu therapieren.[659]

b. Wirkung von Künstlicher Intelligenz auf diese Faktoren

Gerade KI-Systeme, die klinik- oder praxisinterne Kommunikationsabläufe digitalisieren und vereinfachen, führen zu einer besseren Organisation und mehr Zeit für konzentriertere Teamarbeit. Ebenso lassen sich technische Defizite auf diese Weise minimieren. Eine Verbesserung der systembezogenen Faktoren führt aber zwangsläufig auch zu einer günstigen Beeinflussung der kognitiven Faktoren. Denn bei einer Entlastung auf dieser Ebene wird der Behandelnden mehr Zeit für eine eingehende und konzentrierte Diagnostik geschenkt.[660] Setzt man die Künstliche Intelligenz, deren Hauptaufgabe es ist, Daten zu verarbeiten und Muster zu erkennen, in einem Sektor, in dem die menschlichen Handelnden Probleme haben, die wachsende Verfügbarkeit dieser Daten kognitiv zu bewältigen und damit zur Unterstützung in der Diagnostik selbst ein, kann dies die kognitiven Faktoren positiv beeinflussen. Insbesondere Wissensdefizite werden auf diese Weise reduziert

c. Einsatz von Künstlicher Intelligenz bei der Diagnosestellung

Einsatz im Bereich der Diagnosestellung meint in diesem Fall konkret, dass KI-Systeme dazu genutzt werden, Behandelnde in komplexen Ent-

658 *Yazdani et. al.* sprechen in diesem Zusammenhang davon, dass Hausärztinnen durchschnittlich 80–85 % ihrer Zeit zur Stellung einer Diagnose aufwenden, vgl. *dies.*, Models of clinical reasoning with a focus on general practice: A critical review, Journal of Advances in Medical Education & Professionalism, 177, 184; vgl. auch *Hennrich et. al.*, in: Pfannstiel, Künstliche Intelligenz im Gesundheitswesen, S. 417.

659 *Hennrich et al.*, in: Pfannstiel, Künstliche Intelligenz im Gesundheitswesen, S. 417.

660 Die kognitive Leistungsfähigkeit von KI-Systemen, gerade im Bereich des Maschinellen Lernens, war bereits Gegenstand dieser Arbeit,' siehe hierzu bspw. im ersten Kapitel unter Teil A.2. ff.

scheidungssituationen zu unterstützen.[661] Es handelt sich also um diagnoseunterstützende KI-Systeme. Dementgegen ist ein Szenario, in dem ein KI-System eine unmittelbare Diagnose trifft, d.h. eine solche, der gegenüber einer ärztlichen Meinung Vorzug gewährt wird, zum aktuellen Zeitpunkt aus bereits benannten Gründen nicht realistisch. Die Medizinerin bleibt Letztentscheidende. Das autonome System liefert also nur einen Diagnosevorschlag.

Für den hausärztlichen Bereich existieren mit *Ada Health* und *Babylon Health* KI-basierte Health-Apps, die nach Eingabe von patientenspezifischen Symptomen Diagnose- und Therapievorschläge präsentieren, die sodann sowohl durch die Patientin als auch durch die Hausärztin genutzt werden können.[662] Über diese mobile Gesundheitstechnologie hinaus existieren weitere unterstützende KI-Systeme, insbesondere in den Fachdisziplinen der Radiologie und der Kardiologie.[663]

Gleichzeitig führt der Einsatz hochtechnologischer Systeme aber im ersten Blick vor allem auch zu einer größeren Not auf beweisrechtlicher Ebene, wenn es trotz der vergleichsweise sehr geringen Fehlerrate eines entscheidungsunterstützenden KI-Systems doch zu einem Fehler kommt. Denn die grundsätzlich im Arzthaftungsprozess beweisbelastete Patientin, die bereits Beweisschwierigkeiten hat, einen *menschlichen* Fehler nachzuweisen, wird ggfs. noch größere Schwierigkeiten haben, *technische* Defizite zu beweisen – gerade im Hinblick auf die KI-Risiken.[664]

Auch die Frage, ob der Behandelnden beim Einsatz unterstützender KI-Systeme überhaupt ein eigener Sorgfaltspflichtverstoß vorgeworfen werden kann, ist von grundsätzlicher Bedeutung, um den haftungsbegründenden Tatbestand zu erfüllen. Sie ist aber auch deshalb interessant, weil ein grober Sorgfaltspflichtverstoß aus beweisrechtlicher Sicht für eine geschädigte Patientin mit § 630h Abs. 5 BGB besondere Beweiserleichterungen bereit-

661 Vgl. *Hennrich et. al.*, in: Pfannstiel, Künstliche Intelligenz im Gesundheitswesen, S. 419.

662 Diese sog. Symptom-Checker Apps wurden entwickelt, um den Benutzenden Triage-Ratschläge zusammen mit einer Erklärung zu geben, warum diese Maßnahme vorgeschlagen wurde. Dieser Ratschlag entsteht auf Basis aller gemeldeten Symptome, vgl. *Baker et. al.*, A comparative study of artificial intelligence and human doctors for the purpose of triage and diagnosis, Front. Artif. Intell., 3:543405. doi: 10.3389/frai.2020.543405 am Beispiel der Babylon Health App.

663 *Hennrich et. al.*, in: Pfannstiel, Künstliche Intelligenz im Gesundheitswesen, S. 418.

664 Hier setzt die EU-Kommission mit dem KI-Haftungs-RL-V an, vgl. COM(2022) 496 final.

hält.[665] Es ist also zu überprüfen, ob der Diagnose*vorschlag* der grundsätzlich bloß entscheidungsunterstützenden Künstlichen Intelligenz per definitionem als endgültige *Diagnose*, wie sie für das Vorliegen eines Diagnosefehlers vorausgesetzt wird, zu betrachten ist und in einem weiteren Schritt sodann, ob ärztliche Anwendende für diese *fremde* Diagnose des autonomen Systems verantwortlich sind. Möglich ist alternativ aber auch, dass erst die durch die ärztlichen Anwendenden zu treffende Letztentscheidung *im Anschluss an den Diagnosevorschlag* des autonomen Systems per definitionem als *Diagnose* zu bezeichnen ist. Um zu beantworten, ob die Fehlergruppe des Diagnosefehlers abwendbar ist, kommt es im Ergebnis also auf eine rechtliche Bewertung der Definition *Diagnose* an.

Die Anwendungsphase, beginnend mit dem Diagnosevorschlag des autonomen Systems bis hin zur Übernahme dieses Diagnosevorschlags durch die ärztlichen Anwendenden, ist nachfolgend zu untersuchen. Für diese Zwecke wird ein Fallbeispiel und in diesem Rahmen sodann Fehlerquellen gebildet.

3. Diagnosefehler[666] beim Einsatz von Künstlicher Intelligenz

Eine Pathologin, die einen histopathologischen Befund einer Hautveränderung fehlerhaft als gutartigen Tumor interpretiert, obwohl tatsächlich ein malignes Melanom vorliegt, begeht einen Diagnoseirrtum.[667] Während bei diesem Beispiel eine fehlerhafte Diagnose und damit ein menschliches Versagen eindeutig identifiziert werden kann, stellt sich dies beim Einsatz von KI-Systemen schwieriger dar.

Ein KI-System, das als Entscheidungsunterstützung bei der Diagnosefindung herangezogen wird, kann Anwendenden einen unrichtigen Diagnose*vorschlag* präsentieren, nachdem es entsprechende Patientinnendaten ausgewertet hat. Denkbare Fehlerquellen sind etwa Hardware- bzw. Softwarefehler, fehlerhafte Programmierung durch Programmierende[668], quali-

665 Dies war bereits Gegenstand in Teil C.

666 Diagnosefehler meint in diesem Zusammenhang den Oberbegriff Befunderhebungsfehler und Diagnoseirrtum.

667 Vgl. *Glanzmann*, in: Bergmann/Pauge/Steinmeyer, Gesamtes Medizinrecht, § 630h, Rdnr. 55; BGH, Urt. v. 9.1.2007 – VI ZR 59/06 = NJW-RR 2007, 744.

668 *Beck/Faber*, in: Buck-Heeb/Oppermann, Automatisierte Systeme, S. 275, Rdnrn. 20 ff.

tativ minderwertige Daten durch die Datenlieferantin[669] oder schlechtes Training durch Trainierende im Rahmen des *„supervised learnings“*[670]. Weiterhin kann es zu konkreten Bedienungs- bzw. Anwendungsfehlern oder sonstigen Pflichtverstößen, wie einer unterlassenen Wartung des Systems, durch Anwendende kommen. Möglich und besonders problematisch ist aber auch schlicht die Verwirklichung eines KI-Risikos (Autonomie- oder Vernetzungsrisiko). Ein Diagnosefehler liegt aber allgemein nur dann vor, wenn ärztliche Anwendende einen eigenen Sorgfaltspflichtverstoß begangen haben.

a. Fallbeispiel

Die Untersuchung des Kreises der Verantwortlichen erfolgt am Beispiel der Symptom-Checker Apps. Diese Applikationen können sowohl von Patientinnen selbst, als auch von Ärztinnen verwendet werden. Eine Haftung der Ärztin kommt nur in Betracht, wenn sie selbst die App nutzt.[671]

Die Verantwortlichkeitsstrukturen und die Anwendbarkeit sind also im Kontext einer ärztlichen Behandlung zu betrachten. Es ist zu untersuchen, inwiefern sich der Einsatz von KI-Systemen auf die Leistungspflichten aus dem Behandlungsvertrag und damit die Sorgfaltspflichten, mithin also den medizinischen Standard auswirkt.

---

669 Siehe *Zech*, NJW 2022, 502.

670 Vgl. hierzu ausführlich Kapitel eins unter Teil A.III.2.b. ff.

671 Bei Nutzung durch die Patientin kommt haftungsbegründend nach dem Produkhaftungsgesetz und der zivilrechtlichen Haftung aus unerlaubter Handlung nach § 823 Abs. 2 BGB in Verbindung mit der MPV die Herstellende der App als Adressatin des Anspruchs in Betracht, *Ströbel/Grau* verweisen in diesem Zusammenhang auf die Wichtigkeit für die Herstellende klarzustellen, dass die Apps lediglich Hinweise geben und Entscheidungen immer von den Nutzenden oder deren Ärztinnen zu treffen sind, vgl. *dies.*, ZD 2022, 599, 604; für eine kritische Auseinandersetzung der Produkthaftung bei mittelbarer Ausführung von Softwareentscheidungen durch Patientinnen vgl. *Haftenberger*, Die Produkthaftung für künstlich intelligente Medizinprodukte, S. 261 ff.; hierzu auch *Kardasiadou*, Die Produkthaftung für fehlerhafte medizinische Expertensysteme, S. 203, 233 f. Zu beachten ist jedoch, dass auch medizinische Laien nicht von jedweder Kontrollpflicht zu befreien sind und bei offensichtlichen Fehlern gehalten sind, eine Ärztin zu kontaktieren, siehe hierzu auch *Haftenberger*, Die Produkthaftung für künstlich intelligente Medizinprodukte, S. 264. Zu den Meldepflichten der ein Medizinprodukt selbstanwendenden Patientin im Rahmen des Medizinprodukterechts wurde im zweiten Kapitel unter C.IV. ausgeführt.

Nach der Eingabe von Patientinnendaten durch die Ärztin, präsentiert die App einen Diagnosevorschlag. Die Symptom-Checker-App zeigt ein falsches Ergebnis an. Der Diagnosevorschlag ergibt eine behandlungsbedürftige Krankheit. Tatsächlich liegt auch eine behandlungsbedürftige Erkrankung bei der Patientin vor – jedoch eine solche, die eine grundlegend andere Behandlung erforderlich macht, als die des präsentierten Diagnosevorschlags. Die Ärztin betrachtet das Ergebnis der Applikation und beginnt eine auf diesen Diagnosevorschlag angepasste, falsche, Behandlung. Diese falsche Behandlung hat weitreichende gesundheitliche Konsequenzen für die Patientin.

Anders als die Patientin, verfügen ärztliche Anwendende über das notwendige Fachwissen, eine das Ergebnis kontrollierende, eigene medizinische Entscheidung vorzunehmen.[672] Es ist daher grundsätzlich nicht nur eine Haftung der Herstellenden des genutzten KI-Systems denkbar. Vielmehr kommt eine Erweiterung des Adressatinnenkreises für die geschädigte Patientin um die Behandlungsvertragspartei in Betracht. Nichts anderes gilt für alle übrigen KI-Systeme, die im Klinikalltag als Entscheidungsunterstützung herangezogen werden.[673]

Die unterschiedlichen Einflussfaktoren wurden bereits unter E.II.4. näher betrachtet. An dieser Stelle sollen sie nun geordnet dargestellt und untersucht werden, ob und welche dieser Einflussfaktoren sich dem klassischen Behandlungshelerbereich zuordnen lassen bzw. diesen anwendbar machen. Als *Fehlerquellen* werden daher nachfolgend Bedienungsfehler und sonstige äußere Einflüsse durch die am Prozess beteiligten Akteurin-

---

672 *Haftenberger*, Die Produkthaftung für künstlich intelligente Medizinprodukte, S. 265; *Kardasiadou*, Die Produkthaftung für fehlerhafte medizinische Expertensysteme, S. 236.

673 Der einzige Unterschied wird hier sein, dass es dann nicht die Nutzende der App ist, sondern die Behandelnde selbst, die dieses entscheidungsunterstützende KI-System mit Symptomen und auch Befundergebnissen speisen wird, damit das KI-System diese Informationsbasis zur Erlangung einer Diagnose interpretiert. Es tritt in dieser Variante also ein vorgelagertes ärztliches Verhalten durch das Bedienen des autonomen Systems hinzu, sodass diese Variante grundsätzlich auch Bedienungsfehler durch die Anwendende ermöglicht. Interpretiert das KI-System diese Informationsbasis sodann falsch, bleibt es wie im Einstiegsfall dabei, dass ein Diagnoseirrtum als Behandlungsfehler im Sinne der § 630a ff. BGB grundsätzlich anzunehmen wäre. Je nach Intensität der Fehlinterpretation könnte es sich dabei grundsätzlich um einen einfachen oder fundamentalen Diagnoseirrtum handeln.

nen **(Fehlerquelle 1)**,[674] systeminterne Black-Box-Effekte als spezifische KI-Risiken, die zur fehlerhaften Ausgabe geführt haben **(Fehlerquelle 2)** und eine bloß fehlerhafte Bewertung dieses Entscheidungsvorschlags durch die ärztliche Anwendende **(Fehlerquelle 3)** dargestellt.

aa. Fehlerquelle 1: Fehlfunktion und Versagen infolge eines Bedienungsfehlers und sonstiger äußerer Einflüsse

Bei dieser Fehlerquelle handelt es sich um solche Einflüsse, die von außen durch die beteiligten Akteurinnen, also durch menschliche Handlungen, auf das autonome System einwirken und dem Entscheidungsvorschlag des Systems *vorgelagert* sind. Bei verwirklichten externen Fehlereinflüssen handelt es sich also nicht um ein KI-Risiko des Systems, das zur fehlerhaften Ausgabe geführt hat, sondern um menschliches Fehlverhalten.[675] Auch sind sie der eigentlichen Interpretation durch die ärztlich Anwendenden vorgelagert. Ob sich eine Arzthaftung in Form des Diagnosefehlers in diesen Phasen dennoch ergeben kann, ist zu prüfen. Als externe Einflüsse und damit eine Arzthaftung der Anwendenden konkret in Betracht kommen Fehler in der Anwendungs-, aber unter bestimmten Umständen auch in der Trainingsphase. Diese werden nachfolgend skizziert.

(1) Fehler in der Trainingsphase

Minderwertige Daten oder ein schlechtes Training können das Ergebnis des KI-Systems negativ beeinflussen.[676] Für eine Anwendbarkeit der klassischen Behandlungsfehler ist jedoch zuvorderst zu untersuchen, ob die Datenqualität bzw. das Training dem Grunde nach überhaupt Gegenstand des Behandlungsvertrages sein können. Denn nur dann kommt für diesen Bereich eine vertragliche Haftung der Behandelnden in Betracht. Es ist

674 Siehe auch So auch *Beck et al.*, Rechtliche Aspekte des Einsatzes von KI und Robotik in Medizin und Pflege, S. 253 ff.

675 Dargestellt werden nachfolgend Fehler in der Trainings- und Anwendungsphase. Die Phase der Herstellung, Programmierung oder die Datenlieferung bleiben außer Acht, da eine Schnittstelle zur Behandelnden derzeit noch nicht realistisch erscheint, wenngleich nachfolgend noch aufgezeigt wird, dass ein Involvieren der Behandelnden auch in diese Lebensphasen eines autonomen System für die Zukunft denkbar ist.

676 Siehe *Zech*, NJW 2022, 502.

daher in den Blick zu nehmen, welche Rolle die Behandlungsvertragspartei während dieses Lebenszyklus der Künstlichen Intelligenz einnimmt.

Daten in diesem Sinne sind maschinenlesbare codierte Informationen, d.h. sie sind als unkörperliche Strukturen zu begreifen, die deshalb nur mittelbar im Wege einer *informationellen Kausalität* zu einer Schädigung körperlicher Rechtsgüter führen kann.[677] Vertragsparteien der Datenlieferung sind Datenlieferantin[678] einerseits und andererseits KI-Trainierende, die die Daten für das Training einsetzen.[679]

Grundsätzlich verhält es sich so, dass die Datenspeisung der Künstlichen Intelligenz, die auch als Training im Sinne des *„supervised learnings"* zu bezeichnen ist, allgemein von Expertinnen vorgenommen wird.[680] In Fällen von medizinischen KI-Systemen sind es daher Trainierende, die in der Regel nicht mit den Anwendenden des KI-Systems, also hier den Behandelnden bzw. den Klinikbetreibenden, zusammenfallen. Bei fehlerhaftem Training ist die haftungsverursachende Person daher grundsätzlich ausschließlich auf der Seite der Herstellenden zu suchen.[681] Ein vertraglicher Anspruch der Patientin gegen die Behandelndenseite aus den §§ 630a, 280 Abs. 1 BGB ist abzulehnen.

Sollte die ärztliche Anwendende dementgegen zugleich Trainierende des autonomen Systems sein, kommt sie *grundsätzlich* auch für ein fehlerhaftes Training als Haftungssubjekt in Betracht. In diesen Fällen handelt es sich auf den ersten Blick ebenfalls um eine Haftung der Herstellenden bzw. eine rein deliktische Haftung, die zu überprüfen ist. Denn um (auch) einen *vertraglichen Arzthaftungsanspruch* ernsthaft in Erwägung zu ziehen, müsste sich das Training als Schuld aus dem Behandlungsvertrag verstehen, d.h. eine Leistungspflicht im Sinne des § 630a BGB darstellen.

Es wurde bereits festgestellt, dass sich der Inhalt vertraglicher Pflichten durch den Einsatz von autonomen Systemen verändern kann.[682] Dass Behandelnde bzw. die Klinikbetreibende auf Grundlage des Behandlungsvertrages das *„richtige"* Training der eingesetzten Künstlichen Intelligenz

---

677 Siehe *Zech*, NJW 2022, 502.

678 Mit den Datenlieferantinnen dieser Daten steht die geschädigte Patientin in keiner vertraglichen Beziehung, vgl. ebd.

679 Ebd.

680 Vgl. hierzu Kapitel eins unter Teil A.III.2.b. ff.

681 *Zech* verweist in diesem Zusammenhang darauf, dass eine Haftung nach dem Produkthaftungsgesetz mangels Produkts und mangels Haftung für Informationsgehalt nicht in Betracht kommt, eine Haftung nach allgemeinem Deliktsrecht aber durchaus möglich zu sein scheint, siehe ausführlich *dens.*, NJW 2022, 502 ff.

682 Vgl. *Schaub*, NJW 2023, 2145, 2146.

schulden, ist dennoch anzuzweifeln. Denn bei dem Training selbst handelt es sich nicht um die *versprochene Behandlung* im Sinne des § 630a BGB. Die Trainingsphase ist der Anwendungsphase und damit auch der *versprochenen Behandlung* in der Regel zeitlich vorgelagert und bezieht sich überdies nicht auf die Behandlung einer konkreten Patientin. KI-Systeme sollen für eine Vielzahl von Einsätzen trainiert werden.

Etwas anderes kann zum aktuellen Zeitpunkt[683] grundsätzlich nur bei anderweitiger vertraglicher Abrede gelten.[684]

(2) Fehler in der Anwendungsphase

In der Anwendungsphase bedienen ärztliche Anwendende das autonome System, indem konkrete Patientinnenendaten als individuelle Einzelfalldaten in die Künstliche Intelligenz eingegeben werden. Bei dieser Eingabe kann ein Fehler unterlaufen. Denkbar sind in diesem Kontext Verstöße gegen sämtliche Pflichten zur ordnungsgemäßen Bedienung. Diese Fehler können zu einer fehlerhaften Ausgabe, im Bereich der Diagnostik also zu einem falschen Diagnosevorschlag durch das System führen.

Die Eingabe konkreter Patientinnenendaten ist Bestandteil der *„versprochenen Behandlung"* im Sinne des § 630a BGB und deshalb als Leistungspflicht zu qualifizieren.

Diese zuvor geschilderten Anknüpfungspunkte sind jedoch als Bedienungsfehler zu identifizieren, die vor oder während der Eingabe geschehen und schließlich zu einem fehlerhaften Ergebnisvorschlag des Systems führen können. Dieses Verhalten dürfte sich trotz des Einsatzes eines autonomen Produktes daher nicht erheblich von vergleichbaren *Nicht*-KI-Sachverhalten unterscheiden, in denen eine unterbliebene, unzureichende oder fehlerhafte Bedienung eines herkömmlichen Medizinprodukts vorzuwerfen ist. Denn der Schwerpunkt des vorwerfbaren Verhaltens liegt auf der falschen Bedienung von Medizintechnik und damit einer guten bzw. vielmehr einer schlechten Organisation.[685] Eine fehlerhafte Interpretation

683 Dieser Umstand ließe sich ändern, würde man den Pflichtenkreis der Behandelnden beim Einsatz von KI-Systemen erweitern. Dies wird im weiteren Verlauf der Arbeit für einen anderen Teilbereich in Erwägung gezogen, vgl. E.III.3.a.cc.

684 Vgl. hierzu unter Teil E.II.2.

685 Beim technischen Bedienungsfehler betrifft das von ärztlichen Fähigkeiten unabhängige technische Anwendungsrisiko der Medizintechnik nicht das Behandlungsrisiko als Ausfluss des Krankheitsrisikos. Die unbeherrschbaren Risiken Krankheit

von Patientinnendaten, die dementgegen Gegenstand der Diagnosestellung ist, kann damit nicht zum Vorwurf gemacht werden. Dieser Sachverhalt ist deshalb nicht dem Bereich des Diagnosefehlers zuzuordnen, sondern dem Grunde nach als *Organisationsfehler* zu identifizieren. Ähnlich verhält es sich auch mit den übrigen Pflichtverstößen, die beim Einsatz von KI-Systemen als allgemeine Bedienungspflichten zu bewerten sind.[686] Die rechtlichen Auswirkungen dieser Fehlerquelle werden deshalb im Bereich der unter Teil E.VII. diskutierten Organisationsfehler fortgesetzt.

(3) Fazit

Die soeben vorgestellten Fehler aus der Risikosphäre der Anwendenden führen in der Art eines *Vorverhaltens* zu einem falschen Entscheidungsvorschlag des autonomen Systems, nicht jedoch unmittelbar zum Gesundheitsschaden. Das unmittelbar zum Schaden führende und damit potenziell vorwerfbare Verhalten, das nachfolgend untersucht wird, ist erst die *fehlerhafte Interpretation* dieses *fehlerhaften Diagnosevorschlags* durch die anwendende Person. Denn führt das falsche Training, minderwertige Daten oder eine fehlerhafte Bedienung, wie zuvor beschrieben, zu einer fehlerhaften Ausgabe des KI-Systems, verbleibt es immer noch dabei, dass es der Behandelnden obliegt, dieses Ergebnis als Diagnose zu übernehmen oder die Fehlerhaftigkeit – nach Möglichkeit – zu identifizieren.[687] Zu einer Haftung nach § 630a in Verbindung mit § 280 Abs. 1 BGB dürfte es daher nur kommen, wenn die Behandelnde den Fehler in vorwerfbarer Weise übernimmt und daraus ein Gesundheitsschaden resultiert. Das (pflichtwidrige)[688] Vorverhalten allein wird demnach nie zu einer Arzthaftung wegen klassischer Behandlungsfehler führen – zumindest so lange nicht, wie eine diagnoseunterstützende Künstliche Intelligenz die ärztliche Ansicht nicht ersetzt und damit unmittelbar am Menschen agieren darf.

---

und Organismus des Patienten spielen in dem Bereich also so gut wie keine Rolle, sodass allein ein Organisationsfehler in Betracht kommt, wenn ein Bedienungsfehler vermutet wird, vgl. *Kunz-Schmidt*, MedR 2009, 517, 523.

686 Hier auch *Hünefeld/Zech*, MedR 2023, 1 ff.

687 Vgl hierzu bereits unter C.II. ff.

688 Die Pflichtwidrigkeit dieser Fehlergruppe wird im Bereich der Organisationsfehler unter Teil VI. untersucht.

bb. Fehlerquelle 2: KI-Risiko verwirklicht

Grundsätzlich ähnlich verhält es sich bei den KI-Risiken, die als *Fehlerquelle 2* zu einer fehlerhaften Ausgabe führen können. Es ist denkbar, dass das zur Diagnoseunterstützung eingesetzte KI-System trotz hochwertiger Daten, gutem Training und korrekter Bedienung einen falschen Diagnosevorschlag präsentiert.

Auf dem ersten Blick liegt hier kein (pflichtwidriges) *menschliches* Vorverhalten vor. Vielmehr stammt das vorwerfbare Verhalten zunächst allein aus der Risikosphäre[689] des autonomen Systems. Es könnte aber daran gedacht werden, den bloßen Einsatz des KI-Systems und dessen Funktionieren als Anknüpfungspunkt zu sehen, den Anwendenden das verwirklichte KI-Risiko vorzuwerfen.[690] D.h., die Anwendenden würden dann haften, weil sie sich für den Einsatz eines autonomen Systems entschieden haben.

Dagegen könnte sprechen, dass eine solche Betrachtung den Einsatz zum eigentlichen Haftungsgrund werden ließe, sodass es auf ein individuelles Verschulden der Anwendenden, hier also der Behandelnden, überhaupt nicht mehr ankäme.[691] Dies könnte einen Verstoß gegen das zuvor dargestellte Verschuldensprinzip der verschuldensabhängigen Haftung der §§ 630a, 280 Abs. 1 BGB bedeuten.[692] Auch wenn damit zunächst offensichtlich erscheint, dass es sich nicht um die Verletzung einer *eigenen* Sorgfaltspflicht der ärztlichen Anwendenden im Sinne des § 276 BGB handelt, kann dieser erste Blick trügen. Denn wie noch im Bereich des Organisationsverschuldens dargestellt wird, ist der Pflichtenkreis des Behandlungsumfeld wesentlich unpersönlicher und objektiver als derjenige der klassischen Behandlung. Diese Argumentation wird daher im Bereich der Organisationsfehler erneut aufgegriffen und zu einem Ergebnis geführt.[693] Ein weiterer

689 So auch *Hünefeld/Zech*, MedR 2023, 1 ff. Anders zu bewerten dürften Fälle sein, in denen der ärztlichen Anwendenden bekannt war, dass das konkrete KI-System in der Vergangenheit schon häufiger versagt hat.

690 Vgl. etwa *Zech*, der in diesem Zusammenhang auch darauf hinweist, dass die Schaffung einer unkontrollierbaren Gefahrenquelle einen Verkehrspflichtverstoß bedeutet, sodass auch das Inverkehrbringen und Betreiben autonomer Systeme grundsätzlich pflichtwidrig ist, vgl. *Zech*, Entscheidungen digitaler autonomer Systeme, Gutachten zum 73. DJT, 2020, A S. 55.

691 *Katzenmeier*, MedR 2021, 859, 860; ähnlich auch: *Beck/Faber*, in: Buck-Heeb/Oppermann, Automatisierte Systeme, S. 275, Rdnrn. 24 f.; *Steinrötter*, in: Ebers/Heinze/Krügel/Steinrötter, Künstliche Intelligenz und Robotik, § 26, Rdnrn. 44 f.

692 Ebd.

693 Siehe E.VI. ff.

Aspekt muss jedoch sowohl im Bereich der Organisationsfehler, als auch im Bereich der klassischen Behandlungsfehler in diesem Kontext bedacht werden. Denn auch ein realisiertes KI-Risiko führt isoliert betrachtet ebenso wenig zum Gesundheitsschaden wie ein pflichtwidriges menschliches Vorverhalten der *Fehlerquelle 1* (siehe zuvor). Für den Bereich der diagnoseunterstützenden Systeme verbleibt es dabei, dass es im Ergebnis stets die Letztentscheidung der Anwendenden ist, die sich unmittelbar schadensursächlich auswirkt. Diese Einschätzung wird darüber hinaus auch bei den Organisationsfehlern zu diskutieren sein.

Dennoch haben KI-Risiken zumindest einen *unmittelbaren Einfluss auf die Letztentscheidung* der ärztlichen Anwendenden. Um die Frage zu beantworten, ob ein Sorgfaltspflichtverstoß und damit ein Behandlungsfehler vorliegt, wird es also maßgeblich darauf ankommen, wie die menschliche Aufsicht der Behandelnden und damit vor allem diese Letztentscheidung rechtlich zu bewerten ist,[694] d.h. welche Anforderung an diese menschliche Entscheidung gestellt werden dürfen. Insbesondere ist deshalb zu klären, welche Möglichkeiten die ärztlichen Anwendenden potenziell haben, um den Diagnosevorschlag auf Richtigkeit zu überprüfen und inwieweit technische Nachforschungen als verpflichtend erwartet werden können,[695] um die benannten *„unvorhersehbaren"* KI-Risiken auf bloße KI-*Rest*-Risiken zu begrenzen. Denn wie „unvorhersehbar" das eingesetzte System ist, hängt von der programmierten Lernaufgabe und den der Künstlichen Intelligenz gesetzten Grenzen, d.h. dem Grad der Generalisierung ab.

Auch die unterlassene oder unzureichende Interpretation des Diagnosevorschlags, wie dies dem obigen Fallbeispiel zu entnehmen ist, ist zu überprüfen.

694 *Beck et al.* verweisen hier auf den Wunsch der Gesellschaft nach einem *„verantwortlich fühlen"* des medizinischen Personals und der Gefahr, dass dadurch Menschen ggfs. für Entscheidungen verantwortlich gemacht werden, auf die nur begrenzter Einfluss bestand, vgl. *dies.*, Rechtliche Aspekte des Einsatzes von KI und Robotik in Medizin und Pflege, S. 256.

695 Vgl. auch *Beck et al.*, Rechtliche Aspekte des Einsatzes von KI und Robotik in Medizin und Pflege, S. 256, es sei daher auch die konkrete, technische Ausgestaltung der Interaktion zwischen Mensch und System in den Blick zu nehmen.

cc. Fehlerquelle 3: Bewertung des Entscheidungsvorschlags – Verstoß gegen den medizinischen Standard?

Um beantworten zu können, ob ein Diagnosefehler vorliegt, ist es sekundär, ob der fehlerhafte Ergebnisvorschlag auf einem Nutzungsfehler beruht oder er sich aufgrund eines KI-Risikos zeigt, denn der Entscheidungsvorschlag wirkt sich nur mittelbar auf das weitere Behandlungsgeschehen aus.[696] Es sind vielmehr die Behandelnden, die die Auswirkungen dieses Vorschlags durch ihr Urteil unmittelbar beeinflussen. Dementgegen erscheint es aber auch nicht zutreffend, eine Einflussnahme des Systems auf die Entscheidung der ärztlichen Anwendenden rechtlich gänzlich unbewertet zu lassen, immerhin sollen autonome Systeme gegenüber einer ordinären Behandlung einen Mehrwert bringen.[697] Maßgeblich ist daher, wie vermeidbar der von der Patientin beklagte (Gesundheits-)Schaden durch die ärztliche Letztentscheidung in der konkreten Situation war.[698] Ein vermeidbarer Schaden und damit vorwerfbares Verhalten liegt vor, wenn die Anwendenden gegen den anzuwendenden *Sorgfaltsmaßstab* verstoßen haben. Als vorwerfbares Verhalten kommt hier entweder das **Unterlassen** einer Überprüfung des Entscheidungsvorschlags oder eine fehlerhafte Interpretation (**Tun**) desselben in Betracht.

Zwei Fallvarianten sind denkbar: 1. Die anwendende Person hat den fehlerhaften Diagnosevorschlag trotz gegenteiliger Fachkenntnis übernommen[699], d.h. der Fehler war medizinisch-evident und 2. die (medizinische) Fachkenntnis der Ärztin reichte nicht aus, um den Fehler zu identifizieren, d.h., der Fehler war nicht medizinisch-evident. Für beide Fallgruppen relevant ist, welche Rolle der ärztlichen Letztentscheidung zukommt und welcher Sorgfaltsmaßstab dabei anzuwenden ist.

---

696 Wenn Menschen aufgrund einer falschen KI-Ausgabe eine schadensverursachende Handlung vornehmen, löst die Fehlerhaftigkeit des Produkts eine *„abgestufte Ereigniskette“* aus, die mit einer Rechtsgutsverletzung endet. Die Rechtsgutsverletzung erfolgt dann nicht mehr unmittelbar durch das System, *Taeger*, Außervertragliche Haftung für fehlerhafte Computerprogramme, S. 202; vgl. hierzu auch *Haftenberger*, Die Produkthaftung für künstlich intelligente Medizinprodukte, S. 261 f.

697 So auch *Karadasiadou*, Die Produkthaftung für fehlerhafte medizinische Expertensysteme, S. 239 ff.; *Taeger*, Außervertragliche Haftung für fehlerhafte Computerprogramme, S. 203 ff.; vgl. hierzu auch *Haftenberger*, Die Produkthaftung für künstlich intelligente Medizinprodukte, S. 265 f.

698 Vgl. *Terbille/Feifel*, in: Clausen/Schroeder-Printzen, Münchener Anwaltshandbuch Medizinrecht, § 1 Rdnr. 565.

699 *Beck/Faber*, in: Buck-Heeb/Oppermann, Automatisierte Systeme, S. 275, Rdnr. 26.

(1) Die Letztentscheidung und der „*Goldstandard*"[700]

Medizinerinnen haben im Rahmen einer medizinischen Behandlung stets eine verantwortliche Letztentscheidung zu treffen. Dies ergibt sich nicht nur aus §§ 630a, 630b i.V.m. § 613 BGB,[701] sondern auch nach dem Verständnis des einzuhaltenden *Goldstandards.*[702] Die ärztliche Beratung und Behandlung muss grundsätzlich im persönlichen Kontakt zwischen Ärztin und Patientin erfolgen, sodass auch digitale Techniken die ärztliche Tätigkeit nur unterstützen, nicht aber ersetzen dürfen, vgl. § 7 Abs. 4 MBO-Ä.[703] Die Erbringung einer solchen höchstpersönlichen Leistung mithilfe von autonomen Systemen ist also nicht von vorneherein ausgeschlossen, solange sie nicht an die Stelle der Anwendenden tritt.[704] Die behandelnde Person bleibt daher nicht nur beim Einsatz eines Hochrisiko-KI-System „*in the loop*"[705] – sie ist stets zum letzten Wort verpflichtet. Die Künstliche Intelligenz ist auch nach diesem Verständnis bloß eine Unterstützung der Ärztin.[706] Der Entscheidungsvorschlag des autonomen Systems muss von der Behandelnden also stets bewertet werden.

(2) Anzuwendender Sorgfaltsmaßstab

Wie eingehend unter E.I.2. dargestellt, formuliert § 630a Abs. 2 BGB mit dem „*fachlichen Standard*" einen speziell für die Behandelnde als Partei festgelegten Sorgfalts*standard* als Bezugsgröße und Haftungsvoraussetzung.[707] Die Verstöße gegen den geltenden Standard sind dabei spiegelbildlich zu den arzthaftungsrechtlichen Behandlungsfehlern zu verstehen.[708]

---

700 § 7 Abs. 4 MBO-Ä.

701 Vgl. zu dieser Thematik *Beck et al.*, Rechtliche Aspekte des Einsatzes von KI und Robotik in Medizin und Pflege, S. 255 ff.

702 *Eberbach*, MedR 2019, 1, 4 ff.; *Katzenmeier*, NJW 2019, 1769, 1771.

703 Vgl. 121. DÄT 2018, Beschlussprotokoll, TOP IV; *Eberbach*, MedR 2019, 1, 4 ff.; *Katzenmeier*, NJW 2019, 1769, 1771.

704 So auch *Schaub*, NJW 2023, 2145, 2146.

705 Vgl. hierzu ausführlich unter C.II.2.b.aa.

706 Vgl. hierzu auch *Karadasiadou*, Die Produkthaftung für fehlerhafte medizinische Expertensysteme, S. 236; *Haftenberger*, Die Produkthaftung für künstlich intelligente Medizinprodukte, S. 265.

707 Vgl. *Gutmann*, in: Staudinger, BGB, § 630a Rdnr. 131.

708 Ebd.; vgl. auch auch *Blechschmitt*, Die straf- und zivilrechtliche Haftung roboterassistierter Chirurgie, S. 53.

Zur Beurteilung, ob ein Behandlungsfehler begangen wurde, wird gerichtlich also der medizinische Standard als Bezugsgröße herangezogen und am Einzelfall normativ ausgelegt.[709]

Aufgrund der bloß unterstützenden Funktion von KI-Systemen, sind Medizinerinnen daher grundsätzlich auch beim Einsatz autonomer Systeme verpflichtet, den jeweils geltenden medizinischen Standard zu wahren – d.h. egal, ob KI-Systeme im Rahmen der Aufklärung, Diagnose oder Therapie eingesetzt werden.[710] Im vorliegenden Behandlungsstadium wäre daher grundsätzlich der bei der Diagnosestellung anzuwendende Sorgfaltsstandard anzuwenden.

Gegen einen fachlichen Standard kann nur verstoßen werden, wenn sich ein solcher feststellen lässt. Die Ermittlung geschieht dabei normativ mithilfe von medizinischen Sachverständigen, die eine Beurteilung im Einzelfall (bisher) unter anderem anhand von evidenzbasierten Leitlinien treffen.[711]

Möglich ist, das Nichterkennen eines Fehlers bei der Ermittlung dieses Standards im Schwerpunkt als eine unrichtige *Anwendung* des Systems zu betrachten. Es ginge dann wiederum weniger um die Diagnosestellung als vielmehr um die korrekte Nutzung einer Maschine, also um einen Organisationsfehler. Möglich ist aber auch, den Schwerpunkt der Handlung trotz des Dazwischentretens des KI-Systems nicht in der Anwendung einer Maschine, sondern in der ärztlichen Diagnosefindung zu sehen. Es verbliebe dann bei der Anwenderbarkeit dieser Fehlergruppe. Es ist zu klären, ob die Letztentscheidung durch die nunmehr vorhandene Mensch-Maschine Interaktion nach dem Verständnis eines Diagnosefehlers noch als Diagnose zu begreifen ist.

Der Begriff der Diagnose wird folgendermaßen definiert:

„Die Diagnose ist die bewertende Zusammenfassung der Symptome und Befunde eines Patienten, die in der Feststellung und Benennung der zu-

709 Vgl. hierzu unter E.II.b.aa.

710 So auch *Beck/Faber*, Buck-Heeb/Oppermann, Automatisierte Systeme, S. 274, Rdnr. 20; vgl. auch *Eichelberger*, in: Chibanguza/Kuß/Steege, Künstliche Intelligenz, § 4 Abs. 1, Rdnr. 12 f.; *Helle*, MedR 2020, 993, 998.

711 Woraus der medizinische Standard sich zusammensetzt vgl. ausführlich unter E.II. ff.

grundeliegenden Krankheit gipfelt. Dabei fließen auch Normalbefunde ein."[712]

Zur Erinnerung anschließend die Definition eines Diagnose*fehlers*:

„Unter einem Diagnosefehler versteht man im Allgemeinen nur die fehlerhafte Interpretation bereits erhobener Befunde".[713]

Für das Behandlungsstadium der Diagnostik wäre es Sache der Sachverständigen, sich unter anderem ein Bild der zu Grunde liegenden medizinischen Befunde zu machen und zu bewerten, ob die von der Behandelnden getroffene Diagnose im Einzelfall vertretbar war oder eine fehlerhafte und nicht vertretbare Interpretation erfolgt ist. Bei der Behandlungsfehlergruppe des Diagnosefehlers kommt es also auf die richtige bzw. fehlerhafte Interpretation von Befunden durch die Behandelnden an. Wie ist es nun zu bewerten, dass das KI-System Teile dieses Diagnoseprozesses übernimmt?

(a) Dazwischentreten der Maschine

An dieser Stelle zeigt sich, dass das Dazwischentreten des autonomen Systems grundsätzlich nicht nur bei der Frage nach dem Unterbrechen des Kausalzusammenhangs relevant wird (siehe unter C.II.), auch bei der Frage, ob die Letztentscheidung der ärztlichen Anwendenden noch als eigene Diagnose zu verstehen ist, spielt es eine Rolle. Vorliegend wurde dieser sonst ausschließlich menschlich-kognitive Interpretationsprozess durch maschinelle Kognition ergänzt. Trotz der soeben festgestellten grundsätzlichen Pflicht zur höchstpersönlichen Leistungserbringung (Goldstandard), könnte es also in der ersten Konsequenz doch das autonome System sein, das eine *Diagnose* bestimmt. Dies könnte zugunsten der Behandelnden sodann zur Unanwendbarkeit der Fallgruppe des Diagnosefehlers führen, weil es gerade nicht mehr die Behandelnden sind, sondern das KI-System ist, das die Interpretation der Patientinnendaten und damit die Diagnose nach vorstehender Definition stellt. Die Verantwortung könnte auf diese Weise trotz Goldstandard umgangen werden.

Hierfür spricht, dass das KI-System durch seine Autonomiefähigkeit dem menschlichen Verhalten sehr nahekommt. Es lässt sich allerdings auch

712 *Graf von Westphalen et al.*, DocCheck Flexikon, online abrufbar unter: https://flexikon.doccheck.com/de/Diagnose, zuletzt abgerufen am 2.08.2023.

713 *Haag*, in: Geigel Haftpflichtprozess, Rdnr. 248.

wesentlich unaufgeregter bewerten, wenn man anführt, dass die Ausgangslage im Grunde nicht anders ist als in allen anderen Fällen, in denen (nicht autonome) Maschinen die Menschen unterstützen.[714] Ein diagnoseunterstützendes KI-System könnte also auch einfach einer gerätemedizinischen Untersuchung gleichkommen, der sich die Behandelnde für die *eigene* Diagnosestellung nur bedient.[715] Der Entscheidungsvorschlag des KI-Systems würde dann nicht die Diagnose, sondern vielmehr ein bloßes *Befundergebnis* darstellen, das die Behandelnde ihrerseits zur Interpretation heranzieht – entweder, um eine Diagnose zu stellen oder, um weitere Befunde zu erheben, wenn das Ergebnis des Systems noch keine Diagnose zulässt.

Diese Betrachtung wird auch durch die rein definitionelle Betrachtung eines Befundes gestützt:

> „*Als medizinischen Befund oder nur Befund bezeichnet man das Ergebnis medizinischer Untersuchungen, z.B. der körperlichen Untersuchung, der psychischen Exploration, oder der labor- und gerätemedizinischen Untersuchungen.*“[716]

Nachdem KI-Systeme in diesem Behandlungsstadium lediglich zur Unterstützung bei der Diagnosestellung eingesetzt werden, ist es nur konsequent, den Einsatz des Systems selbst, wie etwa ein ordinäres bildgebendes Verfahren, als gerätemedizinisches Verfahren zur Befundung einzustufen. Denn der Begriff des Befunds muss sich nicht auf Teilergebnisse beschränken, sondern kann sich auch auf die Gesamtheit aller Untersuchungsergebnisse beziehen.[717] Der Entscheidungsvorschlag der Künstlichen Intelligenz kann damit ein solches Untersuchungsergebnis im Rahmen der Befundung darstellen. Es sollte bei dem Entscheidungsvorschlag daher nicht länger von einem Diagnosevorschlag, sondern einem ganzheitlichen Befundergebnis

714 *Spindler*, in: BeckOGK, § 823, Rdnr. 790 f.; vgl. zu dem Thema auch *Borges*, CR 2023, 706, 714.

715 In eine ähnliche Richtung gehen hier auch die Ausführungen von *Bethge/Püschel* über ein softwaregestütztes Netzhautindizienscreening als präventives Angebot eines Augenoptikermeisterbetriebes und der Frage, ob eine Augenoptikermeisterin ein Ergebnis eines solchen Screenings der Patientin übergeben darf. Dies dürfte sie nur, wenn es sich bei dem Ergebnis nicht um eine Diagnose handelt (§ 1 Abs. 2 HeilprG). *Bethge/Püschel* stellen sich auf den Standpunkt, dass es sich bei dem ausgebrachten Ergebnis „*Keine Netzhautanomalien*“ eben nicht um eine Negativ-Diagnose der Software handelt, sondern nur ein Indizien-Check, vgl. *dies.*, MedR 2023, 533, 537.

716 *Prinz et al.*, DocCheck Flexikon, online abrufbar unter: https://flexikon.doccheck.com/de/Befund, zuletzt abgerufen am 2.08.2023.

717 Ebd.

gesprochen werden. Dies wird der Stellung der Ärztin und der Stellung der Künstlichen Intelligenz gerechter.

Damit ist zwischen KI-Systemen, die zur Befundung und solchen Systemen, die diagnoseunterstützend eingesetzt werden, rechtlich nicht zu unterscheiden. Es bleibt also dabei, dass die anwendende Person durch ihre Letztentscheidung dem Grunde nach die Diagnose stellt und den Goldstandard wahrt. Die Bewertung des Entscheidungsvorschlags fällt nicht unter die Gruppe der den Organisationsfehlern zuzuordnenden Anwendungsfehler. Die Behandlungsfehlergruppe des Diagnosefehlers ist anwendbar. Der Unterschied zwischen Diagnoseirrtum und Befunderhebungsfehler besteht beim Einsatz von KI-Systemen lediglich darin, dass Diagnoseirrtümer bei fehlerhafter Interpretation *(Tun)* und Befunderhebungsfehler bei unzureichender oder unterlassener Interpretation *(Unterlassen)* einschlägig sind. Die Folgen dieser Kategorisierung werden im Beweisrecht erörtert.[718]

(b) Zwischenergebnis: Üblicher Sorgfaltsmaßstab anzuwenden

Behandelnde sind im Sinne des weiten Verständnisses der Rechtsprechung vom Behandlungsfehlerbegriff verpflichtet, auch die Patientinnendaten und Befunde außerhalb des KI-Ergebnisvorschlags ihrerseits individuell medizinisch zu bewerten:

> *„Ob der Arzt einen Behandlungsfehler begangen hat, der zu einer Gesundheitsschädigung des Patienten geführt hat, beantwortet sich ausschließlich danach, ob der Arzt unter Einsatz der von ihm zu fordernden medizinischen Kenntnissen und Erfahrungen im konkreten Fall vertretbare Entscheidungen über die diagnostischen sowie therapeutischen Maßnahmen getroffen und diese Maßnahmen sorgfältig durchgeführt hat."*[719]

Behandelnde müssen sich ein ganzheitliches Bild von den individuellen Behandlungsumständen machen. Behandelnde bleiben trotz des Einsatzes von KI-Systemen stets Hauptbeteiligte des Behandlungsgeschehens und werden zu keinem Zeitpunkt ersetzt.[720] Behandelnde müssen also auch weiterhin in jedem Behandlungsstadium vertretbare Entscheidungen treffen. Nachfolgend ist zu beleuchten, ob Abweichungen von diesem Grund-

718 Für Befunderhebungsfehler (Unterlassen) vgl. E.IV.1. und für Diagnoseirrtümer (Tun) vgl. E.IV.2.

719 BGH, Urt. v. 10.03.1987 – VI ZR 88/86 = NJW 1987, 2291, 2292.

720 Allein aufgrund der gesetzlichen Verpflichtung in §§ 630a, 630b i.V.m. § 613 BGB.

satz bei medizinisch-evidenten oder nicht medizinisch-evidenten Fehlern anzunehmen sind.

(3) Medizinisch-evidente Fehler: Ärztliche Anwendende hat falschen Diagnosevorschlag trotz gegenteiliger Fachkenntnisse übernommen

Diese Fall-Variante bezieht sich auf jene Sachverhalte, in denen der fehlerhafte Ergebnisvorschlag des KI-Systems für die anwendende Person *offensichtlich* war, d.h., die Medizinerin hätte bei der sich darbietenden Ausgangslage der Patientin bzw. der medizinischen Patientinnendaten zu einer richtigen Diagnose kommen können. Der Fehler war *medizinisch-evident.* Die anwendende Person hat eine Überprüfung des Entscheidungsvorschlags aber gänzlich unterlassen (Unterlassen) oder falsch interpretiert (Tun). Der Fehler hätte also bei aufmerksamer Kontrolle auffallen können und müssen.[721] Im vorliegenden Fallbeispiel (siehe unter III.4.b.) hat die Ärztin in dieser Gesamtschau also einen *offensichtlichen* Fehler trotz entgegenstehender *medizinischer* Fachkenntnis nicht erkannt. Dieser Fehler hätte ihr bei einem Abgleich des Entscheidungsvorschlags mit den übrigen zu Grunde liegenden Befunden allein durch eigene medizinische Interpretation auffallen können. Es wäre ihr demnach medizinisch möglich gewesen, kontrollierend und korrigierend durch Interaktion mit der Maschine auf das Ergebnis einzuwirken.[722]

Bei medizinisch-evidenten Fehlern, d.h. solchen, in denen zur Entdeckung des Fehlers **keine** individuellen Kenntnisse im Bereich der Künstlichen Intelligenz erforderlich sind, ist in der praktischen Anwendung kein rechtlicher Unterschied zu solchen Sachverhalten zu machen, in denen kein KI-System eingesetzt wurde. Wie bei jedem Behandlungsfehler ist daher auch hier im Ergebnis zu fragen, ob der im Einzelfall maßgebliche Standard nach dem bisher erhobenen Befunden die Diagnose erlaubt – ist dies der Fall, liegt bei falscher Beurteilung durch die Ärztin ein Diagnoseirrtum (Tun) vor – oder ob die bisherigen Ergebnisse weitere, ergänzende Befunde

---

721 Gleichgültig bei dieser Fall-Variante ist wiederum, ob der fehlerhafte Diagnosevorschlag aus einem Anwendungsfehler oder einem KI-Risiko resultiert. Diese Fehlerquellen finden allein beim Organisationsverschulden Berücksichtigung.

722 Vgl. hierzu *Beck et al.*, Rechtliche Aspekte des Einsatzes von KI und Robotik in Medizin und Pflege, S. 256 f.

erforderlich machen – ist dies der Fall und die Ärztin unterlässt es, liegt ein Befunderhebungsfehler (Unterlassen) vor.[723]

Zu der Letztentscheidung gehört mithin nach wie vor der Einsatz der von ihr zu fordernden medizinischen Kenntnisse und Erfahrungen, die im konkreten Fall über die Interpretation des Entscheidungsvorschlags hinaus auch immer noch eine zumutbare Interpretation der zu Grunde liegenden Patientinnendaten meint.

Haben Behandelnde einen *medizinisch-evidenten*, dies meint mit entsprechender *medizinischer* Fachexpertise leicht als falsch erkennbaren Entscheidungsvorschlag des KI-Systems übernommen oder erst gar nicht interpretiert,[724] ist in der Regel ein *eigener* Diagnosefehler anzunehmen, da sie durch ihre medizinische Fachkenntnis dem Grunde nach ausreichend Kontrolle über das System hätte ausüben können[725] und im Sinne u.a. des Goldstandards müssen. Wenngleich sich bei der Anwendung von KI-Systemen grundsätzlich bisher noch kein medizinischer Standard ergeben hat, bleibt bei medizinisch-evidenten Fehlern die Behandlungsfehlergruppe des Diagnosefehlers anwendbar.

Stellt sich diese fehlerhafte Interpretation (Tun) als solcher Fehler dar, der aus objektiver Sicht nicht mehr verständlich erscheint bzw. der der Medizinerin schlechterdings nicht hätte unterlaufen dürfen, ist dieser Fehler dann überdies als *grob* einzustufen und führt zu entsprechenden Beweiserleichterungen der Patientin, vgl. § 630h Abs. 5 S. 1 BGB.[726] Unterlässt sie die Erhebung ergänzender Befunde oder geschieht dies nur in unzureichender Weise (Unterlassen), obwohl dies angezeigt gewesen wäre, ist ein Befunderhebungsfehler anzunehmen und eröffnet § 630h Abs. 5 S. 2 BGB. Die entsprechenden Beweiserleichterungen werden an späterer Stelle (IV.) näher erörtert.

---

723 *Glanzmann*, in: Bergmann/Pauge/Steinmeyer, Gesamtes Medizinrecht, § 630h, Rdnr. 56.

724 Zum Thema der Meaningful Human Control vgl. *Beck et al.*, Rechtliche Aspekte des Einsatzes von KI und Robotik in Medizin und Pflege, S. 256 f.

725 Ungeachtet eines konkreten Behandlungsfehlers, aber mit Blick auf die Haftung der Ärztin für einen Produktfehler bejahend, *Haftenberger*, Die Produkthaftung für künstlich intelligente Medizinprodukte, S. 267: „*Sofern sich dem Arzt Produktfehler geradezu aufdrängen, darf er den entsprechenden Software-Output nicht in seine Diagnoseentscheidung einbeziehen.*"

726 Vgl. *Wagner*, in: MüKo BGB, § 630h Rdnr. 109; zum sog. fundamentalen Diagnosefehler vgl. in der Rechtsprechung BGH, Urt. v. 14.07.1981 – VI ZR 35/79 = BeckRS 1981, 631; BGH. Urt. v. 13.02.1996 – VI ZR 402/94 = NJW 1996, 1589; BGH, Urt. v. 12.2.2008 – VI ZR 221/06 = NJW 2008, 1381.

Hat die anwendende Person also grundsätzlich eine gegenteilige medizinische Fachkenntnis, bedarf es auch *de lege ferenda* keiner Haftung für eine (digitale) Hilfsperson,[727] einer eigenständigen Roboterhaftung der Künstlichen Intelligenz[728] oder Überlegungen zu einer Haftung wegen (fehlerhafter) Delegation[729] an die Künstliche Intelligenz.

(4) Nicht medizinisch-evidente Fehler: Ärztlicher Anwendenden fehlte Expertise, um den Fehler zu entdecken

Weniger eindeutig als in der zuvor geschilderten Fall-Variante verhält es sich, wenn ein Fehler des KI-Systems für Behandelnde durch eigene medizinische Fachkenntnisse *nicht* offensichtlich zu erkennen ist, die Behandelnden den Ergebnisvorschlag aufgrund ihrer Pflicht zur Letztentscheidung aber dennoch auf Fehlerhaftigkeit zu überprüfen haben.[730] Da die behandelnde Person auch in dieser Fall-Variante als Letztentscheidende die Diagnose stellt,[731] siehe zuvor, verbleibt es auch in dieser Fall-Variante bei der Anwendbarkeit (auch) dieser Behandlungsfehlergruppe dem Grunde nach.[732] Allein fraglich ist also, welcher Sorgfaltsmaßstab zu beachten ist, wenn es nunmehr auf spezielle Kenntnisse zur Künstlichen Intelligenz ankommt, um einen Fehler zu erkennen. Dem Einsatz eines KI-Systems kommt nunmehr eine größere Bedeutung zu und ist nicht mehr mit Fällen vergleichbar, in denen kein autonomes System zur Diagnostik eingesetzt wurde. Anders als in der Fall-Variante zuvor kann es auf einen im Einzelfall bestehenden *medizinischen* Standard allein daher nunmehr nicht mehr hinauslaufen und ein spezifischer KI-Standard für diagnoseunterstützende KI-Systeme existiert jedenfalls derzeit noch nicht.

---

727 Grundsätzlich für eine analoge Anwendung des § 278 BGB wegen einer Haftung für die digitale Hilfsperson: *Teubner*, AcP 2018, 155, 191 ff.; *Hacker*, RW 2018, 243, 252 ff.; dagegen: *Klingbeil*, JZ 2019, 718, 720 ff.; *Zech*, DJT Gutachten 2020, A., S. 54; *Spindler*, in: BeckOGK, § 823, Rdnr. 790 f.

728 Für eine Roboterhaftung bei Fehlerhaftigkeit des Roboters: *Hanisch*, in: Robotik im Kontext zwischen Recht und Moral, 27, 46 ff.; Dagegen: *Zech*, DJT Gutachten 2020, A., S. 54; *Spindler*, in: BeckOGK, § 823, Rdnr. 790 f.

729 Für eine ausführliche Auseinandersetzung dieser Überlegungen siehe unter Teil E.IX. ff.

730 Z.B., weil sich ein Autonomierisiko verwirklicht hat, was für die Anwendende ohne weitere Bemühungen aus medizinischer Sicht nicht zu erkennen ist.

731 Vgl. §§ 630a, 630b i.V.m. 613 BGB, § 7 Abs. 4 MBO-Ä.

732 So recht knapp auch *Schulz-Große/Gesnke*, GuP 2023, 81, 92.

Das Fehlen eines Standards ist jedoch keine unabdingbare Voraussetzung für eine Haftung der Ärztin.[733] In diesen Fällen kommt es dann vielmehr auf die Sorgfalt einer *vorsichtigen* Ärztin an,[734] d.h., die Frage nach dem Vorliegen eines Behandlungsfehlers ist anhand der konkreten Behandlungssituation nach den gegebenen Möglichkeiten eines Eingriffs unter möglichster Schonung der körperlichen Integrität der Patientin zu entscheiden.[735] Im Falle diagnoseunterstützender Künstlicher Intelligenz ist also zu bewerten, wie dies von ärztlichen Anwendenden erreicht werden und in der Folge zu ergründen, welches *Tun* oder *Unterlassen* in dieser Fall-Variante nun haftungsrechtlich relevant und problematisch sein könnte und ggfs. zu Diagnoseirrtümern oder Befunderhebungsfehlern führen könnte.

Die Sorgfalt einer vorsichtigen Ärztin kann einem späteren Standard identische Anforderungen haben. Weil sich die Sorgfaltspflichten im Allgemeinen entsprechend der gesetzten Gefahr erhöhen,[736] wären gerade beim Einsatz von autonomen Systemen daher von Anfang an die abstrakte Gefahr „Künstliche Intelligenz“ angepasste Anforderungen zu stellen. Dennoch bieten der eingeräumte Beurteilungsspielraums und die Einzelfallbetrachtung bei dem Typus der *„Sorgfalt einer vorsichtigen Ärztin“* Raum für mehr Rechtsunsicherheit. Ein Standard hingegen ist objektiv und auf eine Vielzahl von Fällen anwendbar, sodass die Entwicklung eines KI-spezifischen Standards erstrebenswert ist. Gerade weil ein solcher Standard nicht mehr derart einzelfallabhängig sein wird, wie der rein medizinische Standard, sind die Möglichkeit und die Ausgestaltung eines solchen Standards nachfolgend zu erarbeiten.

Für Medizinerinnen gilt grundsätzlich ein medizinischer Standard. Wie ließe sich also ein medizinischer Standard gewährleisten, wenn ein falscher Entscheidungsvorschlag des Systems von der anwendenden Person aus *medizinischer* Sicht trotz Möglichkeit zur Letztentscheidung gar nicht erkannt werden kann? Dies erscheint nur möglich, wenn der geltende Standard nicht nur auf eine medizinische, sondern auch auf eine technische Inter-

733 *Katzenmeier*, NJW 2019, 1769, 1771; *Schulz-Große/Genske*, GuP, 2023, 81, 92.

734 BT-Drs. 17/10488, S. 19.

735 BT-Drs. 17/10488, S. 19; *von Pentz*, MedR 2011, 222; *Katzenmeier*, NJW 2019, 1769, 1771; zum Maßstab bei Anwendung einer Außenseitermethode vgl. BGH, Urt. v. 22.05.2007 – VI ZR 35/06 = NJW 2007, 2774, 2775.

736 OLG Zweibrücken, Urt. v. 12.05.1998 – 5 U 35/96 = MedR 1999, 80, 82; vgl. auch *Ulsenheimer*, in: Laufs/Kern/Rehborn, Handbuch des Arztrechts, § 149 Rdnr. 35.

pretation der Befunde durch die anwendende Person abstellen könnte.[737] Es ist daher zu untersuchen, ob *de lege lata* Raum für ein solches auch **technisches Verständnis der ärztlichen Sorgfaltspflichten** existiert.

(a) Sorgfaltsmaßstab: Rechtsdogmatischer Ansatz

Eine richtige Diagnose erfordert die vertretbare Interpretation der erhobenen Befunde. Vorliegend hat sich ein Ergebnisvorschlag gezeigt, welchen die anwendende Person aus *medizinischer* Sicht nicht interpretieren konnte, da er nicht medizinisch-evident falsch war. Es kann jedoch nicht ausgeschlossen werden, dass nicht doch ein Fehler vorliegt. Es wäre daher zu kurz gedacht, aufgrund der fehlenden medizinischen Evidenz bereits den Bereich der Diagnosefehler zu verlassen. Dies würde nicht nur Anreiz dafür schaffen, die Ergebnisvorschläge von KI-Systemen zu leichtfertig zu übernehmen[738] und aufgrund der sich dann ergebenen Verantwortungslücke zu mehr Besorgnis der Patientinnen führen.[739] Vielmehr würde diese Herangehensweise die Letztentscheidung zum hüllenlosen Mantel des Goldstandards werden lassen und mithin zu einem undifferenzierten und von dem Grad der Generalisierung unabhängigen Haftungsfreibrief führen.

Dass dies gerade beim Einsatz von Hochrisiko-KI-Systemen kein interessengerechtes Ergebnis sein kann, zeigt auch der sich dann ergebene Widerspruch zu §§ 630a, 630b i.V.m. § 613 BGB und § 7 Abs. 4 MBO-Ä und die Verpflichtung zur letzten Entscheidung durch die Ärztin als Anwendende eines Hochrisiko-KI-Systems, denn es käme auf diese Entscheidung der Ärztin mangels technischer Kenntnisse dann gar nicht mehr an. Die Antwort kann daher nicht sein, dass Medizinerinnen, die KI-Systeme als Entscheidungsunterstützung einsetzen, mit dem Einsatz als Solchen ihre Verantwortung abgeben und weder für den Arbeitsprozess, noch für das Ergebnis, das sie eigentlich überprüfen müssen, verantwortlich sind. Dies alles nur, weil sich der Entscheidungsvorschlag der Künstlichen Intelligenz nicht mehr mit bloß medizinischen Kenntnissen kontrollieren lässt.

---

737 Zum Erfordernis eines technischen Wissens bei der Verwendung von KI-Systemen vgl. auch *Mühlböck/Taupitz*, AcP 2021; *Beck et al.*, Rechtliche Aspekte des Einsatzes von KI und Robotik in Medizin und Pflege, S. 256 f.; dagegen im Ergebnis wohl *Katzenmeier*, MedR 2021, 859.

738 *Beck et al.*, Rechtliche Aspekte des Einsatzes von KI und Robotik in Medizin und Pflege, S. 255.

739 Zur Verantwortungslücke vgl. *Mühlböck/Taupitz*, AcP 2021; *Beck et al.*, Rechtliche Aspekte des Einsatzes von KI und Robotik in Medizin und Pflege, S. 256.

Das Einfallstor für die Verpflichtung zur technischen Überprüfung bietet wiederum die Einordnung des KI-Ergebnisvorschlags als Befund. Denn bislang kommt es für einen Diagnosefehler darauf an, ob der maßgebliche Standard nach dem bisher erhobenen Befunden die Diagnose erlaubt.[740] Kann eine Ärztin indes nicht ausschließen, dass technische Defizite vorliegen, erlaubt der zu Grunde liegende Befund noch keine Diagnose. Erlauben Befunde die Diagnose noch nicht, werden weitere, ergänzende Befunde, sog. *differentialdiagnostische Maßnahmen*, erforderlich.[741]

Der Entscheidungsvorschlag des KI-Systems ist also einem Befundergebnis gleichzusetzen. Befundergebnisse müssen *immer* bewertet werden. In Abweichung zu bloß medizinischen Befunden bedarf es daher nunmehr auch einer technischen Bewertung. Behandelnde haben den Entscheidungsvorschlag also durch ausreichende medizinische Kenntnisse und überdies durch technische Kenntnisse zu überprüfen. Diese *technischen Überprüfungen* lassen sich insofern als *weitere differentialdiagnostische Maßnahmen* begreifen.

Um ein interessengerechtes Ergebnis zu erreichen, muss das (arzthaftungsrechtliche) Verständnis des Begriffs der Diagnose bzw. des Diagnosefehlers also an den technologischen Fortschritt angepasst werden. Haben Behandelnde medizinische und technische Werte überprüft und beurteilen diese in vorwerfbarer Weise falsch (Tun), liegt ein Diagnoseirrtum vor. Unterlassen Behandelnde eine medizinische und/oder technische Überprüfung oder ist diese unzureichend (Unterlassen), kann ein Befunderhebungsfehler anzunehmen sein.

Während sich das vollständige Unterlassen von Kontrollmaßnahmen als eindeutig vorwerfbar identifizieren lässt,[742] bedarf es einer Präzision

740 *Glanzmann*, in: Bergmann/Pauge/Steinmeyer, Gesamtes Medizinrecht, § 630h Rdnr. 56.

741 Ebd.; Hat die unrichtige diagnostische Einordnung ihren Grund bereits darin, dass die Ärztin die nach dem medizinischen Standard gebotene Untersuchungen erst gar nicht veranlasst hat, ist nicht von einem Diagnoseirrtum, sondern einem Befunderhebungsfehler zu sprechen, vgl. BGH, Urt. v. 26.1.2016 – VI ZR 146/14 = NJW 2016, 1447.

742 So im Ergebnis auch *Karadasiadou*, Die Produkthaftung für fehlerhafte medizinische Expertensysteme, S. 242: Wegen der besonderen Stellung der Ärztin dürfe sich die sonst haftende Herstellende bis zu einem gewissen Grad darauf verlassen, dass die Ärztin der Software nicht blind vertraut, insbesondere bei entsprechenden Instruktionen und Warnungen der Herstellenden. *Rehmann* fordert im Allgemeinen eine Plausibilitätsprüfung, die durch die ärztlichen Anwendenden als Mindestanforderung erfolgen müsse, vgl. *ders.*, in: Rehmann/Tillmann, E-Health, Kap. 3,

dessen, was in technischer Hinsicht als Mindestmaß von ärztlichen Anwendenden erwartet werden darf, um vorwerfbares Verhalten und somit einen Behandlungsfehler zu identifizieren. Einen Anknüpfungspunkt bietet der Begriff der *Interpretation*, der für einen Diagnosefehler verwendet wird. Dieser Begriff wird auch im Rahmen der Explainable AI genutzt,[743] um das Ergebnis eines autonomen KI-Systems erklärbar zu machen. Die Explainable AI könnte daher ebenso wie übrige technische Kontrollmöglichkeiten als obligatorische *differentialdiagnostische Maßnahme* beim Einsatz von KI-Systemen begriffen werden, deren Unterlassen sogar *per se* zu einem Befunderhebungsfehler führen könnte.[744]

Doch inwieweit lässt auch das geltende Recht eine solche Anpassung auf den technologischen Fortschritt zu?

(b) Sorgfaltsmaßstab: Interdisziplinär-rechtsdogmatischer Ansatz – Der technisch-medizinische-KI-Standard

Die Ärztin schuldet gemäß des Behandlungsvertrages die *versprochene Behandlung*. Die Art und Weise der Erbringung der Behandlung durch die Ärztin orientiert sich zu jedem Zeitpunkt der Behandlung am *fachlichen* Standard. Dies gilt auch, wenn sie sich zur Ausführung des Vertrages hochtechnologischer Maschinen bedient.[745] Wie bereits festgestellt, können sich die vertraglichen Pflichten beim Einsatz von autonomen Systemen, angepasst an den vertraglichen Kontext, verändern.[746] Dies muss auch bei der Entwicklung eines Standards Berücksichtigung finden.

Der fachliche Standard ist grundsätzlich berufsgruppenspezifisch, sodass Ärztinnen auch beim Einsatz von KI-Systemen *im Regelfall* eine Behand-

---

Rdnr. 737; siehe auch *Droste*, Haftungsrecht in der digitalen Medizinproduktewelt, S. 35; *Haftenberger*, Die Produkthaftung für künstlich intelligente Medizinprodukte, S. 266.

743 Vgl. hierzu ausführlich Kapitel eins unter Teil C.II.

744 Kann nicht ausgeschlossen werden, dass ein Befund die Erhebung weiterer Befunde (sog. differentialdiagnostische Maßnahmen) erforderlich macht, liegt bei Unterlassen Selbiger ein Befunderhebungsfehler vor, vgl. *Glanzmann*, in: Bergmann/Pauge/Steinmeyer, Gesamtes Medizinrecht, § 630h, Rdnr. 56; vgl. auch BGH, Urt. v. 26.1.2016 – VI ZR 146/14 = NJW 2016, 1447.

745 So muss der Standard auch beim Einsatz von nicht autonomer Robotik eingehalten werden, vgl. *Blechschmitt*, Die straf- und zivilrechtliche Haftung bei roboterassistierter Chirurgie, S. 69.

746 *Schaub*, NJW 2023, 2145, 2146.

lung nach den allgemein anerkannten Standards der Medizin schulden.[747] Die anwendende Person schuldet also bei der Diagnosestellung *im Regelfall* einen *medizinischen* Standard. Das Verständnis des Standardbegriffs ist dynamisch und anpassungsfähig. Diese Dynamik ist für unterschiedliche Fachdisziplinen selbstverständlich – eine Fachärztin für Onkologie schuldet einen anderen medizinischen Standard als eine Fachärztin für Augenheilkunde.[748] Auf der anderen Seite kann der medizinische Standard einer Allgemeinmedizinerin in Teilbereichen geringer sein, als der Facharztstandard einer Fachärztin.[749] Es stellt sich deshalb die Frage, ob der Einsatz einer Methode, die der Medizin bislang unbekannt ist, dazu führt, dass auch Kompetenzen außerhalb dieses klassisch-medizinischen Standards anzueignen sind. Dass dies möglich ist, zeigt ein Blick in andere Heilberufe: Eine Angehörige eines Gesundheitsfachberufs, etwa eine Heilpraktikerin, schuldet grundsätzlich keinen *medizinischen* Standard, wenngleich auch eine Heilpraktikerin die für sie geltenden Voraussetzungen fachgemäßer Behandlung kennen und beachten muss.[750] Auf der anderen Seite darf eine Heilpraktikerin Methoden, deren Indikationsstellung oder Risiken die medizinisch-wissenschaftliche Ausbildung und Erfahrung einer Ärztin verlangen, nur anwenden, wenn sie sich ein entsprechendes Fachwissen und Fachkönnen angeeignet hat.[751] Die Heilpraktikerin muss dabei selbstkritisch überprüfen, ob diese Fertigkeiten zur Stellung einer ausreichenden Diagnose und Einleitung einer fachgerechten Behandlung ausreichen.[752] Die Sorgfaltsanforderungen können also im Einzelfall denjenigen einer Allgemeinmedizinerin entsprechen.[753]

Eine Inhaberin eines Gesundheitsfachberufes, die den fachlichen Standard ihres Berufszweigs schuldet, kann also im Einzelfall auch die Einhal-

747 BT-Drs. 17/10488, S. 19.

748 Zum Standard als dynamischen Rechtsbegriff vgl. etwa *Gutmann*, in: Staudinger, BGB, § 630a Rdnr. 145.

749 *Terbille/Feifel*, in: Clausen/Schroeder-Printzen, Münchener Anwaltshandbuch Medizinrecht, § 1 Rdnr. 560.

750 Ebd.; BT-Drs. 17/10488, S. 19.

751 *Terbille/Feifel*, in: Clausen/Schroeder-Printzen, Münchener Anwaltshandbuch Medizinrecht, § 1 Rdnr. 560.

752 Die Heilpraktikerin ist insofern regelmäßig mit einer Anfängerärztin und dem entsprechend anzuwendenden Sorgfaltsmaßstab zu vergleichen, vgl. ebd.; Zur Rechtsproblematik der sog. Anfängeroperation vgl. etwa BGH, Urt. v. 27.09.1983 – VI ZR 230/81 = NJW 1984, 655.

753 Zu Anforderungen an die Sorgfaltspflicht einer Heilpraktikerin ausführlich vgl. BGH, Urt. v. 29.01.1991 – VI ZR 206/90 = NJW 1991, 1535.

tung des medizinischen Standards schulden, wenn sie sich entsprechender Methoden zur Diagnostik und Therapie bedient. Auch hier zeigt sich die Dynamik des Standardbegriffes.

Dieser Gedanke lässt sich auf den Einsatz von KI-Systemen durch eine Medizinerin übertragen. Möchten Behandelnde eine hochtechnologische Medizintechnik als diagnostische Maßnahme einsetzen, schulden diese neben medizinischen Kenntnissen auch ein Verständnis der technischen Vorgänge. Der in der Gesetzesbegründung zu § 630a BGB benannte *Regelfall* lässt die Möglichkeit für Ausnahmen und eröffnet somit eine weite Auslegung der fachlichen Standards nach § 630a BGB, der durchaus Raum für einen *interdisziplinären* fachlichen Standard in Form eines *medizinisch-technischen KI-Standard* beim Einsatz diagnoseunterstützender Künstlicher Intelligenz bietet.

Den sonst durch rein medizinische Maßnahmen konstituierten Standardbegriff durch *technisch-instrumentelle Kriterien* zu modifizieren war bereits in Zeiten eine Überlegung, als pandemiebedingt die Telemedizin immer prominenter wurde.[754] Dass sich ein solcher *„Fernbehandlungsstandard"* durchsetzt, wurde allerdings mit Verweis auf die Rechtsprechung angezweifelt, die die organisatorischen Rahmenbedingungen der Krankenhausbehandlung regelmäßig rechtlich korrigiert, wenn das Sicherheitsinteresse der Patientinnen zu sehr vernachlässigt wird.[755] Bei der Kritik an einen Fernbehandlungsstandard geht es eher um die Gefahren, die durch eine ausschließliche Fernbehandlung entstehen, d.h. die immense Störung des persönlichen Kontaktes zwischen Ärztin und Patientin.[756] Dies ist bei einer bloß unterstützenden, nicht ersetzenden Künstlichen Intelligenz nicht zu befürchten. Die Ärztin bleibt *„in the loop"* und damit spätestens bei der Überprüfung des Entscheidungsvorschlags unmittelbar in der Behandlung an der Patientin.

Doch selbst wenn man sich gegen ein auch interdisziplinäres Verständnis des fachlichen Standard wehren möchte, so bleibt es auch beim *klassisch* medizinischen Standard noch immer dabei, dass sich Medizinerinnen eine *„ausreichende Sachkunde über die von ihnen angewendete Behandlungsmethode einschließlich ihrer Risiken und der richtigen Techniken für deren gefahrlose Anwendung aneignen müssen"* und diese nur *„nach kritischer*

---

754 *Katzenmeier*, NJW 2019, 1769, 1771.

755 Ebd.; *Deutsch/Spickhoff*, Medizinrecht, 2014, Einl. Rdnr. 24; BGH, Urt. v. 20.2.1979 – VI ZR 48/78 = NJW 1979, 1248.

756 *Katzenmeier*, NJW 2019, 1769, 1771.

Überprüfung der eigenen Kompetenzen“ anwenden dürfen.[757] Zu dieser ausreichenden Sachkunde gehört bei autonomen Systemen ein Mindestmaß an Statistik-Wissen, so bspw. das Erlernen des Bayes-Verfahren, das häufig bei KI-Systemen eingesetzt wird. Ohnehin wird ein grundlegendes Verständnis von Statistiken bei Medizinerinnen vorausgesetzt, wo doch in medizinischen Lehrbüchern regelmäßig damit gearbeitet wird.[758] Alles in allem begünstigt die Dynamik der fachlichen Standards des § 630a BGB eine interdisziplinäre Herangehensweise, sodass ärztliche Anwendende von diagnoseunterstützender Künstlicher Intelligenz Kompetenzen im technischen Bereich vorzuweisen und auch anzuwenden haben.

„Menschliche Intelligenz zuerst. Dann KI“[759].

In die gleiche Richtung geht auch diese Aussage von *Glauner*, während er über die Notwendigkeit einer Ausbildung in Sachen Datenkompetenz im Gesundheitswesen schreibt. Bevor sich die Gesellschaft und vor allem wirtschaftlich denkende Unternehmen mit KI-Systemen befassen, müssen die mit KI-Systemen verbundenen Probleme begriffen werden. Dafür bedarf es, so *Glauner*, zumindest eines grundlegenden Verständnisses von Daten und Statistiken als maßgebliche Bausteine von KI-Systemen.[760]

Es fällt Medizinerinnen eher leicht die Ergebnisse diagnostischer Maßnahmen, d.h. relevante Patientinneninformationen, in Form von Eigenfrequenzen (*natural frequency*) zu erhalten, um daraus eine korrekte Diagnose zu stellen. Die Diagnose wird hingegen ungenauer oder falsch ausfallen, wenn Behandelnde die relevanten Informationen in statistischen Wahrscheinlichkeiten (*probabilities*) erhalten. Eine Studie mit 48 Medizinerinnen, die jeweils mindestens 14 Jahren Berufserfahrung vorweisen konnten, testete die Statistik-Kenntnisse deutscher Ärztinnen, indem diese die Wahrscheinlichkeit einer Frau, im Alter von 40 bis 50 Jahren an Brustkrebs zu erkranken, einschätzen sollten. Die eine Hälfte erhielt die für eine solche Schätzung relevanten Daten in *natural frequency*, die andere Hälfte erhielt die gleichen Informationen in *probabilities*. Während die erstbenannte Gruppe ein hervorragendes Ergebnis erreichte, war der (fehlende) Konsens unter den getesteten Medizinerinnen der zweiten Gruppe alarmierend. Bei dieser Gruppe reichte die Schätzung von 1 bis hin zu 90 Prozent einer

757 Ebd.
758 *Gigerenzer*, Calculated Risks: How to Know When Numbers Deceive You, S. 42 ff.
759 *Glauner*, in: Pfannstiel, Innovation im Gesundheitswesen, S. 154.
760 Ebd.

Wahrscheinlichkeit an Brustkrebs zu erkranken, wobei die Mehrheit ein falsches Ergebnis erzielte. Problematisch ist dieses Ergebnis auch deshalb, weil medizinische Lehrbücher für Wahrscheinlichkeiten zumeist probabilities nutzen, die Ärztinnen mit derartigen Verfahren also umgehen können sollten, diese Kompetenz aber offensichtlich verlernen, weil sie in der Praxis nicht angewendet werden.[761]

Das Ergebnis dieser Studie zeigt eindringlich, dass selbst berufserfahrene Ärztinnen für den Einsatz von KI-Systemen, die u.a. mit Bayes-Verfahren arbeiten[762], nicht notwendigerweise bereit sind bzw. ein fehlerhaftes Ergebnis des KI-Systems im status quo wahrscheinlich nicht ohne weitere Fortbildung entlarven könnten.

(c) Diskussion: Ärztliche Anwendende als Haftungsknecht

Im Mittelpunkt des potenziell vorwerfbaren Verhaltens steht nicht allein der fehlerhafte Ergebnisvorschlag oder das dafür kausale externe oder KI-immanente Verhalten, sondern die ärztliche Letztentscheidung, als eine Instanz, der ein solcher Fehler auffallen kann.

Samhammer et al. äußern angesichts dieser Stellung der Letztentscheidung Bedenken, ärztliche Anwendende könnten zum Haftungsknecht für in Interaktion mit der Maschine getroffene Entscheidungen werden.[763] Angesichts der häufig im kollektiven Kontext getroffenen Einzelfallentscheidungen wäre es nicht billig, eine Verantwortlichkeit des oftmals nicht über den Einsatz von autonomen Systemen disponierenden medizinischen Personals anzunehmen.[764] Sie nehmen daher Stellung zu möglichen Haftungsmodalitäten.[765]

Diese Vertreterinnen gehen mithin zunächst tiefer in die arzthaftungsrechtlichen Strukturen, als der überwiegende restliche Teil der Literatur[766],

761 Zu dem Ganzen im Ergebnis *Gigerenzer*, Calculated Risks: How to Know When Numbers Deceive You, S. 42 ff.; vgl. hierzu auch *Glauner*, in: Pfannstiel, Innovation im Gesundheitswesen, S. 154 f.

762 Ebd.

763 *Samhammer et al.*, Klinische Entscheidungsfindung mit Künstlicher Intelligenz, Ein interdisziplinärer Governance-Ansatz, S. 31.

764 Ebd.

765 *Samhammer et al.*, a.a.O., S. 31 ff., S. 42 ff.

766 Es werden vornehmlich Lösungen über Gefährungshaftung, Versicherungslösungen oder der Zurechnungsmechanik des § 278 BGB (analog) diskutiert, vgl. hierzu etwa unter E.II.4.

indem ein eigener (klassischer) Behandlungsfehler der ärztlichen Anwendenden nicht pauschal abgelehnt wird. Dennoch wird auf eine sich ergebene *Verantwortungsdiffusion* hingewiesen, da sich Fehler im Zusammenhang mit dem Einsatz von KI-Systemen häufig aus einem Zusammenspiel der Parteien ergebe, deren Verhalten für sich betrachtet nicht notwendigerweise eine Haftung begründe. Denn nicht immer könne nachvollzogen werden, worauf die Entscheidungsvorschläge der Künstlichen Intelligenz basieren, wie valide diese sind und mit welchen Daten trainiert wurde.[767]

Es wird daher eine Erweiterung der Herstellenden- und Programmierendenhaftung gefordert, während ärztliche Anwendende nur haften sollen, wenn sie eine *bedeutungsvolle Kontrolle* während der Mensch-Maschine Interaktion haben, gegen die in *vorwerfbarer* Weise verstoßen wurde.

Im Klinik-Kontext solle die Klinikbetreibende ähnlich einer *„Halterin"* des autonomen Systems verstärkt in die Haftung einbezogen werden.[768] So solle ihr Verschulden für eine Fehlentscheidung des KI-Systems vermutet werden. Auch soll sie einer Vermutung für Fehler und Kausalität für den Schaden unterliegen. Gleichzeitig solle eine gesamtschuldnerische Haftung auch der ärztlichen Anwendenden nur in Betracht kommen, wenn eine Fahrlässigkeit eindeutig nachgewiesen worden ist. Dieser Vorschlag soll die Ärztinnen auf adäquate Weise entlasten.[769]

Beck et al. nehmen in dieser Diskussion das Konzept der Meaningful Human Control (MHC)[770] auf und erörtern, wie eine Interaktion zwischen Mensch und Maschine ausgestaltet werden könnte, damit eine bedeutsame menschliche Kontrolle und damit auch ärztliche Verantwortlichkeit erreicht werden kann.[771]

Für eine ärztliche Verantwortlichkeit soll es maßgeblich auf die konkrete Herrschafts- und Entscheidungsgewalt ankommen, die die Medizinerin

---

767 *Samhammer et al.*, a.a.O., S. 7.

768 Zu alledem *Samhammer et al.*, Klinische Entscheidungsfindung mit Künstlicher Intelligenz, Ein interdisziplinärer Governance-Ansatz, S. 42 ff.

769 Zu alledem *Samhammer et al.*, a.a.O., S. 31.

770 Das Konzept wurde ursprünglich im Zusammenhang mit autonomen Waffensystemen diskutiert und befasste sich mit der unzureichenden menschlichen Überwachung und zu unkritischer Überprüfung der maschinellen Entscheidungen, vgl. *Samhammer et al.*, Klinische Entscheidungsfindung mit Künstlicher Intelligenz, Ein interdisziplinärer Governance-Ansatz, S. 3; *Santoni de Sio/van den Hoven*, Meaningful Human Control over Autonomous Systems: A Philosophical Account, Frontiers in Robotics and AI, online abrufbar unter: https://doi.org/10.3389/frobt.2018.00015, zuletzt abgerufen am 14.12.2023.

771 Ebd.

über das autonome System hat.[772] Der individuelle Vorwurf an die Ärztin für Fehlfunktionen lasse einen gewissen Grad an Entscheidungsgewalt über das System notwendig erscheinen, die durch entsprechende Vorkehrungen herbeigeführt werden müsste.[773] Eine solche Entscheidungsgewalt oder Kontrolle lasse sich etwa durch die Möglichkeit der menschlichen Entscheiderin, dem KI-System Rückfragen zu stellen oder aber auch durch die Mitwirkung des Menschen an den Grundlagen der Interaktion, d.h. der Auswahl der Daten, der Prämissen der Entscheidung oder der zur Verfügung stehenden Auswahlmöglichkeiten erreichen.[774] Aber auch die Erklärbarkeit der Vorschläge durch die Maschine stellt eine mögliche Voraussetzung dar,[775] die neben den eigenen Kompetenzen zur Interpretation von Statistiken, insbesondere auch durch den bereits vorgeschlagenen Einsatz von Explainable AI realisieren ließe.

In diesem Zusammenhang hat das Projekt *vALID* um *Samhammer et al.* eine Governance-Perspektive im Rahmen gemeinsamer klinischer Entscheidungsfindung zwischen Ärztin und diagnoseunterstützendem KI-System erarbeitet.[776] Im Rahmen dieser Governance-Perspektive wird ein Aufschlag unternommen, diese *„Bedeutsame Kontrolle"* der ärztlichen Anwendenden zu präzisieren.[777] So wird u.a. vorgeschlagen, bisherige Organisationsstrukturen des klinischen Alltags durch eine bessere Kommunikation zwischen Vorgesetzten und Koleginnen, Schaffung von Schnittstellen zwischen Informationstechnologie und Medizin durch Einführung der Position des *„Chief Digital Officers"* und eine Anpassung der medizinischen Ausbildung durch Vermittlung digitaler Kompetenzen gezielter auf den Einsatz diagnoseunterstützender KI-Systeme vorzubereiten.[778] Insgesamt ergibt dies den Eindruck, das Verantwortlichkeitsbereiche auf mehr Schul-

772 *Beck/Faber*, in: Buck-Heeb/Oppermann, Autonmatisierte Systeme, S. 276, Rdnr. 27.

773 *Beck/Faber*, in: Buck-Heeb/Oppermann, Autonmatisierte Systeme, S. 276, Rdnr. 27.

774 *Beck et al.*, Rechtliche Aspekte des Einsatzes von KI und Robotik in Medizin und Pflege, S. 257.

775 Ebd.

776 Das Gesamtprojekt *vALID* besteht aus den Teilprojekten Ethik, Recht, Empirie und Technik und wird vom Bundesministerium für Bildung und Forschung (BMBF) gefördert, vgl. Internetpräsenz des Projekts, online abrufbar unter: https://www.vali d.fau.de/, zuletzt abgerufen am 3.08.2023.

777 *Samhammer et al.*, Klinische Entscheidungsfindung mit Künstlicher Intelligenz, Ein interdisziplinärer Governance-Ansatz, S. 41 ff.

778 *Samhammer et al.*, Klinische Entscheidungsfindung mit Künstlicher Intelligenz, Ein interdisziplinärer Governance-Ansatz, S. 49 ff.

tern verteilt werden sollen, wobei näher an die Klinikbetreibenden herangetreten und sich von ärztlichen Anwendenden weiter entfernt werden soll.

Mit ihrem Vorschlag zur Haftung der Klinikbetreibenden greifen *Samhammer et al.* den KI-Haftungs-RL-V der Europäischen Kommission zur Anpassung der Vorschriften über die außervertragliche Haftung auf.[779] Nach Art. 4 Abs. 1 des KI-Haftungs-RL-V ist unter bestimmten Voraussetzungen zu vermuten, dass das Ergebnis des autonomen Systems auf eine schuldhafte Pflichtverletzung der Nutzenden zurückzuführen ist.[780] *Samhammer et al.* fordern auch für den vertraglichen Bereich Beweiserleichterungen zu Gunsten der Geschädigten, indem bei mächtigeren Akteurinnen, wie etwa Klinikbetreibenden, die über den Einsatz von autonomen Systemen disponieren, Verschulden der Fehlentscheidung vermutet werden soll – ergänzt durch Vermutungen zum Fehler und die Ursächlichkeit für den Schaden.[781] Medizinisches Personal soll bei dieser verschärften Betrachtung außer Acht bleiben und nur haften, wenn ein Verstoß eindeutig nachgewiesen wird.[782] Damit soll sichergestellt werden, dass medizinisches Personal nicht für ein nicht ermittelbares *Restrisiko* haften muss.[783]

Wenngleich Gegenstand der Arbeit die vertragliche Arzthaftung ist, soll der Vollständigkeit halber auch in knappem Umfang Stellung zu diesen außervertraglichen Erwägungen genommen werden.

Für den außervertraglichen Bereich ergibt diese differenzierte Betrachtung der Haftung für Klinikbetreibende und ärztliche Anwendende sowie der besondere Schutz der (ärztlichen) Anwendenden zunächst Sinn. Denn hier käme grundsätzlich eine direkte, verschuldensabhängige Fehlerhaftung der Anwendenden über § 823 BGB in Frage, wenn ein Behandlungsfehler bejaht wird – dies unabhängig von der Frage, ob die handelnde Person selbst Vertragspartei geworden oder bloß angestellt ist.

779 *Samhammer et al.*, Klinische Entscheidungsfindung mit Künstlicher Intelligenz, Ein interdisziplinärer Governance-Ansatz, S. 31.

780 Entgegen *Schulz-Große/Genske* greifen die Beweiserleichterungen des KI-Haftungs-RL-V auch nach erfolgreicher Umsetzung in nationales Recht nicht für das vertragliche Arzthaftungsrecht. Es handelt sich um eine bloße außervertragliche Regelung, vgl. zu den Ausführungen von *Schulz-Große/Genske*, GuP 2023, 81, 93.

781 *Samhammer et al.*, Klinische Entscheidungsfindung mit Künstlicher Intelligenz, Ein interdisziplinärer Governance-Ansatz, S. 31.

782 Ebd.

783 So im Ergebnis *Samhammer et al.*, Klinische Entscheidungsfindung mit Künstlicher Intelligenz, Ein interdisziplinärer Governance-Ansatz, S. 31 ff.

Handlungsbedarf besteht de lege ferenda aber nur, wenn de lege lata anderenfalls ein feststellbares Verschulden tatsächlich zu einer Haftung auch angestellter Ärztinnen führen könnte. Gegen die Bedenken, es könnte zu einer Benachteiligung des sich den Einsatz autonomer Systeme nicht aussuchenden Personals hinauslaufen, kann an dieser Stelle auf die Wertungen der arbeitsrechtlichen Grundsätze des innerbetrieblichen Schadensausgleichs verwiesen werden, die auch für angestellte Ärztinnen gelten. Eine Ausgleichspflicht der (angestellten) ärztlichen Anwendenden nach § 823 BGB für die entstandenen Schäden käme in voller Höhe nur bei grober Fahrlässigkeit und gequotelt bei mittlerer Fahrlässigkeit in Betracht. Wird der im KI-Kontext begangene Behandlungsfehler nur mit leichter Fahrlässigkeit bewertet, verbleibt es bei einer ausschließlichen Haftung der Arbeitsgeberin im Innenverhältnis, wenn ein KI-Risiko als Behandlungsfehler zu bewerten wäre.[784] Dem angestellten Arzt kommt insofern also ein Freistellungsanspruch nach § 257 BGB zugute.[785]

In der Praxis bedeutet das: Selbst wenn man also zu dem Ergebnis kommt, dass ein nicht ermittelbares KI-Risiko grundsätzlich eine Verantwortlichkeit der angestellten Ärztin auslösen, d.h. zu einem klassischen Behandlungsfehler führen kann, obwohl sie sich den Einsatz nicht aussucht, müsste dieser Pflichtverstoß darüber hinaus auch in nachweisbarer Weise mindestens mit mittlerer Fahrlässigkeit begangen worden sein. Ein solcher Nachweis wird im Rahmen der Diagnosefehler nicht erbracht werden können. Vielmehr wäre es weiterhin allein die Klinikbetreibende als „Halterin" des Systems, die als Haftungssubjekt in den Blick zu nehmen ist. Dies wird im Bereich der Organisationsfehler zum Gegenstand gemacht.

De lege ferenda besteht auf deliktischer Ebene damit kein Handlungsbedarf.

Für die vertragliche Haftung, bedarf es einer solchen Differenzierung der Verantwortungszuschreibung erst gar nicht, da ärztlich Anwendende

---

784 Zu beachten ist, dass der Behandlungsträger, selbst wenn diesem der Entlastungsbeweis gelingt, gleichwohl eine Pflicht im Innenverhältnis *„zur Freistellung seines Verrichtungsgehilfen von dessen Einstandspflicht bei durch den Betrieb veranlasster und aufgrund eines Arbeitsverhältnisses geleisteter Tätigkeit"*, trifft, *Kern/Rehborn*, in: Laufs/ders./ders., Handbuch des Arztrechts, § 103, Rdnrn. 1ff.

785 *„Bei der Schädigung eines Dritten erwirbt der AN im Innenverhältnis zum AG einen Freistellungsanspruch (§ 257 BGB) von der Haftung, soweit der AG wegen der Haftungsbeschränkung verpflichtet ist, den Schaden zu tragen. Rechtsgrundlage dieses Anspruchs ist § 670 BGB"*, *Koch*, in: Schaub/ders., Arbeitsrecht von A-Z, Haftung des Arbeitnehmers, III. Schädigung eines Dritten (Außenhaftung).

regelmäßig nicht Vertragspartei nach § 630a BGB sein werden und ein vertraglicher Schadensersatzanspruch deshalb nicht in Frage kommt. Auch in diesen Fällen wäre es die Klinikbetreibende, die für das ärztliche Fehlverhalten, in diesen Fällen über § 278 BGB, in die Haftung genommen wird. Sind die Anwendenden dementgegen selbst Vertragspartei geworden, etwa weil ein totaler Krankenhausaufnahmevertrag mit Arztzusatzvertrag geschlossen wurde oder sie als niedergelassene Ärztinnen handeln,[786] ist die Eigenschaft als „Halterin" des autonomen Systems anzunehmen und eine Schutzwürdigkeit ebenso wenig gegeben wie bei Klinikbetreibenden.

Wenngleich eine (auch) pauschale Verschuldensvermutung im Rahmen der vertraglichen Arzthaftung beim Einsatz von autonomen Systemen *de lege ferenda* eine patientinnenfreundliche Idee ist, bleibt es dabei, dass sie nur erforderlich ist, wenn sich *de lege lata* kein befriedigendes Ergebnis für eine Haftung ermitteln lässt. Ebenso verhält es sich mit der Vermutung für einen Fehler und die Kausalität für Schäden, die der KI-Haftungs-RL-V für den außervertraglichen Bereich vorsieht.

Dadurch, dass im Arzthaftungsrecht aufgrund des zivilrechtlichen Vertrauensschutzes ein objektiver Sorgfaltsmaßstab gilt, sind es die Behandelnden, die der Verschuldensvermutung des § 280 Abs. 1 S. 2 BGB unterworfen werden und sich nach Feststellung der Pflichtwidrigkeit auf vertraglicher Basis vom Vorwurf schuldhaften Verhaltens entlasten müssen.[787] Die Darlegung des Verschuldens würde sich sogar im deliktischen Bereich erübrigen, wenn der Fehler in der Abweichung vom medizinischen Standard besteht.[788] Einer vertraglichen Verschuldensvermutung bedarf es nach alledem nicht, wenn der *technisch-medizinische KI-Standard* eine angemessene Verantwortungsverteilung[789] ermöglicht. Die Anforderungen sind nunmehr zu erarbeiten.

---

786 Zu den Vertragsarten vgl. D.II. ff.

787 *Terbille/Feifel*, in: Clausen/Schroeder-Printzen, Münchener Anwaltshandbuch Medizinrecht, § 1, Rdnr. 565.; Zur medizinischen Fahrlässigkeit und der Abgrenzung zwischen Rechtswidrigkeit und Verschulden bei begangenem Fehler vgl. *Taupitz*, NJW 1991, 1505, 1506.

788 *Terbille/Feifel*, in: Clausen/Schroeder-Printzen, Münchener Anwaltshandbuch Medizinrecht, § 1, Rdnr. 565.

789 *Samhammer et al.* fordern eine angemessene Verantwortungsverteilung, da geschädigte Patientinnen sonst womöglich ohne Haftungsadressaten für einen Schadensersatz dastünden und dies zu einer verringerten Akzeptanz der Technologie führen könnte, vgl. dies., Klinische Entscheidungsfindung mit Künstlicher Intelligenz, Ein interdisziplinärer Governance-Ansatz, S. 31.

(d) Anforderungen an einen technisch-medizinischen KI-Standard

Eine Standardisierung hat im Vergleich zu gesetzlichen Regelungen den Vorteil, dass schneller auf Veränderungen und technischen sowie medizinischen Fortschritt durch Anpassung der einzuhaltenden Sorgfaltsanforderungen reagiert werden kann.[790] Es ist mithin zu erarbeiten, wie ein technisch-medizinischer KI-Standard auszufüllen ist, d.h. welche Maßstäbe an technische Fähigkeiten vor und während des Einsatzes autonomer Systeme, vor allem aber auch bei der Überprüfung des Entscheidungsvorschlags durch die ärztlichen Anwendenden zu stellen sind. Entsprechende Kriterien sind zu entwickeln, ohne dabei durch zu hohe Anforderungen eine Unzumutbarkeit zu provozieren, die sich innovationsfeindlich auswirken könnte. Gleichzeitig muss aber auch verhindert werden, dass ein Abschied aus der Haftung ermöglicht wird, indem beim anzuwendenden Sorgfaltsmaßstab lediglich auf medizinische, maximal geringfügige technische Fertigkeiten wie etwa eine Plausibilitätsprüfung[791] abgestellt wird. Dieser neue Standardbegriff muss normativ ermöglichen, dass Haftungslücken zu Lasten der Patientinnen ausgeschlossen und das Verschuldensprinzip dabei nicht unterlaufen wird. Außerdem muss gewährleistet bleiben, dass sich die entwickelten Maßstäbe sachverständig bewerten lassen und sich ein Verstoß somit tatrichterlich feststellen lässt.

Festzuhalten ist vorab, dass das Maß der gebotenen ärztlichen Sorgfalt mit der Größe der möglichen Gefahr und der Gefährlichkeit einer Behandlung steigt.[792] Kann die Klinikbetreibende den erhöhten Anforderungen nicht gerecht werden, etwa weil es sich nur um ein Krankenhaus der Grund- und Regelversorgung handelt, kann nicht der gleiche Standard wie für ein Krankenhaus der Zentral- und Maximalversorgung gelten.[793] Es wird auf der anderen Seite dann aber auch nicht zum Einsatz eines

---

790 Vgl. für Produktstandards *Haftenberger*, Die Produkthaftung für künstlich intelligente Medizinprodukte, S. 139.

791 Vgl. hierzu *Rehmann*, in: Rehmann/Tillmann, E-Health, Kap. 3, Rdnr. 737; vgl. zu dieser Thematik siehe auch *Droste*, Haftungsrecht in der digitalen Medizinproduktewelt, S. 35; *Haftenberger*, Die Produkthaftung für künstlich intelligente Medizinprodukte, S. 266.

792 BGH, Urt. v. 18.3.1974 – III ZR 48/74 = NJW 1974, 1424, 1425; Für allgemeine deliktische Sicherungspflichten vgl. BGH, Urt. v. 21.04.1977 – III ZR 200/74 = 1977, 1965; zu alledem vgl. *Terbille/Feifel*, in: Clausen/Schroeder-Printzen, Münchener Anwaltshandbuch Medizinrecht, § 1, Rdnr. 565.

793 Für eine unterschiedliche Behandlung dieser Krankenhausarten beim Einsatz nichtautonomer Roboter vgl. *Blechschmitt*, S. 61 ff.

KI-Systems verpflichtet werden können,[794] sodass es zu einem Übernahmeverschulden kommt, wenn ein Krankenhaus diesen Anforderungen nicht genügt und dennoch ein KI-System einsetzt.[795] Eine Klinikbetreibende muss sich also regelmäßig fragen, ob die Ressourcen zur Einhaltung des KI-Standards bereitstehen. Andernfalls ist die Benutzung eigenverantwortlich einzustellen und die Patientin an Spezialistinnen zu überweisen. Diese Herangehensweise sorgt als Anwendbarkeitsvoraussetzung zum Einsatz autonomer Systeme für eine sichere Basis zur Eindämmung der durch den Einsatz eröffneten Gefahrenquellen und gilt für alle im Klinikalltag eingesetzten KI-Systeme.

Für den medizinischen Standard wird allgemein darauf geachtet, dass er den jeweiligen Stand naturwissenschaftlicher Erkenntnis und medizinischer Erfahrung repräsentiert, der zur Erreichung des ärztlichen Behandlungsziels erforderlich ist und sich in der Praxis bewährt hat.[796] Die Tatrichterin fragt sich also, welcher Standard in der jeweiligen Behandlungssituation von der Ärztin erwartet werden konnte.[797] Ähnlich wie im anglo-amerikanischen Rechtskreis wird daher mithilfe sachverständiger Medizinerinnen ein *„due level of care“* gebildet und sodann geprüft, ob das konkrete Verhalten diesem Maßstab entspricht.[798] Diese flexible und dynamische Betrachtung lässt sich auf einen technisch-medizinischen KI-Standard mit geringfügigen Veränderungen übertragen.

(aa) Medizinischer Teil – bisheriger medizinischer Standard

Für den bloß medizinischen Teil, der völlig unberührt von technischen Fragen bleibt, muss, wie bereits dargestellt, die übliche Herangehensweise bestehen bleiben.[799] Eine medizinische Sachverständige der entsprechenden Fachrichtung beurteilt, ob ein Behandlungsfehler begangen wurde.

794 Zu wirtschaftlichen Gesichtspunkten beim medizinischen Standard vgl. unter V.3 und 6.

795 Zu Organisationsfehlern ausführlich siehe unter E.VI.; zum Übernahmeverschulden siehe E.IX.; vgl. auch *Terbille/Feifel*, in: Clausen/Schroeder-Printzen, Münchener Anwaltshandbuch Medizinrecht, § 1, Rdnr. 564; für Nachweise in der Rspr. siehe *Greiner*, in: Geiß/Greiner, Arzthaftpflichtrecht, B. Rdnr. 11 f.

796 *Carstensen*, DÄBl. 1989, 1736 ff.

797 Vgl. *Terbille/Feifel*, in: Clausen/Schroeder-Printzen, Münchener Anwaltshandbuch Medizinrecht, Rdnr. 548.

798 Ebd.

799 So wohl auch *Schulz-Große/Genske*, GuP 2023, 81, 90 f.

Dafür bedient sie sich der zur Verfügung stehenden Erkenntnisquellen in Form von Daten der Patientinnenakte, Leitlinien, Richtlinien und sonstiger wissenschaftlicher Erkenntnisquellen, die im Einzelfall erforderlich sind, um ein medizinisches Urteil zu fällen. Das Verständnis des medizinischen Standards bleibt insofern für den medizinischen Teil der Entscheidung bestehen, mit dem Unterschied, dass es regelmäßig überdies technische Kenntnisse erfordern wird, um alle Erkenntnisquellen auszuschöpfen, deren es für eine korrekte medizinische Bewertung bedarf.

(bb) Technischer Teil – neuer technischer Standard

Für den KI-Teil müssen die Maßstäbe hingegen präziser festgelegt werden, um eine objektivere Beurteilung vornehmen zu können. So könnten als Bewertungsmaßstab technische Leitlinien entwickelt werden.

Diese technischen Leitlinien dürfen jedoch nicht den Grad an Flexibilität aufweisen, der für medizinische Leitlinien charakteristisch ist. Medizinische Leitlinien dienen Sachverständigen lediglich als relevante Erkenntnisquelle zur Bestimmung des medizinischen Standards,[800] sie werden also keineswegs unbesehen mit dem individuell zu ermittelnden medizinischen Standard gleichgesetzt.[801] Denn sie orientieren sich am Standardfall und der Standardpatientin, sodass sich bereits dem Grunde nach nicht jeder Fall unter die jeweilige Leitlinie subsumieren lässt.[802] Für den technischen Teil muss etwas anderes gelten. Es bedarf eines individuell-theoretischen Teiles, der auf Leitlinien beruht und eines allgemeinen-praktischen Teiles, der sich auf den Einsatz technischer Kontrollmaßnahmen bezieht. Diese Teile werden nachfolgend entwickelt.

800 *Gutmann*, in: Staudinger BGB, § 630a, Rdnr. 157; *Mansel*, in: Stürner, Jauernig BGB, § 630a Rdnr. 18.

801 Denn um den naturwissenschaftlichen Stand der Erkenntnisse und der ärztlichen Erfahrung zu entsprechen, wird ein hoher Grad an Evidenzbasiertheit und Rationalität des Verfahrens der Festlegung von Leitlinien gefordert. Allein eine S 3 Leitlinie kommt diesem Maßstab durch ihre hochwertige Evidenz und damit ihrer prozessualen Verwertbarkeit nahe, vgl. *Gutmann*, a.a.O., Rdnr. 154. Zu den deutschen „Meta-Richtlinien“, die der Erstellung und Bewertung derartiger Qualitätskriterien dienen vgl. AWMF/ÄZQ ZaeFQ 2001 Suppl I und BÄK/KB DÄBl 1997, A2154.

802 *Gutmann*, in: Staudinger, BGB, § 630a, Rdnr. 156; *Taupitz*, GesR 2015, 65, 69.

> *„Die Sicherheit der Anwendung digitaler Verfahren steigt, wenn auch im technischen Bereich bestimmte Mindestanforderungen erfüllt sind, die in diesem Leitfaden ebenfalls beschrieben sind.“*[803]

Diese Worte wählten die Autorinnen des Leitfadens Digitale Pathologie in der Diagnostik – Befunderstellung an digitalen Bildern. Ein solcher Leitfaden dient als Beispiel, wie die einzuhaltenden technischen Sorgfaltspflichten in schriftliche Form gegossen werden könnten und die Grundlage für den technischen Teil des technisch-medizinischen KI-Standards bilden können.[804] Dieser Teil des neuen Standards bezieht sich hauptsächlich auf die Abschnitte vor und während der Eingabe von Patientinnendaten sowie vor und während des KI-Arbeitsprozesses, d.h. zum Zeitpunkt der Interpretation eines KI-Ergebnisvorschlags. Dies soll die Grundlage für eine ordnungsgemäße Anwendung und das Vorhandensein von individuellem KI-Wissen gewährleisten. Im Ergebnis handelt es sich vornehmlich um Kompetenzen, die dem Bereich der Organisationspflicht zuzuordnen sind. Dennoch können derartige Kompetenzen ebenso wenig für eine richtige Interpretation im Rahmen der zu tätigen Letztentscheidung hinweggedacht werden, sodass sie ebenfalls im Rahmen des technisch-medizinischen KI-Standards im Bereich der Diagnostik zu berücksichtigen sind.

Jedes KI-System hält eine Gebrauchsanweisung[805] bereit, die die Anwendenden auf Grundlage der europäischen KI-VO zur Einhaltung verpflichten wird, vgl. Art. 26 Abs. 1 KI-VO.[806] Auch verpflichtet der Abs. 2 des Art. 26 KI-VO dazu, die menschliche Aufsicht über KI-Systeme nur solchen natürlichen Personen zu übertragen, *„die über die erforderliche Kompetenz, Ausbildung und Befugnis verfügen“*.[807] Dieser Pflichtenkatalog, ist in den

803 *Hufnagl/Zwönitzer/Haroske*, Leitfaden Digitale Pathologie in der Diagnostik – Befunderstellung an digitalen Bildern, Bundesverband Deutscher Pathologen e.V., online abrufbar unter: https://www.pathologie.de/fachinfos/nachschlagewerke-handbuchreihe/leitfaeden/leitfaeden-detailansicht/?tx_ttnews%5Btt_news%5D=1480&cHash=ec31a0751fdcf421977056e5aafdd387, zuletzt abgerufen am 8.08.2023.

804 Vgl. zu der Einstufung, dass derartige Leitfäden die Basis für einen Standard bilden können auch *Hünefeld/Zech*, MedR 2023, 1 ff.

805 Die Gebrauchsanweisung enthält exakte Informationen zum Einsatzfeld, der Art und den Umständen der Anwendung, der Überwachung durch menschliche Aufsicht und der Interpretation der von der KI generierten Ergebnisse, vgl. *Schulz-Große/Genske*, GuP 2023, 81, 89.

806 Vgl. auch *Schaub*, NJW 2023, 2145, 2149.

807 Vgl. hierzu auch *Schulz-Große/Genske*, GuP 2023, 81, 92, seinerzeit noch abstellend auf Art. 29 KI-VO-V.

technisch-medizinischen KI-Standard zu überführen.[808] Ein Verstoß gegen eine KI-Pflicht wird mithin grundsätzlich arzthaftungsrechtliche Relevanz aufweisen können.

In Anlehnung an diese ohnehin schon formulierten Pflichten könnte jedes KI-System in Zukunft mit einem eigenen Leitfaden, einer eigenen Leitlinie oder einer aus mehreren Unterteilen bestehenden Gesamtleitlinie ähnlich einer Gesamtgebrauchsanweisung versehen werden.[809] Wichtig wird dabei sein, dass die spezifischen Sorgfaltspflichten in Korrelation zu Herstellendenpflichten erarbeitet werden, um die Interdisziplin und ein Ineinandergreifen der Verantwortungskreise zu ermöglichen.[810] Ein hilfreicher Orientierungspunkt, um diese Pflichten voneinander abzugrenzen, ist die KI-VO, die in Art. 26 die Betreibenden-Pflichten regelt.[811] So werden sich die Betreibenden-Pflichten um Prävention vor Schäden durch geeignete technische und organisatorische Maßnahmen (Art. 26 Abs. 1), die Risikoüberwachung anhand der Gebrauchsanweisung (Art. 26 Abs. 5) und die Pflicht zum Vorweisen einer Kompetenz durch die menschliche Aufsicht (Art. 26 Abs. 1) drehen.[812] Die Information natürlicher Personen über den Einsatz von Hochrisiko-KI-Systemen (Art. 26 Abs. 11) lässt sich dabei als besondere Aufklärungspflicht begreifen. Nachdem es sich bei KI-Systemen in der Medizin um Medizinprodukte handelt, sind auch die entsprechenden für Medizinprodukte einzuhaltenden Vorgaben, wie etwa die MPBetrV, von ärztlichen Anwendenden zu berücksichtigen.[813]

Darüber hinaus sind besondere Pflichten zur Ergebniskontrolle zu formulieren. Anders als die zuvor benannten Pflichten betrifft dieser Bereich des Standards vornehmlich den hauptsächlich für den Diagnosefehler vorwerfbaren Teil der Letztentscheidung. Eine Möglichkeit der Ergebniskon-

808 Ohne nähere Konkretisierung deklarieren *Schulz-Große/Genske* einen Verstoß gegen diese Pflichten durch Ärztinnen als Behandlungsfehler, vgl. *dies.*, GuP 2023, 81, 89. Hier muss jedoch differenziert werden.

809 *Schulz-Große/Genske* führen ebenfalls an, dass die bei der Behandlung einzuhaltenden Vorgaben der ärztlichen Anwendenden jedenfalls auch von der KI-VO mitbestimmt werden, vgl. *dies.*, GuP 2023, 81, 92.

810 Vgl. hierzu auch *Schaub*, NJW 2023, 2145, 2149.

811 Siehe hierzu Kapitel zwei unter Teil C.II. ff.; vgl. auch *Schaub*, NJW 2023, 2145, 2149 f., seinerzeit noch abstellend auf Art. 29 KI-VO-V.

812 Ebd.

813 Hierzu ausführlich Kapitel zwei unter V.II.; so wohl auch *Schulz-Große/Genske*, GuP 2023, 81, 92.

trolle stellt der verpflichtende Einsatz von Explainable AI dar.[814] Aber auch übrige technische Kontrollmaßnahmen, bspw. durch die Möglichkeit dem KI-System Rückfragen stellen zu können.[815]

Während sich die (Gesamt-)Leitlinien also individuell-theoretisch auf ein bestimmtes KI-System beziehen werden, haben die technischen Kontrollmechanismen ein eher allgemein-praktisches Anwendungsverständnis. Die Explainable AI kann an unterschiedliche Berufsgruppen angepasst werden. Entscheiden sich Ärztinnen zum Einsatz von KI-Systemen, müssen sie ebenso zum Einsatz von Explainable AI verpflichtet werden. Dass Kontrollmechanismen wie die Explainable AI ein gelungenes Werkzeug sind, um Entscheidungsprozesse des KI-Systems in der Medizin transparenter zu gestalten, wird auch in der medizinischen Wissenschaft erkannt.[816] Um KI-Risiken möglichst zu vermeiden, lassen sich die Kontrollpflichten der Anwendenden über die Anwendungsphase hinaus aber auch auf weitere Lebensphasen des autonomen Systems erweitern. Dies führt zu einer weitreichenderen Haftung, aber auch zu mehr Sicherheit.

Anders als unter *Fehlerquelle 1* beschrieben, könnte daran gedacht werden, auch die der Anwendungsphase vorgelagerten Lebensphasen des KI-Systems zum Bestandteil des Behandlungsvertrages zu machen. Dies zwar noch immer nicht bezogen auf das Training des Systems, sondern vielmehr mit dem Ziel, das KI-Ergebnis bestmöglich interpretierbar zu machen und KI-Risiken zu minimieren. Neben den Sicherungsmaßnahmen, die während der Anwendungsphase geschehen, könnten Anwendende daher auch zu einer Einbeziehung in die Programmierungs- und Trainingsphase verpflichtet werden, um auf diese Weise für eine bessere Nachvollziehbarkeit und Einflussnahmemöglichkeit durch die ärztlichen Anwendenden zu sorgen. Dies ermöglicht zugunsten der Patientinnen nicht nur die Erweiterung der Haftugssubjekte auch in den der Anwendungsphase vorgelagerten Phasen. Vielmehr können ärztliche Anwendende dem eingesetzten System in dieser Programmierungsphase auch individuell Grenzen setzen. Bei sog.

---

814 Auch *Samhammer et al.* verweisen auf den Einsatz von XAI; vgl. *dies.*, Klinische Entscheidungsfindung mit Künstlicher Intelligenz, Ein interdisziplinärer Governance-Ansatz, S. 32; Ebenso *Mühlböck/Taupitz*, AcP 2019,

815 Vgl. hierzu bereits weiter oben zur Governance-Perspektive.

816 Die Präzisionsmedizin lässt die Anforderungen an die pathologische Diagnostik steigen. Aus diesem Grunde setzt vor allem die Disziplin der Pathologie auf Künstliche Intelligenz und will durch Kontrollmechanismen die Arbeitsschritte des autonomen Systems auswerten können, vgl. *Klauschen/Dippel/Jurmeister et al.*, Die Pathologie 2024, 133 ff.

„High-level-Spezifikationen“ handelt es sich bspw. um abstrakte Grenzen des Lernbaren.[817] Überdies spielt, wie bereits ausgeführt, für die Vernetzung eine große Rolle, ob das System geschlossen oder (teil-)offen konzipiert wurde.[818] Derartige Sicherungsmechanismen und die Einbeziehung der Medizinerinnen schon während dieser Phase eines KI-Lebenszyklus sind daher essenziell und sollten in den Standard einfließen.[819]

Auch in die Trainingsphase sollten Medizinerinnen einbezogen werden. Denn in dieser Phase besteht die Möglichkeit, das System für eine festgelegte Lernphase zu trainieren und nach Abschluss dieser Phase *einzufrieren*, d.h. ein weiteres, autonomes Erlernen zu verhindern.[820] Bei dieser Variante handelt es sich um ein sehr überschaubares und kontrollierbares Autonomie- und Vernetzungsrisiko.[821] Bei der Überprüfung, ob eine Behandelnde die im Verkehr erforderliche Sorgfalt außer Acht gelassen hat, wird grundsätzlich die konkrete Handlungssituation betrachtet und nach Verkehrskreisen differenziert und typisiert.[822] Die Trainingsphase eines KI-Systems zeichnet aufgrund ihres enormen Einflusses auf das Lernbare und damit die Ergebnisse des Systems eine solch individuelle Handlungssituation, auf die reagiert werden muss. Die Behandlungsvertragspartei, die ein KI-System einsetzen möchte und sich deshalb ein technisches Wissen aneignen muss, wird in diese wichtige Phase eingebunden und muss sich auch mit Blick auf diese Phase ähnlich einer Standarderhöhung ein überlegenes Wissen anrechnen lassen.[823] Durch entsprechende Einflussnahme in dieser Phase kann die Medizinerin das Fehlerrisiko individuell senken und so einer Haftung vorbeugen.

Ungeachtet der verschiedenen Phasen wird eine technische Ausbildung der ärztlichen Anwendenden zur Gewährleistung der Patientinnensicher-

817 Zu alle dem *Zech*, Gutachten A zum 73. DJT 2020/2022, A 35.

818 Siehe hierzu unter A.IV.2.

819 Vgl. hierzu bereits in Kapitel eins unter Teil A.IV.3.a.

820 *Zech*, a.a.O., A 37.

821 Vgl. hierzu bereits in Kapitel eins unter Teil A.IV.3.b.

822 BGH, Beschl. V. 4.3.1957 – GSZ 1/56 = NJW 1957, 785; BGH, Urt. v. 21.5.1963 – VI ZR 254/62 = NJW 1963, 1609; BGH, Urt. v. 29.01.1991 – VI ZR 206/90 = NJW 1991, 1535; BGH, Urt. v. 14.03.2016 – 20 U 30/13 = BeckRS 2016, 5695, Rdnr: 21 f.; *Wagner*, in: MüKo BGB, § 823 Rdnr. 38.

823 Denn besondere, überdurchschnittliche Kenntnisse und Fähigkeiten sind im Interesse der Schadensvermeidung anzuwenden und heben den Maßstab an, vgl. BGH, Urt. v. 10.02.1987 – VI ZR 68/86 = NJW 1987, 1479; *Wagner*, in: MüKo BGB, § 823 Rdnr. 39; *Blechschmitt*, Die straf- und zivilrechtliche Haftung des Arztes bei roboterassistierter Chirurgie, S. 92.

heit unumgänglich sein. Für eine weitere Präzisierung machen *Samhammer et al.* Vorschläge: Die Guideline-Perspektive[824] präsentiert fundierte Ansätze für eine Umsetzung technologischen Fortschritts im Klinik-Alltag und bietet mithin eine Grundlage dafür, was von einer Ärztin in der Behandlungssituation KI erwartet werden kann. Dieser Vorschlag hält sinnvolle Ideen in Sachen technischem Knowhow bereit. So soll bereits im Studium die Vermittlung von Wissen zu maschinellem Lernen verpflichtend sein. Entsprechendes wird die neue Approbationsordnung, die voraussichtlich 2025 in Kraft tritt, fordern.[825] Damit legt die Bundesärztekammer eine ausbaufähige Basis. Dass auch der europäische Gesetzgeber derartige Ziele verfolgt, zeigte bereits Art. 29 Abs. 1 der KI-VO-V. Diese Pflichten, die nunmehr in Art. 26 KI-VO vorzufinden sind, wurden nach Einleitung des Promotionsverfahrens mit der Veröffentlichung der KI-VO mit der erstmal in Art. 4 KI-VO geregelten „KI-Kompetenz" bestätigt und sogar intensiviert.[826]

Die Verpflichtung von Ärztinnen zur Fortbildung bei Anwendung neuer Techniken oder Medikamente ist nicht neu. Eine Ärztin ist gehalten, sich auf ihrem Fachgebiet generell, ebenso wie mit Blick auf eine konkret angewendete Behandlungsmethode, mit der einschlägigen Literatur nach dem letzten gesicherten Stand vertraut zu machen.[827] Die qualitativen und quantitativen Anforderungen an die Fortbildung variieren und stehen in Abhängigkeit zur bereits vorhandenen ärztlichen Qualifikation.[828] Allerdings muss sich die Ärztin nicht auf die ihrem Fachgebiet zugeordneten Behandlungsmethoden beschränken. Dies erfordert jedoch die Einhaltung der entsprechenden Qualitäts-Standards.[829] Gleiches gilt in Bezug auf die Funktionsweise beim Einsatz technischer Apparaturen.[830]

---

824 *Samhammer et al.* Klinische Entscheidungsfindung mit Künstlicher Intelligenz, Ein interdisziplinärer Governance-Ansatz.

825 *Samhammer et al.*, a.a.O., S. 50.

826 EU-Verordnung 2024/1689 vom 13. Juni 2024.

827 *Greiner*, in: Geiß/Greiner, Arzthaftpflichtrecht, B. Rdnr. 11.

828 Bei einer Allgemeinmedizinerin genügt die Lektüre inländischer Allgemeinfach-Periodika, während von Fachärztinnen überdies auch die Literatur methodenspezifische ausländischer Fachliteratur verlangt wird, siehe *Greiner*, in: Geiß/Greiner, in: Arzthaftpflichtrecht, B. Rdnr. 12.

829 *Greiner*, in: Geiß/Greiner, Arzthaftpflichtrecht, B. Rdnr. 12.

830 Zum Einsatz eines Hochfrequenzchirurgiegeräts trotz fehlender technischer Kenntnisse vgl. OLG Saarbrücken, Urt. v. 30.05.1990 – 1 U 69/89 = BeckRS 1990, 286 Rdnr. 17; *Greiner*, in: Geiß/Greiner, Arzthaftpflichtrecht, B. Rdnr. 12.

Auch das SGB V hält bereits eine Verpflichtung der Leistungserbringenden zur Qualitätssicherung bereit. So sind diese nach § 135a SGB V zur Sicherung der Weiterentwicklung der Qualität der von ihnen erbrachten Leistungen verpflichtet. Die Leistungen müssen dabei dem jeweiligen Stand der wissenschaftlichen Erkenntnisse entsprechen und in der fachlich gebotenen Qualität erbracht werden. Kann dieser Standard nicht eingehalten werden, muss an Spezialistinnen überwiesen werden.[831] Dieses durch das SGB V vorgeschriebene Risikomanagement verpflichtet die Behandlungstragenden, die interne Ablauforganisation durch generelle Richtlinien und Weisungen zu regeln.[832] Dieses Risikomanagement, das in der Form auch in der KI-VO Anklang findet,[833] ist an die Digitalisierung anzupassen.

All diese Aspekte sind bei der Entwicklung eines neuen medizinisch-technischen KI-Standards zu berücksichtigen. Erst das, was nach Abzug all dieser dargestellten Einflussnahmemöglichkeiten durch ärztliche Anwendende übrigbleibt, d.h. die *„spontanen Effekte“* des komplexen und lernfähigen Systems, kann als Autonomie[834] und damit als gefiltertes KI-Rest-Risiko, vor dem *Samhammer et al.* warnen,[835] bezeichnet werden. Allein diese spontanen Effekte sind es, die von dem neuen Standard des Diagnosefehlers im Rahmen der klassischen Behandlungsfehler nicht abgedeckt werden.

(cc) Stellungnahme

Da die Explainable AI eine der bekanntesten Methoden ist, Black-Box-Modelle zu interpretieren, muss die damit einhergehende Kritik beachtet werden.[836] Eine Studie zeigte, dass der Einsatz von Explainable AI gerade im medizinischen Bereich dazu führt, dass sich Medizinerinnen insgesamt auf die bescheinigte höhere Intelligenz der Systeme, egal ob beim Black-Box-Modell oder dem XAI-Modell, verlassen, und dies sogar bei offensichtlichen Fehlern.

831 Auch dabei handelt es sich wiederum um Fälle des Übernahmeverschuldens, vgl. *Greiner*, in: Geiß/Greiner, Arzthaftpflichtrecht, Rdnr. 24.

832 Ebd.

833 Siehe hierzu unter E.XI.1.a.

834 Ebd.

835 So im Ergebnis *Samhammer et al.*, Klinische Entscheidungsfindung mit Künstlicher Intelligenz, Ein interdisziplinärer Governance-Ansatz, S. 31 ff.

836 Siehe hierzu bereit in Kapitel eins unter C.III.

Die soeben erarbeiteten haftungsrechtlichen Konsequenzen werden dazu führen, dass ärztliche Anwendende sich nicht mehr blindlings auf die Ergebnisse der Künstlichen Intelligenz verlassen. Vielmehr zwingen sie zur kritischen Prüfung. Auch werden Klinikbetreibende ein gesteigertes Interesse haben, ihr Personal regelmäßig zu schulen. Die hier vorgeschlagene Vorgehensweise wird also zu einer Sensibilisierung führen.

Die Kritik, dass sich Letztentscheidende womöglich nicht immer aussuchen können, ob sie mit einem KI-System arbeiten, etwa weil ihre Arbeitsgeberin dies vorgibt,[837] hat für die *vertragliche* Haftung, wie bereits ausgeführt, wenig Relevanz.[838] Vertraglich haften Klinikbetreibende bzw. leitendes ärztliches Personal, also die Personen, die grundsätzlich über die Organisation der Behandlungsabläufe entscheiden, nicht hingegen angestellte Ärztinnen. Dieses Argument hat demnach nur Relevanz für den deliktischen Bereich, für den durch den KI-Haftungs-RL-V für die Zukunft entsprechende Ideen erarbeitet wurden und durch die arbeitsrechtlichen Grundsätze zum innerbetrieblichen Schadensausgleich in der Gegenwart bereits bereitstehen.[839] Ungeachtet dessen ist auch nicht auszuschließen, dass sich zumindest leitendes ärztliches Personal stets seine menschlichen Erfüllungsgehilfinnen aussucht, für die es ebenfalls als Verantwortliche einstehen muss. Es darf insofern keinen Unterschied machen, ob eine Maschine oder ein Mensch als Unterstützung bzw. zur Entlastung gewählt werden.

Diese Betrachtung funktioniert auch in umgekehrter Richtung. Denn der Einsatz von KI-Systemen könnte ärztliche Anwendende nicht nur schlechterstellen, weil sie sich den Einsatz des Systems *nicht* aussuchen können, sondern auch besserstellen, *weil* sie sich den Einsatz aussuchen. Ebenso, wie dem KI-System ein autonomer Fehler unterlaufen kann, sind auch ärztliche Anwendende nicht von Fehlern befreit. In diesem Punkt dürfte es für Außenstehende sogar gar keinen Unterschied machen, ob ein Mensch oder eine Maschine als Erfüllungsgehilfin handelt. Denn der zum Fehler führende Entscheidungsweg wird gleichermaßen schwer vorherseh-

837 *Beck/Faber*, in: Buck-Heeb/Oppermann, Automatisierte Systeme, S. 275, Rdnr. 25; *Samhammer et al.*, Klinische Entscheidungsfindung mit Künstlicher Intelligenz, Ein interdisziplinärer Governance-Ansatz, S. 32.

838 An dieser Stelle sei angemerkt, dass diese Kritik sich auch auf eine deliktische Haftung bezieht. Bei einer solchen deliktischen Haftung kommt auch ein Anspruch aus § 823 BGB gegen die handelnde, angestellte Ärztin in Betracht.

839 Siehe unter E.IV.2.d

bar sein.[840] Ließe man die technische Leistungsfähigkeit des KI-Systems nun ausreichen, um ärztliche Anwendende mit dem Einsatz von einer Haftung zu befreien, würden diese Anwendenden im Vergleich zu einer Ärztin, die kein KI-System nutzt, privilegiert werden, zumindest dann, wenn man eine Anwendbarkeit des § 278 BGB (analog) beim Einsatz von KI-Systemen ablehnt.[841]

Auch sind technische Kenntnisse für eine gute Organisation im Klinikalltag im Sinne des Organisationsverschuldens vorzuhalten. Ebenso, wie die Ärztin und Klinikbetreibende verpflichtet sind, technische Schulungen und Wartungen an gewöhnlicher Medizintechnik vorzunehmen, ist dies auch beim Einsatz von KI-Medizintechnik der Fall. Dieser Aspekt wird im Bereich der Organisationspflichten noch eingehender beleuchtet.[842]

Auch die Regelungen zum Übernahmeverschulden sprechen für erweiterte technische Anforderungen. Setzt eine Klinikbetreibende ein KI-System ein, obwohl technische Kompetenzen zur Interpretation und zum Gebrauch nicht angebracht werden können, kann dies mit Fällen verglichen werden, in denen es das ärztliche Personal unterlässt, konsiliarische Hilfe in Anspruch zu nehmen, obwohl offenkundige Wissensdefizite vorliegen. Das Übernahmeverschulden als besonderer Fall der Organisationshaftung wird ebenfalls an späterer Stelle diskutiert.[843]

b. Zusammenfassung und Zwischenergebnis

Zu einer im Zusammenhang mit Künstlicher Intelligenz stehenden fehlerhaften Diagnose kann es nach alledem nur kommen, wenn die Behandelnden sich auf einen unrichtigen Entscheidungsvorschlag einlassen – nicht hingegen, wenn sie diesen infolge ihrer menschlichen Aufsicht und Letztentscheidungsverpflichtung als unrichtig enttarnen. Dies erfordert gesteigerte technische Kompetenzen, die bislang nicht verpflichtend sind und daher regelmäßig nicht vorliegen werden. Für ein interessengerechtes Er-

---

840 Vgl. zu dem Thema auch *Borges*, CR 2023, 706, 714.

841 *Mühlböck/Taupitz* verweisen hier zu Recht darauf, dass ein Ablehnen einer Anwendbarkeit des § 278 BGB (analog) auf KI-Systeme zu einer Ungleichbehandlung und damit einer Besserstellung der KI-Anwendenden führen würde. Denn diese müsste zwar für einen menschlichen Erfüllungsgehilfen, nicht aber das eingesetzte KI-System haften; vgl. *dies.*, AcP 221, 181, 200.

842 Siehe unter E.VII.2. ff.

843 Siehe unten E.IX.

gebnis ist der Standard dem technologischen Fortschritt anzupassen, sodass beim Einsatz von diagnoseunterstützender Künstlicher Intelligenz nicht mehr nur noch medizinische, sondern auch technische Kompetenzen zu fordern sind. Während sich der Maßstab für medizinische Kenntnisse an den bisher geltenden Maßstäben messen lässt, müssen für die technische Überprüfung in Anlehnung an die ohnehin schon durch den KI-Haftungs-RL-V geplanten Gebrauchsanweisungen für die Medizin erweiternde (Gesamt-)Leitfäden entwickelt werden. Für eine normative Überprüfung der Einhaltung dieser Sorgfaltspflichten bedarf es speziell ausgebildeter Medizin-KI-Sachverständiger. Durch die Einbeziehung der Medizinerinnen in sämtliche Entwicklungsschritte des eingesetzten KI-Systems wird eine Nutzung ermöglicht, bei der das gesteigerte Risiko gut kontrollierbar ist.[844] Bis sich ein solcher Standard entwickelt hat, gilt die *Sorgfalt einer vorsichtigen Ärztin.* Diese Sorgfalt berücksichtigt ebenfalls die technologischen Besonderheiten von Künstlicher Intelligenz und erfordert technisches Wissen. Kann ein ausreichendes technisches Wissen nicht gewährleistet werden, müssen Vertragspartnerinnen ein solches Wissen durch externe Fachexpertise sicherstellen oder den Einsatz von KI-Systemen unterlassen. Eine Verpflichtung zum Einsatz besteht mangels Standards bislang indes nicht.[845]

Sind diese beiden Anforderungsbereiche – medizinische und technische Interpretation des Entscheidungsvorschlags – durch ärztliche Anwendende sorgfältig erfüllt, handeln die Anwendenden sorgfaltspflichtskonform und damit im Rahmen des technisch-medizinischen KI-Standards. Kommt es dennoch zu einer (Gesundheits-)Schädigung, weil das von der Medizinerin übernommene Ergebnis falsch war, handelt es sich bei diesem Fehler *nicht* um einen Behandlungsfehler in Form des Diagnosefehlers der ärztlichen Anwendenden. Unterläuft hingegen ein vorwerfbarer Fehler, handelt es sich um einen *eigenen* Sorgfaltspflichtverstoß und somit um einen Diagnoseirrtum. Kommt die Sachverständige zu dem Ergebnis, dass zwar eine Fehlinterpretation vorliegt, aber auch nicht auszuschließen ist, dass sich ein *KI-Restrisiko* verwirklicht hat, ist ein Diagnoseirrtum anzunehmen. Denn einer Mitursächlichkeit steht die Alleinursächlichkeit rechtlich gleich. Unterlässt die Ärztin eine medizinische und/oder technischen Interpretation des Entscheidungsvorschlags gänzlich, ist dies als Unterlassen der Erhebung erforderlicher differentialdiagnostischer Maßnahmen zu bewerten, sodass ein Befunderhebungsfehler vorliegt.

844 Vgl. auch *Schaub*, NJW 2023, 2145, 2150.
845 Dazu ausführlich im Bereich der Therapiefehler vgl E.V. ff.

Wer als Haftungssubjekt für einen klassischen Behandlungsfehler heranzuziehen ist, hängt von der Vertragsgestaltung im konkreten Fall ab. Ärztliche Anwendende haften nach § 630a i.V.m. § 280 Abs. 1 BGB, wenn sie Vertragspartei geworden sind. Alternativ oder kumulativ tritt dann noch eine Haftung der Klinikbetreibenden nach § 630a i.V.m. §§ 280 Abs. 1, 278 BGB hinzu.[846]

Alles in allem ist eine materiellrechtliche Haftung für einen klassischen Behandlungsfehler nur dann auszuschließen, wenn allein ein *KI-Restrisiko* ursächlich gewirkt hat. Die Verwirklichung eines solchen KI-Restrisikos lässt sich durch einen Ausschluss jeder Art der menschlichen Mitursächlichkeit sachverständig ermitteln. Ob eine Haftung allein für das KI-Restrisiko als *Fehlerquelle 2* realisierbar ist, wird Gegenstand der Untersuchung der Organisationsfehler sein.[847]

Wie beweisbar dieses materiellrechtliche Ergebnis und damit ein erfolgreicher Arzthaftungsprozess einer in Folge eines KI-Systems geschädigten Patientin ist, wird nachfolgend geprüft.

IV. Beweisrecht des Diagnosefehlers – Grundsätze der Beweisverteilung nach § 280 Abs. 1 BGB

Beweisschwierigkeiten sind der prozessualen Wirklichkeit des Arzthaftungsrechts auch ohne den Einsatz autonomer Systeme inhärent. Dem Beweisrecht im Arzthaftungsrecht kommt daher besondere Bedeutung zu, die in der Regelung des § 630h BGB zum Ausdruck kommt.

Die Beweisschwierigkeiten führen dazu, dass an die Darlegungslast der Patientin grundsätzlich nur maßvolle Anforderungen gestellt werden. Im Ergebnis wird der Substantiierungslast genügt, wenn der Ablauf der Behandlung in groben Zügen geschildert, der Misserfolg der Behandlung dargelegt und Verdachtsgründe, die mit hinreichender Plausibilität für einen Behandlungsfehler sprechen, offengelegt werden. Diesem Zwecke dient auch die Dokumentations- und Editionspflicht der §§ 630f, 630g BGB.[848] Während für die übrigen Voraussetzungen das Beweismaß des § 287 ZPO gilt, muss für die haftungsbegründende Kausalität das strenge Beweismaß des § 286 ZPO beachtet werden. Die haftungsbegründende Kausalität ist al-

846 Zur Vertragsgestaltung vgl. D.II.
847 Vgl. hierzu unter Teil E.VII.2.c.
848 *Wagner*, in: MüKo BGB, § 630a Rdnr. 234, vgl. hierzu bereits unter B.II.1.a.

so auch ohne den Einsatz von KI-System und der dem Kausalitätsnachweis erschwerenden Opazität das Kernproblem eines Arzthaftungsprozesses.

Für den Arzthaftungsprozess und so auch für KI-Sachverhalte ist § 630h Abs. 5 BGB, der u.a. bei festgestelltem groben Behandlungsfehler[849] eine Vermutung der haftungsbegründenden Kausalität vorsieht, von entscheidender Bedeutung. Um die Folgen des § 630h Abs. 5 BGB auszulösen, reicht es aus, dass ein als grob festgestellter Behandlungsfehler geeignet ist, den eingetretenen Schaden zu verursachen; nahelegen oder wahrscheinlich machen muss der Fehler den Schaden hingegen nicht.[850]

Da die Behandlungsfehlergruppe des Diagnosefehlers und damit der Befunderhebungsfehler sowie der Diagnoseirrtum grundsätzlich auf KI-Sachverhalte anwendbar sind, sind dafür auch die Beweiserleichterungen des § 630h Abs. 5 BGB eröffnet.

1. Der Befunderhebungsfehler, § 630h Abs. 5 S. 1 u. 2 BGB

Ob der geschädigten Patientin eine Umkehr der Beweislast der haftungsbegründenden Kausalität zu Gute kommt, hängt davon ab, ob der zu Grunde liegende Befunderhebungsfehler als grob oder einfach einzustufen ist. § 630h Abs. 5 S. 1 BGB gilt dabei für *jede* Art eines Behandlungsfehlers und beschränkt sich nicht auf die Fallgruppe des Diagnosefehlers.[851] Diesem Grundsatz entgegen weist die Untergruppe des Befunderhebungsfehlers die Besonderheit auf, dass bereits ein *einfacher* Befunderhebungsfehler zu dieser starken Beweisfolge führen kann, wenn die Voraussetzungen des § 630h Abs. 5 S. 2 BGB erfüllt sind.

---

849 Für die Feststellung eines Behandlungsfehlers als grob muss sich das Gericht aller vorhandenen Gutachten bedienen, vgl. *Wagner*, in: MüKo BGB, § 630a Rdnrn. 123, 236; zur Umkehr der objektiven Beweislast bei grobem Behandlungsfehler vgl. BGH, Urt. v. 27.4.2004 – VI ZR 34/03 = NJW 2004, 2011.

850 BGH, Urt. v. 27.4.2004 – VI ZR 34/03 = NJW 2004, 2011, 2013; BGH, Urt. v. 21.9.1982 – VI ZR 302/80 = NJW 1983, 333, 334.

851 So ist es grundsätzlich auch möglich, dass ein als grob festgestellter Organisationsfehler oder ein grobes Übernahmeverschulden zur Vermutung der haftungsbegründenden Kausalität führt.

a. Grober Befunderhebungsfehler, § 630h Abs. 5 S. 1 BGB

Ein grober Befunderhebungsfehler stellt einen groben Behandlungsfehler im Sinne des § 630h Abs. 5 S. 1 BGB dar. § 630h Abs. 5 S. 1 BGB regelt allgemein eine *Vermutung der haftungsbegründenden Kausalität* zulasten der Behandelnden, wenn diese einen groben Behandlungsfehler begangen hat, der grundsätzlich dazu geeignet ist, einen Gesundheitsschaden herbeizuführen, d.h. er generell geeignet ist, den eingetretenen Schaden zu verursachen,[852] was anzunehmen ist, wenn der erlittene Gesundheitsschaden „*nicht von vornherein ausgeschlossen werden kann*".[853]

Ein grober Behandlungsfehler in Gestalt eines groben Befunderhebungsfehlers liegt vor, wenn Behandelnde die Erhebung medizinisch *zweifelsfrei* gebotener Befunde unterlassen, wobei von Zweifelsfreiheit dann zu sprechen ist, wenn derartige Befunde in medizinischen Standard-Lehrbüchern hervorgehoben und empfohlen werden.[854]

b. Einfacher Befunderhebungsfehler, § 630h Abs. 5 S. 2 BGB

Dementgegen kann aber auch ein *einfacher* Befunderhebungsfehler zur Beweislastumkehr führen, vgl. § 630h Abs. 5 S. 2 BGB. S. 2 stellt klar, dass die haftungsbegründende Kausalität auch vermutet wird, wenn es Behandelnde unterlassen, einen medizinisch gebotenen Befund rechtzeitig zu erheben oder zu sichern, *soweit* dieser Befund mit hinreichender Wahrscheinlichkeit ein Ergebnis erbracht hätte, das Anlass zu weiteren Maßnahmen gegeben hätte, und das Unterlassen solcher Maßnahmen grob fehlerhaft gewesen wäre.

---

852 BGH, Urt. v. 29.9.2009 – VI ZR 251/08, juris Rdnr. 8; vgl. auch *Gutmann*, in: Staudinger, § 630h, Rdnr. 193; *Wagner*, in: MüKo BGB, § 630h, Rdnr. 107.

853 Siehe *Wagner*, in: MüKo BGB, § 630h, Rdnr. 107 mit Verweis auf OLG Oldenburg, Urt. v. 18.5.2016 – 5 U 1/14

854 So *Wagner*, in: MüKo BGB, § 630h, Rdnr. 105; vgl. auch *Gutmann*, in: Staudinger BGB, § 630h Rdnr. 192; So nahm die Rechtsprechung einen groben Befunderhebungsfehler in einem Fall an, wo bei einem Patienten weitere diagnostische Maßnahmen erforderlich waren, das beklagte Krankenhaus dafür aber nicht ausreichend ausgestattet war und die erforderliche Verlegung dennoch verzögert wurde, vgl. BGH, Urt. v. 4.10.1994 – VI ZR 205/93, juris Rdnr. 9; Annahme eines groben Befunderhebungsfehlers bei Unterlassen einer Augenhintergrunduntersuchung trotz Verdachts einer Netzhautablösung, vgl. BGH, Urt. v. 13.1.1998 – VI ZR 242/96 – juris; BGH, Urt. v. 13.01.1998 – VI ZR 242/96 = r + s 1998, 238.

Medizinisch gebotener Befund meint damit keinen Befund, der zur Aufklärung und Sicherung des Krankheitsstatus zweifelsfrei geboten war, sondern einen einfachen (standardwidrigen) Befunderhebungsfehler.[855] Wichtig und im Vergleich zu S. 1 „neu" ist hier vielmehr, dass dieser Befund *hypothetisch* zu weiteren im Sinne des medizinischen Standards geschuldeten Maßnahmen (§ 630a Abs. 2 BGB) Veranlassung gegeben hätte, deren *Unterlassen* grob fehlerhaft gewesen wäre.

Voraussetzung für § 630h Abs. 5 S. 2 BGB und damit für die Vermutung der haftungsbegründenden Kausalität zulasten der Behandelnden ist das grob fehlerhafte Unterlassen einer infolge eines nicht erhobenen, aber unterstellten positiven Befundes hypothetisch angezeigten Maßnahme.[856] Es wird also ein Szenario eines groben Behandlungsfehlers mitsamt allgemeiner Dogmatik[857] als Folge eines einfachen Befunderhebungsfehlers fingiert. S. 2 verlagert die *grobe* Pflichtwidrigkeit also nach hinten, indem er zwar keinen groben Befunderhebungsfehler, wohl aber einen hypothetischen groben Behandlungsfehler verlangt, der durch einen nachgewiesenen einfachen Befunderhebungsfehler verursacht wurde.[858]

Nach § 630h Abs. 5 BGB ist es also nicht mehr die Patientin, die die Ursächlichkeit zwischen dem Befunderhebungsfehler und dem eingetretenen Gesundheitsschaden zu beweisen hat, sondern die Behandelnde, die die nunmehr vorliegende Vermutung zu widerlegen hat. Für den Nachweis des einfachen Befunderhebungsfehlers gilt § 286 ZPO.[859] Die Fallgruppe des Befunderhebungsfehlers bietet damit grundsätzlich enormes Potenzial zu Gunsten einer Patientin, die durch ein KI-System geschädigt wurde.

c. Befunderhebungsfehler bei Einsatz von KI-Systemen

Wie unter E.III.3.a. ff. untersucht, ist der Entscheidungsvorschlag des KI-Systems als Befundergebnis zu begreifen, das stets eine medizinische und technische Überprüfung durch die Behandelnden notwendig macht. Diese Überprüfung kann ihrerseits als weiterer Befund bzw. differentialdiagnosti-

---

855 So *Gutmann*, in: Staudinger BGB, § 630h, Rdnr. 199; a.A. *Katzenmeier*, in: BeckOK BGB, § 630h, Rdnr. 84.
856 Vgl. *Gutmann*, in: Staudinger BGB, § 630h, Rdnr. 202.
857 Ebd.
858 Vgl. *Gutmann*, in: Staudinger BGB, § 630h, Rdnr. 193 ff.; so im Ergebnis wohl auch *Wagner*, in: MüKo BGB, § 630h, Rdnr. 105 f.
859 So *Gutmann*, in: Staudinger BGB, § 630h, Rdnr. 199.

sche Maßnahme begriffen werden. Unterlässt die anwendende Person die medizinische und/oder technische Überprüfung oder Teile davon, liegt ein vorwerfbarer Befunderhebungsfehler vor. Das Unterlassen liegt also bereits dann vor, wenn ärztliche Anwendende gegen eine einzelne Überprüfungspflicht aus ihrem Pflichtenkatalog verstoßen.

Aufgrund des erhöhten Gefahrenpotenzials, das mit KI-Systemen einhergeht, ist die Überprüfung des Entscheidungsvorschlags *zweifelsfrei* geboten. Ein Unterlassen führt im Ergebnis also stets zu einem als grob einzustufenden Befunderhebungsfehler im Sinne des § 630h Abs. 5 S. 1 BGB und deshalb zu Gunsten der geschädigten Patientin zur Vermutung der haftungsbegründenden Kausalität.[860]

Da ein solcher Fehler auch generell geeignet ist, den eingetretenen Schaden zu verursachen,[861] da er *„nicht von vornherein ausgeschlossen werden kann"*,[862] kann die geschädigte Patientin in der Regel auch den übrigen Anforderungen des § 630h Abs. 5 S. 1 BGB genügen.

d. Zwischenergebnis

Ein Unterlassen der medizinischen und/oder technischen Interpretation des Entscheidungsvorschlags des KI-Systems durch die ärztlichen Anwendenden führt zur Annahme eines groben Befunderhebungsfehlers mit der Folge des § 630h Abs. 5 S. 1 BGB. Um zur haftungsbegründenden Kausalität zu gelangen, muss jedoch zuvor der Nachweis eines Behandlungsfehlers erbracht werden.

Ein solcher Fehler ist nicht im Rahmen des mit dem Einsatz von KI-Systemen verbundenen Vorverhaltens zu suchen, d.h. allein als Anwendungsfehler zu begreifen. Die Identifikation der Einflussquelle für einen solchen Anwendungsfehler wäre aufgrund des Einflusses unterschiedlicher Akteurinnen und der schweren Nachweisbarkeit von spezifischen KI-Risiken in der Tat nur schwer möglich. Hier könnte die Fehlervermutung des § 630h

---

860 Obwohl *Schulz-Große/Genske* ebenfalls von einem erhöhten Sorgfaltsstandard beim Einsatz von KI-Systemen ausgehen, kommen beim Beweisrecht allerdings ohne nähere Begründung auf § 630h Abs. 5 S. 2 BGB; vgl. *dies.*, MedR 2023, 81, 93.

861 BGH, Urt. v. 29.9.2009 – VI ZR 251/08 = juris Rdnr. 8; vgl. auch *Gutmann*, in: Staudinger, BGB, § 630h, Rdnr. 193; *Wagner*, in: MüKo BGB, § 630h, Rdnr. 107.

862 Siehe *Wagner*, in: MüKo BGB, § 630h, Rdnr. 107 mit Verweis auf OLG Oldenburg, Urt. v. 18.5.2016 – 5 U 1/14

Abs. 1 BGB, die bei den noch zu diskutierenden Organisationsfehlern zur Anwendung kommen kann, abhelfen.

Für die entscheidungsunterstützenden KI-Systeme im Bereich des Diagnosefehlers wurde herausgearbeitet, dass der Behandlungsfehler und damit der Anknüpfungspunkt für vorwerfbares Verhalten nicht im Bereich des zum fehlerhaften Entscheidungsvorschlag führenden Vorverhaltens, d.h. nicht im Bereich der Anwendungsfehler, zu suchen ist. Um die Beweislastumkehr nach § 630h Abs. 5 BGB auszulösen, kommt es allein darauf an, ob der Sorgfaltsverstoß der ärztlichen Anwendenden im Rahmen der Letztentscheidung nachweisbar ist. Aufgrund der erhöhten Dokumentationspflichten beim Einsatz von KI-Systemen und des geminderten Beweismaßes des § 287 ZPO für den Behandlungsfehlernachweis wird ein solcher Verstoß und damit der Nachweis eines Behandlungsfehlers für die geschädigte Patientin möglich und für die Sachverständige und die Tatrichterin nachvollziehbar sein.

2. Diagnoseirrtum

Diagnoseirrtum und Befunderhebungsfehler stehen selbstständig nebeneinander.[863] Während die Befunderhebung die Informationsgewinnung für die Diagnose meint und ein Mangel in diesem Bereich zum Befunderhebungsfehler führt, betrifft die Diagnose die Interpretation dieser Befunde.[864]

a. Fundamentaler Diagnoseirrtum, § 630h Abs. 5 S. 1 BGB

Ein Diagnoseirrtum führt nach § 630h Abs. 5 S. 1 BGB nur dann zu einer Vermutung der haftungsbegründenden Kausalität, wenn es sich um einen sog. *fundamentalen* Diagnosefehler handelt.[865] Die Verwendung des Be-

863 Eine *„Sperrwirkung“* des Diagnoseirrtum für die Annahme eines Befunderhebungsfehlers gibt es nicht, vgl. *Wagner*, in: MüKo BGB, § 630a Rdnr. 179; für die Rechtsprechung vgl. BGH, Urt. v. 26.1.2016 – VI ZR 146/14 = NJW 2016, 1447, 1448.

864 *Kolvenbach*, MedR 2018, 950, 953; vgl. auch *Wagner*, in: MüKo BGB, § 630h, Rdnr. 104.

865 *Wagner* stellt klar, dass dem Behandelnden bei der Diagnose kein Beurteilungsspielraum zukommt und der Begriff des fundamentalen Diagnosefehlers deshalb entgegen anderer Ansichten nicht als Maßstab heranzuziehen ist, ob überhaupt ein

griffs fundamental gilt als *„verbal abweichende Umschreibung des allgemein geltenden Standards“* und meint damit nichts anderes als den groben Behandlungsfehler.[866] Von einem fundamentalen Fehler ist daher zu sprechen, wenn *„die Interpretation des Befundes durch den Behandelnden aus objektiver Sicht nicht mehr verständlich erscheint bzw. schlechterdings nicht vorkommen darf.“*[867] Diese Schwelle wird nicht zu hoch angesetzt.[868] Als Maßstab sollen hier die Feststellungen einer Examenskandidatin mit medizinischem Basiswissen dienen.[869] Bei nur einfachem Diagnoseirrtum bleibt es hinsichtlich der haftungsbegründenden Kausalität bei der Beweislast der Patientin.[870]

b. Diagnoseirrtum bei Einsatz eines KI-Systems

Beim Diagnosefehler geht es nicht um das Unterlassen der Bewertung des Entscheidungsvorschlags, sondern um jene Fälle, in denen die ärztlichen Anwendenden all ihre Überprüfungspflichten erfüllt haben – technisch ebenso wie medizinisch. Trotz dieses Einflusses ist es zu einer (Gesundheits-)Schädigung gekommen. Es ist dann zu fragen, ob ein Fehler in der Interpretation vorliegt. Ist dies der Fall und ist dieser Fehler aus objektiver Sicht nicht mehr verständlich, wird er als fundamental bewertet, § 630h Abs. 5 S. 1 BGB. Dies wird eine gerichtliche Sachverständige im Rahmen der ex-post Betrachtung beurteilen können, wenn sie sich die zu Grunde liegende Patientinnendokumentation sowie die Ergebnisse der Kontrollme-

---

Diagnoseirrtum im Sinne einer ärztlichen Pflichtverletzung anzunehmen ist, vgl. *ders.*, in: MüKo BGB, § 630a Rdnr. 179; a.A OLG Naumburg, Urt. v. 17.12.2009 – 1 U 41/09 = RDG 2010, 74, 75; so im Ergebnis auch *Förster*, der zur Annahme eines Diagnoseirrtums ein Fehlverhalten des Arztes beschreibt, welches ein Ausmaß erreicht, das den Vorwurf eines groben Behandlungsfehlers rechtfertigt, vgl. *ders.*, in: BeckOK BGB, § 823 Rdnr. 801.

866 So *Wagner*, in: MüKo BGB, § 630h, Rdnr. 108 mit Verweis auf die Rechtsprechung, vgl. BGH, Urt. v. 21.12.2010 – VI ZR 284/09 = NJW 2011, 1672, Rdnr. 20. So wird der fundamentale Diagnosefehler in der Gesetzesbegründung des § 630h Abs. 5 BGB als eine der Fallgruppen des groben Behandlungsfehlers benannt, vgl. BT-Drs. 17/10488.

867 *Wagner*, in: MüKo BGB, § 630h, Rdnr. 109; BT-Drs. 17/10488, S. 31.

868 Ebd.

869 Ebd.

870 So auch *Wagner*, in: MüKo BGB, § 630h, Rdnr. 179; a.A. *Förster*, in: BeckOK BGB, § 823, Rdnr. 801.

chanismen als Bestandteil der Dokumentation ansieht.[871] Nachdem die Schwelle zur Bewertung eines Fehlers als fundamental nicht zu hoch anzusetzen ist und sich diese auch auf KI-Sachverhalte erstreckt, dürften durch die Sachverständige erkennbare Fehlinterpretationen der ärztlichen Anwendenden regelmäßig zur Bewertung eines Diagnoseirrtums als fundamental führen.[872]

Im Umkehrschluss ist ein Diagnoseirrtum abzulehnen, wenn die Sachverständige zu dem Schluss kommt, dass eine Fehlinterpretation durch die Anwendende nicht feststellbar ist. Kommt die Sachverständige hingegen zu dem Ergebnis, dass zwar eine Fehlinterpretation vorliegt, aber nicht auszuschließen ist, dass sich ein KI-Rest-Risiko verwirklicht hat, ist aufgrund der Mitursächlichkeit auch von einem Diagnoseirrtum auszugehen. Denn Behandelnde haben sich auch zu verantworten, wenn der Behandlungsfehler nicht die einzige Schadensursache war – die Mitursächlichkeit steht der Alleinursächlichkeit insofern gleich.[873]

Im Ergebnis wird eine Haftung für ein realisiertes KI-Restrisiko im Rahmen dieser Behandlungsfehlergruppe nur dann nicht in Betracht kommen, wenn jede Art menschlichen Fehlverhaltens der Anwendenden eindeutig ausgeschlossen werden kann.[874]

3. Ergebnis

Im Gesamtergebnis ist festzuhalten, dass ein Diagnosefehler, insofern er als grob bzw. fundamental eingestuft wird, eine Beweislastumkehr der haftungsbegründenden Kausalität nach § 630h Abs. 5 BGB ermöglicht. Um

871 Vgl. *Wagner*, in: MüKo BGB, § 630h, Rdnr. 100; OLG Koblenz, Hinweisbeschluss v. 17.02.2016 – 5 U 1281/15 = BeckRS 2016, 11846.

872 *Schulz-Große/Genske* nehmen bei den Diagnoseirrtümern keine Differenzierung zwischen einfachem und fundamentalem Irrtum vor, sodass sie im Ergebnis zu einer Ablehnung des § 630h Abs. 5 S. 1 BGB aufgrund eines grundsätzlich anzunehmenden Diagnoseirrtums kommen, vgl. *dies.*, MedR 2023, 81, 93.

873 Etwas anderes soll nur gelten, wenn feststeht, dass der Behandlungsfehler nur zu einem abgrenzbaren Teil des Schadens geführt hat, also eine sog. abgrenzbare Teilkausalität vorliegt, vgl. BGH, Urt. v. 20.5.2014 – VI ZR 187/13 = MedR 2015, 111, 113, m.Anm. *Seibl*; vgl. auch Wagner, in: MüKo BGB, § 630a, Rdnr. 221.

874 So im Ergebnis auch *Beck et al.*, Rechtliche Aspekte des Einsatzes von KI und Robotik in Medizin und Pflege, S. 253; *Samhammer et al.*, Klinische Entscheidungsfindung mit Künstlicher Intelligenz, Ein interdisziplinärer Governance-Ansatz, S. 42 ff.; *Schulz-Große/Genske*, GuP 2023, 81, 93.

§ 630h Abs. 5 BGB auszulösen, muss jedoch zunächst ein grober Behandlungsfehler bewiesen werden.

Die Beweislast für Behandlungsvertrag, Pflichtverletzung und haftungsausfüllende Kausalität trägt die geschädigte Patientin. Entgegen des strengen Beweismaßes der haftungsbegründenden Kausalität gilt für diese Voraussetzungen das geringere Beweismaß des § 287 ZPO. Die rechtliche Bewertung wird sich daher nicht von herkömmlichen Arzthaftungsverfahren unterscheiden. Es bestehen jedoch Bedenken hinsichtlich der Beweisbarkeit der Pflichtverletzung beim Einsatz von KI-Systemen.[875] Zwar wird vorgebracht, ein Fehler ließe sich aufgrund der verschiedenen Einflüsse der beteiligten Akteurinnen, die jeweils für sich oder in der Summe potenziell zu einem fehlerhaften KI-Ergebnisvorschlag führen können, für die beweisbelastete Patientin nur schwer identifizieren.[876] In der Tat würde diese Sichtweise trotz der reduzierten Darlegungslast und des geringeren Beweismaßes zu fortbestehenden Beweisschwierigkeiten führen. Für die Fallgruppe des Diagnosefehlers hat dies jedoch wenig bis gar keine Relevanz. Die Pflichtverletzung ist ein Fehler in der Diagnose. Für einen Behandlungsfehler wird also nicht auf das zum Ergebnisvorschlag führende Vorverhalten, wie bspw. ein Fehler in der Programmierung und/oder dem Training bzw. der Anwendung abgestellt. Vielmehr kommt es auf das ärztliche Verhalten *nach* dem Ergebnisvorschlag des autonomen Systems in Form der Interpretation desselben im Rahmen der *Letztentscheidung* an.

Ob eine fehlerhafte oder sogar unterlassene Interpretation dieses Ergebnisvorschlags vorliegt, ist aufgrund der erhöhten Dokumentationspflichten ebenso messbar bzw. nachweisbar wie in üblichen Arzthaftungsfällen. So kann die Patientin durch Einsicht in die Patientinnendokumentation erkennen, ob die Ärztin die Diagnose der Künstlichen Intelligenz übernommen und welche medizinischen und technischen Anstrengungen sie für diese Letztentscheidung unternommen hat. Aufgrund der reduzierten Darlegungslast wird es der Patientin also regelmäßig gelingen, einen Behandlungsfehler mithilfe der gefertigten Dokumentation substantiiert vorzutragen, sodass eine gerichtliche Sachverständige eine Feststellung über die zuvor geschilderten Umstände treffen kann.

---

875 vgl. hierzu etwa *Haftenberger*, Die Produkthaftung für künstlich intelligente Medizinprodukte, S. 55 f.; *Helle*, MedR, 2020, 997; *Rammos/Lange/Clausen*, in: Ebers/Heinze/Krügel/Steinrötter, KI und Robotik, § 28 Rdnr. 25; *Grützmacher*, CR 2021, 436; *Wagner*, AcP 2017, 747; *ders.*, VersR 2020, 717, 729.

876 Ebd.

Ein Diagnosefehler der Behandelnden wird nach alledem regelmäßig einen groben Behandlungsfehler darstellen. Selbiges gilt für Befunderhebungsfehler, wenn ein Unterlassen vorliegt. Dies führt zur Beweiserleichterung des § 630h Abs. 5 S. 1 BGB. Der geschädigten Patientin kommt dann die Vermutung der haftungsbegründenden Kausalität zugute, sodass sie dem strengen Beweismaß des § 286 ZPO entkommen kann.

Kommt es beim Einsatz eines autonomen Systems zu einem (Gesundheits-)Schaden der Patientin, wird die Vorschrift des § 630h Abs. 5 S. 1 BGB regelmäßig nur dann nicht anwendbar sein, wenn ein Diagnosefehler sachverständig abgelehnt wird. In diesen Fällen ist von dem Vorliegen „spontaner Effekte" der Künstlichen Intelligenz bzw. einem KI-Restisiko auszugehen.[877]

Trotz der verbleibenden Haftungslücke für ein KI-Restrisiko ist entgegen der von *Beck et al.* de lege ferenda vorgeschlagenen Modifikation der Haftung eine Verschuldensvermutung zulasten der Klinikbetreibenden[878] nur näher in Betracht zu ziehen, wenn sich für eine Haftung de lege lata kein Anknüpfungspunkt ermitteln lässt. Möglich bleibt jedoch ein Organisationverschulden der Organisationsverpflichteten. Ein solches kann die Regelung des § 630h Abs. 1 BGB und damit eine Fehlervermutung auslösen. Eine abschließende Aussage darüber, ob de lege ferenda Nachbesserungsbedarf besteht, wird daher im Rahmen eines Endergebnisses am Ende der rechtlichen Untersuchung aller Behandlungsfehler getroffen.

V. Therapiefehler

Von dem Diagnosefehler abzugrenzen ist der Therapiefehler, der eine größere Spannbreite denkbarer Anknüpfungspunkte für pflichtwidriges Verhalten bietet – auch beim Einsatz von KI-Systemen. Die Therapie, die

877 Nachdem die Einstufung eines Behandlungsfehlers als grob regelmäßig zur Folge hat, dass sich angestellte ärztliche Anwendende durch die damit einhergehende Feststellung einer mittleren bis groben Fahrlässigkeit einer Haftung nach § 823 BGB ausgesetzt sehen, kann an dieser Stelle erwägt werden, eine Anpassung der Grundsätze des innerbetrieblichen Schadensausgleichs für KI-Sachverhalte vorzunehmen. Möglich wäre, eine vollumfängliche Übernahme des Schadens durch die Arbeitgeberin für jede Form von Fahrlässigkeit festzusetzen. Ob dies erforderlich ist, ist indes fraglich, da es hier nicht um die Haftung für KI-Restrisiken geht. Vielmehr liegt in diesen Fällen tatsächlich eigenes Verschulden der Behandelnden vor.

878 Siehe hierzu unter E.III.3.a.cc.(4).

als eigentliche „*Behandlung*" bekannt ist, schließt sich an die Diagnostik an und bildet zumeist den längsten Zeitraum einer medizinischen Behandlung. In diesem Bereich geht es um die richtige bzw. standardgemäße Anwendung von konkreten *Behandlungsmethoden*.[879]

Sowohl die *Wahl* der konkreten Behandlungsmethode als auch die *Durchführung* der Therapie[880] und die *therapeutische Aufklärung* können standardunterschreitend und damit als Therapiefehler behandlungsfehlerhaft sein.[881] Der Therapiefehler ist von der grundsätzlich bestehenden Therapiefreiheit[882] des Behandelnden abzugrenzen.

1. Therapiefehler oder Therapiefreiheit?

Oftmals stehen dem ärztlichen Personal zur Behandlung der Patientin mehrere Behandlungsmethoden mit unterschiedlichen Chancen-/Risikoprofilen[883] zur Verfügung, dessen es sich bedienen kann.[884] Angelehnt an die durch die medizinische Wissenschaft stets steigende Verfügbarkeit von Behandlungsmethoden ist es grundsätzlich Sache der Behandelnden, die Methode zu wählen. Hinsichtlich der Wahl der Behandlungsmethode steht ihnen also ein Wahlrecht zu. Hinter diesem Beurteilungs- und Ermessenspielraum steht die sog. Therapiefreiheit[885] als über die Berufsausübungs-

879 Vgl. hierzu etwa *Konradt*, in: Ehlers/Broglie, Arzthaftungsrecht, Kapitel 2, Rdnr. 218 ff.

880 Vgl. *Blechschmitt*, Die straf- und zivilrechtliche Haftung beim Einsatz roboterassistierter Chirurgie, S. 59.

881 Vgl. *Wenzel*, Handbuch des Fachanwalts Medizinrecht, S. 409, Rdnr. 273.

882 Ebd.; vgl. zur Therapiefreiheit bei roboterassistierter Chirurgie *Blechschmitt*, Die straf- und zivilrechtliche Haftung des Arztes beim Einsatz roboterassistierter Chirurgie, S. 58.

883 *Katzenmeier*, in: BeckOK BGB, § 630a Rdnr. 183, 186; *Eichelberger*, in: Chibanguza/Kuß/Steege, Künstliche Intelligenz, S. 659.

884 Die Therapiefreiheit ist selbst Teil des allgemein anerkannten fachlichen Standards, vgl. *Gutmann*, in: Staudinger BGB§ 630a Rdnr. 148.

885 BGH Urt. v. 15.10.2019 – VI ZR 105/18 = NJW 2020, 1358 Rdnr. 14; BGH, Urt. v. 22.05.2007 – VI ZR 35/06 = NJW 2007, 2774; *Katzenmeier*, in: BeckOK BGB, § 630a Rdnr. 184; *Spindler*, in: BeckOGK BGB, § 823 Rdnr. 834; *Wagner*, in: MüKo BGB, § 630a, Rdnr. 149; *Eichelberger*, in: Chibanguza/Kuß/Steege, Künstliche Intelligenz, S. 659.

freiheit nach Art. 12 GG geschütztes Grundrecht einer jeden Behandelnden.[886]

2. Grenzen der Therapiefreiheit

Die Therapiefreiheit findet ihre Grenze, wenn Behandelnde eine vom Standard abweichende Therapiemethode nutzen oder sich die Wahl dieser Methode als für den konkreten Behandlungsfall ungeeignet herausstellt – zumindest dann, wenn keine standardabweichende Abrede nach § 630a Abs. 2 Hs. 2 BGB getroffen wurde. § 630a Abs. 2 BGB erscheint daher auf den ersten Blick eine Verschärfung der vor der Kodifikation geltenden Rechtslage zu sein, die eine Standardabweichung ohne Parteivereinbarung gestattete.[887]

Ob die in diesem Zusammenhang ausgesprochenen Befürchtungen, der neu formulierte § 630a Abs. 2 BGB bedrohe die Therapiefreiheit der Behandelnden, das Selbstbestimmungsrecht der Patientinnen und somit den medizinischen Fortschritt,[888] berechtigt sind, erscheint indes fraglich. Der im Gesetz im Plural verwendete Begriff *„Standards"* zeigt, dass der medizinische Standard immer nur einen Handlungskorridor zeichnet, der es den Behandelnden ermöglichen soll, von der herkömmlichen Behandlungsmethode abzuweichen, wenn die individuellen Umstände des Einzelfalles dies erfordern.[889] Denn ebenso wie für die Berücksichtigung von Leitlinien gilt für den Standardbegriff, dass auch die herkömmlichen Behandlungsmethoden oft nur die „Standardpatientin" im Blick haben oder, wie *Gutmann* zu Recht ausführt: *„Dass die Entscheidung darüber, was im konkreten Fall das angeratene Vorgehen ist, dem Arzt obliegen muss, ist selbst Teil des allgemein anerkannten fachlichen Standards"*.[890]

---

886 *Wenzel*, Handbuch des Fachanwalts Medizinrecht, S. 341 Rdnr. 274; *Blechschmitt*, Die straf- und zivilrechtliche Haftung des Arztes beim Einsatz roboterassistierter Chirurgie, S. 58 f., so berührt bspw. die Festbetragsfestsetzung für Arznei- und Hilfsmittel die ärztliche Berufsfreiheit nach Art. 12 Abs. 1 GG, vgl. *Faßbender*, Wettbewerbsrelevantes Staatshandeln und Berufsfreiheit: Quo vadis, Bundesverfassungsgericht, NJW 2004, 816.

887 Vgl. etwa *Gutmann*, in: Staudinger, § 630a Rdnr. 148.

888 Vgl. *Katzenmeier*, Der Behandlungsvertrag – Neuer Vertragstypus im BGB, NJW 2013, 817, 818.

889 Vgl. *Gutmann*, in: Staudinger BGB, § 630a Rdnr. 148 f.; *Taupitz*, GesR 2015, 65, 67.

890 *Gutmann*, in: Staudinger BGB, § 630a Rdnr. 148.

So dürfen Behandelnde auch sog. „*Außenseiter- bzw. Neulandmethoden*“[891] anwenden, d.h. Alternativmethoden, die ohne die in der Schulmedizin abgelaufene wissenschaftliche Absicherung angeboten werden.[892] Voraussetzung hierfür sind eine ordnungsgemäße Einwilligung der Patientin und Anhaltspunkte für einen möglichen Erfolgseintritt.[893] Im Falle von Außenseiter- bzw. Neulandmethoden kommt es nicht automatisch zur Annahme eines groben Behandlungsfehlers.[894] Welcher Sorgfaltsmaßstab bei Anwendung einer solche Außenseitermethode anzunehmen ist, wird nachfolgend ebenso wie die Frage geklärt, ob es sich bei KI-Systemen um derartige Methoden handelt.

3. Einsatz von Künstlicher Intelligenz als Therapiefehler

Der Therapiefehler unterteilt sich in die Kategorien „*fehlerhafte Wahl*“ und „*fehlerhafte Durchführung*“. Bei der *Wahl* der Therapiemethode Künstliche Intelligenz geht es weniger um die konkrete Verwirklichung von KI-Risiken, als vielmehr um die Frage nach der Zulässigkeit des Einsatzes dem Grunde nach. Die KI-Risiken sind hingegen bei der Frage nach den Anforderungen an die richtige *Durchführung* der Methode zu thematisieren.

Bei der Durchführung von KI-Systemen als Therapiemethode kommt es ebenso wie bei den bereits untersuchten diagnoseunterstützenden KI-Systemen maßgeblich auf den ärztlichen Einfluss an. Ein grober Fehler löst gleichermaßen die Folgen des § 630h Abs. 5 S. 1 BGB aus. Für die *Durchführung* wird insofern argumentativ auf die Ausführungen zum Diagnosefehler verwiesen. Die nachfolgende Untersuchung beschränkt sich auf die *Wahl* von Künstlicher Intelligenz als Behandlungsmethode.

Grundsätzlich besteht angesichts der Freiheit der ärztlichen Methodenwahl die Möglichkeit, sich zumindest derjenigen KI-Systeme frei zu bedienen, die Einhalt in den medizinischen Standard gefunden haben.[895] Doch auch Behandlungsmethoden, die nicht der Schulmedizin entsprechen, kön-

---

891 Vgl. hierzu bereits unter Teil. E.II.2.

892 *Wenzel*, Handbuch des Fachanwalts Medizinrecht, S. 410, Rdnr. 274.

893 Ebd.; zur Frage der Rechtmäßigkeit einer Methadonvergabe an Opiatabhängige zum Zwecke der Überbrückungsbehandlung vgl. *Kühne*, Kein Ende der Methadon-Debatte, NJW 1992, 1547.

894 Vgl. *Kern*, in: Laufs/Kern/Rehborn, Handbuch des Arztrechts, § 109, Rdnr. 23; BGH, Urt. v. 22.5.2007 – VI ZR 35/06 = NJW 2007, 2774.

895 *Eichelberger*, in: Chibanguza/Kuß/Steege, Künstliche Intelligenz, S. 660.

nen von Behandelnden als Neulandmethode eingesetzt werden, wenn sie medizinisch vertretbar sind.[896]

Für die weitere Prüfung ist zu unterscheiden, ob das KI-System als *Behandlungsmethode* den medizinischen Standard abbildet oder weniger innovative, konventionelle Behandlungsmethoden dies tun.

a. KI-Methode verfügbar, aber nicht genutzt

Die Herausbildung eines medizinischen Standards und damit die Möglichkeit zur Bejahung einer Pflichtverletzung beim bloßen Nichteinsatz von KI-Systemen in der Behandlung ist angesichts der Bestrebungen zur Weiterentwicklung und Etablierung von autonomen Systemen im Gesundheitswesen nicht unwahrscheinlich.[897] Es ist dennoch nicht davon auszugehen, dass dies – egal in welcher Fachdisziplin – in nächster Zukunft der Fall sein wird. Diese Perspektive wird daher vernachlässigt. Denkbar ist aber, dass besonders innovative Behandelnde oder Klinikbetreibende autonome Systeme in ihre Ausstattung aufnehmen. Deshalb und aufgrund des Potenzials derartiger Systeme, den Heilungserfolg positiv zu beeinflussen, soll auf das folgende, doch realistische Szenario eingegangen werden:

Wählen Behandelnde eine veraltete Behandlungsmethode, obwohl das (vorhandene) KI-System in der Wissenschaft unbestritten und dessen Einsatz mit einem geringeren Risiko verbunden bzw. für die Patientin weniger belastend ist,[898] könnte sich in dieser *Wahl* bei Vorliegen der weiteren haftungsbegründenden Voraussetzungen der § 630a i.V.m. § 280 Abs. 1 BGB ein Behandlungsfehler in Form eines Therapiefehlers realisiert haben. Gleiches gilt sogar dann, wenn es sich bei der gewählten Methode nicht um eine veraltete, sondern um eine konventionelle Methode handelt, die (noch) als medizinischer Standard anerkannt ist, aber eine modernere Ausstattung zur Behandlung, die die Heilungschancen verbessert und unerwünschte

896 Ebd.; Dies setzt eine sorgfältige und gewissenhafte medizinische Abwägung von Vor- und Nachteilen unter Berücksichtung aller Umstände des Einzelfalles voraus, vgl.: BGH NJW 2017, 2685 Rdnr. 7.

897 Vgl. hierzu *Zech/Hünefeld*, MedR 2023, 1, 3.

898 Vgl. zum Einsatz bei roboterassistierter Chirurgie *Blechschmitt*, Die straf- und zivilrechtliche Haftung des Arztes bei roboterassistierter Chirurgie, S. 60.

Nebenwirkungen erkennen bzw. abwenden kann, vorhanden ist.[899] Es stellt sich daher die Frage, wo die Grenze zur Vertretbarkeit zu ziehen ist.

aa. *Grenzen der Vertratbarkeit veraltete oder konventionelle Methoden anzuwenden*

Eine anerkannte und etablierte Behandlungsmethode darf nur so lange angewendet werden, wie eine neue Methode sich nicht nur in der Wissenschaft als Mittel der Wahl durchgesetzt hat, sondern auch in der Praxis entsprechende Akzeptanz findet.[900] Ihre Grenzen findet die Therapiefreiheit daher spätestens dann, wenn die angewendete Methode veraltet, überholt oder nicht die schonendste ihrer Art ist.[901]

Der Einsatz von KI-Systemen unterscheidet sich insofern nicht von übrigen arzthaftungsrechtlich relevanten Behandlungsfehlern dieser Art, da sich der Fehler nicht durch die Verwirklichung eines KI-Risikos darstellt. Die Diskussion ist dennoch berechtigt, denn es zeigt sich bereits jetzt ein Trend, der sich auch bei roboterassistierter Chirurgie zeigte. Ebenso wie bei roboterassistierter Chirurgie etwa durch präzisere Schnitte bei der Entfernung von tumorbefallenem Gewebe in der Onkologie die Überlebensrate der Patientin positiv beeinflusst werden kann,[902] können ähnliche Effekte in der Diabetologie[903] mit KI-Systemen erreicht werden. KI-Systeme können den Heilungserfolg also immens begünstigen, teilweise sogar die Überlebensrate erhöhen,[904] sodass die konventionellen Methoden in diesem Sinne schnell veraltet, überholt oder nicht die schonendsten sein könnten.[905]

---

899 So hat der BGH entschieden, dass ein grober Behandlungsfehler anzunehmen ist, wenn eine Klinik eine Strahlenbehandlung dem derzeitigen Standard entsprechend ohne Dosis-Meßgerät einsetzt, obwohl ein Dosisleistungsmeßgerät vorhanden war, BGH, Urt. v. 30.05.1989 – VI ZR 200/88.

900 So *Wenzel*, Handbuch des Fachanwalts Medizinrecht, S. 411, Rdnr. 276.

901 So *Wenzel*, Handbuch des Fachanwalts Medizinrecht, S. 411, Rdnr. 275; *Spickhoff*, MedR 2008, 87, 89.

902 Siehe *Blechschmitt*, Die straf- und zivilrechtliche Haftung des Arztes bei roboterassistierter Chirurgie, S. 60 f.

903 Siehe Einleitung.

904 Hier nochmal ein Beispiel finden.

905 Vgl. auch *Blechschmitt*, Die straf- und zivilrechtliche Haftung roboterassistierter Chirurgie, S. 61.

bb. *Modernes KI-System bereits angeschafft, aber Anwendung unterlassen*

Steht der Behandelnden oder der Klinikbetreibenden neben der veralteten bzw. konventionellen auch die neue KI-Methode zum Einsatz zur Verfügung, spricht einiges dafür, dass diese Methode auch angewendet werden muss, wenn der Einsatz mit geringeren Risiken verbunden ist und sich dadurch ein besseres Ergebnis erzielen lässt.[906] Das Unterlassen stellt ein Unterschreiten der ärztlichen Sorgfaltspflichten dar, sodass ein Therapiefehler anzunehmen ist.

Der bloße Nichteinsatz könnte dann je nach Einzelfall als (grober) Therapiefehler einzustufen sein[907] und somit zugunsten der Patientin die Beweiserleichterungen des § 630h Abs. 5 S. 1 BGB auslösen.

cc. *Neuanschaffung wirtschaftlich zumutbar?*

Es ist indes nicht davon auszugehen, dass sämtliche Kliniken in Sachen autonomer Systeme alsbald repräsentativ ausgestattet sein werden; dies nicht zuletzt aufgrund der aufwändigen Verfahren.[908] Damit stellt sich die Frage, ob auch die *Nicht*anschaffung eines KI-Systems behandlungsfehlerhaft sein kann.

Die zunehmende Etablierung von KI-Systemen im medizinischen Bereich könnte auch insofern Einfluss auf die Sorgfaltsanforderungen haben, als die Ärztin eine Behandlung schuldet, die dem jeweilig aktuellen Stand der Medizin entspricht.[909] Eine Sorgfaltspflichtverletzung könnte daher dann in Betracht kommen, wenn die Überlegenheit einer KI-Technologie nachgewiesen wurde und die Ärztin dennoch auf ihre Anwendung verzichtet.[910] Relevant ist dieser Anknüpfungspunkt auch aus wirtschaftlichen Gesichtspunkten und für die Frage, ob Behandelnden die apparative Neuanschaffung eines KI-Systems zugemutet werden kann. Ist dies abzulehnen,

---

906 Ebd.; *Blechschmitt* verweist in diesem Zusammenhang auf die Rechtsprechung zum Dosisleistungsmeßgerät für die Strahlentherapie bei Gebärmutterhals-Karzinom, BGH, Urt. v. 30.5.1989 – VI ZR 200/88 = NJW 1989, 2321. So kann es als grober Behandlungsfehler eingestuft werden, wenn ein vorhandenes Dosisleistungsmeßgerät für eine Strahlentherapie nicht eingesetzt wird.

907 Vgl. hierzu BGH, Urt. v. 30.05.1989 – VI ZR 200/88 = NJW 1989, 2321.

908 Siehe zum Zertifizierungsverfahren Kapitel zwei unter C.II. ff.

909 *Mühlböck/Taupitz*, AcP, 221, 181, 197.

910 Ebd.

hätte dies auch die Ablehnung eines Therapiefehlers zur Folge, trotz der potenziell positiven Effekte von Künstlicher Intelligenz.

Auf den ersten Blick unterscheidet sich auch dies nicht von übrigen Nicht-KI-Sachverhalten, in denen die wirtschaftliche Zumutbarkeit der Anschaffung von medizinischen Apparaten angezweifelt wird. In der Rechtsprechung wird bei derartigen Neulandmethoden, die bereits offenkundig die bessere Methode ist, als die konventionelle, zwischen der Erprobungs- und der Übergangsphase entschieden. Sobald die Erprobung der neuen Therapiemethode in der Wissenschaft abgeschlossen ist, wird die Übergangsphase erreicht. In dieser Phase ist es für ein Krankenhaus, das sich um die Anschaffung der neuen Methode gekümmert hat, vertretbar, noch die konventionelle Methode anzuwenden, bis die neue Methode zur Verfügung steht. Wichtig ist nur, dass die konventionelle Methode in dieser Übergangsphase noch nicht „unverantwortlich erscheint".[911]

Kritikwürdig an dieser Entscheidung ist die fehlende Konkretisierung der Übergangsphase. Vorgeschlagen wurde in der Literatur daher, eine Übergangsphase nur dann zu gewähren, wenn es sich bei der in Rede stehenden Therapiemethode um eine kostenintesive Anschaffung handelt.[912]

Da mit KI-Systemen nicht nur einmalige Anschaffungskosten, sondern auch immense Unterhaltungskosten für den gesamten Lebenszyklus verbunden sind,[913]sollte Klinikbetreibenden eine Übergangsphase eingeräumt werden.

b. KI-Methode verfügbar und genutzt

Auch wenn KI-Systeme aufgrund ihres innovativen Erscheinens einige Zeit benötigen, um sich zu erproben und in der medizinischen Wissenschaft anerkannt zu werden, kann es sein, dass Medizinerinnen, die sich des Potenzials von autonomen Systemen bewusst sind, ein solches System ein-

---

911 Zu dem Ganzen vgl. BGH, Urt. v. 02.06.1987 – VI ZR 174/86 = NJW 1988, 763, 765 f.; vgl. hierzu auch *Blechschmitt*, Die straf- und zivilrechtliche Haftung des Arztes beim Einsatz roboterassistierter Chirurgie, S. 64 f.

912 *Damm*, NJW 1989, 737, 741; vgl. auch *Blechschmitt*, Die straf- und zivilrechtliche Haftung des Arztes beim Einsatz roboterassistierter Chirurgie, S. 65.

913 Auf eine exemplarische Kostenaufstellung durch die EU-Kommission wurde in Kapitel zwei unter C.II. eingegangen

setzen möchten, obwohl eine andere Methode den medizinischen Standard abbildet.[914]

Wie zuvor erläutert ist es für Behandelnde nicht unmöglich, eine sog. *„Neulandmethode“* einzusetzen. Denn auch eine neue Behandlungsmethode muss die Gelegenheit erhalten, sich fortzuentwickeln und zu erproben – gerade, wenn nicht ausgeschlossen ist, dass sie bessere Ergebnisse erzielt, als die herkömmliche(n) Methode(n).

Bei den sog. Neulandmethoden handelt es sich um Therapieformen, die nach medizinischem Verständnis noch nicht dem Bereich des Behandlungsstandard zuzuordnen sind.[915] Die Therapieform hat sich mithin entweder (noch) nicht in der Erprobung bewährt[916], weicht von bisherigen zum medizinischen Standard gehörenden Therapieformen ab[917] und/oder ist nicht ausgerichtet auf bisherige und in der Praxis befolgte Verhaltensmuster, sodass es an einer allgemeinen Anerkennung fehlt.[918]

4. Rechtliche Bewertung von Neulandmethoden

Ist eines oder sind mehrere Kriterien des vorbezeichneten medizinischen Standards nicht erfüllt, führt die Nutzung einer solchen Behandlungsmethode nicht automatisch zu einem Behandlungsfehler.[919] Oftmals erfordert der individuelle Gesundheitszustand der Patientin eine Abweichung von dem kollektiven Verständnis des allgemein anerkannten Standard, sodass das ärztliche Vorgehen stets eine Berücksichtigung individueller Belange

914 Gerade die Charité Berlin hat ernsthafte Bestrebungen, das Potenzial von KI-Systemen im Gesundheitswesen zu nutzen und als echte Behandlungsalternative zu etablieren, vgl. KI-Campus, online abrufbar unter: https://ki-campus.org/themen/medizin, zuletzt abgerufen am 13.12.2023.

915 *Gutmann*, in: Staudinger, § 630a Rdnr. 146; zur Abweichung des Begriffes der neuen Behandlungsmethode von der „standardgemäßen Behandlung“ vgl. BGH, Urt. v. 11.05.2006 – VI ZR 323/04 = NJW 2006, 2477, 2478; BGH, Urt. v. 23.3.2007 – VI ZR 55/05 = NJW 2007, 2767, 2768.

916 *Gutmann*, in: Staudinger, § 630a Rdnr. 146; BGH, Urt. v. 24.2.2015 – VI ZR 106/13 = NJW 2015, 1601.

917 *Gutmann*, in: Staudinger, § 630a Rdnr. 146; BGH, Urt. v. 23.3.2007 – VI ZR 55/05 = NJW 2007, 2767, 2768; BGH, Urt. v. 22.5.2007 – VI ZR 35/06 = NJW 2007. 2774.

918 Ebd.; BGH, Urt. v. 22.5.2007 – VI ZR 35/06 = NJW 2007, 2774.

919 Vgl. *Helle*, MedR 2020, 993, 998; *Eichelberger*, in: Chibanguza/Kuß/Steege, Künstliche Intelligenz, S. 660; *Wagner*, in: MüKo BGB, § 630a Rdnr. 133; BGH, Urt. v. 15.10.2019 – VI ZR 105/18 = 1358, Rdnr. 14; *Kern/Rehborn*, in: Laufs/Kern/Rehborn, Handbuch des Arztrechts, § 96 Rdnrn. 48 ff.

und im Einzelfall auch eine Abweichung von diesem Standard erforderlich macht.[920] Eine andere Herangehensweise würde den stetigen Fortschritt der medizinischen Wissenschaft zum Erliegen bringen und ist daher nicht erstrebenswert.[921]

Der Dispositionsmöglichkeit der Parteien wollte der Gesetzgeber durch Einführung des § 630 Abs. 2 Hs. 2 BGB Rechnung tragen, der eine Vereinbarung einer Abweichung von dem allgemein anerkannten fachlichen Standard ermöglicht.[922] Eine informierte Aufklärung vorausgesetzt, können die Parteien daher eine Behandlung *„außerhalb von Standards"*[923] vereinbaren.

Die Anwendung einer neuartigen Behandlungsmethode führt zu erhöhten Sorgfaltspflichten, denen durch eine gewissenhafte Abwägung zwischen dem therapeutischen Nutzen und den Risiken entsprochen werden muss.[924] Diese Abwägung muss erneut vorgenommen werden, wenn neue

920 Wie *Gutmann* zu Recht ausführt, ist in der patintenindividuellen Abweichung vom medizinischen Standard auch manchmal die Beachtung desselben zu sehen, vgl. *ders.*, in: Staudinger, § 630a Rdnr. 148; für eine interdisziplinäre Betrachtung des Standard-Begriffes siehe *Frahm et al.*, MedR 2018, 447, 448 f.; gegen ein Vorgehen nach *„Schema F"* ist *Taupitz*, GesR 2015, 65, 68; Eine *lege artis* Behandlung erfolgt dementsprechend nicht ausschließlich nach den allgemein anerkannten Standards, sondern lediglich unter Berücksichtigung derselben, vgl. *Katzenmeier*, NJW 2013, 817, 818.

921 Ein passendes Beispiel finden *Kern/Rehborn*, in: Laufs/Kern/Rehborn, Handbuch des Arztrechts, § 96 Rdnr. 51: *„Medizin ohne Fortschritt ist Rückschritt – das wird beispielsweise deutlich, wenn man sich vergegenwärtigt, dass sich Bakterien an Antibiotika ständig anpassen, so dass eine ursprünglich wirkungsvolle Therapie nach und nach ihre Wirkung verliert, bis schließlich die Bakterien gegen ihren „Feind" resistent sind."*

922 BT-Drs. 17/10488, S. 20; *Eichelberger*, in: Chibanguza/Kuß/Steege, Künstliche Intelligenz, S. 660; *Wagner*, in: MüKo BGB, § 630a Rdnr. 133; Die Gesetzesbegründung stellt ausdrücklich klar, dass Behandelnden sowohl in Diagnostik, als auch therapeutisch ein ausreichender Beurteilungs- und Entscheidungsspielraum verbleiben soll, der auch eine medizinische Behandlung durch neue Behandlungsmethoden eröffnet.

923 Vgl. *Katzenmeier*, in: BeckOK BGB, § 630a Rdnr. 190; ebenfalls das Erfordernis einer Vereinbarung im Sinne des § 630a Abs. 2 Hs. 2 BGB annehmend: *Wagner*, in: MüKo BGB, § 630a Rdnr. 13; a.A. *Gutmann*, in: Staudinger, § 630a Rdnrn. 146, 149-151, 173 ein Rekurs auf § 630a Abs. 2 Hs. 2 sei für neue Behandlungsmethoden zwar möglich, aber verzichtbar.

924 BGH, Urt. v. 27.03.2007 – VI ZR 55/05 = NJW 2007, 2767: *„Die verantwortungsvolle medizinische Abwägung erfordert einen im Verhältnis zur standardgemäßen Behandlung besonders sorgfältigen Vergleich zwischen den zu erwartenden Vorteilen und ihren abzusehenden oder zu vermutenden Nachteilen unter besonderer Berücksichtigung des Wohls des Patienten".*

Anhaltspunkte dafür Anlass bieten, bspw. wenn neue Erkenntnisse über Risiken und Nebenwirkungen vorliegen, über die sich das ärztliche Personal ständig zu informieren hat.[925] Dieser vom BGH eingeführte Sorgfaltsmaßstab des *„vorsichtigen Arztes"* verlangt, *„stets nah am Patienten"* zu sein, zu beobachten, um bei eintretenden Nebenwirkungen sofort und ggfs. höchstpersönlich reagieren zu können.[926] Bei der rechtlichen Beurteilung der Therapiefehler geht es indes nicht nur um diese *„vorsichtige Ärztin"*. Eine solch eindimensionale Betrachtung nur der Behandelndenseite würde die Selbstbestimmung der Patientin außer Acht lassen, um deren Integrität es geht.[927]

Die Patientin ist berechtigt, im Rahmen der durch §§ 138, 228 BGB gezogenen Grenzen über eine Abweichung vom anerkannten fachlichen Standard zu entscheiden.[928] Diese Einwilligung setzt allerdings eine umfassende Aufklärung durch die Behandelnden über sämtliche Behandlungsalternativen zwingend voraus.[929] Gewährleistet bleiben muss damit also eine *informierte Einwilligung* in den Eingriff.[930]

5. KI-Systeme als Neulandmethode

Auch wenn es mit dem Leitfaden *„Digitale Pathologie"* des Berufsverbandes der Deutschen Pathologen erste Tendenzen einzelner medizinischer Fach-

925 Vgl. BGH, Urt. v. 27.03.2007 – VI ZR 55/05 = NJW 2007, 2767; *Wagner*, in: MüKo BGB, § 630a Rdnr. 133; BGH, Urt. v. 22.05.2007 – VI 35/06 = = NJW 2007, 2774.

926 Auf die Grundsätze der Sorgfalt einer vorsichtigen Ärztin wurde bereits unter E.III.3. ff. eingegangen.

927 Zu alledem vgl. BGH, Urt. v. 13.06.2006 – VI ZR 323/04 = NJW 2006, 2477 m.Anm. Kern.

928 *Gutmann*, in: Staudinger, BGB, § 630a Rdnr. 147a; *Katzenmeier*, in: BeckOK BGB, § 630a Rdnr. 191.

929 Vgl. zu den Anforderungen an eine solche Aufklärung *Gutmann*, in: Staudinger BGB, § 630a Rdnr. 147a; zur *„Kompensation durch Aufklärung"* vgl. *Jansen*, Der Medizinische Standard, 2019, 243; vgl. auch *Lipp*, in: Laufs/Katzenmeier/ders., Arztrecht, Kap. X, Rdnrn. 93, 99 ff.

930 *Gutmann*, a.a.O., Rdnr. 133; Die erhöhten Anforderungen an eine gewissenhafte Aufklärung sollen nicht Gegenstand dieser Ausarbeitung sein. Eine eingehende Darlegung der Thematik bietet: *Rahn*, Ärztliche Aufklärung durch Künstliche Intelligenz.

disziplinen in Richtung Standard zu geben scheint,[931] handelt es sich bei medizinischen KI-Systemen bislang nicht um die dem medizinischen Standard entsprechenden Praktiken. Allerdings besitzt Künstliche Intelligenz durch ihre Kompetenz zum stetigen Lernen ebenso die Fähigkeit, sich kontinuierlich zu verbessern. Eingespeiste Daten werden durch neuronale Netzwerkstrukturen zu autonomen Mustern verarbeitet. Die Möglichkeiten für die Medizin sind weitreichend und versprechen nicht nur eine Entlastung in der Pflege oder die allgemeine Assistenz von pflegerischem oder ärztlichem Personal. Es besteht darüber hinaus die Möglichkeit für ein längeres und gesünderes Leben durch die verbesserte Diagnostik und Therapie. Die Herausbildung eines medizinischen Standards ist daher auch im Bereich der Therapie erstrebenswert.

Der bloße Einsatz wird sich angesichts dieser Tatsachen für die richtige Durchführung der Therapiemethode grundsätzlich nicht haftungsrelevant auswirken. Relevant bleiben allerdings die anzuwendenden Anforderungen an technische Kenntnisse durch die Verantwortlichen. Für eine fehlerfreie Durchführung müssen strengere Anforderungen gelten, als dies bei etablierten Behandlungsmethoden der Fall ist. Im Ergebnis gelten im Rahmen dieses Behandlungsabschnitts die gleichen Maßstäbe wie beim Einsatz diagnoseunterstützender Künstlicher Intelligenz. Dasselbe gilt für das Beweisrecht. Ebenso wie ein fundamentaler Diagnoseirrtum oder ein grober Befunderhebungsfehler führt auch ein als grob zu qualifizierender Therapiefehler nach § 630h Abs. 5 S. 1 BGB zur Umkehr der Beweislast der haftungsbegründenden Kausalität.

VI. Organisationsfehler

Judikatur und Literatur folgen einem weiten Verständnis des Behandlungsfehlerbegriffs und zählen neben den *klassischen* Behandlungsfehlern auch solche Fehler zum Haftungsumfang der § 630a ff. BGB, die dem Behandlungs*umfeld* zuzuordnen sind.[932] Dazu gehören Organisationsfehler, aber auch das sog. Übernahmeverschulden, d.h. eine Haftung infolge der Über-

931 Bundesverband Deutscher Pathologen e.V., Leitfaden *„Digitale Pathlogie in der Diagnostik"* – Befunderstellung an digitalen Bildern v. 26.3.2018; vgl. hierzu *Zech/Hünefeld*, MedR 2023, 1, 3.

932 *Katzenmeier*, Arztrecht, Kap. X. Rdnr. 4; *Francke/Hacke*, Charta der Patientenrechte, Rdnr. 34 ff.

nahme einer medizinischen Behandlung trotz fehlender Kompetenz der Behandelnden oder unzureichender sachlicher Ausstattung.[933]

Katzenmeier bezeichnet die Organisationshaftung[934] zu Recht als *„catch-all"*, das der Ärzteschaft schnell zum Verhängnis werden kann.[935] Umso wichtiger ist zu überprüfen, ob sich KI-Sachverhalte auch diesem Bereich vorwerfbaren ärztlichen Verhaltens zuordnen lassen. Besondere Bedeutung hat diese Überprüfung deshalb, weil mit einem Organisationsfehler grundsätzlich die Beweiserleichterung des § 630h Abs. 1 BGB eröffnet wäre, der mit seiner Fehlervermutung die beim Diagnosefehler diskutierten Schwierigkeiten bei einem verwirklichten KI-Restrisiko überwinden könnte,[936] selbst wenn ein Fehler angezweifelt werden sollte.

1. Organisationspflichten

Die Organisationspflichten werden ebenfalls als Hauptleistung des zwischen den Vertragsparteien geschlossenen Behandlungsvertrages begriffen.[937] Obwohl das Gesetz dies durch die Verwendung des sehr offenen Begriffs des allgemein anerkannten fachlichen Standards nicht klarstellt, lässt sich eine gute Organisation nach einem *„multidisziplinären und multiprofessionellen Standard"* durch Medizin, Recht[938] und Gesundheitsökonomie[939] begreifen.

Ein Behandlungsgeschehen beschränkt sich nicht auf den konkret vorgenommenen Eingriff. Charakteristisch ist gerade für die moderne Medizin ein komplexes Behandlungsgeschehen bestehend aus dem vertikalen, sowie

933 *Blechschmitt*, Die straf- und zivilrechtliche Haftung beim Einsatz roboterassistierter Chirurgie, S. 71.

934 Zum klareren Verständnis dieses Begriffes auch *Katzenmeier*, in: Laufs/ders./Lipp, Arztrecht, Kap. X. Rdnr. 41, der vor dem missverständlichen Begriff des *„Organisationsverschulden"* warnt, da es die Pflichtverstöße selbst sind, die das Handlungsunrecht begründen; vgl. hierzu auch *Gross/Kucharz*, MedR 2018, 143, 144.

935 *Katzenmeier*, in: Laufs/ders./Lipp, Arztrecht, Kap. X. Rdnr. 41; *Quaas*, in: ders./Zuck/Clemens, Medizinrecht, § 14 Rdnr. 119; *Gross/Kuchartz*, MedR 2018, 143, 144.

936 Vgl. E.III.3.b. und E.IV.2.c.

937 Vgl. *Blechschmitt*, Die straf- und zivilrechtliche Haftung des Arztes beim Einsatz roboterassistierter Chirurgie, 2017, S. 68.

938 In diesem Zusammenhang übt *Katzenmeier* Kritik auch an der Gesetzesbegründung, die den *„medizinischen Standard"* auch für Organisationpflichten für maßgebend erklärt, vgl. *Katzenmeier*, in: Laufs/ders./Lipp, Arztrecht, Kap. X. Rdnr. 42; zur Gesetzesbegründung siehe konkret BT-Drs. 17/10488, S. 20.

939 *Gutmann*, in: Staudinger BGB, § 630a Rdnr. 135.

horizontalen Zusammenkommen einer Vielzahl von Personen verschiedener Fachrichtungen.[940] Eine gleichrangige Wichtigkeit ist hochtechnologischen Apparaturen zuzusprechen, deren Einsatz bspw. durch roboterassistierte Chirurgie längst medizinischer Alltag ist.[941]

Um beantworten zu können, ob sich KI-Systeme dem Bereich der Organisationsfehler zuordnen lassen, ist eine vorgelagerte Betrachtung der Dogmatik und Entwicklung dieses Pflichtenkreises vorzunehmen. Dabei erfolgt mit den allgemeinen und besonderen Organisationspflichten eine Darstellung der aus dieser Entwickelung entwachsenen Fallgruppen und Fehlerquellen.

Es gibt eine Vielzahl einzelner Organisationspflichten, die jedoch allesamt zum Ziel haben, eine sichere, sachgemäße und für die Patientin gefahrlose Behandlung zu gewährleisten.[942] Für eine bessere Übersicht haben sich mit der Zeit Fallgruppen herausgebildet.[943]

Exemplarisch sei an dieser Stelle die Pflicht der Klinikträgerin benannt, das Klinikpersonal auf aktuelle Rechtsprechung zur Dokumentationspflicht hinzuweisen.[944] Eine unzureichende Dokumentation durch das ärztliche Personal ist dann der Klinikträgerin als Organisationspflichtverletzung vorzuhalten, wenngleich Art und Umfang der Dokumentation im Kompetenzbereich des leitenden ärztlichen Personals liegen.[945]

Die Verantwortung beim Einsatz von medizinischen Gerätschaften betrifft ebenfalls beide Kreise.[946] So ist das leitende Personal einstandspflichtig, wenn die Organisation und Koordination des Sacheinsatzes nicht von der Klinikträgerin übernommen wird.[947] Als Aufgabe der Klinikträgerin sind in diesem Zusammenhang alle mit der korrekten Handhabung des

940 Dieses Gefüge der vertikalen und horizontalen Arbeitsteilung im KI-Kontext wird noch unter E.IX. näher erläutert.

941 Zur Integration von Robotertechnologie in den Organisationsbereich vgl. *Blechschmitt*, Die straf- und zivilrechtliche Haftung des Arztes beim Einsatz roboterassistierter Chirurgie, 2017, S. 68 ff.

942 *Katzenmeier*, in: Laufs/ders./Lipp, Arztrecht, Kap. X. Rdnr. 45, der zur besseren Übersicht eine Fallgruppenbildung vorschlägt, der insgesamt vier Kardinalspflichten zu Grunde liegen soll.

943 Ebd.

944 *Kern/Rehborn*, in: Laufs/Kern/Rehborn, Handbuch des Arztrechts, § 100 Rdnr. 19.

945 Ebd.; zur Dokumentationspflicht im Allgemeinen und im Zusammenhang mit KI-Systemen vgl. E.XI.1.

946 *Kern/Rehborn*, a.a.O., Rdnr. 37.

947 *Kern/Rehborn*, a.a.O., Rdnr. 37.

Gerätes verbundenen Maßnahmen zu verstehen.[948] Die Trägerin ist daher unter anderem dazu verpflichtet, nötige Unterweisungen und Schulungen des die Gerätschaften nutzenden Personals ebenso sicherzustellen wie regelmäßige Überprüfungen der Funktionstüchtigkeit.[949] Bei Schwierigkeiten oder Auffälligkeiten kann es notwendig werden, die Herstellenden zu konsultieren.[950] Insgesamt gilt, dass die Klinikträgerin sicherstellen muss, dass Medizintechnik *„von vitaler Bedeutung"* vor und während des Einsatzes auf ihre Funktionsfähigkeit überprüft[951] und möglichen Fehlfunktionen mit umfassenden *Sicherheitsvorkehrungen* begegnet wird.[952]

2. Organisationsfehler beim Einsatz von KI-Systemen

KI-Systeme fallen als Medizintechnik in diese Fallgruppe. Es ist zu prüfen, welche Fehlerquellen beim Einsatz von KI-Systemen als Medizintechnik in Betracht kommen und zu den oben geannten Fehlerquellen hinzutreten können.

Dem Grunde nach kann etwa eine Klinikbetreiberin für einen eigenen Organisationsfehler und gleichzeitig für einen über § 278 BGB zuzurechnenden klassischen Behandlungsfehler *(Fehlerquelle 3)* einer angestellten Ärztin haften. Ihr kann aber auch dann ein vorwerfbarer Organisationsfehler unterlaufen, wenn ein klassischer Behandlungsfehler bei der ärztlichen Anwendenden nicht vorliegt. Dies wäre etwa der Fall, wenn keine fehlerhafte oder unterlassene Interpretation durch die Behandelnde festgestellt werden konnte, sondern sich bspw. ein KI-Restrisiko verwirklicht. Grund hierfür ist, dass für beide Behandlungsfehlergruppen auf jeweils unterschiedliche Zeitpunkte abgestellt wird.[953] Die für Organisationsfehler relevanten *Fehlerquellen* werden nachfolgend überprüft.

---

948 *Kern/Rehborn*, a.a.O., Rdnr. 16.

949 Ebd.

950 *Kern/Rehborn*, in: Laufs/Kern/Rehborn Handbuch des Arztrechts, § 100, Rdnr. 16.

951 BGH, Urt. v. 11.10.1977 – VI ZR 110/75 = NJW 1978, 584, 585; *Spindler*, in: BeckOGK BGB, § 823 Rdnr. 699; *Blechschmitt*, Die straf- und zivilrechtliche Haftung des Arztes bei roboterassistierter Chirurgie, S. 70.

952 *Spindler*, in: BeckOGK BGB, § 823, Rdnr. 699; *Blechschmitt*, Die straf- und zivilrechtliche Haftung des Arztes bei roboterassistierter Chirurgie, S. 70.

953 Dies wurde bereits E.III.4. erörtert.

a. Fehlerquelle 4: Fehlfunktion und Versagen des KI-Systems durch technischen Defekt

Möglich ist zunächst, dass das KI-System defekt ist. Diese Fehlerquelle unterscheidet sich nicht von Sachverhalten, in denen ein gewöhnliches medizinisches Gerät defekt ist und wird an dieser Stelle daher nicht weiter erörtert.

b. Fehlerquelle 1: Fehlfunktion und Versagen infolge eines Bedienungsfehlers

Im Zusammenhang mit Bedienungsfehlern ist auf die speziell für KI-Systeme geregelten weiteren Pflichten hinzuweisen, die den Pflichtenkatalog im Vergleich zu nicht-autonomer Medizintechnik erweitern. Diese Pflichten gelten für die Zeit vor dem Einsatz, während des Arbeitsprozesses und grundsätzlich auch noch nach dem Entscheidungsvorschlag. Wie bereits erörtert, gelten spezifische Anforderungen an Überwachungs-, Kontroll-, Fort- und Weiterbildungsmaßnahmen durch ärztliche Anwendende.[954] Klinikbetreibende bzw. leitendes ärztliches Personal – je nach dem, wie die Organisation im Einzelfall ausgestaltet ist – haben demnach im Rahmen des Standards einer guten Organisation dafür Sorge zu tragen, dass dieser Pflichtenkatalog eingehalten wird.[955]

Die Organisationsverpflichtete ist dafür zuständig, für Sicherheit, Koordination und Organisation von eingesetzter Medizintechnik zu sorgen. Zwar unterscheidet sich diese Fehlerquelle auf den ersten Blick nicht von Sachverhalten, in denen ein gewöhnliches medizinisches Gerät infolge eines Bedienungsfehlers der Behandelnden versagt. Die Nachweisbarkeit eines solchen Bedienungsfehlers dürfte sich dank der erhöhten Dokumen-

---

954 Zum besonnenen Einsatz durch stetige Überwachung und Beobachtung des Systems vgl. *Spindler*, in: BeckOGK, § 823, Rdnr. 764.

955 Außer Acht gelassen wird bei dieser Fallgruppe die verpflichtende Einhaltung der Zweckbestimmung des KI-Systems als Medizinprodukt. Denkbar ist grundsätzlich, dass die Anwendenden das Medizinprodukt zweckentfremdet verwenden. Dies könnte dazu führen, dass die Betreibenden über Art. 28 KI-VO-V fortan als Anbietende gelten und den Pflichten aus Art. 16 KI-VO unterliegen. Sie unterlägen dann (allein) der Anbieterhaftung. Es wude daher in Frage gestellt, ob sich diese Regelung durchsetzen wird, vgl. dazu *Schulz-Große/Genske*, GuP 2023, 81, 93. Tatsächlich wurden entsprechende Regelungen mit Art. 16 und 25 Abs. 1 lit. c in die nunmehr veröffentlichte KI-VO übertragen.

tationspflichten[956] und des geringen Beweismaßes des § 286 ZPO auch bei KI-Systemen regelmäßig gut ermöglichen lassen.

Lässt sich kein Fehlverhalten der Anwendenden feststellen, ist wahrscheinlich, dass sich ein KI-Restrisiko verwirklicht hat oder dass die falsche Ausgabe aus einem Fehler einer anderen beteiligten Akteurin während einer anderen Lebensphase des KI-Systems, d.h. aus externen Einflüssen, resultiert. In diesen Fällen könnte regelmäßig nicht einmal eine Mitursächlichkeit substantiiert vorgebracht werden.

c. Fehlerquelle 2: Verwirklichtes KI-(Rest-)Risiko oder sonstige äußere Einflüsse

Neben einem Fehler in der Interpretation der Ausgabe des autonomen Systems durch Anwendende *(Fehlerquelle 3)* und einem nachweisbaren Bedienungsfehler *(Fehlerquelle 1)* ist die entscheidendste Fehlerquelle beim Einsatz von KI-Systemen nach alledem die Verwirklichung eines KI-Risikos, wie des Autonomie- oder Vernetzungsrisikos, oder eines äußeren Einflusses. Diese bereits im Bereich der Diagnosefehler diskutierte Fehlerquelle[957] konnte auf ein verwirklichtes KI-*Rest*risiko reduziert werden. Lediglich die *„spontanen Effekte“* der Künstlichen Intelligenz verbleiben als KI-immanente Risiken.[958]

Es stellt sich die Frage, ob diese *bereinigte* Fehlerquelle des verwirklichten KI-Rest-Risikos der zuvor benannten Fallgruppe der Organisation medizinischer Gerätschaften im Sinne einer allgemeinen Organisationspflicht und damit dem Herrschafts- und Organisationsbereich der Behandelndenseite zugeordnet werden kann/darf[959] oder dies aufgrund der Unvorhersehbarkeit dieser Effekte abzulehnen ist.

aa. *Unterschied zu übrigen Behandlungsfehlern*

Trotz der Einhaltung der besonderen Sorgfaltsanforderungen beim Einsatz von KI-Systemen bei der Diagnose kann es dazu kommen, dass ein fehler-

956 Vgl. XII.1.

957 Siehe hierzu unter E.III.4.b.bb.

958 vgl. *Zech*, Gutachten A zum 73. DJT 2020/2022, A 37.

959 *Blechschmitt*, Die straf- und zivilrechtliche Haftung des Arztes beim Einsatz roboterassistierter Chirurgie, S. 94.

hafter Entscheidungsvorschlag von den Anwendenden in *nicht* vorwerfbarer Weise übernommen wird, daraus ein (Gesundheits-)Schaden entsteht und die Anwendenden für diesen nach dem klassischem Behandlungsfehlerbegriff nicht haften müssten, da sich trotz aller Kontrollmaßnahmen ein KI-Restrisiko verwirklicht hat oder der Fehler Folge eines sonstigen externen Fehlers Dritter ist. Bliebe es im Gesamtergebnis bei dieser rechtlichen Bewertung, entstünde eine Haftungslücke für infolge von verwirklichten KI-Restrisiken oder sonstigen nicht eindeutig zuzuordnenden Risiken entstandene Schäden.

An dieser Stelle können Organisationspflichten als Anknüpfungspunkt für mögliches behandlungsfehlerhaftes Verhalten ansetzen und diese Haftungslücke schließen. Als potenziell vorwerfbares Verhalten kommen hier der Einsatz des medizinischen Geräts und die Gestaltung der Kontrollierbarkeit desselben an sich in Betracht. Beim Organisationsverschulden geht es also um eine ganzheitliche Betrachtung des Behandlungsumfelds und damit schwerpunktmäßig um den Einsatz des Systems als solchen und dessen Arbeitsprozess, im Ergebnis also um das *Funktionieren* des autonomen Systems. Die Organisation eines KI-Systems dreht sich mithin um die Funktionsfähigkeit des Gerätes zu jeder Zeit.

Damit stellt sich die Frage, welchen Sorgfaltsmaßstab die Organisationsverpflichteten im Sinne einer guten Organisation nach einem *„multidisziplinären und multiprofessionellen Standard“* beim Einsatz von KI-Systemen schulden und ob dieser Standard die KI-Risiken abdeckt.

bb. *Grundsatz: Gute Organisation in allen Stadien geschuldet*

Grundsätzlich treffen die Behandelndenseite in allen Stadien der Behandlung spezifische Pflichten als Organisationspflichten, die die Sicherheit der Patientinnen gewährleisten sollen.[960] Dies erscheint angesichts der zu Beginn dieses Abschnitts geschilderten, gesteigerten Komplexität der Abläufe und des Fortschritts der Medizintechnologie angezeigt[961] und interessengerecht. Der Einsatz eines autonomen Systems muss Anlass geben, diese bereits grundsätzlich bestehenden Pflichten weiter anzupassen.

960 *Blechschmitt*, Die straf- und zivilrechtliche Haftung des Arztes beim Einsatz roboterassistierter Chirurgie, S. 68.

961 Ebd.

Die Stadien eines KI-Systems lauten sehr simpel zusammengefasst: Eingabe – Arbeitsprozess – Ausgabe/Ergebnisvorschlag.[962] Der Maßstab, die gute Organisation in *allen* Stadien aufrechtzuerhalten, müsste also auch dazu führen, nicht nur die richtige Einstellung des Gerätes durch die Anwendenden im Vorfeld des Einsatzes, sondern auch den Arbeitsprozess und sogar bereits die bloße Anschaffung[963] bzw. die Entscheidung für den Einsatz eines KI-Systems als Anknüpfungspunkt für die Begründung einer Organisationspflicht heranziehen zu können. Dies schafft grundsätzlich auch die Möglichkeit, einen Organisationsfehler anzunehmen, wenn sich ein KI-Restrisiko oder sonstiges Risiko verwirklicht.

cc. *Haftung für fehlerhafte Einstellung*

Wie bereits erörtert, wird es sich bei KI-Systemen in der Medizin regelmäßig um Medizinprodukte im Sinne der Medizinprodukte-Verordnung handeln. Teile der Literatur vertreten deshalb die Ansicht, eine Verantwortlichkeit für Technologien dieser Art stelle sich eher als Organisationshaftung und als Haftung für die Qualität und Sicherheit von Therapieprogrammen dar, wobei übrige Behandlungsfehler eher zu Programmanwendungsfehlern mutieren würden.[964] Pflichten der Krankenhausträgerin bzw. der Behandelnden beim Einsatz von KI-Systemen ließen sich auf Sicherheits- und Kontrollvorkehrungen, im Ergebnis also auf Einstellungspflichten des betroffenen Gerätes, beschränken, nicht jedoch auf den darüber hinausgehenden Arbeitsprozess des jeweiligen Systems erstrecken. So wird in diesem Zusammenhang festgestellt, dass sich die Sorgfaltspflicht der Verantwortlichen, das KI-System *„so einzusetzen, dass Schäden durch ihren Umgang möglichst vermieden werden"* aufgrund der Unvorhersehbarkeit *„erheblich"*

---

962 Ausführlich zu den Schritten des KI-Prozesses vgl. *Zech*, Gutachten A zum 73. DJT 2020/2022.

963 *Blechschmitt* stellt diese Variante für den Einsatz von Medizinal-Robotik dar, vgl. dies., Die straf- und zivilrechtliche Haftung des Arztes beim Einsatz roboterassistierter Chirurgie, S. 69.

964 Zu einer solchen Verantwortlichkeit für intra- und inter-/multidisziplinäre und teletechnologische Zusammenarbeit *Hart*, MedR 2016, 669, 675; dem für KI-Systeme in der Medizin folgend wohl auch Katzenmeier, MedR 2021, 859, 860; *Horner/Kaulartz*, CR 2016, 8 f.; Justiz NRW, Bericht der Arbeitsgruppe *„Digitaler Neustart"*, 2019, S. 7.

intensivieren würde.[965] Diese Steigerung einer solchen Pflicht ist dabei im Verhältnis zum Einsatz nicht autonomer Medizintechnik zu verstehen.

Diese Ansicht identifiziert den Einsatz von KI-Systemen also grundsätzlich eindeutig als Organisationspflicht und scheint zu erkennen, dass die Organisationsverpflichtete – zu Recht – auch im Bereich der guten Organisation allein wegen der Schaffung der Gefahrenquelle „Künstliche Intelligenz" besondere Pflichten treffen müssen.[966] Dabei wird ohne nähere Erläuterungen festgestellt, dass Schäden durch erheblich intensivere Pflichten beim Einsatz *„möglichst"* zu vermeiden sind, während gleichzeitig der Einsatz des Systems selbst und der Arbeitsprozess als Anknüpfungspunkte für eine Haftung abgelehnt werden.[967] Immerhin seien Medizinerinnen keine Technikerinnen im Arztkittel.[968] Eine Garantie für das fehlerfreie Funktionieren könne daher nicht gegeben werden.[969]

Diese Ansicht hat zur Folge, die Organisationsverpflichtete und die ärztlichen Anwendenden *nicht* als professionelle Betreibende eines autonomen Systems einzustufen. Professionelle Betreibende sind Personen, die selbst zur Einschätzung, Steuerung und Beherrschung der Gefahrenquelle Künstliche Intelligenz in der Lage sind.[970]

dd. *Stellungnahme*

Das gegen den bloßen Einsatz bzw. das Funktionieren und damit den Arbeitsprozess als Anknüpfungspunkt für eine Haftung vorgebrachte Argument klingt im ersten Moment dogmatisch schlüssig. Der Einsatz des autonomen Systems könne nicht *per se* pflichtwidrig sein, denn diese Annahme ließe den Einsatz zum eigentlichen Haftungsgrund werden, sodass es auf ein Verschulden überhaupt nicht mehr ankäme.[971] In der Tat könnte diese

965 So *Katzenmeier*, MedR 2021, 859, 860.

966 An einer solch erhöhten Pflicht ändert auch der Umstand nichts, dass das *„Verhalten"* von autonomen Systemen unvorhersehbar ist nicht, vgl. *Spindler*, in: BeckOGK, § 823 Rdnr. 761.

967 *Katzenmeier*, MedR 2021, 859, 860.

968 Ebd.

969 Ebd.

970 Zur Erläuterung des professionellen Betreibers vgl. *Spindler*, in: BeckOGK, § 823, Rdnr. 763.

971 *Katzenmeier*, MedR 2021, 859, 860; ähnlich *Beck/Faber*, Automatisierte Systeme, S. 275, Rdnr. 24 f.; *Steinrötter*, in: Ebers/Heinze/Krügel/Steinrötter, Künstliche Intelligenz und Robotik, § 26, Rdnr. 44 f.

Möglichkeit gegen das hinter den §§ 630a ff. BGB stehende Verschuldensprinzip verstoßen,[972] denn der Vorwurf des Verhaltensunrechts würde sich auf den Einsatz des Systems selbst reduzieren.[973] Diese Annahme konterkariere die Steuerungsfunktion des pflichtenbasierten Haftungsrechts und wirke sich im Ergebnis *innovationsfeindlich* aus.[974] Es verbleibt jedoch dabei, dass für den Einsatz und den Arbeitsprozess von KI-Systemen Organisationspflichten bestehen, die bei einem realisierten KI-Restrisiko eine Haftung der Organisationsverpflichteten begründen können. Maßgeblich für diese Schlussfolgerung ist die rechtliche Bewertung des Begriffs der Unvorhersehbarkeit bzw. Erkennbarkeit des schädigenden Ereignisses.

Richtig ist, dass der Einsatz des KI-Systems nicht *per se* pflichtwidrig ist.[975] Für die Haftungsfrage ist jedoch nicht auf eine Verantwortlichkeit für das konkrete Eintreten des Fehlers, sondern auf das abstrakte Risiko dessen Eintritts abzustellen. Der mit der Begrenzung auf Einstellungspflichten doch sehr überschaubare Pflichtenkatalog der Verantwortlichen scheint daher zu kurz gesprungen. Vielmehr ist danach zu differenzieren, ob im konkreten Fall nach Pflichten aus dem Behandlungsumfeld oder der klassischen Behandlung gefragt wird.

Eine Anpassung der Sorgfaltsanforderungen ist nicht nur für den klassischen Behandlungsbereich vorzunehmen. Auch mit Blick auf das Behandlungsumfeld und damit auf eine gute Organisation müssen besondere Sorgfaltspflichten benannt werden. Für die Organisationspflichten ist dies sogar noch offensichtlicher, wo doch für eine gute Organisation bereits jetzt ein *„multidisziplinärer und multiprofessioneller Standard“* gilt. Die Pflichten der Organisationsverpflichteten müssen damit weiter gehen als die der (klassisch) Behandelnden. Denn das Behandlungsumfeld präsentiert sich im direkten Vergleich zur klassischen Behandlung als abstrakter und damit wesentlich objektiverer Bereich. Damit ist zu klären, wie sich der für den Bereich der Organisationspflichten geltende Standard mit Blick auf KI-Restrisiken modifizieren lässt.

---

972 Ebd.

973 Zu den Bedenken einer solchen Reduktion vgl. *Spindler*, in: BeckOGK, § 823, Rdnr. 764.

974 Ebd.

975 *Katzenmeier* verweist darauf, dass der Verzicht, verfügbare KI-Systeme einzusetzen rechtfertigungsbedürftig sein kann, wenn diese höhere Sicherheit bietet, als menschliches Handeln, *ders.*, MedR 2019, 259, 268; vgl. auch *Taupitz*, AcP 211, 352, 386.

(1) Der Standardbegriff einer guten Organisation

Der in § 630a Abs. 2 BGB beschriebene allgemeine fachliche Standard umfasst auch die allgemein ordnungsgemäße Organisation mit den daraus resultierenden Pflichten, u.a. zur Hygieneeinhaltung und Ausstattung mit gebotener Medizintechnik.[976] In Abgrenzung zum klassischen Standardbegriff, der grundsätzlich einem medizinischen Verständnis unterliegt,[977] kommen bei der Frage nach einer guten Organisation während des Behandlungsprozesses über die Medizin hinaus auch die Organisationswissenschaft und das Recht zur Bewertung der geforderten Sorgfalt zusammen.[978] Der Standard ist abstrakt-objektiv zu verstehen.

Das dynamische Verständnis dieses abstrakt-objektiven Standardbegriffs einer guten Organisation erfordert überdies eine *zeitgemäße* Auslegung. Der BGH stellte schon im Jahre 1977 fest:

> *„Zwar bringt es die zunehmende Technisierung der modernen Medizin mit sich, dass der Arzt nicht mehr alle technischen Einzelheiten der ihm verfügbaren Geräte zu erfassen und gegenwärtig zu haben vermag. Das befreit ihn aber nicht von der Pflicht, sich mit der Funktionsweise insbesondere von Geräten, deren Einsatz für den Patienten vitale Bedeutung hat, wenigstens insoweit vertraut zu machen, wie dies einem naturwissenschaftlich und technisch aufgeschlossenen Menschen möglich und zumutbar ist.“*[979]

Keineswegs hatte die juristische Welt zu dieser Zeit die Künstliche Intelligenz im Blick. Dennoch hat der BGH deutlich gemacht, dass sich Medizinerinnen neuer Technologien entsprechend aufgeschlossen zeigen müssen.

An dieser Stelle setzt das Erfordernis des multidisziplinären und multiprofessionellen Standardbegriffs an und bringt die nötige Klarheit. Der Standardbegriff einer guten Organisation besteht aus zwei Komponenten: der Multidisziplin und der Multiprofessionalität. Der *medizinische* Stan-

976 *Gutmann*, in: Staudinger BGB, § 630a Rdnr. 166; BT-Drs. 17/10488, S. 20; zum Behandlungsumfeld vgl. auch *Katzenmeier*, in: Laufs/Katzenmeier/Lipp, Arztrecht, Kap. X, Rdnrn. 41 ff.

977 Auch von diesem grundsätzlich medizinischen Standard für die klassische Behandlung ist eine Anpassung vorzunehmen, siehe hierzu abermals unter E.III.3.a.cc.(4) (d).

978 Ebd.; *Hart*, MedR 2013, 159, 160.

979 Vgl. *Mühlböck/Taupitz*, AcP 221, 181, 196; in dem angesprochenen Urteil ging es um die Kenntnis des Arztes von der Funktionsweise eines narkosegeräts, vgl. BGH, Urt. v. 11.10.1977 = VI ZR 110/75 = NJW 1978, 584.

dard allein reicht für eine gute Organisation nicht aus. Doch dieser Begriff drückt noch viel mehr aus: Es bedarf eines interdisziplinären Standards, d.h. die geschuldeten medizinischen Kenntnisse sind um die jeweils zusätzlich eingesetzte Fachdisziplin zu erweitern – in diesem Fall die Künstliche Intelligenz. Die jeweils verantwortlichen Medizinerinnen müssen sich also interdisziplinär fortbilden und entsprechende Kompetenzen im Bereich der Künstlichen Intelligenz erwerben. Die Einhaltung dieser Pflichten sind von der Organisationverpflichteten zu überwachen, koodinieren und sicherzustellen.

Die zweite Komponente, die Multiprofessionalität, widerlegt die Behauptung, Ärztinnen wären keine *professionellen* Betreibenden eines KI-Systems, da sie keine Technikerinnen im Arztkittel seien. Auch wenn Medizinerinnen keine Technikerinnen sind, muss gerade mit Blick auf das dynamische Verständnis des Standardbegriffs hinterfragt werden, inwieweit konkrete Kenntnisse, eine Einbeziehung in die Programmierung und das Training und damit eine abstrakte Erkennbarkeit von KI-Restrisiken als Voraussetzung zur Anwendung von autonomen Systemen erwartet werden müssen. Dies wurde bereits im Bereich der Diagnosefehler für eine bessere Interpretierbarkeit des Ergebnisses vorgeschlagen[980] und soll sich für den Bereich der Organisationsfehler auf KI-Risiken erstrecken. Die „Unvorhersehbarkeit" des konkreten Verlaufs darf in keinem Fall zur Freizeichnung von der ärztlichen Sorgfaltspflicht führen,[981] indem die Verantwortlichen eine Gefahr setzen, ihre Einstellungen treffen und darauf vertrauen, dass es zu keinem Fehler kommt. Vielmehr muss die objektiv schlechte Abschätzbarkeit eines KI-Risikos zu angepassten Maßstäben der Sorgfalt führen,[982] dies aber nicht nur in der Phase der Einstellung des KI-Systems, sondern auch mit Blick auf den eigentlichen Arbeitsprozess und das *Funktionieren* des Systems. Denn es ist die Organisationsverpflichtete, die über den Einsatz des Systems entscheidet und so eine Gefahrenquelle in einem äußerst sensiblen Lebensbereich schafft.[983]

980 Vgl. hierzu E.III.3.a.cc.(4)(d).

981 Vgl. *Zech*, der in diesem Zusammenhang auch darauf hinweist, dass die Schaffung einer unkontrollierbaren Gefahrenquelle einen Verkehrspflichtverstoß bedeutet, sodass auch das Inverkehrbringen und Betreiben autonomer Systeme grundsätzlich pflichtwidrig ist, vgl. *Zech*, Entscheidungen digitaler autonomer Systeme, Gutachten zum 73. DJT, 2020, A S. 55.

982 Ebd.

983 Ebd.

In diese Richtung gehen auch *Mühlböck* und *Taupitz*, die die Ärztin ebenfalls als professionelle Anwendende bezeichnen, der es möglich sein muss, die Handlungs- und Entscheidungsabläufe eines KI-Systems zu verstehen, um erforderlichenfalls in sie einzugreifen.[984] Dies erfordere nicht nur technisches Knowhow der Ärzteschaft, sondern ebenfalls eine Organisation, die es ermöglicht, vom System ausgehende Informationen und Anforderungen schnell und einfach aufnehmen und eingeben zu können.[985]

Wie können diese Erkenntnisse nun zu einem multidisziplinären und multiprofessionellen Standardbegriff kanalisiert werden?

(2) Medizinerinnen als professionell Betreibende

Bereits beim Einsatz gewöhnlicher Medizintechnik sind im Sinne einer ordentlichen Organisation regelmäßige Wartung, Kontrolle und Vornahme von Schulungen des anwendenden Personals verpflichtend, um Schäden vorzubeugen. Dies muss durch die Organisationsverpflichtete sichergestellt werden. Vor diesem Hintergrund ist zu präzisieren, was von einer professionellen Betreiberin eines KI-Systems in der Medizin erwartet werden darf.

Wie bereits dargestellt, bedarf es für ein Verständnis von KI-spezifischen Vorgängen grundlegenden Wissens in Sachen Datenanalyse und Statistik.[986] Da dies regelmäßig (noch)[987] nicht Gegenstand des Medizinstudiums ist, sind Ärztinnen dazu verpflichtet dies nachzuholen, wenn der Einsatz von KI-Systemen beabsichtigt ist. Dass eine solche Erwartungshaltung nicht überzogen ist, verdeutlicht bereits die Tatsache, dass es sich bei KI-Systemen um Medizinprodukte handelt, für deren Nutzung sich die Verantwortlichen an die entsprechenden Gebrauchsanweisungen und allgemeinen Regularien für Medizinprodukte, bspw. der MPBetrV, zu halten haben.[988] Davon kann das Vertragsrecht nicht unbetroffen bleiben. Auch

---

984 *Mühlböck/Taupitz*, AcP 221, 181, 197; *Gehing/Rackebrandt/Imhoff*, E-Health und die Realität, Bundesgesundheitsblatt 3/2018, 252, 260.

985 Ebd.

986 *Mühlböck/Taupitz* bezeichnen dies auch als *„technisches Knowhow"* seitens der Ärzteschaft, vgl. *dies.*, AcP, 221, 181, 197.

987 Zu den Plänen der Bundesärztkammer für 2025 vgl. *Samhammer et al.* Klinische Entscheidungsfindung mit Künstlicher Intelligenz, Ein interdisziplinärer Governance-Ansatz, S. 50.

988 Vgl. etwa *Schulz-Große/Genske*, GuP 2023, 81, 93.

die Pflichten aus der KI-VO wären durch Betreibende von KI-Systemen, mithin auch ärztliche Anwendende, einzuhalten.[989] So plante der § 29 Abs. 1 KI-VO-V, dass die menschliche Aufsicht über ein KI-System nur solchen natürlichen Personen übertragen werden darf, *„die über die erforderliche Kompetenz, Ausbildung und Befugnis verfügen"*.[990] Diese Aussagen bestätigend, wurden diese speziellen Pflichten nach der Einleitung des Promotionsverfahrens in Art. 4 der veröffentlichten KI-VO mit der dort geregelten „KI-Kompetenz" Betreibender verdeutlicht. Art. 4 KI-VO regelt:

> *„Die Anbieter und Betreiber von KI-Systemen ergreifen Maßnahmen, um nach besten Kräften sicherzustellen, dass ihr Personal und andere Personen, die in ihrem Auftrag mit dem Betrieb und der Nutzung von KI-Systemen befasst sind, über ein ausreichendes Maß an KI-Kompetenz verfügen, wobei ihre technischen Kenntnisse, ihre Erfahrung, ihre Ausbildung und Schulung und der Kontext, in dem die KI-Systeme eingesetzt werden sollen, sowie die Personen oder Personengruppen, bei denen die KI-Systeme eingesetzt werden sollen, zu berücksichtigen sind."*[991]

Wenn der Unionsgesetzgeber die technischen Kenntnisse, Erfahrungen, Ausbildung und Schulungen auf den Kontext und die Personen bzw. Personengruppen beschränkt, bei denen die KI-Systeme eingesetzt werden sollen, ist damit gemeint, dass KI-Betreibende kein vollumfängliches Wissen über den gesamten Bereich der Künstlichen Intelligenz vorweisen müssen. Vielmehr beschränkt sich die Expertise auf den konkret eingesetzten Bereich. In der Medizin wären dies vor allem die künstlichen neuronalen Netze mitsamt Architektur und passendem Interpretationskenntnissen.[992] Der Unionsgesetzgeber geht in der nunmehr veröffentlichten KI-VO sogar noch einen Schritt weiter und verweist darauf, dass sich Betreibende nicht nur mit Blick auf die Umsetzung der menschlichen Aufsicht an die Anbietenden eines Hochrisiko-KI-Systems wenden müssen. Vielmehr erwartet der Unionsgesetzgeber auch ein Einbeziehen Betreibender bereits in die Entwicklungsphase des begehrten KI-Systems. Grund hierfür ist, dass Betreibende exakte Kenntnisse über den Verwendungskontext des Systems

989 Ebd.; vgl. auch *Schaub*, NJW 2023, 2145, 2146
990 vgl. hierzu auch *Schulz-Große/Genske*, GuP 2023, 81, 92.
991 EU-Verordnung 2024/1689 vom 13. Juni 2024.
992 Vgl. dabei insbesondere Erw.Gr. 73, 91, 92, die die Relevanz der Einbeziehung von Betreibenden bereits in die Entwicklung der Systeme verdeutlicht, EU-Verordnung 2024/1689 vom 13. Juni 2024.

und den damit in Kontakt kommenden Personenkreis haben und somit potenzielle Risiken weitaus besser abschätzen können, als Programmierende und/oder Trainierende des Systems.[993]

Die nun zu Recht in der Literatur angesprochenen „erheblicheren“ Sorgfaltspflichten beim Einsatz von KI-Systemen können und müssen deshalb zu Fort- und Weiterbildungen der ärztlichen Anwendenden im Bereich der Datenanalyse, der Statistik, vor allem aber auch der Stochastik als elementarer Bestandteil und Voraussetzung, um das Lernen von KI-Systemen erklärbar zu machen, führen. Dies scheint angesichts des Potenzials, das KI-Systeme allein aus gesundheitsökonomischer Sicht haben, nicht streng. Selbst Inhaberinnen konventioneller konservativer Berufsbilder, wie die der Rechtsanwältin, müssen mit der Zeit gehen und sich Wissen über die neuen Technologien aneignen – zumindest, wenn man am Markt bestehen will – und das nicht erst seit dem Launch von ChatGPT.[994] Es erscheint daher abwegig, die Medizin als dem Inbegriff der *lebenden* Wissenschaft von diesen Veränderungen auszuklammern. Überdies eröffnet ein derartiger Ausbau der digitalen Infrastruktur vor allem für Krankenhäuser die Möglichkeit, sich wirtschaftlich besser zu positionieren, indem nur einzelne, für das jeweilige Versorgungsgebiet angepasste und dafür aber im höchsten Maße spezialisierte Fachdisziplinen angeboten werden.[995]

Entscheidet sich die Organisationsverpflichtete mithin für den Einsatz eines autonomen Systems, muss sie dafür Sorge tragen, dass die vorbezeichneten Anforderungen erfüllt werden. Da es sich bei einer medizinischen Behandlung um einen überaus sensiblen Lebensbereich handelt und wichtige Rechtsgüter betrifft, muss die Organisationsverpflichtete auch gewährleisten, dass das autonome System nur eingesetzt wird, wenn die Gefahren abschätzbar sind. Hier verhilft das bezeichnete Verständnis von der Architektur und Lernweise der eingesetzten Modelle durch Einbezug in die Entwicklungsphase und stochastischen Kompetenzen. Doch selbst wenn man sich von diesen strengeren Anforderungen entfernt, spricht für eine solche Pflicht unter anderem, dass auch außerhalb der Architektur des

---

993 Siehe Erw.Gr. 93, 96 EU-Verordnung 2024/1689 vom 13. Juni 2024.

994 So ist ein Rechtsanwalt verpflichtet, sich über die online verfügbaren Entscheidungsdatenbanken des BGH über die fortlaufende Rechtsprechung seines Rechtsgebiets zu informieren, um diese im besonderen Maße zeitnah für die Beratung zur Kenntnis zu nehmen, vgl. OLG Jena, Urt. v. 26.01.2024 – 9 U 364/18 = BeckRS 2024, 1903.

995 Vgl. zur Notwendigkeit der Spezialisierung nach Versorgungsbedarf bereits unter Kapitel eins, B.I.

eingesetzten System, etwa mit White-Box Erklärungsmodellen, wie der Explainable AI, eine Möglichkeit für Anwendende entwickelt wurde, das Verhalten der eingesetzten Black-Box-Modelle zu interpretieren.[996] Auch die Möglichkeit, dem System durch High-Level Spezifikationen im Rahmen der Programmierung oder während des Trainings Grenzen zu setzen, zeigt, wie handhabbar autonome Systeme sind bzw. gestaltet werden können.[997]

(3) Zwischenergebnis: Verschuldensprinzip

Nach alledem ist als Zwischenergebnis festzustellen, dass Organisationsverpflichtete eines KI-Systems für eine gute Organisation im Sinne eines multidisziplinären und multiprofessionellen Standardbegriffs dafür Sorge zu tragen haben, dass die ärztlichen Anwendenden über medizinische Kenntnisse hinaus individuell auf die Künstliche Intelligenz angepasste Kenntnisse vorweisen können, und dies in *allen* Stadien der Behandlung und damit während der Eingabe, des Arbeitsprozesses, der Ausgabe, aber auch bereits bei der Entscheidung über das *„Ob"* des Einsatzes eines KI-Systems. Im Sinne dieses Maßstabs sind ärztliche Anwendende als professionelle Betreibende zu bezeichnen. Professionelle Betreibende sind Personen, die selbst zur Einschätzung, Steuerung und Beherrschung der Gefahrenquelle Künstliche Intelligenz in der Lage sind.[998] Dies führt zu einem abstrakt-objektiven Verständnis des Standardbegriffs.

Die Organisationsverpflichtete hat daher dafür Sorge zu tragen, dass KI-Systeme nur eingesetzt werden, wenn eine Einbeziehung in die Programmierungs- und Trainungsphase stattgefunden hat und dem System in besonders sensiblen Einsatzbereichen Grenzen gesetzt wurden. Die Organiationsverpflichtete hat weiterhin dafür Sorge zu tragen, dass Kompetenzen im Bereich Anwendung und Interpretation von Systemen des Maschinellen Lernens erlernt und stetig aktuell gehalten werden. Verwirklicht sich ein KI-Restrisiko, so ist anzunehmen, dass die Organisationsverpflichtete nicht ausreichend Sorge dafür getragen hat, die Sicherheit der Patientin durch ausreichende und auf das eingesetzte KI-Systeme gerichtete Koordination und Organisation im Sinne eines multiprofessionellen und multidisziplinä-

996 Vgl. *Zech*, Entscheidungen digitaler autonomer Systeme, Gutachten zum 73. DJT, 2020, A, S. 22 f.; *Spindler*, in: BeckOGK, § 823, Rdnr. 751.

997 Vgl. hierzu schon ausführlich unter E.III.3.a.cc ff.

998 Zur Erläuterung des professionellen Betreibers vgl. *Spindler*, in: BeckOGK, § 823, Rdnr. 763.

ren Standards zu gewährleisten. Eine Haftung resultiert mithin daraus, dass das abstrakte Risiko der Künstlichen Intelligenz für die Organisationsverpflichtete, die sich für den Einsatz des Systems entschieden hat, aufgrund des multidisziplinären und multiprofessionellen Standards erkennbar war.

Diese Erkenntnisse sollen abschließend im Lichte des Vorwurfs, den Einsatz und das Funktionieren des Systems als Anknüpfungspunkt für eine Haftung zu sehen, würde das Verschuldensprinzip des Arzthaftungsrechts konterkarieren, betrachtet werden.

Die dargestellten Grundsätze führen nicht zu einer Garantie- bzw. Gefährdungshaftung der ärztlichen Anwendenden. Die Gefährdungshaftung folgt in Deutschland dem Enumerationsprinzip und unterliegt der Spezialgesetzgebung.[999] Gesetzgebung und Judikatur haben sich jedoch dagegen entschieden, das Arzthaftungsrecht oder Teile davon als Gefährdungshaftung zu begreifen. Vor der Schuldrechtsmodernisierung wurde das Arzthaftungsrecht nach Gefahren- und Verantwortungsbereichen unterteilt und mit Blick auf Aufbau und Beweislasten stilprägend über § 823 BGB gelöst. Nach der Schadensrechtsreform fand eine dogmatische Verlagerung zum Vertragsrecht hin statt.[1000] Wenngleich das Arzthaftungsrecht nach der Schuldrechtsmodernisierug dem Vorbild des § 280 Abs. 1 BGB unterstellt wurde, differenzierte die Rechtsprechung mit Blick auf Beweislasten nach wie vor dem alten Schuldrecht entsprechend nach Gefahren- und Verantwortungsbereichen und ordnete das Behandlungsumfeld dem Gefahrenbereich der Organisationsverpflichteten zu.[1001] Im Allgemeinen ist es nach neuem Schuldrecht möglich – sofern dies nach den Umständen des betreffenden Vertrags als interessengerecht und zumutbar erscheint –, in einem negativen Erfolg im Sinne des Vertragsziels eine Pflichtverletzung zu sehen. Dies gilt zwar nicht für den Kernbereich ärztlicher Tätigkeit, d.h., der Leistungsbereich, der den Unwägbarkeiten des menschlichen Körpers unterliegt. Wohl aber für die erfolgsbezogenen Pflichten aus dem Behandlungsumfeld. Diesem Beispiel folgt vor allem die richterrechtlich entwickelte Rechtsfigur des voll beherrschbaren Risikos.[1002] Dieser Wertung folgte auch der Gesetzgeber, indem er diese entwickleten Grundsätze mit dem Patien-

999 *Förster*, in: BeckOK BGB, § 823, Rdnr. 78.
1000 *Spickhoff*, NJW 2002, 2530, 2531 f.
1001 Insgesamt verbleibt es trotz neuen Schuldrechts bei dieser Betrachtung, wenn dies als angemessen oder besonders interessengerecht betrachtet wurde, vgl. *Lorenz*, in: BeckOK BGB, § 280, Rdnrn. 80 ff.
1002 *Spickhoff*, NJW 2002, 2530, 2533.

tenrechtegesetz in §§ 630a ff BGB kodifizierte und mithin trotz aller Widrigkeiten bei der Unrechtshaftung verblieb.[1003] Organisationsverpflichtete, die sich für den Einsatz eines autonomen Systems entscheiden, unterliegen daher genau diesem Verständnis des multidisziplinären und multiprofessionellen Standardbegriff und müssen als professionelle Betreibende in der Lage sein, das KI-System technisch zu beherrschen. Die Organisationsverpflichtete trägt die Verantwortung dafür, dass die Anforderungen von dem mit KI-Systemen in Kontakt kommenden Personal eingehalten werden.

Das Verständnis der soeben zitierten „genügenden Anforderungen" an den Einsatz eines autonomen Systems und somit der Sorgfaltsmaßstab sind insofern anzupassen. Bei dieser Betrachtung ist ein Fehler des autonomen Systems für die multidisziplinäre und multiprofessionelle Organisationsverpflichtete dann nicht mehr unvorhersehbar. Denn aus technischer Sicht ist das *abstrakte Risiko* von Schäden durch autonome Handlungen erkennbar, selbst wenn ein *konkreter Verlauf* nicht vorhergesehen werden kann.[1004] Ebensowenig kann eine menschliche konkrete Entscheidung bzw. der Entscheidungsprozess von Außenstehenden vorhergesagt werden.[1005] Dennoch muss eine Organisationsverpflichtete bedingt für ein solches Verhalten einstehen. So muss die Organisationsverpflichtete auch haften, wenn sich ein im Rahmen einer Anfängeroperation angelegtes Risiko verwirklicht, da durch das Tätigwerden eines Anfängers kein zusätzliches Risiko für die Patientin entstehen darf. Vielmehr muss auch hier das Risiko durch zusätzliche Vorsichtsmaßnahmen kompensiert werden. Kommt es dennoch zu einem Schaden, liegt dies im Verantwortungsbereich der Organisationsverpflichteten.[1006] Diese Schlussfolgerungen geschehen daher, ohne dass der Einsatz des autonomen Systems als per se pflichtwidrig eingestuft oder gegen das Verschuldensprinzip verstoßen wurde. Vielmehr ist den Organi-

1003 Insgesamt ist festzuhalten, dass diese Herabsenkung des Verschuldensbegriffs im deutschen Zivilrecht nicht neu ist. Vielmehr ist die Haftung eines Schuldners umso schärfer, je erfolgsbezogener die Pflicht ist. Exemplarisch kann hier auf die Produzentenhaftung nach § 823 BGB mitsamt in der Rechtsprechung entwickelter Beweislasten verwiesen werden.

1004 So *Zech*, Entscheidungen digitaler autonomer Systeme, Gutachten zum 73. DJT, 2020, A S. 55.

1005 Vgl. zu dem Thema auch *Borges*, CR 2023, 706, 714.

1006 *Terbille/Feifel*, in: Clausen/Schroeder-Printzen, Münchner Anwaltshandbuch Medizinrecht, § 1 Rdnr. 681.

sationsfehlern ein partieller Abschied von dem Verschuldenserfordernis immanent.[1007]

Die Gegenansicht verkennt ein weiteres maßgebliches Kriterium: Die Anwendenden eines autonomen Systems haben neben der Pflicht zum besonnenen Einsatz mit der stetigen Überwachung und Beobachtung des Systems eine Vielzahl weiterer Pflichten auch während des laufenden Arbeitsprozesses zu beachten.[1008] Diese reichen bis hin zur Verpflichtung zum Eingreifen bei offenkundigen Fehlfunktionen.[1009] Ebenso, wie dies bei sog. Personal Care Robots der Fall ist, bei deren Einsatz explizit formulierte ISO-Normen einzuhalten sind, wird dies auch beim Einsatz sämtlicher Medizinprodukte-KI der Fall sein.[1010] Dass die Organisationsverpflichtete also zwar besondere Sorgfaltspflichten für den Einsatz des Systems zu beachten hat, dann für sämtliche Fehlfunktionen während des Arbeitsprozesses der Künstlichen Intelligenz aber einen haftungsrechtlichen Freibrief erhält, erscheint aus dieser Perspektive inkonsequent. Eine Haftungslücke wird es nach alledem bereits *de lege lata* nicht geben.

3. Zusammenfassung und Ergebnis

Die Sorgfalts- und Schutzpflichten der Organisationsverpflichteten sind im Rahmen des § 276 BGB, insbesondere in Form strenger Überwachungspflichten der ärztlichen Anwendenden, auf die Besonderheiten von KI-Systemen anzupassen. Dieser Sorgfaltsmaßstab gilt dabei in allen Stadien der Behandlung. Entscheiden Behandelnde bzw. Organisationsverantwortliche sich für den Einsatz eines autonomen Systems, beginnt diese Sorgfaltspflicht und bleibt über den Arbeitsprozess bis hin zum Ergebnis der Künstlichen Intelligenz bestehen. Der multidisziplinäre und multiprofessionelle Maßstab, den die Organisationsverpflichtete anzuwenden hat, zielt zur Be-

1007 Vgl. zur Konzentrierung der Schadensregulierung beim Krankenhausträger ausführlich *Kern/Rehborn*, in: Laufs/ders./ders., Handbuch des Arztrechts, § 100 Rdnr. 53.

1008 *Spindler* weist in diesem Zusammenhang zurecht auf den Anknüpfungspunkt für das vorwerfbare Verhalten hin. Dieses würde sich nicht nur auf den Einsatz des Systems als solchen beschränken, was die vorgebrachte Kritik deutlich entkräften würde, vgl. *ders.*, in: BeckOGK, § 823, Rdnr. 764.

1009 Ebd.

1010 Die Pflichten des Personal Care Robots werden in der ISO-Norm 13482:2014 konkretisiert, vgl. *Spindler*, in: BeckOGK, § 823, Rdnr. 764.

urteilung der Erkennbarkeit des Autonomierisikos im Ergebnis deshalb nicht auf den konkreten Verlauf, sondern auf das abstrakte Risiko eines schädigenden Ereignisses ab. Denn aus technischer Sicht ist das abstrakte Risiko von Schäden durch autonome Handlungen erkennbar, selbst wenn ein konkreter Verlauf nicht vorhergesehen werden kann.[1011] Auf diese Weise lässt sich die vertragliche Haftung in angemessenem Umfang und interessengerecht konstruieren, ohne dass man die Erfüllung vertraglicher Pflichten durch autonome Systeme anders behandeln muss, als die Erfüllung durch Menschen.[1012]

Entsteht ein Schaden infolge des Einsatzes eines KI-Systems, weil sich ein KI-Restrisiko oder sonstiges Risiko realisiert hat, stellt dies nach alledem ein Unterschreiten des vorbezeichneten Standards durch die Organisationsverpflichtete dar. Dies ist mit dem Verschuldensprinzip vereinbar und führt nicht zur Annahme einer Garantiehaftung. *De lege lata* lassen sich der fachliche Standard einer guten Organisation und damit die Sorgfaltsanforderungen an den Einsatz von KI-Systemen in zeitgemäßer Anwendung durch besondere Regelungen zur Künstlichen Intelligenz entsprechend anpassen. Ein realisiertes KI-Restrisiko ist mithin als Organisationsfehler zu bewerten. Einer Lösung *de lege ferenda* bedarf es also auch an dieser Stelle nicht.[1013]

Allein fraglich bleibt damit, ob ein solches KI-Restrisiko für die geschädigte und beweisbelastete Patientin auch nachweisbar ist. Da es der Patientin auch bei herkömmlichen Organisationsfehlern oftmals nur schwer möglich ist, Organisationsfehler trotz des geringen Beweismaßes des § 287 ZPO zu beweisen, kodifizierte der Gesetzgeber mit § 630h Abs. 1 BGB ein Instrument der Rechtsprechung, das zur Auflösung dieser Problematik führen soll. Konkret führt § 630h Abs. 1 BGB zu einer Behandlungsfehlervermutung, wenn sich ein allgemeines Behandlungsrisiko verwirklicht, *das für den Behandelnden voll beherrschbar war*. Die Vorschrift führt also zur Vermutung der Pflichtverletzung im Sinne von § 280 Abs. 1 S. 2 BGB.[1014]

1011 So *Zech*, Entscheidungen digitaler autonomer Systeme, Gutachten zum 73. DJT, 2020, A S. 55.

1012 Vgl. *Brand*, MedR 2019, 943, 959 mit Verweis auf *Teubner*, AcP 2018, 155, 188.

1013 Ungeachtet dessen erscheint es schwierig eine Haftung nach dem geltenden Recht mit pauschalem Verweis auf das Verschuldensprinzip abzulehnen, während auf der anderen Seite die Einführung einer Gefährdungshaftung befürwortet wird, d.h. eine radikale und verschuldensunabhängige Haftung für den bloßen Einsatz von KI-Systemen.

1014 *Spickhoff*, Kommentar Medizinrecht, § 630h Rdnr. 5.

Dafür müsste es sich bei einem KI-System um ein solches Behandlungsrisiko handeln, das grundsätzlich als *„voll beherrschbar"* zu bezeichnen ist.

VII. Beweisrecht – Das *„voll beherrschbare Risiko"*, § 630h Abs. 1 BGB

Für eine Beurteilung, ob KI-Systeme als Medizintechnik diesem Bereich der vollen Beherrschbarkeit grundsätzlich zugeordnet werden können, bedarf es einer genauen Darstellung der Entstehung dieser von der Rechtsprechung entwickelten Rechtsfigur sowie der gesetzgeberischen Erwägungen im Vorfeld der Kodifikation.

1. Rechtshistorischer Hintergrund des voll beherrschbaren Risikos

Rechtshistorisch entspringt die Vorschrift dem Bemühen der Rechtsprechung, zwei Konstrukte miteinander zu vereinen: Einerseits die materiellrechtliche Möglichkeit der Haftung für Organisationsfehler als Behandlungsfehler im weiteren Sinne, andererseits die dann folgende beweisrechtliche Begünstigung durch eine Fehlervermutung bei Vorlage eines solchen Organisationsfehlers als sog. *voll beherrschbares Risiko.*[1015] Diese Beweisfigur stützte die Rechtsprechung auf den Rechtsgedanken der Verschuldensvermutung aus § 280 Abs. 1 S. 2 BGB und stellte damit maßgeblich auf Risiko- und Gefahrensphären ab.[1016] Sie entfernte sich also, wie bereits erwähnt, von dem grundsätzlich vorherrschenden Verschuldensprinzip, indem der Verschuldensbegriff herabgesenkt wurde.

Während die vagen und unkonkreten Begrifflichkeiten des „allgemeinen" Behandlungsrisikos und der „vollen" Beherrschbarkeit kritisiert werden und der Regierung teils vorgeworfen wurde, durch *„unreflektierte"* Tatbestandsmerkmale für Verwirrung zu sorgen,[1017] handelt es sich im Ergebnis wohl um solche Risiken, die sich dem Herrschafts- und Organisationbe-

---

1015 *Kunz-Schmidt*, Bedienungsfehler beim Einsatz von Medizintechnik, MedR 2009, 517, 518.

1016 *Gehrlein*, Grundriss der Arzthaftpflicht, Rdnr. B 120; *Katzenmeier*, Arzthaftung, 2002, S. 12 f., S. 484; *Kunz-Schmidt*, Bedienungsfehler beim Einsatz von Medizintechnik, MedR 2009, 517, 518.

1017 *Spickhoff*, Kommentar Medizinrecht, § 630h Rdnr. 5.; *Deutsch*, NJW 2012, 2009, 2011: Die Einführung des Begriffs *„allgemein"* lasse vermuten, es gäbe ein *„spezielles"* oder *„besonderes"* Behandlungsrisiko reich der Behandelnden bzw. des Krankenhauses, nicht aber dem Kernbereich ärztlicher Tätigkeit zuordnen lassen.[1018] Das voll beherrschbare Risiko ist der Sphäre der Pflichten zuzuordnen, für die das Krankenhaus bzw. die Behandelnde *erfolgsbezogen* einzutreten hat, da diese bei eingehaltener Sorgfaltspflicht sicher hätten vermieden werden können. Die Behandelndenseite hat dann Gelegenheit, diese Vermutung zu widerlegen.[1019] Die übrigen Behandlungspflichten sind dagegen nicht erfolgsbezogen, sondern den *„Unwägbarkeiten des menschlichen Organismus“*[1020] unterstellt. Verletzungen klassischer Aufgaben des Kernbereichs als Behandlungsfehler im engeren Sinne unterliegen daher *nicht* der Anwendbarkeit des § 630h Abs. 1 BGB.[1021] Die Beweislast für den objektiven Fehler und das Verschulden verbleiben, wie bei den Diagnosefehlern, somit grundsätzlich bei den Patientinnen.

Rechtshistorisch sollten Organisationfehler etwa in Form von defekter Medizintechnik, einer falschen Lagerung auf dem Operationstisch[1022] oder aber Mängel im Hygienebereich[1023] einerseits die materiellrechtliche Möglichkeit des Behandlungsfehlervorwurfs eröffnen und andererseits beweisrechtlich zur Anwendung der Grundsätze des voll beherrschbaren Risikos führen können.

Maßgeblich sind also zwei Anknüpfungspunkte für ein voll beherrschbares Behandlungsgeschehen: auf der einen Seite die Koordination und Organisation einer jeden Behandlung, wozu u.a. auch der Hygienezustand der Praxis bzw. des Krankenhauses zählt, auf der anderen Seite typischerweise der medizinisch-technische Bereich, d.h. die Beschaffenheit von Ge-

---

1018 Vgl. *Wagner*, in: MüKo BGB, § 630h Rdnr. 25 f.

1019 *Katzenmeier*, in: BeckOK BGB, § 630h Rdnr. 17; so auch die stRspr, vgl. etwa BGHZ 171, 358 (360 ff.) = NJW 2007, 1682 (1683) = MedR 2010, 30, 31 mAnm *Prütting*; BGH NJW 1978, 584; 1982, 699; 1984, 1403, 1404; 1991, 1540, 1541; 1991, 1541, 1542; 1994, 1594, 1595.

1020 BGH, Beschl. v. 16.08.2016 – VI ZR 634/15 = NJW-RR 2016, 1360 Rdnr. 6.

1021 *Kunz-Schmidt*, Bedienungsfehler beim Einsatz von Medizintechnik, MedR 2009, 517, 518.

1022 Die Fehlervermutung gilt ausnahmsweise nicht, wenn eine nicht erkennbare Anomalie des Patienten zu einer Schadensanfälligkeit geführt hat, vgl. BGH Urt. v. 24.01.1995 – VI ZR 60/94 = NJW 1995, 1618.

1023 Zum voll beherrschbaren Risiko bei mangelhaften hygienischen Zuständen in einer Klinik vgl. OLG Zweibrücken, Urt. v. 27.7.2004 – 5 U 15/02 = NJW-RR 2004, 1607; BGH, Urt. v. 16.8.2016 – VI ZR 634/15 = NJW-RR 2016, 1360; *Greiner*, in: Geiß/ders., Arzthaftungsrecht, B Rdnr. 214, m.w.N.

rätschaften.[1024] Zu dem voll beherrschbaren Risiken im Sinne des § 630h Abs. 1 BGB gehören mithin auch die bei der medizinischen Behandlung eingesetzten Geräte.[1025]

2. Anwendbarkeit auf KI-Systeme

a. Bezugspunkt der Beherrschbarkeit

Voll beherrschbare Risiken kennzeichnen sich dadurch, dass bereits auf den Einsatz der Gefahrenquelle abgestellt wird, d.h. die grundsätzliche Pflicht zu einer gehörigen Organisation und Koordination des Behandlungsablaufs durch die Behandelndenseite mit der Gewährleistung genereller Sicherheits-Standards der Behandlung gegen bekannte Risiken.[1026] Einige Vertreterinnen lehnen die Anwendbarkeit der Grundsätze des voll beherrschbaren Risikos auf KI-Systeme ab.

Die erste Ansicht stellt die Beherrschbarkeit eines KI-Systems gänzlich in Frage. Die Patientin sei zunächst in der Pflicht, überhaupt darzulegen, dass es sich bei dem konkreten Einsatz des KI-Systems um ein voll beherrschbares Risiko gehandelt habe.[1027] Das Gelingen sei anzuzweifeln, denn es könne nur schwer von einem voll beherrschbaren Risiko der Behandelnden gesprochen werden, wenn gerade die *Identifikation der Fehlerquelle* nicht möglich ist.[1028]

Grundsätzlich geht diese Argumentation in die richtige Richtung, denn Voraussetzung für die Anwendbarkeit dieser Grundsätze ist stets die Feststellung, dass es sich bei der gegenständlichen Gefahrenquelle objektiv um einen voll beherrschbaren Bereich handelt. Bei der Anwendbarkeit des § 630h Abs. 1 BGB geht es jedoch nicht um das Erkennen der objektiven Gefahr im konkreten Fall, sondern um die *Zuordnung* des Risikos.[1029] Und

---

1024 Ebds.; *Katzenmeier*, in: BeckOK BGB, § 630h Rdnrn. 20 ff.

1025 *Eichelberger*, in: Chibanguza/Kuß/Steege, Künstliche Intelligenz, S. 671, BT-Drs. 17/10488, S. 28; *Katzenmeier*, in: BeckOK BGB, § 630h Rdnr. 21; *Wagner*, in: MüKo BGB, § 630h, Rdnr. 28; aus der Rspr. BGH, Urt. v. 13.02.2007 – VI ZR 174/06 = VersR 2007, 1416; NJW 1978, 584.

1026 *Greiner*, in: Geiß/Greiner, Arzthaftpflichtrecht, B. Rdnr. 238.

1027 So *Beck/Faber*, in: Buck-Heeb/Oppermann, Automatisierte Systeme, S. 275 Rdnr. 23.

1028 So *Beck/Faber*, in: Buck-Heeb/Oppermann, Automatisierte Systeme, S. 275 Rdnr. 24.

1029 Ebd.

ein solches Risiko kann auch zugeordnet werden, wenn die genaue Fehlerquelle von der Patientin nicht identifiziert werden kann. Es reicht, das Zuordnungsobjekt identifizieren zu können: der Einsatz des KI-Systems.[1030] Mit anderen Worten: Bei der Frage der Anwendbarkeit des § 630h Abs. 1 BGB geht es um die Frage, ob der Einsatz von Künstlicher Intelligenz als solcher, d.h. die abstrakte Möglichkeit des Risikos, dem Grunde nach dem Begriff „voll beherrschbar" zugeordnet werden kann.

Hier setzt eine andere ablehnende Ansicht an und präzisiert die Bedenken der ersten Ansicht, indem sie mehr als die grundsätzliche volle Beherrschbarkeit verlangt.[1031] Wieder wird angeführt, es sei nicht auf den Einsatz selbst, sondern auf die volle Beherrschaftbarkeit des Systems in der konkreten Situation abzustellen, die gegeben sein müsse, um die Anforderungen des § 630h Abs. 1 BGB zu erfüllen,[1032] was im Falle von KI-Systemen und dem diesen immanenten Autonomierisiko nie der Fall sei, sodass eine Anwendung, die im ersten Moment naheliege, zu kurz gegriffen sei.[1033] Diese Ansicht konzentriert sich also darauf, die Ungleichheit zwischen den Begriffen der Beherrschbarkeit und des Restrisikos aufzuzeigen. Selbst bei äußerster Anspannung durch die Beteiligten verbleibe immer ein Restrisiko, das sich verwirklichen könne.

Weiter sei bei *„wortgetreuer Anwendung"* der Norm kein Raum für eine Beweislastumkehr, *„was letztlich auf dem nur auf Verschulden abstellenden Beweis"* beruhe.[1034] Nur das vermeidbare Versagen des Systems aufgrund von ungenügender Beachtung der Pflicht zur Gewährleistung führe zum Eingreifen dieses Grundsatzes.[1035]

Weiterhin gibt es Stimmen, die grundsätzliches Verständnis für eine ablehnende Haltung zeigen und an dieser Stelle sogar andere Blickwinkel ins

1030 Ein ähnlicher Kontext wurde bereits im materiellrechtlichen Teil der Organisationsfehler hergestellt, vgl. VII.2.c.bb. ff.

1031 Zu alledem *Katzenmeier*, in: BeckOK BGB, § 630h Rdnr. 23; *Katzenmeier*, MedR 2021, 859, 861.

1032 Ebd.; vgl. auch *Schmidt*, GesR 2023, 341, 350 ff.

1033 *Katzenmeier*, in: BeckOK BGB, § 630h Rdnr. 23; *Katzenmeier*, MedR 2021, 859, 861; *Spindler*, in: Katzenmeier, FS Hart, S. 594; eine andere Ansicht dazu hat *Brand*, MedR, 2019, 943, 950.

1034 *Spindler*, in: Katzenmeier, FS Hart, S. 594; *Spindler*, in: BeckOGK BGB, § 823 Rdnr. 1057.

1035 *Katzenmeier*, MedR 2021, 859, 861; *Wagner*, in: MüKo BGB, § 630h Rdnr. 26 verweist darauf, dass unter das voll beherrschbare Risiko nicht nur Defekte des Gerätes, sondern auch Bedienfehler, die eigentlich in den Kernbereich fielen, subsumiert werden können.

Feld führen, indem sie in die Zurechnungsthematik des Deliktsrechts eintauchen.[1036] So sei es gerade das Autonomierisiko, welches auf deliktischer Ebene im Rahmen des § 823 Abs. 1 BGB zu einer Unterbrechung des Zurechnungszusammenhangs führe, was Anlass geben könne, die Anwendung von autonomen Medizinal-Robotern auch nicht mehr dem Bereich des voll beherrschbaren Risikos im Sinne des § 630h BGB zuzuordnen.[1037]

Die Bedenken zum Zurechnungszusammenhang wurden in dieser Arbeit bereits ausgeräumt. Diesen Zweifeln steht aber auch der Normzweck des § 630h Abs. 1 BGB entgegen,[1038] mit dem auch die Bedenken zu der zuvor angebrachten grundsätzlichen „Beherrschaftbarkeit“ beseitigt werden können und müssen.

aa. *Telos des § 630h Abs. 1 BGB*

Nach dem Wortlaut der Norm muss sich *„ein allgemeines Behandlungsrisiko verwirklicht“* haben, *„das für den Behandelnden voll beherrschbar war“*. Eine Auslegung nach dem Wortlaut ist für Aussagen über eine Anwendbarkeit auf autonome Systeme wenig fruchtbar. Es kann allenfalls eine Verbindung hergestellt werden, indem auf das Wort *„allgemein“* abgestellt wird. Aus dieser Formulierung kann geschlossen werden, dass sich die volle Beherrschbarkeit auf ein *„allgemeines“* und damit nicht ein konkretes Behandlungsrisiko bezieht. Eine „wortgetreue Auslegung“ würde damit zugunsten einer Anwendbarkeit ausfallen. Ungeachtet dessen stellen diese auf das Verschuldensprinzip der §§ 630a ff. BGB abstellenden Ansichten abermals auf die Beherrschbarkeit in der konkreten Situation und nicht auf die Zuordnung des Risikos dem Grunde nach ab. Auch die Rechtsprechung verweist für diese Beweisfigur auf den Rechtsgedanken der Verschuldensvermutung aus § 280 Abs. 1 S. 2 BGB und stellt damit maßgeblich auf Risiko- und Gefahrensphären ab[1039], weil Patientinnen in diesem besonders sensiblen Einsatzbereich vor derartigen Gefahren zu schützen sind. Damit entfernt sie sich in interessengerechter Anwendung vom Verschuldensprinzip.

1036 Vgl. *Brand*, MedR 2019, 943, 950.

1037 Vgl. *Brand*, MedR 2019, 943, 950.

1038 Ebd.

1039 *Gehrlein*, Grundriss der Arzthaftpflicht, Rdnr. B 120; *Katzenmeier*, Arzthaftung, 2002, S. 12 f., S. 484; *Kunz-Schmidt*, Bedienungsfehler beim Einsatz von Medizintechnik, MedR 2009, 517, 518.

Der Gesetzgeber hat 2013 bei der Kodifikation des Behandlungsvertrags autonome Behandlungs- und Pflegesysteme noch nicht im Blick gehabt, mit der Regelung jedoch vor allem dafür Sorge tragen wollen, dass *„bei Behandlungen das Risiko dem Herrschafts- und Organisationsbereich des Behandelnden zugeordnet wird, wenn es nach Erkennen ausgeschlossen werden kann"*.[1040] *Brand* schlussfolgert, dass nach diesen Worten auch für den Einsatz autonomer Systeme eine vertragliche Haftung einschließlich Beweislastumkehr anzunehmen ist.[1041]

Dieser zu Recht eingebrachte Verweis auf die Begründung des Gesetzgebers zur Einführung des § 630h Abs. 1 BGB soll aber noch weiter präzisiert werden. Denn die Anwendbarkeit wird noch deutlicher gemacht. In der Begründung heißt es wörtlich:

> *„Ein Behandlungsfehler und damit eine Pflichtverletzung wird vermutet, wenn die Verletzung des Lebens, des Körpers oder der Gesundheit des Patienten aus einer Gefahr herrührt, die dem Herrschafts- und Organisationsbereich des Behandelnden zuzuordnen ist, soweit der Behandelnde die Gefahren aus diesem Bereich objektiv voll beherrschen kann. Dies sind Risiken, die nach dem Erkennen mit Sicherheit ausgeschlossen werden können. Unerheblich ist, inwieweit das Risiko konkret vermeidbar war. Die tatsächliche Vermeidbarkeit ist mithin irrelevant. Entscheidend ist vielmehr die Zuordnung des Risikos zu dem Herrschafts- und Organisationsbereich des Behandelnden."*[1042]

Der Gesetzgeber arbeitet damit heraus, dass es auf die tatsächliche Vermeidbarkeit des Risikos nicht ankommt, diese sogar gänzlich irrelevant ist.

Sinn und Zweck dieser Regelung ist die besondere Schutzbedürftigkeit der Patientin, der die Vorgänge aus dem Organisations- und Gefahrenbereich der Behandelnden regelmäßig verborgen bleibt.[1043] Ausschlaggebendes Kriterium für die Anwendbarkeit der Grundsätze des voll beherrschbaren Risikos bleibt im Sinne des Normzwecks damit die Zuordnung der Gefahr zu dem Herrschafts- und Organisationsbereich der Behandelnden. KI-Systeme bleiben trotz ihrer Autonomie medizinisch-technische Geräte. Die von menschlichem Fehlverhalten unabhängigen KI-Risiken betreffen damit nicht den Behandlungsfehlerbereich, der den Unwägbarkeiten des

1040 So auch ebd.

1041 Vgl. *Brand*, MedR 2019, 943, 950 mit Verweis auf BT-Drs. 17/10488, S. 28; *Weidenkaff*, in: Grüneberg, BGB, § 630h, Rdnr. 3; *Katzenmeier*, NJW 2013, 817, 821.

1042 So BT-Drs. 17/10477, S. 28.

1043 So BT-Drs. 17/10477, S. 28.

menschlichen Organismus zuzuordnen ist. Vielmehr verbleiben sie im objektivierbaren Herrschafts- und Organisationsbereich der Behandelnden bzw. des Krankenhauses für die die Schutzwürdigkeitserwägungen des Abs. 1 Geltung haben. Die zu Beginn aufgeführte Ansicht, wonach es auf die Beherrschbarkeit des Systems in der konkreten Situation ankomme, dürfte mit diesen gesetzgeberischen Worten entkräftet sein. Denn es ist unerheblich „*inwieweit das Risiko konkret vermeidbar war*".

bb. *Teleologische Reduktion des § 630h Abs. 1 BGB*

Brand schlägt rechtstechnisch vor, die Anwendbarkeit durch eine teleologische Reduktion des § 630h Abs. 1 BGB oder eine korrigierende Auslegung des Begriffs des voll beherrschbaren Risikos einzugrenzen.[1044]

Bei der teleologischen Reduktion ist eine gesetzliche Regelung grundsätzlich auf den Lebenssachverhalt anwendbar, lässt sich jedoch nicht anwenden, da Sinn und Zweck dieser Regelung dem entgegenstehen. Der Sinn und Zweck des § 630h Abs. 1 BGB wurde soeben dargelegt. Dieser darf sich nicht allein aufgrund des technischen Fortschritts ändern. Ein solches Vorgehen würde angesichts des stets – auch gewünschten – Fortschreitens der Digitalisierung zu großer Rechtsunsicherheit führen. Mit § 630h Abs. 1 BGB wollte der Gesetzgeber vielmehr für genau solche Fälle des technischen Fortschritts Klarheit für die schutzwürdigen Patientinnen schaffen. Dies zeigt er, indem er medizinisch-technische Geräte als Fallgruppe des § 630h Abs.1 BGB benannte. Eine Annahme, wonach der Gesetzgeber bei der Kodifikation davon ausging, der technische Fortschritt von Medizinprodukten würde stagnieren, ist daher fernliegend.

Eine teleologische Reduktion ist daher abzulehnen, denn dafür fehlt es an einem entgegenstehenden Normzweck, mindestens jedoch an einer unterschiedlichen Interessenlage. Angesichts der dargestellten Begründung des Gesetzgebers erscheint die direkte Anwendung des § 630h Abs. 1 BGB auch auf autonome Systeme daher die zutreffende Variante zu sein. Sollte man dementgegen jedoch darauf abstellen, dass der Gesetzgeber einen technischen Fortschritt und somit auch autonome Behandlungs- und Pflegesysteme 2013 noch nicht im Blick hatte[1045] mit der Folge, dass der Normzweck der Anwendung entgegenstünde, so wäre es weniger eine teleologi-

1044 Vgl. *Brand*, MedR 2019, 943, 950.
1045 Vgl. *Brand*, MedR 2019, 943, 950.

sche Reduktion als vielmehr eine analoge Anwendung des § 630h Abs. 1 BGB, die als Mittel der Wahl in Betracht kommt.

b. Bezugspunkt: Aufgabenbereiche von KI-Systemen

Auch weitere Zweifel an einer Anwendbarkeit des § 630h Abs. 1 BGB aufgrund der Art der Aufgaben, die KI-Systeme übernehmen sollen, greifen nicht durch.

Eine Ansicht führt insofern aus, die Autonomie von KI-Systemen sei eher mit der einer Hilfsperson bzw. menschlichen Mitbehandelnden vergleichbar, sodass auch eine diesen Situationen ähnliche Risikoverteilung nahezulegen sei.[1046] Gleichzeitig stellt diese Ansicht jedoch selbst klar, dass sich hinsichtlich der übrigen dem KI-System immanenten Risiken im Vergleich zu anderen medizinisch-technischen Geräten *keine* Besonderheiten ergäben.[1047] Letzterem Einwand ist zuzustimmen. Autonome Systeme haben keine Rechtspersönlichkeit, sie sind als Medizinprodukte Maschinen und keine Menschen. Dies muss bei der Frage nach der Anwendbarkeit des § 630h Abs. 1 BGB stets bedacht werden.

Eine andere Ansicht problematisiert an dieser Stelle, dass autonome Systeme größtenteils im Kernbereich ärztlicher Tätigkeit zum Einsatz kommen, der Bereich des voll beherrschbaren Risikos hingegen außerhalb dieses Bereiches liege, sodass eine Anwendbarkeit des § 630h Abs. 1 BGB schon aus diesem Grund scheitern müsse.[1048]

Dieser Einwand trifft grundsätzlich zu. Die Aufgaben des ärztlichen Kernbereichs sind, anders als die Organisationspflichten, nicht erfolgsbezogen, da sie den *„Unwägbarkeiten des menschlichen Organismus"*[1049] unterstellt sind. KI-Systeme werden zwar vornehmlich in diesem Kernbereich ärztlicher Tätigkeiten eingesetzt. Bei den erörterten KI-Restrisiken handelt es sich jedoch gerade nicht um Ergebnisse, die sich aus derartigen Unwägbarkeiten des menschlichen Organismus ergeben. Auch wirkt sich der Einsatz von KI-Systemen nicht nur auf den klassischen Behandlungsbereich und damit den Kernbereich ärztlicher Tätigkeit aus. Vielmehr bestehen parallel dazu wichtige Organisationspflichten, für die die Organisations-

---

1046 Vgl. *Eichelberger*, Chibanguza/Kuß/Steefe, Künstliche Intelligenz, S. 670 f.
1047 Ebd.
1048 Vgl. *Brand*, MedR 2019, 943, 950.
1049 BGH, Beschl. v. 16.08.2016 – VI ZR 634/15 = NJW-RR 2016, 1360 Rdnr. 6.

verpflichtete aufgrund der Gefahrenquelle, die diese durch den Einsatz geschaffen hat, wegen der Erkennbarkeit des abstrakten Risikos erfolgsbezogen einzustehen hat.[1050]

Damit ist deutlich, dass mit dem Kernbereich und dem Behandlungsumfeld nicht nur zwei Grundvarianten existieren, die strikt voneinander zu trennen sind. Ein Gleichlauf der Pflichten aus dem Behandlungsumfeld und der klassischen Behandlung ist vielmehr oftmals notwendig, um interessengerechte Lösungen zu finden.[1051] Für die Frage der Anwendbarkeit des § 630h Abs. 1 BGB ist daher maßgeblich darauf abzustellen, welchem dieser zwei Bereiche der gegenständliche Vorwurf zuzuordnen ist. Vorliegend geht es um die Zuordnung der KI-Restrisiken. Diese sind dem Organisationsbereich und damit dem Behandlungsumfeld zuzuordnen. § 630h Abs. 1 BGB bleibt anwendbar.

c. Ergebnis

§ 630h Abs. 1 BGB führt zu einer Behandlungsfehlervermutung, wenn sich ein allgemeines Behandlungsrisiko verwirklicht, das für Behandelnde voll beherrschbar war. Die Anwendbarkeit des § 630h Abs. 1 BGB auf KI-Sachverhalte von vornherein auszuschließen, erscheint mit Blick auf den Normzweck nicht vertretbar. Auch darf § 630h Abs. 1 BGB nicht ohne Weiteres zulasten schutzwürdiger Patientinnen ausgelegt werden. Vielmehr ist berufshaftpflichtversicherten Ärztinnen und Krankenhausbetreiberinnen im Sinne einer patientinnenfreundlichen Auslegung zuzumuten, die Fehlervermutung zu widerlegen. Gelingt den Behandelnden bzw. dem Krankenhaus der Beweis, ist es wieder Sache der Patientin, einen Sorgfaltsverstoß zu beweisen.[1052] Es muss daher Aufgabe des Gesetzgebers oder der Rechtsprechung bleiben, einen gegenteiligen Normzweck klarzustellen, sollte dies gewollt sein. Bis dahin gilt, dass die Vorschrift des § 630h Abs. 1 BGB auf KI-Systeme Anwendung findet.

Ob ein KI-Restrisiko und damit ein Organisationsfehler der Organisationsverpflichteten für die geschädigte und beweisbelastete Patientin nachweisbar ist oder diese dem Beweismaß des § 287 ZPO nicht genügen kann, müsste nach alledem nicht bewertet werden. Beim Einsatz eines KI-Systems handelt es sich um ein Behandlungsrisiko, das als voll beherrschbar zu be-

---

1050 Vgl. hierzu unter E.VII.2.c.bb. ff. sowie VIII.3.a.

1051 Vgl. *Kunz-Schmidt*, MedR 2009, 517.

1052 *Eichelberger*, in: Chibanguza/Kuß/Steege, Künstliche Intelligenz, S. 657.

zeichnen ist. Die Anwendbarkeit des § 630h Abs. 1 BGB auf KI-Sachverhalte führt zu der Vermutung eines Behandlungsfehlers.

3. Nachweis der haftungsbegründenden Kausalität

Die geschädigte Patientin trifft neben dem Pflichtverstoß auch die Beweislast für die haftungsbegründende und -ausfüllende Kausalität. Während die haftungsausfüllende Kausalität mit dem § 287 ZPO als Beweismaß regelmäßig nicht das Problem darstellen wird, bestehen in der arzthaftungsrechtlichen Realität durch das strenge Beweismaß des § 286 ZPO für die haftungsbegründende Kausalität große Beweisschwierigkeiten zu Lasten der Patientin. Trotz der Fehlervermutung nach § 630h Abs. 1 BGB verbleibt es dabei, dass die Patientin für die übrigen Voraussetzungen beweisbelastet ist. Erfolg kann eine geschädigte Patientin nur haben, wenn neben der Vermutung aus § 630h Abs. 1 BGB auch die Beweislast für die haftungsbegründende Kausalität umgekehrt wird. Darauf gerichtete Möglichkeiten sind nachfolgend zu untersuchen.

a. Anscheinsbeweis

Jenseits der Regelung des § 630h Abs. 5 BGB steht für die haftungsbegründende Kausalität die Beweiserleichterung des Anscheinsbeweises zur Verfügung.[1053] Zwar lässt diese Form des prima-facie-Beweises einen festgestellten, einfachen Behandlungsfehler ausreichen und ist daher vorzugswürdig anzuprüfen. Kommen für den Gesundheitsschaden mehrere Ursachen in Betracht, sind die Grundsätze des ersten Anscheins allerdings nur dann anzuwenden, wenn nur für einen dieser möglichen Ursachen konkrete Anhaltspunkte vorliegen.[1054] Gelingt es jedoch, konkrete Anhaltspunkte anzubringen, so gilt der Beweis sogar für jene Ursachen, die im Vergleich zu den anderen möglichen Ursachen relativ selten sind.[1055]

1053 Vgl. *Wagner*, in: MüKo BGB, § 630h Rdnr. 86; BGH, Urt. v. 27.2.2007 – VI ZR 55/05 = NJW 2007, 2767, Rdnr. 14; BGH, Urt. v. 14.12.1953 – III ZR 183/52 = NJW 1954, 718.

1054 BGH, Urt. v. 27.2.2007 – VI ZR 55/05 = NJW 2007, 2767, Rdnr. 14.

1055 BGH, Urt. v. 27.2.2007 – VI ZR 55/05 = NJW 2007, 2767, Rdnr. 14.

Während es bei der Kausalität nach § 286 ZPO darauf ankommt, ob der konkrete Gesundheitsschaden ohne den Behandlungsfehler mit an Sicherheit grenzender Wahrscheinlichkeit nicht eingetreten wäre, ist für den Anscheinsbeweis zu fragen, ob der konkrete Behandlungsfehler nach medizinischen Erfahrungssätzen typischerweise einen solchen Gesundheitsschaden zur Folge hat oder ob andere Schadensursachen in Betracht kommen.[1056] Anders als bei dem Kausalitätsnachweis kommt es dabei nicht auf eine an Sicherheit grenzende Wahrscheinlichkeit an.

Dennoch ist ein Anscheinsbeweis regelmäßig abzulehnen, da es an einer Typizität aufgrund der *„Unterschiedlichkeit des menschlichen Organismus“* regelmäßig fehlt.[1057] Zum einen kommt es auf *medizinische* Erfahrungssätze an. Doch auch wenn man eine an den technologischen Fortschritt angelehnte Anpassung des prima-facie Beweises vornähme und technische Erfahrungssätze ergänzen würde, blieben noch immer Zweifel. Der Beweis des schädigenden Ereignisses ist im Arzthaftugsrecht regelmäßig problematisch. Dies ändert sich durch den Einsatz eines autonomen Systems nicht. Es erscheint daher unwahrscheinlich, dass in einer Regelmäßigkeit von geschädigten Patientinnen prozessual überzeugend vorgetragen werden kann, dass ein KI-Restrisiko als technisches Risiko *typischerweise* einen solchen wie den eingetretenen Gesundheitsschaden zur Folge hat, sodass es an der ohnehin schon seltenen Typizität fehlen wird.

Der prima-facie Beweis wird daher in aller Regel geschädigten Patientinnen nicht helfen.

b. Organisationsfehler als grober Behandlungsfehler i.S.d. § 630h Abs. 5 S. 1 BGB

Da Organisationsfehler dem Behandlungsumfeld und nicht dem klassischen Ärztinnen-/Patientinnenverhältnis zuzuordnen sind, qualifiziert sich ein Pflichtverstoß grundsätzlich nicht als ärztlicher Fehler. Die Grundsätze des § 630h Abs. 5 BGB zur Beweiserleichterung bei groben ärztlichen Feh-

---

1056 So OLG Köln, Hinweisbeschl. V. 10.9.2014 und Beschl. v. 20.10.2014 – 5 U 97/14 = MedR 2015, 518 mAnm *Müller*, MedR 2015, 518, 522.

1057 Zu dem Ganzen siehe OLG Köln, Hinweisbeschl. V. 10.9.2014 und Beschl. v. 20.10.2014 – 5 U 97/14 = MedR 2015, 518 mAnm *Müller*, MedR 2015, 518, 522.

lern lassen sich aber auch auf Organisationsfehler anwenden.[1058] Insofern besteht ein Unterschied zu § 630h Abs. 1 BGB, der nur für den Bereich der Organisationsfehler anwendbar ist.

Der Verstoß gegen eine Organisationspflicht stellt sich als grober Fehler dar, wenn hierdurch - wie bei groben ärztlichen Fehlern - das Spektrum der Schadensursachen derart verbreitert oder verschoben worden ist, dass der Patientin billigerweise die Beweisführung nicht mehr zugemutet werden kann.[1059]

Die Frage, wann beim Einsatz autonomer Systeme ein Organisationsfehler als grob einzustufen ist, lässt sich am Beispiel von Pflegefehlern illustrieren. Diese sind nicht als ärztliche Fehler, sondern als Organisationsfehler zu begreifen. Für eine Anwendbarkeit von Beweiserleichterungen kommt es daher nicht auf die Feststellung einzelner Fehlleistungen bestimmter für die Pflege verantwortlicher Personen an, die das Urteil einer groben Fahrlässigkeit rechtfertigen.[1060] Diese Art der Beurteilung käme der klassischen Arzthaftung zu nahe, die die Zuordnung eines Fehlers zu einer bestimmten Ärztin erfordert. Dies würde der besonderen Lage der Patientin und damit jenen Fällen nicht gerecht werden, in denen diese durch eine insgesamt unzulänglich ausgestattete, organisierte oder geleitete Klinik einer unzumutbar erhöhten Gefahr durch das Zusammentreffen einzelner Missstände und Versäumnisse ausgesetzt war.[1061] In der Pflege rechtfertigen die Einzelumstände für sich betrachtet regelmäßig eine grobe Fahrlässigkeit nicht.[1062] Für die Bewertung eines Organisationsfehlers als grob kommt es auf eine zusammenfassende Betrachtung aller Umstände an.[1063]

Dieser Maßstab ist auch beim Einsatz von KI-Systemen heranzuziehen. Zu fragen ist, ob durch den Einsatz von KI-Systemen das Spektrum der Schadensursachen derart verbreitert oder verschoben worden ist, dass der Patientin die Beweisführung der Kausalität derart erschwert worden ist,

1058 BGH, Urt. v. 10.11.1970 - VI ZR 83/69 = NJW 1971, 241, 243; BGH, Urt. v. 01.02.1994 - VI ZR 65/93 = NJW 1994, 1594, 1595; BGH, Urt. v. 16.04.1996 - VI ZR 190/95 = NJW 1996, 2429, 2431.

1059 Ebd.

1060 Für die Frage der Beweislast, wenn streitig ist, ob eine Infektion eines Neugeborenen mit Staphylokokken auf Mängel der Krankenpflege beruhen vgl. BGH, Urt. v. 10.11.1970 - VI ZR 83/69 = NJW 1971, 241, 243.

1061 BGH, Urt. v. 10.11.1970 - VI ZR 83/69 = NJW 1971, 241, 243.

1062 BGH, Urt. v. 10.11.1970 - VI ZR 83/69 = NJW 1971, 241, 243.

1063 Ebd.

dass sie dieser billigerweise nicht mehr zugemutet werden kann.[1064] Es kommt also grundsätzlich auf die Kriterien an, die einen klassischen ärztlichen Fehler als grob einstufen lassen.[1065]

Im Einzelfall ist zu prüfen, ob die Versäumnisse der Organisationsverpflichteten derart schwerwiegend waren, dass sie ihr schlechterdings nicht unterlaufen durften und ob durch sie die Aufklärung des Sachverhalts für die Patientin unzumutbar erschwert worden ist. Zwar handelt es sich bei dem Einsatz eines autonomen Systems nicht per se um ein Versäumnis, das schlechterdings nicht unterlaufen darf. Doch bietet der Einsatz als solcher ein erheblich gesteigertes Gefahrenpotenzial für die Patientinnen, das die Organisationsverpflichtete geschaffen hat. Folge muss sein, dass diese im Rahmen ihrer Sorgfalt dafür sorgen muss, dass sich die mit dieser Gefahrenquelle verbundenen Risiken nicht realisieren. Insofern kommt es auch hier auf die Erkennbarkeit des abstrakten Risikos an, das die Organisationsverpflichtete schuldet,[1066] und diese wirkt sich auf die Einordnung der Schwere des vorgeworfenen Fehlers aus. Das erheblich gesteigerte Gefahrenpotenzial und das Nichterkennen des abstrakten Risikos durch Verwirklichung eines KI-Restrisikos sind insofern als Versäumnis zu verstehen. Über das bloße Versäumnis hinaus führt ein verwirklichtes KI-Risiko gleichzeitig und immer dazu, dass die Aufklärung des Sachverhalts für die Patientin erschwert wird. Dieses Erschwernis ist unzumutbar.

4. Ergebnis

Das KI-Restrisiko lässt sich als Fehlerquelle 3 den Organisationspflichten zuordnen. Organisationsverpflichtete schulden im Rahmen ihrer multidisziplinären und multiprofessionellen Sorgfaltspflichten die Erkennbarkeit des abstrakten Risikos. Nicht hingegen geht es um den konkreten Verlauf.

Ist ein menschliches Fehlverhalten nicht nachweisbar, ist von der Verwirklichung eines KI-Restrisiko auszugehen. Es handelt sich dann um ein dem § 630h Abs. 1 BGB zuzuordnendes voll beherrschbares Risiko der Organisationsverpflichteten. In der Folge wird beweisrechtlich vermutet, dass ein Behandlungsfehler der Organisationsverpflichteten vorliegt. Diese Fehlervermutung allein führt nicht zu einer erfolgreichen Geltend-

---

1064 BGH, Urt. v. 16.04.1996 – VI ZR 190/95 = NJW 1996, 2429, 2431.

1065 Ebd.

1066 Vgl. E.VII.2.ee.

machung eines Haftungsanspruchs, da es nach wie vor des Beweises der haftungsbegründenden Kausalität bedarf, die dem Beweismaß des § 286 ZPO unterliegt und ohne Beweiserleichterungen im Arzthaftungsrecht unter anderem aufgrund von Informationsassymetrien und Unwägbarkeiten des menschlichen Organismus kaum nachweisbar ist. Abhilfe verschafft dann die Regelung des § 630h Abs. 5 BGB, die nicht nur für die klassischen Behandlungsfehler, sondern auch für Organisationsfehler anwendbar ist. Eine haftungsbegründende Kausalität wird daher vermutet, wenn ein *grober* Organisationsfehler vorliegt.

Ein Organisationsfehler wird als grob bewertet, wenn hierdurch wie bei groben *ärztlichen* Fehlern das Spektrum der Schadensursachen derart verbreitert oder verschoben worden ist, dass der Patientin die Beweisführung billigerweise nicht mehr zugemutet werden kann.[1067] Aufgrund der durch den Einsatz von autonomen Systemen automatisch geschaffenen erhöhten Gefahrenquelle, die durch die Opazität bei einem eingetretenen Gesundheitsschaden für eine geschädigte Patientin stets zu einer besonders erschwerten Aufklärung des Sachverhalts führt, sind die von der Rechtsprechung entwickelten Grundsätze in entsprechender Weise auf KI-Sachverhalte zu übertragen.

Alles in allem wird es einer beim Einsatz eines KI-Systems geschädigten Patientin daher regelmäßig gelingen, einen vertraglichen Arzthaftugsanspruch nach § 630a i.V.m. § 280 Abs. 1 BGB gerichtlich geltend zu machen.

VIII. Besondere Organisationspflichten – Die Grundsätze der Arbeitsteilung

Neben den zuvor erörterten allgemeinen Organisationspflichten sollen nunmehr noch die Grundsätze der Arbeitsteilung als spezieller Pflichtenkreis der Organisationspflichten betrachtet und anschließend eine Anwendbarkeit auf KI-Sachverhalte überprüft werden. Es ist zu erörtern, ob bereits das Übertragen von Aufgaben an autonome Systeme unter den Gesichtspunkten der Arbeitsteilung zur Haftung führen kann.

1067 BGH, Urt. v. 16.04.1996 – VI ZR 190/95 = NJW 1996, 2429, 2431.

1. Hintergrund

Die meisten Krankenhäuser besitzen mehrere Fachdisziplinen und dadurch ebenso viele Mitarbeitende dieser verschiedenen Disziplinen ärztlicher und nichtärztlicher Natur. Diese Vielfalt ist oftmals erforderlich, um Patientinnen angemessen behandeln und pflegen zu können. Damit diese täglich gelebte Arbeitsteilung in der Medizin funktionieren kann, ist eine klare Kommunikation und Koordination sowie Zuständigkeitsverteilung zwischen den Beteiligten von grundlegender Bedeutung.[1068]

Diese effizienzgesteuerte Aufsplittung einzelner Fachdisziplinen in immer mehr spezialisierte Teilgebiete kann den einzelnen Behandelnden den nötigen Überblick erschweren. Die moderne Medizin birgt durch diese Fragmentierung daher das Potenzial für die einzelnen Behandelnden, die zu Grunde liegende Erkrankung zu verkennen.[1069] Eine gemeinsame Wissenssteigerung und Mobilisierung von Fachkräften durch vertikale und horizontale Zusammenarbeit und durch Delegation einzelner Aufgaben an (nicht-)ärztliches Personal ist unter diesen Gesichtspunkten wichtiger denn je.

Diese Arbeitsteilung unterteilt sich mit der horizontalen und vertikalen Arbeitsteilung in zwei Bereiche. Während Letztere die Delegation von Aufgaben im Sinne eines Qualifikationsgefälles, d.h. bei fachlicher Über- und Unterordnung innerhalb eines Fachgebietes meint, ist die horizontale Arbeitsteilung geprägt von qualitativer Gleichordnung und Weisungsfreiheit der Beteiligten verschiedener Disziplinen.[1070]

2. Vertikale Arbeitsteilung – Unzulässige Delegation an Nichtärzte?

Grundsätzlich hat die medizinische Betreuung durch dasjenige ärztliche Personal zu erfolgen, mit dem der Behandlungsvertrag zu Stande gekommen ist, vgl. §§ 630b, 613 S. 1 BGB.[1071] Im Sinne der vertikalen Arbeits-

---

1068 Vgl. hierzu auch *Katzenmeier*, in: Laufs/ders./Lipp, Arztrecht, Kap. X Rdnr. 47.

1069 Zur Unausweichlichkeit einer Arbeitsteilung vgl. ebd.

1070 Zu alledem *Kern/Rehborn*, in: Laufs/Kern/Rehborn, Handbuch des Arztrechts, § 99 Rdnrn. 1 ff.

1071 Dies ist abhängig von der vereinbarten Vertragsform. Während die Patientin beim Regelfall des totalen Krankenhausaufnahmevertrages regelmäßig keinen Anspruch auf einen bestimmten Arzt hat, besteht ein Anspruch auf medizinische Dienste vom Beleg- oder Wahlarzt beim Vorliegen eines gespaltenen Krankenhausvertrages teilung ist es jedoch zulässig und auch angezeigt, da nicht anders zu bewältigen, einzelne nachgeordnete Maßnahmen an untergeordnetes, qualifiziertes ärztliches oder nichtärztliches Personal zu übertragen.[1072] Dennoch verbleibt es bei einer Haftung der Weisungsberechtigten für das Handeln auch dann, wenn die Weisung grundsätzlich zulässig war, d.h. die konkrete Tätigkeit delegiert werden durfte. Eine solche Haftung kommt allerdings nur dann in Betracht, wenn die übrigen Voraussetzungen einer Arzthaftung anzunehmen sind, d.h. insbesondere ein Gesundheitsschaden eingetreten ist. Die Frage der Zurechnung des fehlerhaften Verhaltens wird vertragsrechtlich sodann über § 278 BGB beantwortet.[1073]

Mit Blick auf die sich ständig neu entwickelnden pflegerischen und technischen Medizinalfachberufe[1074] und die sich stets verändernden Aufgabenbereiche des ärztlichen Personals bedarf es einer besonderen Überwachung dieser Delegationen durch die Krankenhausträgerin und das ärztliche Personal.[1075]

a. Aufgaben des medizinischen Kernbereichs

Nicht jede medizinische Tätigkeit muss durch das ärztliche Personal persönlich erbracht werden. Während dies für pflegerische Maßnahmen selbstverständlich ist, muss für ärztliche Tätigkeiten im Einzelfall überprüft werden, ob diese delegierbar sind. Grundsätzlich gibt es auch ärztliche Maßnahmen, die an qualifiziertes nichtärztliches Personal abgegeben werden dürfen.[1076] Nichtdelegierbare Tätigkeiten sind demgegenüber jene, die

---

bzw. einem totalen Krankenhausaufnahmevertrag mit Arztzusatzvertrag, vgl. hierzu *Katzenmeier*, in: BeckOK BGB, § 630b Rdnr. 7.

1072 *Katzenmeier*, in: BeckOK BGB, § 630b Rdnr. 6 verweist in diesem Zusammenhang noch auf die Pflicht zur Anleitung und Überwachung.

1073 Vgl. *Wagner*, in: MüKo BGB, § 630a Rdnr. 107.

1074 Zu alledem *Wagner*, in: MüKo BGB, § 630a Rdnr. 107; vgl. auch *Abanador*, Die Zulässigkeit der Substitution ärztlicher Leistungen durch Leistungen nichtärztlichen Pflegepersonals; *Bohne*, Delegation ärztlicher Leistungen; *Gröschl*, Substitution und erweiterte Delegation ärztlicher Leistungen.

1075 *Kern/Rehborn*, in: Laufs/Kern/Rehborn, Handbuch des Arztrechts, § 99 Rdnrn. 2.

1076 *Eichelberger*, in: Chibanguza/Kuß/Steege, Künstliche Intelligenz, S. 664 verweist zur Delegation von ärztlichen Aufgaben auf: OLG Dresden MedR 2009, 410: Zulässige Injektion eines Kontrastmittels durch eine leitende medizinisch-technische Radiologieassistentin, solange eine regelmäßige Kontrolle und Überwachung durch ärztliches Personal stattfinden.

dem Kernbereich ärztlicher Aufgaben zuzurechnen sind.[1077] Dieser Kernbereich ist jedoch nicht näher bestimmt, etwa in Form einer Katalogisierung,[1078] was die Abgrenzung im Einzelfall erschwert. Auch die Formulierung des BGH, wonach auf *„dem Arzt eigene Kenntnisse und Kunstfertigkeiten"* der betreffenden Tätigkeit abzustellen sei,[1079] schafft keine Rechtssicherheit.[1080]

Für eine nähere Abgrenzung können jedoch die Stellungnahmen der einzelnen Fachverbände leitend sein, da diese trotz fehlender Normsetzungsbefugnis regelmäßig Berücksichtigung für die Konkretisierung des fachlichen Standards finden. So gelten Leitlinien und Empfehlungen der Fachverbände als *„Wegweiser"* für jenen Standard.[1081] Dies kann auch auf den Begriff des Kernbereichs angewendet werden.

Überdies haben die Krankenkassen und die Kassenärztlichen Bundesvereinigung eine Formel entwickelt, welche Aufgabenbereiche nicht delegierbar, mithin dem Kernbereich zuzuordnen sind. Dabei handele es sich um Verrichtungen, *„die wegen ihrer Schwierigkeiten, ihrer Gefährlichkeit oder wegen der Unvorhersehbarkeit etwaiger Reaktionen ärztliches Fachwissen voraussetzen und deshalb vom Arzt persönlich durchzuführen sind"*.[1082] Exemplarisch hierfür seien Diagnostik, Anamnese, Indikationsstellung, Untersuchung der Patientin einschließlich invasiver diagnostischer Leistungen, operative Eingriffe,[1083] die Erarbeitung eines Therapie- oder Operationsplans und auch neue Behandlungsmethoden.[1084]

KI-Systeme sollen gerade in den Bereichen Diagnostik und Therapie Abhilfe und Erleichterung für die Gesundheitsfürsorge verschaffen. Sie sollen also dort ansetzen, wo – zumindest nach diesen Feststellungen – grundsätzlich der Arztvorbehalt besteht, d.h. Tätigkeiten übernehmen, die im Wege

---

1077 Vgl. *Spickhoff/Seibl*, MedR 2008, 463, 467; *Eichelberger*, in: Chibanguza/Kuß/Steege, Künstliche Intelligenz, S. 665; *Wagner*, in: MüKo BGB, § 630a Rdnr. 109; *Katzenmeier*, in: BeckOK BGB, § 630b Rdnr. 6.

1078 *Katzenmeier*, in: BeckOK BGB, § 630b Rdnr. 6.

1079 BGH, Urt. v. 24.06.1975 – VI ZR 72/74 = VerR 1975, 952, 953.

1080 Vgl. *Katzenmeier*, in: BeckOK BGB, § 630b Rdnr. 6.

1081 Vgl. *Spickhoff/Seibl*, MedR 2008, 463, 467.

1082 DÄBl 1988, 2197; *Laufs*, in: Laufs/Katzenmeier/Lipp, Arztrecht, Rn. 519 ff; RGRK-Nüßgens § 823 BGB Anh II Rn. 222; *Kern*, in: Laufs/Kern/Rehborn, Handbuch des Arztrechts, § 49 Rdnr. 6.

1083 *Katzenmeier*, in: BeckOK BGB, § 630b Rdnr. 6.

1084 *Kern*, a.a.O., § 49 Rdnr. 6.; BSG, Urt. v. 04.04.2006 – B 1 KR 7/05 R = NJW 2007, 1385. In dem Fall ging es um die Erstattung von Kosten für eine LITT zu Lasten der GKV. LITT stellte zu dem Zeitpunkt eine neue Behandlungsmethode dar, für die das BSG den Arztvorbehalt feststellte.

der vertikalen Arbeitsteilung *nicht* delegierbar sind. Überdies handelt es sich bei KI-Systemen in der Medizin als *Neulandmethode* selbst um eine *„neue Behandlungsmethode"*. Daher ist zu erörtern, wie sich diese Feststellungen auf die vertikale Arbeitsteilung und eine mögliche Haftbarkeit der Delegierenden wegen eines Organisationsfehlers auswirken.

b. Rechtsfolgen des Delegationsfehlers

Während die zulässige Weisung von Aufgaben im Wege der vertikalen Arbeitsteilung im Allgemeinen sowohl in der Reihenfolge Chefärztin – Oberärztin – Assistenzärztin, d.h. übergeordnetes an untergeordnetes ärztliches Personal, als auch Chefärztin – Pflegepersonal funktionieren kann, besteht eine haftungsrelevante Besonderheit der vertikalen Arbeitsteilung in der Delegation nichtdelegierbarer ärztlicher Aufgaben an nichtärztliches Personal. Diese Arbeitsteilung ist von Beginn an unzulässig. Ein Delegationsfehler liegt stets dann vor, wenn nicht delegierbare Tätigkeiten übertragen werden.

Delegiert die behandelnde Person dennoch auf nichtärztliches Personal, stellt bereits die Delegation einen Behandlungsfehler bzw. Organisationsfehler dar,[1085] sodass es, anders als bei der zulässigen vertikalen Arbeitsteilung, einer Zurechnung über § 278 BGB zur Haftungsbegründung nicht bedarf. Auch hier ist das Eintreten eines Arzthaftungsfalles allerdings zwingende Voraussetzung. Verwirklicht sich ein Delegationsfehler, führt dies also sowohl zur Haftung wegen Behandlung durch die falsche Person, da sich eine Organisationspflichtverletzung der Delegierenden realisiert, aber auch zu einer Haftung wegen Übernahmeverschuldens.[1086]

Damit kennt die vertikale Arbeitsteilung zwei Anknüpfungspunkte für haftungsbegründendes Verhalten der Behandlungsvertragspartei: die Zurechnung *fehlerhaften* Verhaltens des weisungsgebundenen, qualifizierten Personals über § 278 BGB bei *zulässiger* Delegation einerseits sowie die Haftung wegen Übernahmeverschuldens und Organisationspflichtverletzung durch eine *unzulässige* Delegation von *nicht*delegierbaren Aufgaben des Kernbereichs.

1085 *Kern/Rehborn*, in: Laufs/Kern/Rehborn, Handbuch des Arztrechts, Rdnr. 18; *Spickhoff/Seibl*, MedR 2008, 463, 469.

1086 So *Spickhoff/Seibl*, MedR 2008, 463, 473.

c. Anwendbarkeit dieser Grundsätze auf KI-Systeme

Eine Haftung der Verantwortlichen nach diesen Grundsätzen setzt zunächst voraus, dass sich die Grundsätze der vertikalen Arbeitsteilung, die sonst nur bei Delegationen von Mensch zu Mensch anwendbar sind, bedingt durch die Autonomiefähigkeit von Künstlicher Intelligenz dem Grunde nach auch auf KI-Systeme anwenden lassen.

In der Literatur existiert die Idee, ein KI-System könne im Kontext der vertikalen Arbeitsteilung als sog. *„Nichtarzt"*, d.h. sozusagen als nichtmenschliches Äquivalent zu Behandelnden betrachtet werden.[1087]

Der Einsatz nicht-autonomer Medizintechnik wirft diese Frage bislang nicht auf, da diese – selbst, wenn ein gewisser Grad an Automatisierung auch bei diesen Systemen vorliegt – vor, während und nach der Behandlung der Patientinnen von dem zuständigen ärztlichen Personal angeleitet, überwacht, gesteuert und kontrolliert werden. Bei bisherigen Technologien ist daher weder von zulässiger noch von einer unzulässigen Delegation im Sinne einer vertikalen Arbeitsteilung auszugehen.

Während automatisierte Systeme, wie etwa vom Menschen gesteuerte Medizinal-Roboter,[1088] daher wohl eher Werkzeug bzw. Instrument der Ärztinnen darstellen,[1089] ist diese Annahme im Falle von gänzlich autonom handelnden Technologien wie KI-Systemen wohl anders zu bewerten,[1090] zumindest jedoch umstritten.

1087 *Eichelberger*, in: Chibanguza/Kuß/Steege, Künstliche Intelligenz, S. 665; *Bastians/Mohr*, CR 2023, R76-R78, Tagungsbericht zur 5. RAILS-Konferenz am 31.3.2023 in Berlin: Einsatz von KI und Robotik in der Medizin: Interdisziplinäre Frage.

1088 Vgl. bspw. der Medizinal-Roboter DaVinci, der vom behandelnden ärztlichen Personal während der Operation als Instrument u.a. zum präziseren Schneiden eingesetzt, gleichzeitig aber unentwegt kontrolliert und gesteuert wird.

1089 *Bastians/Mohr*, CR 2023, R76-R78, Tagungsbericht zur 5. RAILS-Konferenz am 31.3.2023 in Berlin: Einsatz von KI und Robotik in der Medizin: Interdisziplinäre Frage.

1090 *Eichelberger*, in: Chibanguza/Kuß/Steege, Künstliche Intelligenz, S. 665; *Bastians/Mohr*, CR 2023, R76-R78, Tagungsbericht zur 5. RAILS-Konferenz am 31.3.2023 in Berlin: Einsatz von KI und Robotik in der Medizin: Interdisziplinäre Frage.

cc. *Menschliche Aufsicht, Goldstandard und §§ 630a, 630b i.V.m. § 613 BGB*

Zwingende Voraussetzung für den Einsatz von KI im Rahmen des Behandlungsvertrags ist nach den bisherigen Ergebnissen, dass eine menschliche Bewertung zwischen KI-System und Patientin geschalten ist und sich das autonome System nie unmittelbar auf den Menschen auswirken kann.[1091]

Wie bereits erörtert, handelt es sich aufgrund der Sensibilität des Einsatzbereiches auch bei Medizinal-KI-Systemen in den meisten Fällen um Hochrisiko-KI-Systeme. Damit ist bereits zweifelhaft, ob der Einsatz eines KI-Systems, dessen Ausgabe/Ergebnis stets der Letztkontrolle der ärztlichen Anwendenden unterliegt, überhaupt unter den Begriff der Delegation subsumierbar ist. Auch § 7 Abs. 4 MBO-Ä und §§ 630a, 630b i.V.m. § 613 BGB machen dies unwahrscheinlich.[1092]

Stimmen in der Literatur machen indes darauf aufmerksam, dass KI-Systeme in der Medizin mittlerweile in der Lage seien, Behandlungsschritte autonom durchzuführen und sich nicht mehr auf das reine Ausführen menschlich vordefinierter Schritte beschränkten, sodass Ärztinnen den Arbeitsprozess nicht mehr völlig beherrschen könnten und die Ausgabe/das Ergebnis der Künstlichen Intelligenz nicht mehr ohne Weiteres erklärbar sei.[1093] Dies würde dazu führen, dass der Einsatz eines solchen KI-Systems automatisch eine unzulässige Delegation an *„Nichtärzte"* darstelle. Mit dieser Kritik wird also abermals auf die Black-Box-Effekte der Systeme des Maschinellen Lernens und die damit verbundene Problematik der Interpretierbarkeit des Ergebnisses hingewiesen.

Diese grundsätzlich bereits bekannte Kritik wird im Bereich der Delegation aber weitergedacht, indem dem KI-System eine Delegationsfähigkeit zugesprochen wird (*„Nichtarzt"*), die nur deshalb unzulässig sei, weil es sich um Aufgaben des ärztlichen Kernbereichs handele. Die Ansicht spricht einem KI-System mithin als *„Nichtarzt"* Delegationsfähigkeit zu.

Dem ist entgegenzuhalten, dass es trotz der grundsätzlichen Autonomiefähigkeit eines autonomen Systems bei dem bereits an mehreren Stellen dieser Arbeit kenntlich gewordenen Leitsatz bleibt: Es ist Aufgabe der

---

1091 Vgl. *Spindler*, CR 2022, 689, 700, der zum Anwendungsbereich des KI-Haftung-RL-V und des Erfordernisses des *„human being in the loop"* Stellung bezieht.

1092 Vgl. hierzu unter E.III.4.b.dd.(2) ff.

1093 *Bastians/Mohr*, CR 2023, R76-R78, Tagungsbericht zur 5. RAILS-Konferenz am 31.3.2023 in Berlin: Einsatz von KI und Robotik in der Medizin: Interdisziplinäre Frage.

ärztlichen Anwendenden, die Ausgabe des eingesetzten Systems durch technische Hilfsmittel zu interpretieren und auf Fehler zu untersuchen. Die ärztlichen Anwendenden sind und bleiben rechtlich verpflichtend Letztentscheidende, sodass sich ihre Überprüfung der KI-Ausgabe nicht nur auf eine medizinische Plausibilitätprüfung beschränken darf. Dies widerspräche dem Telos der Art. 14 KI-VO und dem Telos des § 630a Abs. 1 BGB. Darüber hinaus bedeutete dies einen Verstoß gegen den Goldstandard.[1094] Die Autonomiefähigkeit der eingesetzten Künstlichen Intelligenz ändert also nichts daran, dass es die ärztlich Anwendenden sind und nicht das System, die die Patientin in personam behandelt. Der Einsatz von KI-Systemen stellt aktuell eindeutig keinen Fall einer Delegation dar. Die ärztlich Anwendenden erfüllen die Aufgaben des Kernbereichs trotz Anwendung eines KI-Systems höchstpersönlich. Der (Rechts-)Figur eines *„Nichtarztes“* bedarf es also nicht. Auch *Spindler* führt mit Blick auf diese Debatte zu Recht kritisch an, dass die Ersetzung von Menschen durch Maschinen keine Neuheit ist, ganz im Gegenteil – bislang ist nur noch niemand auf die Idee gekommen, eine Haftung wegen Delegation in Betracht zu ziehen, nur weil die Maschine gegebenenfalls nicht mehr vollständig steuerbar ist.[1095]

Ließe man diese Gegebenheiten jedoch ausreichen, um von einer Delegation zu sprechen, so wären zwei weitere Aspekte der vorgebrachten Ansicht als problematisch zu identifizieren.

dd. *Fehlende Rechtspersönlichkeit – fehlende Delegationsfähigkeit?*

Für eine Haftung wegen Delegationsfehlers ist nicht nur Voraussetzung, dass die Aufgabe als solche delegierbar ist (sog. sachliche Delegierbarkeit). Vielmehr müsste bei dem eingesetzten KI-System auch *persönliche Delegationsfähigkeit* anzunehmen sein. Dies wäre abzulehnen, wenn dafür Rechtssubjektivität auf Empfängerseite vorausgesetzt wird. Denn es wurde bereits erörtert, dass einem KI-System aktuell und aller Voraussicht nach auch in nächster Zukunft der Status der Rechtssubjektivität nicht zu Teil wird. Persönliche Delegationsfähigkeit und damit die Anwendbarkeit des Grundsatzes der vertikalen Arbeitsteilung käme mithin nur in Betracht, wenn diese Rechtsobjektivität auf Empfängerseite ausreichen ließe.

1094 Vgl. hierzu unter E.III.3.a.cc. ff.

1095 *Spindler* tritt in diesem Zusammenhang nicht nur der Delegationsfrage, sondern auch der aufkeimenden Gesamtanalogie der §§ 278, 31 BGB entgegen, vgl. *ders.*, in: BeckOGK, § 823 Rdnr. 790 f.; dazu auch *Zech*, DJT Gutachten 2020, A, S. 54.

Im Zusammenhang mit der persönlichen Delegationsfähigkeit wird stets von einer Person gesprochen, die *„im Hinblick auf ihre Ausbildung und Befähigung als Delegationsadressat in Betracht kommt"*.[1096] Noch eindeutiger ist § 3 BMV-Ä der Anlage 24 über die Vereinbarung über die Delegation ärztlicher Leistungen an nichtärztliches Personal in der ambulanten vertragsärztlichen Versorgung gemäß § 28 Abs. 1 S. 3 SGB V, der ausdrücklich von nichtärztlichen Mitarbeitenden spricht und in diesem Zusammenhang sogar ein dienstvertragliches Verhältnis voraussetzt.[1097] Der Abschluss von Verträgen setzt indes Geschäftsfähigkeit und damit Rechtsfähigkeit voraus.

Es spricht daher einiges dafür, dass eine Delegation lediglich auf Menschen, d.h. Rechtssubjekte, möglich sein soll und eine Anwendbarkeit auf KI-Systeme abzulehnen ist. Entgegen der Idee, ein KI-System könne im Kontext der vertikalen Arbeitsteilung als *„Nichtarzt"* betrachtet werden,[1098] kann der Vergleich nach alledem also weder zum ärztlichen noch zum nichtärztlichen Personal gezogen werden.

ee. *Künstliche Intelligenz ist als neue Behandlungsmethode dem Kernbereich zuzuordnen*

Eine Anwendbarkeit ist auch aus einem weiteren Grund fernliegend. Denn unabhängig von der Frage nach dem Erfordernis von Rechtssubjektivität sind es die neuen Behandlungsmethoden selbst, die unter Arztvorbehalt stehen (siehe zuvor). Daher ist es nur konsequent, die Neulandmethode-KI nicht als taugliche Empfängerin einer solchen Delegation zu betrachten.

ff. *Fiktion: Künstliche Intelligenz ist delegationsfähig*

Das zweite Problemfeld dieser Ansicht bezieht sich auf die Tätigkeitsbereiche von KI-Systemen, die regelmäßig dem Kernbereich ärztlicher Tätigkeit

---

1096 Vgl. *Spickhoff/Seibl*, MedR 2008, 463, 465; hierzu bspw. auch *Katzenmeier*, in: Laufs/Katzenmeier/Lipp, Arztrecht, Kap. X Rdnr. 59, der im Zusammenhang mit der persönlichen Eignung davon spricht, dass der delegierende Arzt abzuklären hat, ob die *„nichtärztliche Kraft"* die erforderlichen Voraussetzungen erfüllt.

1097 Vgl. § 3 Anlage 24 zum BMV-Ä.

1098 *Eichelberger*, in: Chibanguza/Kuß/Steege, Künstliche Intelligenz, S. 665; *Bastians/Mohr*, CR 2023, R76-R78, Tagungsbericht zur 5. RAILS-Konferenz am 31.3.2023 in Berlin: Einsatz von KI und Robotik in der Medizin: Interdisziplinäre Frage.

zuzuordnen seien. Auch auf diesen Teil der Aussage soll nachfolgend Bezug genommen werden. Für diese Zwecke wird abermals unterstellt, ein KI-System sei delegationsfähig. Für die weitere Auseinandersetzung ist daher nun nach den Einsatzbereichen der KI-Systeme zu trennen.

(1) Delegation von Aufgaben des Kernbereichs

KI-Systeme sollen vornehmlich im Bereich der Diagnostik und Therapie eingesetzt werden,[1099] da sie dort die größten Erfolge verzeichnen können. Damit sind zwei Aufgabenfelder betroffen, die dem Kernbereich ärztlicher Tätigkeit und damit dem Arztvorbehalt unterliegen. Eine vollständige Delegation an KI-Systeme, ohne diese anzuleiten und zu kontrollieren, ist in diesem Bereich mithin ausgeschlossen, da die ärztliche Anwendende diese Tätigkeit ausführen muss. Delegiert diese dennoch, handelt sie behandlungsfehlerhaft.[1100] Gerade in den Bereichen, in denen KI-Systeme eine wirkliche Reform des Gesundheitswesens darstellen kann, wie etwa die Radiologie, könnte diese Absage ein Hindernis für weitere Entwicklungen und medizinische Fortschritte bedeuten.

(2) Lösungsvorschlag: Zertifizierung des KI-Systems

Etwas anderes würde nur gelten, wenn ein KI-System selbst diesem Arztvorbehalt entsprechen könnte. Das KI-System müsste damit den Status einer Behandelnden erhalten.

In diesem Zusammenhang wird die Möglichkeit in Betracht gezogen, KI-Systeme mittels einer Zertifizierung für den Einsatz innerhalb ihres – auf absehbare Zeit sicher sehr beschränkten – Anwendungsbereichs einer Ärztin gleichzustellen.[1101] Dabei soll die Arzthaftung keineswegs ausschließlich auf das KI-System übertragen werden, sondern nur bezweckt werden,

---

1099 Vgl. *Eichelberger*, in: Chibanguza/Kuß/Steege, Künstliche Intelligenz, S. 665; *Bastians/Mohr*, CR 2023, R76-R78, Tagungsbericht zur 5. RAILS-Konferenz am 31.3.2023 in Berlin: Einsatz von KI und Robotik in der Medizin: Interdisziplinäre Frage.

1100 So auch *Eichelberger*, in: Chibanguza/Kuß/Steege, Künstliche Intelligenz, S. 665; zur Wahrnehmung der Medizinalroboter von Aufgaben aus dem Kernbereich ärztlichen Handelns: *Brand*, MedR 2019, 943, 950.

1101 Vgl. *Eichelberger*, in: Chibanguza/Kuß/Steege, Künstliche Intelligenz, S. 665; *Bastians/Mohr*, CR 2023, R76-R78, Tagungsbericht zur 5. RAILS-Konferenz am dass die bloße Delegation an ein solches System für sich genommen nicht schon zu einem Behandlungsfehler führt.[1102]

Gegen diese Idee spricht, dass einem KI-System trotz der kognitiven Leistungsfähigkeit und Fertigkeit, autonome Entscheidungen mittels algorithmusbasierter Muster zu treffen, die Kompetenz fehlt, mögliche Versäumnisse und Fehler in der Behandlungsdokumentation oder von vorbehandelnden Ärztinnen durch Fragen oder eine gründliche Untersuchung zu kompensieren.[1103] Für diese Überprüfung blieben ärztliche Anwendende zuständig. Überdies erscheint die Zertifizierung eines KI-Systems als *„Ärztin"* – trotz der Begrenzung auf einen bestimmten Anwendungsbereich – ein zu großes Gefahrenpotenzial für einen Kontrollverlust zu bieten.

(3) Delegation von untergeordneten Maßnahmen

Soll ein KI-System hingegen keine gewichtige Aufgabe übernehmen, was voraussichtlich auch dazu führen würde, dass das eingesetzte KI-System dann nicht als Hochrisiko-KI-System zu klassifizieren wäre, hätte dies nur zur Folge, dass Art. 14 KI-VO nicht zur Anwendung käme, sodass das KI-System ohne den Grundsatz *„human being in the loop"* handeln könnte.[1104] Darüber hinaus würde das KI-System dann auch keine Aufgabe mit Arztvorbehalt übernehmen. Vielmehr könnte eine zulässige Delegation einer untergeordneten Maßnahme angenommen werden. Für Fehler des eingesetzten KI-Systems käme dann jedoch nur eine Haftung der delegierenden Behandelnden in Betracht, allerdings nur dann, wenn das Verhalten der Künstlichen Intelligenz diesem nach den Grundsätzen des § 278 BGB zurechenbar wäre, was höchst strittig ist.[1105]

31.3.2023 in Berlin: Einsatz von KI und Robotik in der Medizin: Interdisziplinäre Frage.

1102 Vgl. *Eichelberger*, in: Chibanguza/Kuß/Steege, Künstliche Intelligenz, S. 665.

1103 Vgl. *Taupitz*, AcP 2011, 352, 387 f. nutzt dieses Argument, um eine die Qualifikation eines medizinischen Informationssystems als Konsiliararzt im Sinne der horizontalen Arbeitsteilung abzulehnen.

1104 Vgl. hierzu Kapitel zwei unter C.II. ff. und Kapitel drei unter C.II. ff.

1105 Zur Diskussion vgl. etwa *Riehm*, RDi 2020, 42, 48; *Teubner*, AcP 2018, 155, 186 ff.; *Schirmer*, JZ 2016, 660, 664 f.; dagegen etwa *Katzenmeier*, MedR 2021, 859, 861; *Klingbeil* weist argumentativ auf die fehlende Rechtssubjektivität autonomer Systeme hin, vgl. *ders.*, JZ 2019, 718, 719; ebenfalls ablehnend: *Grapentin*, Vertragsschluss und vertragliches Verschulden beim Einsatz von künstlicher Intelligenz und Softwareagenten, S. 131.

3. Zusammenfassung und Ergebnis

In der Medizin ist es möglich und auch sinnvoll, gewisse Aufgaben zu delegieren. Um im klinischen Alltag effizient und recourssensparend tätig werden zu können, wurden die Grundsätze der Arbeitsteilung entwickelt. Diese lassen sich in einen horizontalen Bereich (Delegationen ohne Weisungsgefälle) und einen vertikalen Bereich (Delegation im Über- Unterordnungsverhältnis) unterteilen. Im Rahmen der letztbenannten Delegation ist auf die unzulässige Delegation von Aufgaben des Kernbereichs aufmerksam zu machen, die nur von ärztlichem, nicht aber nichtärztlichem Personal ausgeführt werden dürfen. Eine an nichtärztliches Personal delegierte Aufgabe aus dem ärztlichen Kernbereich führt im Arzthaftungsfall zur Haftung der Delegierenden.

In der Literatur existiert die Idee, ein KI-System könne im Kontext der vertikalen Arbeitsteilung als sog. *„Nichtarzt"*, d.h. sozusagen als nichtmenschliches Äquivalent zur Behandelnden, betrachtet werden.[1106] In logischer Konsequenz würde dies bedeutet, dass ein autonomes System, eine Maschine, Empfängerin von menschlichen Aufgaben im Sinne der vertikalen Arbeitsteilung sein und eine fehlerhafte Delegation zu einer Haftung der Delegierenden führen könnte. Gegen dieses Vorgehen spricht neben der fehlenden Delegationsfähigkeit aufgrund fehlender Rechtssubjektivität des KI-Systems eine Vielzahl anderer Argumente. Die Grundsätze der Arbeitsteilung sind auf KI-Sachverhalte nicht anwendbar, sodass ein Behandlungfehler auf dieser Ebene nicht möglich ist.

IX. Übernahmeverschulden

Das Übernahmeverschulden setzt als besondere Form der Organisationsfehler, anders als der Name es vermuten lässt, nicht bei einem subjektiven Verschulden der Ärztin, sondern ebenso wie die übrigen Behandlungsfehlergruppen bei der Pflichtverletzung an.[1107] Das Übernahmeverschulden meint Fälle, in denen die behandelnde Ärztin die Grenzen ihrer eigenen

1106 *Eichelberger*, in: Chibanguza/Kuß/Steege, Künstliche Intelligenz, S. 665; *Bastians/Mohr*, CR 2023, R76-R78, Tagungsbericht zur 5. RAILS-Konferenz am 31.3.2023 in Berlin: Einsatz von KI und Robotik in der Medizin: Interdisziplinäre Frage.

1107 Ebd.

Fähigkeiten und/oder die Klinikbeteibende die Grenzen ihrer apparativen Ausstattung nicht erkennt und es versäumt, die Behandlung abzulehnen und die Patientin an zuständige Spezialistinnen zu verweisen.[1108]

Wie erwähnt steigt das Maß der gebotenen ärztlichen Sorgfalt mit der Größe der möglichen Gefahr und der Gefährlichkeit einer Behandlung.[1109] Kann eine Klinikbetreibende den erhöhten Anforderungen nicht gerecht werden, etwa weil es sich nur um ein Krankenhaus der Grund- und Regelversorgung handelt, gilt zwar nicht der gleiche Standard wie für ein Krankenhaus der Zentral- und Maximalversorgung.[1110] Es wird auf der anderen Seite dann aber auch nicht zum Einsatz eines KI-Systems verpflichtet sein,[1111] es kann aber zu einem Übernahmeverschulden kommen, wenn es ein KI-System dennoch einsetzt.[1112] Klinikbetreibende müssen sich also regelmäßig fragen, ob die Ressourcen zur Einhaltung des KI-Standards bereitstehen. Ist dies zweifelhaft, so ist der Einsatz zu unterlassen und die Patientin an Spezialistinnen zu überweisen. Diese konsequente Herangehensweise sorgt für eine sichere Basis zur Eindämmung der durch den Einsatz eröffneten Gefahrenquellen und gilt für alle im Klinikalltag eingesetzten KI-Systeme.

Weiterhin hat sich gezeigt, dass die geltenden Sorgfaltsanforderungen an das ärztliche Handeln nicht einheitlich bemessen werden können. Vielmehr weist jede medizinische Subdisziplin verschiedene Kompetenzen und damit einen eigenen Standard auf.[1113] Interpretiert eine Ärztin eine Symptomlage bspw. aufgrund unzureichender Kompetenz fehlerhaft oder

1108 *Greiner*, Kommentar Medizinrecht, §§ 823 ff. Rdnr. 25; *Wagner*, in: MüKo BGB, § 630a, Rdnr. 123; *Quaas*, in: *Quaas*/Zuck/Clemens Medizinrecht, § 14, Rdnr. 74; OLG Köln, Urt. v. 15.06.2015 - 17 W 330/14 = VersR 2015, 330; weitere Nachweise zur Rspr. vgl. *Greiner*, in: Geiß/Greiner, Arzthaftpflichtrecht, B. Rdnr. 11 f.

1109 BGH, Urt. v. 18.3.1974 - III ZR 48/74 = NJW 1974, 1424, 1425; Für allgemeine deliktische Sicherungspflichten vgl. BGH, Urt. v. 21.04.1977 - III ZR 200/74 = 1977, 1965; zu alledem vgl. *Terbille/Feifel*, in: Clausen/Schroeder-Printzen, Münchener Anwaltshandbuch Medizinrecht, § 1, Rdnr. 565.

1110 Für eine unterschiedliche Behandlung dieser Krankenhausarten beim Einsatz nicht-autonomer Roboter vgl. *Blechschmitt*, Die straf- und zivilrechtliche Haftung des Arztes beim Einsatz roboterassistierter Chirurgie, S. 61 ff.

1111 Zu wirtschaftlichen Gesichtspunkten beim medizinischen Standard vgl. unter E.V.3.b.

1112 Zu Organisationsfehlern ausführlich siehe unter E.VI.; vgl. auch *Terbille/Feifel*, in: Clausen/Schroeder-Printzen, Münchener Anwaltshandbuch Medizinrecht, § 1, Rdnr. 564; für Nachweise in der Rspr. siehe *Greiner*, in: Geiß/Greiner, Arzthaftpflichtrecht, B. Rdnr. 11 f.

1113 Vgl. auch *Wagner*, in: MüKo BGB, § 630a Rdnr. 122.

unterlässt sie es, die Patientin zur weiteren Befundung an eine spezialisierte Kollegin zu überweisen, wird es regelmäßig zur Annahme eines Diagnose- oder Befunderhebungsfehlers kommen. Darüber hinaus liegt bei diesem Sachverhalt aber auch ein Übernahmeverschulden vor.[1114] Ein persönliches Übernahmeverschulden der Behandelnden kann dabei mit einer Haftung der Klinikbetreibenden aufgrund Organisationsfehlers einhergehen.[1115]

Es könnte aber auch erwogen werden, KI-Systeme nach den Grundsätzen zur sog. Anfängeroperation zu bewerten. Danach dürfen Ärztinnen in Ausbildung nicht sich selbst überlassen bleiben, sondern müssen von erfahrenen Kolleginnen überwacht werden. Diese Pflicht lässt sich durch eine Aufklärung der Patientin über die Risiken einer Anfängeroperation nicht abstreifen. Operiert eine Anfängerin ohne Überwachung, stellt dies eine Pflichtverletzung dar, die zur Haftung des Krankenhauses und des leitenden ärztlichen Personals führen kann.

Diese Erwägungen sind jedoch rein fiktiver Natur, da es nach den bereits getroffenen Feststellungen unwahrscheinlich ist, dass sich ein KI-System in nächster Zukunft einer Anfängeroperation entsprechend unmittelbar auf den Menschen auswirken wird. Allerdings sprechen die Wertungen der Anfängeroperation für eine Haftung der Organisationsverpflichteten.[1116]

X. Beweisrecht zum Übernahmeverschulden

Das Vorliegen einer Pflichtverletzung führt zur Anwendbarkeit des § 630h Abs. 4 BGB als besonderer Beweiserleichterung. Danach wird die haftungsbegründende Kausalität vermutet, wenn Behandelnde zur Behandlung nicht befähigt waren. Die Hürde des § 286 ZPO für die haftungsbegründende Kausalität kann von der Patientin also genommen werden, wenn sie ein Übernahmeverschulden nachweisen kann.

Für das Übernahmeverschulden als Pflichtverletzung gilt wiederum das Beweismaß des § 287 ZPO. Ärztliche Anwendende sind verpflichtet, die Einhaltung der Sorgfaltsanforderungen zu dokumentieren.[1117] Auch ob eine geeignete apparative Ausstattung vorliegt oder Aus-, Fort- und Weiterbildungszertifikate vorgewiesen werden können, ist zu dokumentieren und

1114 Ebd.

1115 *Blechschmitt*, Die straf- und zivilrechtliche Haftung des Arztes beim Einsatz roboterassistierter Chirurgie, S. 72; siehe hierzu unter E.VI. ff.

1116 Vgl. hierzu unter E.VI.2.c.dd.(3).

1117 Vgl. auch E.XI.1.

wird deshalb durch die Patientendokumentation nachweisbar sein. Der Patientin wird es also regelmäßig gelingen, den Nachweis der Pflichtverletzung zu erbringen.

Nach alledem ist eine Haftung der Organisationsverpflichteten auch wegen Übernahmeverschuldens anzunehmen, wenn ihr die Kompetenzen für den Einsatz eines KI-Systems fehlen und sich ein KI-Restrisiko verwirklicht hat. Dieses Übernahmeverschulden führt zu der Rechtsfolge des § 630h Abs. 4 BGB und damit der Vermutung der haftungsbegründenden Kausalität. Einer Feststellung des Fehlers als grob bedarf es nicht mehr, um die Rechtsfolgen des § 630h Abs. 5 BGB auszulösen.

XI. Behandlungsakzessorische Nebenpflichten

Bei den zuvor bezeichneten Behandlungsfehlergruppen handelt es sich um Verstöße gegen Hauptleistungspflichten aus dem Behandlungsvertrag. Im Rahmen dieses Behandlungsvertrages sind aber auch behandlungsakzessorische Nebenpflichten zu beachten.[1118] Dabei handelt es sich unter anderem um die Dokumentationspflicht, die Pflicht zur Befundsicherung und -erhebung, das Einsichtsrecht und die ärztliche Schweigepflicht.[1119] Auch diese Nebenpflichten werden beim Einsatz von KI-Systemen tangiert. Genauer betrachtet werden soll hier nur die Wirkung der Ergebnisse auf die allgemeine Dokumentationspflicht des § 630f BGB.

1. Die Dokumentationspflicht, § 630f BGB

Nach § 630f Abs. 1 BGB sind Behandelnde verpflichtet, zum Zweck der Dokumentation in einem unmittelbaren zeitlichen Zusammenhang mit der Behandlung eine Behandlungsdokumentation in Papierform oder elektronisch zu führen. Abs. 2 präzisiert den Inhalt dieser Pflicht. Danach sind sämtliche aus fachlicher Sicht für die derzeitige und künftige Behandlung wesentlichen Maßnahmen und deren Ergebnisse aufzuzeichnen, insbesondere Anamnese, Diagnosen, Untersuchungen, Untersuchungsergebnisse, Befunde, Therapien und ihre Wirkungen, Eingriffe und ihre Wirkungen, Einwilligungen und Aufklärungen. Auch Arztbriefe sind in die Behandlungsdokumentation aufzunehmen.

1118 *Wenzel*, Handbuch des Fachanwalts Medizinrecht, S. 332.
1119 Ebd.

Da es einer Anpassung des fachlichen Standards an den technologischen Fortschritts bedarf und auch ohne einen solchen angepassten Standard bereits jetzt entsprechende technische Anforderungen zu erfüllen sind,[1120] bedeutet dies auch, dass die Bewertung dessen, was *„aus fachlicher Sicht für die derzeitige und zukünftige Behandlung"* *„wesentliche Maßnahmen und deren Ergebnisse"* sind, sich an den technologischen Fortschritt anpassen muss.

Um zu verdeutlichen, auf welche Dokumentationen es für den Einsatz von KI-Systemen zur Geltendmachung eines Haftungsbegehrens einer geschädigten Patientin weiterhin ankommen könnte, ist ein Blick auf die bisher existierenden und noch geplanten Dokumentationsvorschriften im Zusammenhang mit autonomen Systemen zu werfen.

a. Dokumentation nach der KI-VO

Die KI-VO beinhaltet eine Reihe von Pflichten zur Dokumentation von KI-Prozessen. Diese Pflichten treffen vor allem die Anbietenden, ließen sich aber ihrem Sinn und Zweck nach aber durchaus auch auf die Anwendenden übertragen, um so eine eigene Absicherung, aber auch einen Einblick der Geschädigten in die Funktionsweise und Abläufe von autonomen Systemen zu ermöglichen.

So ist nach Art. 16 lit. d, 18 i.V. m. Art. 11 KI-VO von Anbietenden eines Hochrisiko-KI-Systems bereits vor dem Inverkehrbringen eine umfangreiche technische Dokumentation zu fertigen, die stets zu aktualisieren ist. Anhang IV präzisiert diese Mindestanforderungen und den Inhalt der Dokumentation. Dabei muss die technische Dokumentation eine allgemeine Beschreibung des KI-Systems enthalten, wobei insbesondere auf die Zweckbestimmung und die Gebrauchsanweisung für die Anwendenden hingewiesen und eine detaillierte Beschreibung der Bestandteile des KI-Systems und seines Entwicklungsprozesses gegeben werden soll. Wichtig hierbei ist vor allem die Beschreibung der Systemarchitektur, die Bewertung der nach Art. 14 KI-VO erforderlichen Maßnahmen der menschlichen Aufsicht mit einer Bewertung der technischen Maßnahmen, die erforderlich sind, um den Anwendenden gem. Art. 13 Abs. 3 lit. d KI-VO die Interpretation der Ergebnisse des Systems zu erleichtern und über verwendete Validierungs-

1120 Vgl. hierzu die Prüfungen zum Diagnosefehler unter E.III.3.a.cc. ff. sowie zum Organisationsfehler unter E.VI.2. ff.

und Testverfahren mit Angaben zu den verwendeten Validierungs- und Testdaten und deren Hauptmerkmalen und Parametern, die zur Messung der Genauigkeit, Robustheit, Cybersicherheit und der Erfüllung anderer einschlägiger Anforderungen nach Titel III Kapitel 2 der KI-VO zu informieren.

Auch ist auf Art. 13 Abs. 3 und Art. 15 Abs. 3 KI-VO hinzuweisen. Angesprochen sind hier detaillierte Informationen über die Überwachung, Funktionsweise und Kontrolle des KI-Systems, insbesondere in Bezug auf seine Fähigkeiten und Leistungsgrenzen, mit dem Genauigkeitsgrad für bestimmte Personen oder Personengruppen, auf die das System angewandt werden soll und dem insgesamt erwarteten Genauigkeitsgrad in Bezug auf seine Zweckbestimmung; vorhersehbare unbeabsichtigte Ergebnisse und Risikoquellen für die Gesundheit und Sicherheit, die Grundrechte und eine etwaige Diskriminierung angesichts der Zweckbestimmung des KI-Systems; die nach Artikel 14 erforderlichen Maßnahmen der menschlichen Aufsicht, einschließlich der technischen Maßnahmen, die getroffen wurden, um Nutzenden die Interpretation der Ergebnisse von KI-Systemen zu erleichtern sind ebenfalls zu dokumentieren.

Überdies muss nach Art. 17 KI-VO ein Qualitätsmanagementsystem, das zur Einhaltung der Verordnung beitragen soll, dokumentiert werden.

Anwendende haben ebenso wie Anbietende nach Art. 72 KI-VO ein eigenes System zur Beobachtung nach dem Inverkehrbringen und zur systematischen Erfassung von gesammelten Daten zur Leistung des Hochrisiko-KI-Systems über deren gesamte Lebensdauer hinweg einzurichten, aktiv zu halten, zu dokumentieren und analysieren.

Daneben ist anzumerken, dass Hochrisiko-KI-Systeme automatisch Protokolle erzeugen. Daher ist eine Pflicht zur Aufbewahrung dieser Protokolle vorgesehen, die der Sicherheit und Kontrolle dient und die Herstellenden der Systeme trifft, soweit diese Pflicht nicht der Kontrolle Anwendender unterliegen (vgl. Art. 19 KI-VO). Diese Kontrolle ist in Art. 26 Abs. 6 KI-VO beschrieben. Im Gegensatz zur Vorschlagsfassung der KI-VO, die einen unbestimmten Zeitraum der Aufbewahrung in Abhängigkeit der Zweckbestimmung beschrieb,[1121] entfernt sich die KI-VO nunmehr von dieser unbestimmten Formulierung und legte eine Mindestaufbewahrungszeit von 6 Monaten fest, vgl. Art. 20 und 26 Abs. 6 KI-VO. Dies ist zu begrüßen. Diese Mindestdauer unterstreicht die Relevanz der automatisch erzeugten

1121 COM(2021) 206 final.

Protokolle. Denn es ist völlig zutreffend, was die EU-Kommission seinerzeit formulierte:

> *„Im Falle von Hochrisiko-KI-Systemen sind die Anforderungen an hohe Datenqualität, Dokumentation und Rückverfolgbarkeit, Transparenz, menschliche Aufsicht, Präzision und Robustheit unerlässlich, um die Risiken für die Grundrechte und die Sicherheit abzumildern, die mit diesen KI-Systemen verbunden sind und die nicht durch andere bestehende Rechtsvorschriften abgedeckt werden.“*[1122]

Durch eine entsprechend weite Auslegung des § 630f BGB und Aufnahme von Regelungen zur verpflichtenden Dokumentation sowie einer festgeschriebenen erweiterten Aufbewahrungsfrist der Protokolle, könnte diesen Risiken also für das Arzthaftungsrecht vorgebeugt werden.

b. Dokumentation nach der Medizinprodukte-Verordnung

Die Medizinprodukte-Verordnung regelt für Medizinprodukte in dessen Anhang II und III ebenfalls umfassende Herstellenden-Pflichten zur technischen Dokumetation. Dabei ist zu beachten, dass es noch keine spezielle Regelung für *digitale* Medizinprodukte gibt.[1123]

2. Rechtliche Bewertung eines Verstoßes gegen die Dokumentationspflicht – § 630h Abs. 3 BGB *de lege lata et de lege ferenda*

Die Dokumentationspflicht stellt eine Obliegenheit der Behandelnden dar, deren Verstoß keiner Behandlungsfehler-Fallgruppe zuzuordnen ist. Dennoch sieht der Gesetzgeber Konsequenzen für einen Verstoß gegen die Dokumentationspflicht vor. § 630h Abs. 3 BGB schreibt vor:

> *„Hat der Behandelnde eine medizinisch gebotene wesentliche Maßnahme und ihr Ergebnis entgegen § 630f Absatz 1 oder Absatz 2 nicht in der Patientenakte aufgezeichnet oder hat er die Patientenakte entgegen § 630f Absatz 3 nicht aufbewahrt, wird vermutet, dass er diese Maßnahme nicht getroffen hat.“*

1122 COM(2021) 206 final, S. 8.

1123 *Haftenberger*, Die Produkthaftung für künstlich intelligente Medizinpro[illegible] S. 307 f.

Entgegen des weiten Wortlauts des § 630f BGB, der von *„sämtlichen aus fachlicher Sicht für die derzeitige und künftige Behandlung wesentlichen Maßnahmen"* spicht und damit auch die Möglichkeit eröffnet technische Maßnahme mitzuumfassen, gilt für den Wortlaut des § 630h Abs. 3 BGB etwas anderes. Zwar bezieht sich dieser auf die Regelungen des § 630f BGB, was eine entsprechende Auslegung nicht von vornherein ausschließt. Dennoch besteht durch Berücksichtung bloß *„medizinisch"* gebotener Maßnahmen nach dem Wortlaut die Gefahr der Begrenzung. Diese Regelung sollte daher spiegelbildlich zu § 630f BGB auf KI-Sachverhalte angepasst werden. Es muss daher erwogen werden, den Wortlaut der Norm dem neutraleren und somit einer weiteren Auslegung zugänglichen § 630f BGB anzupassen. *De lege ferenda* sollte der § 630h Abs. 3 BGB wie folgt gefasst werden:

> *„Hat der Behandelnde eine gebotene wesentliche Maßnahme und ihr Ergebnis entgegen § 630f Absatz 1 oder Absatz 2 nicht in der Patientenakte aufgezeichnet oder hat er die Patientenakte entgegen § 630f Absatz 3 nicht aufbewahrt, wird vermutet, dass er diese Maßnahme nicht getroffen hat."*

Viertes Kapitel – Ergebnisse und Vorschläge

KI-Systeme können im behandlungsnahen Bereich der Medizin zur Diagnostik, Therapie und Organisation eingesetzt werden. Dabei kann eine fehlerhafte Ausgabe zu einem (Gesundheits-)Schaden der Patientin führen. Da autonome Systeme keine Rechtspersönlichkeit besitzen, können sie *de lege lata* nicht Haftungssubjekt sein. Daher kommen nur ärztliche Anwendende und/oder Klinikbetreibende als Adressatinnen der vertraglichen Arzthaftung und somit als Verantwortliche im Sinne des § 630a i.V.m. § 280 Abs. 1 BGB für geschädigte Patientinnen in Betracht.

Entscheidend ist dafür, wie sich die Sorgfaltspflichten der Anwendenden im Arzthaftungsrecht durch den technischen Wandel verändern und wie sich der Einsatz von KI-Systemen in das dogmatische Konzept der Arzthaftung einfügen lassen. Zu unterscheiden ist zwischen den ärztlichen Pflichten im Rahmen der klassischen Behandlung und denjenigen des Behandlungsumfelds. Maßgeblich ist die Leistung der versprochenen Behandlung, die sich aus dem Behandlungsvertrag nach § 630a BGB in Abhängigkeit vom konkreten Einatzbereich ergibt.

Für einen fehlerhaften KI-Entscheidungsvorschlag lassen sich drei Fehlerquellen bilden: Fehlfunktion und Versagen infolge eines Anwendungsfehlers (Fehlerquelle 1), die Verwirklichung eines KI-Risikos (Fehlerquelle 2) sowie die fehlerhafte Bewertung des Entscheidungsvorschlags durch die Anwendenden (Fehlerquelle 3). Während die ersten beiden Fehlerquellen im Ergebnis den Organisationspflichten zuzuordnen sind, liegt die Fehlerquelle 3 grundsätzlich im Anwendungsbereich der klassischen Behandlungsfehler.

Im Rahmen der Diagnosefehler haben Anwendende stets eine verantwortliche Letztentscheidung zu treffen. Digitale Techniken dürfen die ärztliche Tätigkeit nur unterstützen, nicht aber ersetzen. Der KI-Entscheidungsvorschlag ist deshalb weniger mit einem *Diagnosevorschlag* als vielmehr einem gerätemedizinischen *Befund* zu vergleichen. Ein Befund muss in der Medizin stets bewertet werden. Im Rahmen der Fehlerquelle 3 kann das vorwerfbare Verhalten der anwendenden Ärztin deshalb sowohl in einem Tun (fehlerhafte Interpretation des KI-Befundes) als auch in einem Unterlassen (unterbliebene oder unzureichende Bewertung des KI-Befundes) bestehen.

Ob ein Behandlungsfehler vorliegt, bemisst sich am sog. fachlichen Standard, § 630a BGB, in der Medizin am medizinischen Standard. Bei der Interpretation eines KI-Entscheidungsvorschlags ist ein medizinischer Standard als tauglicher Sorgfaltsmaßstab aber allein nicht ausreichend. Vielmehr bedarf es aufgrund der technischen Besonderheiten eines speziellen KI-Standards, der bislang noch nicht formuliert wurde. Fehlt ein Standard, hat die Anwendende bei der Behandlung die Grundsätze zur Sorgfalt einer vorsichtigen Ärztin zu beachten, wobei sich die Anforderungen an den Sorgfaltsmaßstab entsprechend der zu Grunde liegenden Gefahrenquelle erhöhen.

Für einen Diagnosefehler kommt es im Rahmen dieser Sorgfalt bislang darauf an, ob die bisher erhobenen Befunden die Diagnose erlauben. Ist noch keine Diagnose angezeigt, werden weitere, ergänzende Befunde, sog. differentialdiagnostische Maßnahmen, erforderlich. Da der KI-Entscheidungsvorschlag mit einem solchen Befundergebnis gleichzusetzen ist und Befundergebnisse immer bewertet werden müssen, haben Behandelnde den Entscheidungsvorschlag durch ausreichende medizinische Kenntnisse und überdies durch technische Kenntnisse zu überprüfen. Diese technischen Überprüfungen lassen sich insofern als weitere differentialdiagnostische Maßnahmen und somit Bestandteil der Sorgfaltspflicht begreifen.

Unterlassen ärztliche Anwendende die medizinische und/oder technische Überprüfung oder Teile davon, liegt ein vorwerfbarer Befunderhebungsfehler vor. Das Unterlassen liegt bereits dann vor, wenn Anwendende gegen eine einzelne Überprüfungspflicht aus ihrem Pflichtenkatalog verstoßen. Aufgrund des erhöhten Gefahrenpotenzials, das mit KI-Systemen einhergeht, ist die Überprüfung des Entscheidungsvorschlags *zweifelsfrei* geboten und somit ein grober Befunderhebungsfehler mit der Folge des § 630h Abs. 5 BGB grundsätzlich anzunehmen.

Ein grober Diagnoseirrtum liegt hingegen vor, wenn dieser sachverständig als *fundamental* bewertet wird. Erkennbare Fehlinterpretationen ärztlich Anwendender werden regelmäßig zur Bewertung eines Diagnoseirrtums als fundamental führen.

Ein im Kontext diagnoseunterstützender KI-Systeme begangener Fehler durch ärztliche Anwendende im Rahmen ihrer Letztentscheidung stellt sich daher in der Regel als grober Fehler dar. Da dieser Fehler generell auch geeignet sein wird, den entstandenen Gesundheitsschaden zu verursachen, kommt der geschädigten Patientin die in § 630h Abs. 5 S. 1 BGB geregelte Vermutung der haftungsbegründenden Kausalität zugute. Eine andere Beurteilung ist nur vorzunehmen, wenn sich ein KI-spezifisches *Restrisiko* verwirklicht hat. Dieses KI-spezifische Restrisiko lässt sich jedoch über die Fehlergruppe des Organisationsfehlers lösen.

Das Verständnis der Organisationsfehler ist in einer zeitgemäßen Auslegung an den technischen Fortschritt im Bereich der Organisationspflichten anzupassen. Beim Einsatz autonomer Systeme gilt ein sog. multidisziplinärer und multiprofessioneller Standard. Dieser Standardbegriff lässt sich weniger als konkret-individueller, sondern vielmehr als abstrakt-objektiver Standard begreifen. Der Sorgfaltsmaßstab muss damit auch auf technischer Ebene weitergehen als der die Aufgaben des ärztlichen Kernbereichs betreffende.

Die Organisationsverpflichteten sind insofern als professionelle Betreibende zu betrachten. Die gute Organisation ist in allen Stadien aufrechtzuerhalten. Dies führt dazu, dass nicht nur die richtige Einstellung des Gerätes durch menschlich Anwendende im Vorfeld des Einsatzes und bei Interpretation des Ergebnisses als Anknüpfungspunkte für eine Organisationspflicht heranzuziehen sind, sondern auch der Arbeitsprozess und bereits die bloße Anschaffung bzw. die Entscheidung für den Einsatz eines KI-Systems. Geschuldet wird also das *Funktionieren* des Systems in jeder Phase.

Das abstrakte Risiko von Schäden durch autonome Handlungen ist aus technischer Sicht für die Organisationsverpflichtete erkennbar, selbst wenn ein konkreter Verlauf nicht vorhergesehen werden kann. Für die Haftungsfrage ist also nicht auf eine Verantwortlichkeit für das konkrete Eintreten des Fehlers, sondern auf das abstrakte Risiko des Eintritts abzustellen. Ein Fehler des autonomen Systems ist für die multidisziplinäre und multiprofessionelle Organisationsverpflichtete demnach nicht unvorhersehbar.

Ob ein solches KI-Restrisiko für die geschädigte und beweisbelastete Patientin nachweisbar ist, muss nicht entschieden werden, da sich die Maßstäbe des § 630h Abs. 1 BGB auf den Einsatz autonomer Systeme in normgerechter Auslegung anwenden lassen. Bei einem KI-System handelt es sich um ein solches allgemeines Behandlungsrisiko, das grundsätzlich als *„voll beherrschbar"* zu bezeichnen ist.

Da Organisationsverpflichtete durch den Einsatz eines KI-Systems ein erheblich gesteigertes Gefahrenpotenzial für Patientinnen schaffen, sind diese auch dafür verantwortlich, dass sich die mit dieser Gefahrenquelle verbundenen Risiken nicht realisieren. Realisiert sich ein Restrisiko, wirkt sich dies auch auf die Einordnung der *Schwere* des vorgeworfenen Fehlers aus. Das erheblich gesteigerte Gefahrenpotenzial und das Nichterkennen des abstrakten Risikos durch Verwirklichung eines KI-Restrisikos ist insofern als Versäumnis zu verstehen. Weil einer geschädigten Patientin eine Beweisführung dann billigerweise nicht mehr zugemutet werden kann, wird dieser vermutete Fehler als grober Organisationfehler eingestuft, sodass der geschädigten Patientin über die Vermutung des § 630h Abs. 1 BGB hinaus auch die Beweiserleichterung des § 630h Abs. 5 BGB und damit die Vermutung der haftungsausfüllenden Kausalität zugute kommt.

Im Rahmen der besonderen Organisationsfehler ist überdies zu beachten, dass ein Krankenhaus nicht zum Einsatz eines KI-Systems verpflichtet werden kann. Soll ein autonomes System eingesetzt werden, müssen sich Klinikbetreibende deshalb fragen, ob die Ressourcen zur Einhaltung des KI-Standards bereitstehen. Ist dies zweifelhaft, ist der Einsatz autonomer Systeme zu unterlassen und die Patientin an Spezialistinnen zu überweisen. Wird dies missachtet und ein KI-Restrisiko realisiert sich, ist ein Übernahmeverschulden anzunehmen. Dies löst die Rechtsfolge des § 630h Abs. 4 BGB aus, d.h. die haftungsbegründende Kausalität wird vermutet.

Wer als Haftungssubjekt heranzuziehen ist, hängt von der Vertragsgestaltung im konkreten Fall ab. Ärztliche Anwendende haften nach § 630a i.V.m. § 280 Abs. 1 BGB, wenn sie Vertragspartei geworden ist. Alternativ oder kumulativ kommt eine Haftung der Klinikbetreibenden nach § 630a i.V.m. §§ 280 Abs. 1, 278 BGB in Betracht.

Insgesamt lassen sich damit alle Rechtsfragen rund um die vertragliche Arzthaftung beim Einsatz von KI-Systemen mittels einer progressiven Auslegung des geltenden Rechts lösen. Dennoch erscheint es im Sinne der Rechtssicherheit erstrebenswert, feste Parameter für behandlungsfehlerhaftes Verhalten beim Einsatz von KI-Systemen zu entwickeln. Dazu bedarf es der Entwicklung eines an den technologischen Fortschritt angepassten technisch-medizinischen KI-Standards.

Dieser medizinisch-technische KI-Standard besteht aus einem medizinischen und einem technischen Teil. Während sich der medizinische Teil an klassisch medizinischen Parametern messen lässt, müssen für den technischen Teil in Anlehnung an die durch den KI-Haftungs-RL-V geplanten Gebrauchsanweisungen für die Medizin erweiternde (Gesamt-)Leitfäden entwickelt werden.

Für eine normative Überprüfung der Einhaltung dieser Sorgfaltspflichten bedarf es dann speziell ausgebildeter Medizin-KI Sachverständiger. Durch ein solches Regelungswerk wird eine Nutzung von KI-Systemen ermöglicht, bei der das gesteigerte Risiko gut kontrolliert werden kann.

Im Bereich der Organisationsfehler deckt der Standard einer guten Organisation durch KI-Restrisiken entstandene Schäden ab. Dieser lässt sich in einer zeitgemäßen Auslegung an den technischen Fortschritt im Bereich der Organisationspflichten zu einem multidisziplinären und multiprofessionellen Standard kanalisieren.

Die Rechtsfigur des voll beherrschbaren Risikos i.S.d. § 630h Abs. 1 BGB ist ihrem Sinn und Zweck nach auf den Einsatz von KI-Systemen anwendbar. Sollte man dementgegen darauf abstellen, dass der Gesetzgeber einen technischen Fortschritt und somit auch autonome Behandlungs- und Pflegesysteme 2013 noch nicht im Blick hatte, sodass der der Normzweck der Anwendung entgegenstünde, ließe sich § 630h Abs. 1 BGB jedenfalls analog anwenden.

Die Dokumentationspflichten lassen sich nach dem Wortlaut des § 630f BGB *de lege lata* auf den Einsatz von autonomen Systemen im Behandlungsgeschehen anwenden. Der Wortlaut der prozessualen Folge des § 630h Abs. 3 BGB sollte *de lege ferenda* im Sinne der Rechtssicherheit spiegelbildlich an § 630f BGB angepasst werden, sodass die Beschränkung auf *„medizinisch gebotene Maßnahmen"* aufgehoben und in Anlehnung an § 630f BGB durch eine neutralere Forumlierung hin zu *„gebotene wesentliche Maßnahmen"* neugefasst wird.

Auch berufsregulierende Maßnahmen sind zu erwägen. Die Bundesärztekammer sieht vor, die Vermittlung digitaler Kompetenzen und des maschinellen Lernens Teil der voraussichtlich 2025 in Kraft tretenden ärztlichen Approbationsordnung werden zu lassen. Im Gleichlauf mit den Änderungen der Approbationsordnung sind weitere berufsregulierende Maßnahmen vorzunehmen. Auf lange Sicht besteht die Gefahr, dass die Lösung eines allgemeingültigen KI-Standards für die Ärzteschaft zu unbefriedigenden Ergebnissen führt. Denn es bleibt damit grundsätzlich jeder Medizinerin offen, ein KI-System zur Behandlung einzusetzen, was zur Einhaltung entsprechender Sorgfaltspflichten verpflichtet. Dies kann dazu führen, dass Medizinerinnen, die nicht an dem Einsatz autonomer Systeme interessiert sind, arbeitsrechtlich zum Einsatz verpflichtet werden könnten. Auch das Erlernen und aktuell Verfügen über alle technischen Kompetenzen wäre insoweit nicht freiwillig.

Da dieser Pflichtenkatalog die Ärzteschaft also kollektiv trifft, könnte sich insgesamt ein Bild der ausufernden Anforderungen zeichnen. Zwar ist es sinnvoll, die medizinische Ausbildung durch Wissensvermittlung an den technologischen Fortschritt anzupassen. Gleichzeitig erfordert der Einsatz von Künstlicher Intelligenz konzentrierte und nachhaltig angelegte Fertigkeiten im Bereich der Künstlichen Intelligenz. Die damit einhergehende Spezialisierung sollte auf lange Sicht freiwillig bleiben. Eine interessengerechte Lösung wäre mit der Fachärztin für KI-Medizin die Einführung einer neuen Facharztweiterbildung. Dies führte dazu, dass sich mit dem medizinisch-technischen KI-Standard ein Facharztstandard bilden ließe, an den legitimerweise hohe Anforderungen gestellt werden dürfen.

Literaturverzeichnis

Aaron, Denise: Nävi, MSD Manual Profi-Ausgabe, online abrufbar unter: https://www.msdmanuals.com/de-de/profi/erkrankungen-der-haut/gutartige-hauttumoren,-wucherungen-und-vaskul%C3%A4re-l%C3%A4sionen/n%C3%A4vi.

Abanador, Michelle: Die Zulässigkeit der Substitution ärztlicher Leistungen durch Leistungen nichtärztlichen Pflegepersonals: Zugleich ein Beitrag zu § 63 Abs. 3c SGB V, Baden-Baden 2011.

Ada Editorial: Achieving our EU-MDR certification, online abrufbar unter: https://ada.com/editorial/achieving-eu-mdr-certification/.

Al-Driven Decision-Making in the clinic: Ethical, legal and societal challenges VALID, abgerufen am 20. Oktober 2023, von https://www.valid.fau.de/.

Allen, Tom / Widdison, Robin: Can computers make contracts?, Harvard Journel of Law & Technology, 1996, S. 25–50.

Antes, Kea: Facharzt-Weiterbildung: Ihr Weg zum Facharzt, ÄRZTESTELLEN, 4. März 2020, online abrufbar unter: https://aerztestellen.aerzteblatt.de/de/redaktion/facharzt-weiterbildung/ihr-weg-zum-facharzt.

app@work GmbH: App@work – app@work, online abrufbar unter: https://appatwork.com/.

AWMF: Leitlinienprogramm Onkologie: S3-Leitlinie Diagnostik, Therapie und Nachsorge des Melanoms, AWMF online, Version 3.3 – Juli 2020 AWMF-Register-Nummer: 032/024OL.

Babylon Health: Regulatory, 29. September 2022, online abrufbar unter: https://www.babylonhealth.com/ca/regulatory.

Baker, Adam / Perov, Yura / Middleton, Katherine / Baxter, Janie / Mullarkey, Daniel / Sangar, Davinder / Butt, Mobasher / DoRosario, Arnold / Johri, Saurabh: A comparison of artificial intelligence and human doctors for the purpose of triage and diagnosis, Frontiers in Artificial Intelligence, Vol. 3, 30. November 2020, online abrufbar unter: https://doi.org/10.3389/frai.2020.543405.

Ballestrem, Johannes Graf / Bär, Ulrike / Gausling, Tina / Hack, Sebastian / Von Oelffen, Sabine: Künstliche Intelligenz: Rechtsgrundlagen und Strategien in der Praxis, Heidelberg 2020.

Barnes, Benjamin / Kraywinkel, Klaus / Nowossadeck, Enno / Schönfeld, Ina / Starker, Anne / Wienecke, Antje / Wolf, Ute: Berichts zum Krebsgeschehen in Deutschland 2016, Robert Koch Institut, online abrufbar unter: https://doi.org/10.17886/rkipubl-2016-014.

Bastians, Hannes / Mohr, Dajana: Einsatz von KI und Robotik in der Medizin: Interdisziplinäre Fragen. Part 1, CR 2023, S. 76–78.

Beck, Susanne / Faber, Michelle / Gerndt, Simon: Rechtliche Aspekte des Einsatzes von KI und Robotik in Medizin und Pflege: Legal aspects of the use of artificial intelligence and robotics in medicine and care, Ethik in der Medizin 2023, S. 247–263.

Beck, Susanne: Zum Einsatz von Robotern im Palliativ- und Hospizbereich. MedR 2018, S. 772–779.

Beck, Susanne, in: Hilgendorf, Eric / Günther, Jan-Philipp, (Hrsg.), Robotik und Gesetzgebung: Beiträge der Tagung vom 7. bis 9. Mai 2012 in Bielefeld, Baden-Baden 2013.

Bergmann, Karl Otto / Pauge, Burkhard / Steinmeyer, Heinz-Dietrich: Gesamtes Medizinrecht, 3. Aufl. Baden-Baden 2018.

Bethge, Lisa / Püschel, Constanze: Softwaregestütztes Netzhautindizienscreening als präventives Angebot des Augenoptikermeisterbetriebes, MedR 2023, S. 533–538.

Beuthien, Volker: Zur Grundlagenungewissheit des deutschen Gesellschaftsrechts, NJW 2005, Rdnrn. 855–861.

Blechschmitt, Lisa: Die straf- und zivilrechtliche Haftung des Arztes beim Einsatz roboterassistierter Chirurgie, Baden-Baden 2017.

Boehme-Neßler, Volker: Unscharfes Recht, Berlin 2008.

Bohne, Kerstin: Delegation ärztlicher Tätigkeiten, Frankfurt a. M. 2012.

Borges, Georg: Der Begriff des KI-Systems — Tatbestandsmerkmale und Auslegungsansätze, CR 2023, 706–716.

Borges, Georg: Rechtliche Rahmenbedingungen für autonome Systeme, NJW 2018, Rdnrn. 977–982.

Brand, Oliver: Haftung und Versicherung beim Einsatz von Robotik in Medizin und Pflege, MedR 2019, S. 943–950.

Braegelmann, Tom Hinrich / Kaulartz, Markus: Rechtshandbuch Artificial Intelligence und Machine Learning, München 2020.

Brunotte, Nico: Virtuelle Assistenten – Digitale Helfer in der Kundenkommunikation, Haftung und Verbraucherschutz, CR 2017, 583–589.

Buck-Heeb, Petra / Oppermann, Bernd: Automatisierte Systeme, München 2022.

Bundesärztekammer: 121. DÄT 2018: Beschlussprotokoll, 8. Mai 2018, online abrufbar unter: https://www.bundesaerztekammer.de/fileadmin/user_upload/_old-files/downloads/pdf-Ordner/121.DAET/121_Beschlussprotokoll.pdf.

BVMed: MDR-Folgen: Über 70 Prozent der MedTech-Unternehmen haben Produkte eingestellt, online abrufbar unter: https://www.bvmed.de/de/bvmed/presse/pressemeldungen/mdr-folgen-ueber-70-prozent-der-medtech-unternehmen-haben-produkte-eingestellt.

Carstensen, Gert: Vom Heilversuch zum medizinischen Standard, Deutsches Ärzteblatt 1989, S. 2431–2433.

Chibanguza, Kuuya Josef / Kuß, Christian / Steege, Hans: Künstliche Intelligenz, Baden-Baden 2022.

Clausen, Tilman / Schroeder-Printzen, Jörn: Münchener Anwaltshandbuch Medizinrecht, 3., überarbeitete und erweiterte Aufl. München 2020.

Copeland, Brian John: Encyclopedia Britannica 2023, online abrufbar unter: https://www.britannica.com/technology/artificial-intelligence.

Damm, Reinhard: Medizintechnik und Arzthaftungsrecht Behandlungsfehler und Aufklärungspflicht bei medizintechnischen Behandlungsalternativen, NJW 1989, Rdnrn. 737–744.

*Deckert, Ronald / Meyer, Eike:*Digitalisierung und Künstliche Intelligenz, Kooperation von Menschen und Maschinen aktiv gestalten, essentials, Heidelberg 2020.

Denga, Michael: Deliktische Haftung für künstliche Intelligenz: Warum die Verschuldenshaftung des BGB auch künftig die bessere Schadensaus-gleichsordnung bedeutet, CR 2018, S. 69–78.

Dettling, Heinz-Uwe: Künstliche Intelligenz als Herausforderung des Medizinprodukterechts. Formallogische und stochastische Grundlagen, MPJ 2019, S. 176–187.

Dettling, Heinz-Uwe: Künstliche Intelligenz und digitale Unterstützung ärztlicher Entscheidungen in Diagnostik und Therapie – Arzt-, arzneimittel- und medizinprodukterechtliche Aspekte, PharmR 2019, S. 633–642.

Dettling, Heinz-Uwe / Krüger, Stefan: Digitalisierung, Algorithmisierung und Künstliche Intelligenz im Pharmarecht. PharmR 2018, S. 513–523.

Dettling, Heinz-Uwe / Krüger, Stefan: Erste Schritte im Recht der Künstlichen Intelligenz Entwurf der „Ethik-Leitlinien für eine vertrauenswürdige KI", MMR 2019, S. 211–218.

Deutsch, Erwin. / Spickhoff, Andreas: Medizinrecht: Arztrecht, Arzneimittelrecht, Medizinprodukterecht und Transfusionsrecht, Heidelberg 2014.

Deveugele, Myriam / Derese, Anselm / van den Brink-Muinen, Atie / Bensing, Jozien / De Maeseneer, Jan: Consultation length in general practice: cross sectional study in six European countries. National Library of Medicine, 31. August 2002, online abrufbar unter: https://pubmed.ncbi.nlm.nih.gov/12202329/.

DexCom CGM: DexCom Healthcare Professionals, online abrufbar unter: https://de.provider.dexcom.com/dexcom-rtcgm/.

Droste, Wiebke: Intelligente Medizinprodukte: Verantwortlichkeiten des Herstellers und ärztliche Sorgfaltspflichten, MPR 2018, S. 109–115.

Droste, Wiebke: Produkthaftungsrecht und Produzentenhaftung in der digitalen Medizinproduktewelt: Ethische, rechtliche und soziale Implikationen am Beispiel interaktiver, autonomer und vernetzter Mikro-Implantate, Münster 2018.

Eberbach, Wolfram: Wird die ärztliche Aufklärung zur Fiktion? (Teil 1) : – Zu den divergenten Realitäten von Medizin und Recht, MedR 2019, S. 1–11.

Ebers, Martin / Heinze, Christian / Krügel, Tina / Steinrötter, Björn: Künstliche Intelligenz und Robotik, Rechtshandbuch, München 2020.

Ehlers, Alexander / Broglie, Maximilian: Arzthaftungsrecht, Grundlagen und Praxis, 5. Aufl. München 2014.

Eichelberger, Jan: Arzthaftung beim Einsatz von KI und Robotik, ZfPC 2023, S. 209–214.

Eickbusch, Julia: Die Zweckbestimmung von Medizinprodukten und ihre Auswirkung auf Haftung und Verantwortlichkeit von Anwender und Betreiber: Marburger Schriften zum Gesundheitswesen Band 32. Baden-Baden 2020.

Eidenmüller, Horst: The Rise of Robots and the Law of Humans, ZEuP 2017, S. 765–778.

Ensthaler, Jürgen: Industrie 4.0 erfordert keine juristische Revolution, InTeR 2017, S 1–2.

ENVISION: Project – ENVISION, online abrufbar unter: https://www.envision-icu.eu/research/.

Ertel, Wolfgang: Grundkurs Künstliche Intelligenz. In Computational intelligence, Eine praxisorientierte Einführung, 5. Aufl. Heidelberg 2021.

Esteva, Andre / Kuprel, Brett / Novoa, Roberto / Ko, Justin / Swetter, Susan / Blau, Helen / Thrun, Sebastian: Dermatologist-level classification of skin cancer with deep neural networks, 2. Februar 2018, National Library of Medicine, online abrufbar unter: https://doi.org/10.1038/nature21056.

Etteldorf, Christina: Grenzen der nationalen Regulierung von Google, Meta, TikTok und Co., MMR-Aktuell 2023, 458363.

Fabricius, Fritz: Relativität der Rechtsfähigkeit: ein Beitrag zur Theorie und Praxis des privaten Personenrechts, Schriften des Instituts für Wirtschaftsrecht an der Universität Köln (Bd. 14), München 1963.

Faßbender, Kurt: Wettbewerbsrelevantes Staatshandeln und Berufsfreiheit: Quo vadis, Bundesverfassungsgericht? NJW 2004, Rdnrn. 816–818.

Ferrucci, David / Nyberg, Eric / Allan, James / Barker, Ken / Brown, Eric / Chu-Carroll, Jennifer / Ciccolo, Arthur / Duboue, Pablo / Fan, James / Gondek, David / Lally, Adam / McCord, Michael: Towards the open advancement of questionsanswer systems, IBM Research Report 2009.

Frahm, Wolfgang / Jansen, Christoph / Katzenmeier, Christian / Kienzle, Hans-Friedrich / Kingreen, Thorsten / Lungstras, Anne Barbara / Saeger, Hans-Detlev / Schmitz-Luhn, Björn / Woopen, Christiane: Medizin und Standard – Verwerfungen und Perspektiven: Ergebnisse einer interdisziplinären Expertengruppe, MedR 2018, S. 447–457.

Francke, Robert / Hart, Dieter: Charta der Patientenrechte, Baden-Baden 1999.

Frost, Yannick: Künstliche Intelligenz in Medizinprodukten und damit verbundene medizinprodukte- und datenschutzrechtliche Herausforderungen, MPR 2019, S. 117–125.

Gaede, Karsten: Künstliche Intelligenz – Rechte und Strafen für Roboter?, Plädoyer für eine Regulierung künstlicher Intelligenz jenseits ihrer reinen Anwendung, Baden-Baden 2019.

Gassner, Ulrich: MedTech meets M-Health, MPR 2015, S. 73–82.

Gassner, Ulrich / Juknat, Ulrich: Regulatory Approaches to AI in Medical Practice, EPLR 2019, S. 176–183.

Gassner, Ulrich / Schreiegg, Tobias: Software als Medizinprodukt – Brüsseler Spitzen, MPR 2019, S. 198–202.

Gehring, Hartmut / Rackebrandt, Klaas / Imhoff, Michael: E-Health und die Realität – was sehen wir heute schon in der Klinik? E-Health and reality – what are we facing in patient care? Bundesgesundheitsblatt – Gesundheitsforschung – Gesundheitsschutz 2018, 61, S. 252–262.

Gehrlein, Markus: Grundriss der Arzthaftpflicht nach der Rechtsprechung des Bundesgerichtshofes, 2. Aufl. München 2006.

Geiß, Karlmann / Greiner, Hans-Peter: Arzthaftpflichtrecht, 8., überarbeitete Aufl. München 2022.

Gerald, Spindler: Privatrechtsdogmatik im 21. Jahrhundert, in: Grigoleit, Hans Christoph / Petersen, Jens (Hrsg.), S. 709–738, Festschrift für Claus-Wilhelm Canaris zum 80. Geburtstag, Berlin 2017.

Gigerenzer, Gerd: Calculated Risks: How to Know When Numbers Deceive You, New York 2003.

Glauner, Patrick: Künstliche Intelligenz im Gesundheitswesen: Grundlagen, Möglichkeiten und Herausforderungen, in: Grinblat, Roman / Etterer, Daniela / Plugmann, Philipp (Hrsg.): Innovation im Gesundheitswesen, S. 143–160, Heidelberg 2022.

Gless, Sabine / Seelmann, Kurt: Intelligente Agenten und das Recht, Baden-Baden 2016.

Görz, Günther / Schmidt, Ute / Braun, Tanya: Handbuch der Künstlichen Intelligenz, 6. Aufl. Berlin 2020.

Graber, Mark: The incidence of diagnostic error in medicine, BMJ Quality & Safety, Vol. 22 (2) 2013, ii21–ii27, online abrufbar unter: https://doi.org/10.1136/bmjqs-2012-001615.

Graber, Mark / Franklin, Nancy / Gordon, Ruthanna: Diagnostic Error in Internal Medicine, JAMA International Medicine, 11. Juli 2005, online abrufbar unter: https://jamanetwork.com/journals/jamainternalmedicine/fullarticle/486642.

Graf von Westphalen, Georg / Göttler, Antje / Antwerpes, Frank: Diagnose – DocCheck Flexikon, 15. Februar 2019, online abrufbar unter: https://flexikon.doccheck.com/de/Diagnose.

Grapentin, Justin: Vertragsschluss und vertragliches Verschulden beim Einsatz von Künstlicher Intelligenz und Softwareagenten, Baden-Baden 2018.

Grätzel von Graf, Philipp: Künstliche Intelligenz in Produkten von Siemens Healthineers, 6. Juni 2019, online abrufbar unter: https://www.siemens-healthineers.com/de/news/kuenstliche-intelligenz-in-produkten.html.

Gröschl, Daniel: Substitution und erweiterte Delegation ärztlicher Leistungen: Neue Formen von Arbeitsteilung in der Medizin, Hamburg 2015.

Gross, Benedict / Kucharz, Noemi: Organisationsverschulden in Krankenhäusern: Systematisierung von Pflichten der sorgfältigen Organisation, MedR 2018, S. 143–155.

Gross, Benedict / Reese, Hendrik / Burkhart, Michael / von Witzleben, Alexa / Hueman-Koecke, Sevilay / Stavrakis, Konstantinos / Asman, Jörg: Das intelligente Krankenhaus: Wie Künstliche Intelligenz (KI) die stationäre Gesundheitsversorgung revolutionieren kann: ein Bericht von PwC Deutschland, *pwc clinicum*, 31. August 2021, online abrufbar unter: https://www.pwc.ch/de/press-room/expert-articles/pwc_press_20210831_clinicum1.pdf.

Grüneberg, Christian, Beck'sche Kurzkommentare BGB, 82., neubearbeitete Aufl. München 2022.

Grützmacher, Malte: Die deliktische Haftung für autonome Systeme – Industrie 4.0 als Herausforderung für das bestehende Recht? Ein Plädoyer für die Nutzung von Beweislastregeln und wider den vorschnellen Ruf nach der Einführung einer Gefährdungshaftung, CR 2016 S. 695–698.

Gsell, Beate / Krüger, Wolfgang / Lorenz, Stephan / Reymann, Christoph: Beck-online.GROSSKOMMENTAR, Stand 01.05.2023, München.

Günther, Jan-Philipp / Hilgendorf, Eric: Robotik und Gesetzgebung, Beiträge zur Tagung vom 7. bis 9. Mai 2012 in Bielefeld, Baden-Baden 2013.

Gutmann, Thomas: Stärkung und Weiterentwicklung der Patientenrechte in Deutschland, Rechtswissenschaftliches Gutachten im Auftrag des Sozialverband Deutschland e.V., 31.12.2021.

Haag, Kurt: Geigel, Der Haftpflichtprozess, 29. Aufl. München 2024.

Haagen, Christian: Verantwortung für Künstliche Intelligenz, Baden-Baden 2021.

Hacker, Philipp: Verhaltens- und Wissenszurechnung beim Einsatz von Künstlicher Intelligenz, RW 2018, S. 243–288.

Hacker, Philip: Exploitative Contracts im Zeitalter machinellen Lernens: Eine rechtsökonomische Analyse, in: Faust, Florian / Schäfer, Hans-Bernd (Hrsg.), Zivilrechtliche und rechtsökonomische Probleme des Internet und der künstlichen Intelligenz: 15. Travemünder Symposium zur ökonomischen Analyse des Rechts, S. 87–120, Tübingen 2019,.

Haftenberger, Anna: Die Produkthaftung für künstlich intelligente Medizinprodukte: Eine Analyse der Anwendbarkeit und Eignung der europäischen Produkthaftungsrichtlinie 85/374/EWG, Baden-Baden 2023.

Handorn, Boris / Junkat, Ulrich: KI und Haftung bei Medizinprodukten, MPR 2022, S. 77–89.

Haroske, Gunter / Zwönitzer, Ralf / Hufnagl, Peter: Leitfaden des Bundesverbandes Deutscher Pathologen „Digitale Pathologie in der Diagnostik – Befunderstellung an digitalen Bildern", Der Pathologe 2018, S. 250–252.

Hart, Dieter: Haftungsrecht und Standardbildung in der modernen Medizin: e:med und Probleme der Definition des Standards: Eine Skizze, MedR 2016, S. 669–675.

Hart, Dieter: Patientenentschädigungs-/Härtefallfonds: Entwicklungen seit 2013 und Modellvorschlag, MedR 2023, S. 110–115.

Hart, Dieter: Patientensicherheit nach dem Patientenrechtegesetz, MedR 2013, S. 159–165.

Hart, Dieter: Spannungen zwischen dem Haftungs-, Arzneimittel- und Sozialrecht, MedR 2002, S. 321–326.

Hart, Dieter / Francke, Robert: Der Modellversuch eines Patientenentschädigungs- und -härtefallfonds (PatEHF) für Schäden durch medizinische Behandlungen:Einordnung, Zwecke, Verfahren, Organisation, Finanzierung, Gesetzesvorschlag: Rechtsgutachten für die Behörde für Gesundheit und Verbraucherschutz der Freien und Hansestadt Hamburg, 2013.

Hau, Wolfgang / Poseck, Roman: Beck'scher Online-Kommentar BGB, 68. Edition 2023, München 01.11.2023.

Haun, Matthias: Handbuch Robotik, Programmieren und Einsatz intelligenter Roboter, 2. Aufl. Heidelberg 2013.

Heinrichs, Bert / Heinrichs, Jan-Hendrik / Rüther, Markus: Künstliche Intelligenz, Berlin 2022.

Heinrichs, Bert / Karger, Cornelia / Heyl, Katrin / Spranger, Tade / Lanzerath, Dirk / Wagner, Roman / Langner Robert / Caspers, Julian / Sroka, Ina / Eickhoff, Simon: Künstliche Intelligenz in der Medizin: Ein interdisziplinärer Blick auf den Verordnungsentwurf der Europäischen Kommission, MedR 2023, S. 259–264.

Heiss, Stefan: Europäische Haftungsregeln für Künstliche Intelligenz Das ungelöste Problem reziproker Schadensfälle, EuZW 2021, S. 931–938.

Helle, Katrin: Intelligente Medizinprodukte: Ist der geltende Rechtsrahmen noch aktuell?, MedR 2020, S. 993–1001.

Hennrich, Jasmin / Kauffmann, Anna / Buck, Christoph / Eymann, Torsten: Künstliche Intelligent in der hauärztlichen Versorgung, in: Pfannstiel, Mario (Hrsg.), Künstliche Intelligenz im Gesundheitswesen, Entwicklungen, Beispiele und Perspektiven, S. 414–428, Heidelberg 2022.

Herberger, Maximilian: "Künstliche Intelligenz und Recht" – Ein Orientierungsversuch, NJW 2018, Rdnrn. 2825–2829.

Hilgendorf, Eric: Robotik im Kontext von Recht und Moral, Baden-Baden 2014.

Hill, Rainer / Schmitt, Joachim: Medizinprodukterecht (WiKo) Kommentar, Köln 2022.

Hillienhof, Arne: COVID-19: Künstliche Intelligenz soll Versorgung auf Intensivstationen verbessern, Deutsches Ärzteblatt 2021, 118 A-38 B-32, online abrufbar unter: https://www.aerzteblatt.de/archiv/217301/COVID-19-Kuenstliche-Intelligenz-soll-Versorgung-auf-Intensivstationen-verbessern.

Hofmann, Tobias: Die Regel 11 MDR – eine genauere Betrachtung, MPR 2021, S. 161–170.

Horner, Susanne / Kaulartz, Markus: Haftung 4.0: Verschiebung des Sorgfaltsmaßstabs bei Herstellung und Nutzung autonomer Systeme, CR 2016, S. 7–19.

Howells, Geraint / Twigg-Flesner, Christian: Interconnextivity and Liability: AI and the Internet of Things, 30. April 2021, SSRN, online abrufbar unter: https://dx.doi.org/10.2139/ssrn.3843134.

Hügle, Maria / Kalweit, Gabriel / Hügle, Thomas / Boedecker, Joschka: A Dynamic Deep Neural Network for Multimodal Clinical Data Analysis, in: Shaban-Nejad, Arash / Michalowski, Martin / Buckeridge, David (Hrsg.), Explainable AI in Healthcare and Medicine, Building a Culture of Trasparenca and Accountability, S. 79–93, Heidelberg 2021.

Jansen, Christoph: Der medizinische Standard: Begriff und Bestimmung ärztlicher Behandlungsstandards an der Schnittstelle von Medizin, Haftungsrecht und Sozialrecht, Heidelberg 2019.

John, Robert: Haftung für künstliche Intelligenz: Rechtliche Beurteilung des Einsatzes intelligenter Softwareagenten im E-Commerce, Hamburg 2007.

Jorzig, Alexandra / Sarangi, Frank: Digitalisierung im Gesundheitswesen: Ein kompakter Streifzug durch Recht, Technik und Ethik, Heidelberg 2020.

Kardasiadou, Zoi: Die Produkthaftung für fehlerhafte medizinische Expertensysteme: Eine Untersuchung unter Einbeziehung arzthaftungsrechtlicher Fragen, Baden-Baden 1998.

Kasper, Gabriele: REVIEWS, IRAL 1988, Bd. 26, Heft 4, online abrufbar unter: https://doi.org/10.1515/iral.1988.26.4.329.

Katzenmeier, Christian / Achterfeld, Claudia: Digitaler Gesundheitstreffpunkt, E-Health-Kiosk, Videosprechstunde, Telemedizin, in: Katzenmeier, Christian (Hrsg.), Festschrift für Dieter Hart, Heidelberg 2020.

Katzenmeier, Christian: Arzthaftung: Bd. Jus Privatum 62, Tübingen 2002.

Katzenmeier, Christian: Der Behandlungsvertrag – Neuer Vertragstypus im BGB, NJW 2013, Rdnrn. 817–823.

Katzenmeier, Christian: Haftung für Schäden durch KI in der Medizin, S. 73–102, Baden-Baden 2023.

Katzenmeier, Christian: KI in der Medizin – Haftungsfragen, MedR 2021, S. 859–867.

Keil, Till Uwe: Automatisierte Systeme unterstützen Diabetiker, CME 2022, S. 48.

Kern, Bernd-Rüdiger: Verschärfte Aufklärung bei neuer Behandlungsmethode: Zur Anwendung einer neuen medizinischen Behandlungsmethode und zum Umfang der hierfür erforderlichen Aufklärung des Patienten, LMK 2006, 189313.

Kersten, Jens: Menschen und Maschinen, Rechtliche Konturen instrumenteller, symbiotischer und autonomer Konstellationen, JZ 2015, S. 1–8.

Keßler, Oliver: Intelligente Roboter – neue Technologien im Einsatz: Voraussetzungen und Rechtsfolgen des Handelns informationstechnischer Systeme, MMR 2017, S. 589–594.

Klauschen, Frederick / Dippel, Jonas / Jurmeister, Keyl Philipp et al: Erklärbare Künstliche Intelligenz in der Parthologie, Die Pathologie 2024, S. 133–139.

Kleiner, Cornelius: Die elektronische Person, Entwurf eines Zurechnungs- und Haftungssubjekts für den Einsatz autonomer Systeme im Rechtsverkehr, Baden-Baden 2021.

Klingbeil, Stephan: Der Begriff der Rechtsperson, AcP 2017, S. 848–885.

Klingbeil, Stephan: Schuldnerhaftung für Roboterversagen, JZ 2019, S. 718–725.

Knetsch, Jonas: Haftungsrecht und Entschädigungsfonds: Eine Untersuchung zum deutschen und französischen Recht: Bd. Studien zum ausländischen und internationalen Privatrecht 281, Tübingen 2012.

Knuth, Jonas: Lernende Entscheidungsbäume, Überholtes Verfahren oder vielseitige KI-Methode?, Informatik Spektrum 2021, S. 363–369.

Koch, Bernahrd: Product Liability 2.0 – More Update or New Version? in: Lohsse, Sebastian / Schulze, Reiner / Staudenmayer, Dirk (Hrsg.), Liability for Artificial Intelligence and the Internet of Things: Münster Colloquia on EU Law and the Digital Economy IV, S. 99–117, Baden-Baden 2019.

Kolany-Raiser, Barbara / Heil, Reinhard / Orwat, Carsten / Hoeren, Thomas: Big Data - Gesellschaftliche Herausforderungen und rechtliche Lösungen, München 2019.

Kolvenbach, Helge: Diagnose- oder Befunderhebungsfehler? Ein medizintheoretisch fundiertes Abgrenzungsmodell, MedR 2018 S. 950–958.

Kühne, Hans-Heiner: Kein Ende der Methadon-Debatte!, NJW 1992, Rdnrn. 1547–1548.

Kunz-Schmidt, Susanne: Bedienungsfehler beim Einsatz von Medizintechnik, voll beherrschbares Risiko und nichtärztliche Mitarbeiter, MedR 2009, S. 517–524.

Lackes, Richard / Siepermann, Markus: Künstliche Intelligenz (KI), Gabler Wirtschaftslexikon, online abrufbar unter: https://wirtschaftslexikon.gabler.de/definition/kuenstliche-intelligenz-ki-40285#references.

Laufs, Adolf / Katzenmeier, Christian / Lipp, Volker: Arztrecht, NJW Praxis, Bd. 29, 8. bearbeitete Aufl. München 2021.

Laufs, Adolf / Kern, Bernd-Rüdiger / Rehborn, Martin: Handbuch des Arztrechts, 5., neubearbeitete Aufl. München 2019.

Lehmann, Matthias: Der Begriff der Rechtsfähigkeit, AcP 2007, S. 225–255.

Leskovec, Jure / Rajaraman, Anand / Ullman, Jeffrey: Mining of Massive Datasets, Cambridge University Press 2014.

Linke, Christian: Die elektronische Person : Erforderlichkeit einer Rechtspersönlichkeit für autonome Systeme?, MMR 2021, S. 200–205.

Lipp, Volker: Die medizinische Indikation – ein "Kernstück ärztlicher Legitimation"? MedR 2015, S. 762–766.

Lucieri, Adriano / Bajwa, Muhammad Naseer / Dengel, Andreas / Ahmed, Sheraz: Erklärbare KI in der medizinischen Diagnose – Erfolge und Herausforderungen, in: Pfannstiel, Mario (Hrsg.), Künstliche Intelligenz im Gesundheitswesen, Entwicklungen, Beispiele und Perspektiven, S. 727–754, Heidelberg 2022.

Mandell, Brian: Klinische Entscheidungsfindung im Überblick, MSD Manual Profi-Ausgabe, 5. April 2023, online abrufbar unter: https://www.msdmanuals.com/de-de/profi/spezielle-fachgebiete/klinische-entscheidungsfindung/klinische-entscheidungsfindung-im-%C3%BCberblick.

Mario, Martini: Blackbox Algorithmus – Grundfragen einer Regulierung Künstlicher Intelligenz, Heidelberg 2019.

Matthias, Andreas: Automaten als Träger von Rechten, Berlin 2008.

Mayer, Stephan: Künstliche Intelligenz und die Rolle des Rechts für Innovation, ZRP 2018, S. 233–238.

Mayer, Stephan: Rechtliche Herausforderungen der Künstlichen Intelligenz und ihre Bewältigung, in: Barton, Thomas / Müller, Christian (Hrsg.), Künstliche Intelligenz in der Anwendung, S. 25–48, Heidelberg 2021.

Mayinger, Samantha Maria: Die künstliche Person: Untersuchung rechtlicher Veränderungen durch die Installation von Softwareagenten im Rahmen von Industrie 4.0, unter besonderer Berücksichtigung des Datenschutzrechts: RAW Schriftenreihe, Recht und Wirtschaft Frankfurt, Frankfurt a. M. 2017.

McCarthy, John / Minsky, Marvin / Rochester, Nathaniel / Claude, Shannon: A proposal for the Darmouth summer research project on Artificial Intel-ligence, Darthmouth workshop, 1955, online abrufbar unter: http://jmc.stanford.edu/articles/dartmouth/dartmouth.pdf.

Medizinrechtsanwälte e.V.: Mehr Patientenrechte wagen, Positionspapier des Medizinrechtsanwälte e.V. zur Stärkung der Patientenrechte, online abrufbar unter: https://medizinrechtsanwaelte.de/app/uploads/2023/01/Mehr-Patientenrechte-wagen-Positionspapier-des-Medizinrechtsanwaelte-e.V..pdf.

Ministerium der Justiz des Landes Nordrhein-Westfalen: Arbeitgruppe „Digitaler Neustart" der Konferenz der Justizminister der Länder, 1. Oktober 2018, online abrufbar unter: https://www.justiz.nrw.de/JM/schwerpunkte/digitaler_neustart/zt_fortsetzung_arbeitsgruppe_teil_2/2019-04-15-Berichte_Apr_19_Okt_18_Druckfassung.pdf.

Misselhorn, Catrin: Grundfragen der Maschinenethik, 5., durchgesehene und überarbeitete Aufl. Ditzingen 2018.

Morik, Katharina: Schlüsseltechnologie Maschinelles Lernen, Digitale Welt 2018, S. 22–27.

Mühlböck, Luisa / Taupitz, Jochen: Haftung für Schäden durch KI in der Medizin, AcP 2021, S. 179–218.

Müller, Gerda: Verhältnis zwischen Nachweis der Kausalität und Anscheinsbeweis im Arzthaftungsprozess, MedR 2015, S. 518–522.

Müller-Freienfels, Wolfram: Die Vertretung beim Rechtsgeschäft, Tübingen 1955.

Müller-Hengstenberg / Claus / Kirn, Stefan: Intelligente (Software-)Agenten: Eine neue Herausforderung unseres Rechtssystems Rechtliche Konsequenzen der „Verselbstständigung" technischer Systeme, MMR 2014, S. 307–314.

Pauge, Burkhard / Offenloch, Thoman / Gödecke, Patrick: Arzthaftungsrecht: Neue Entwicklungslinien der BGH-Rechtsprechung, 15., neu bearbeitete Aufl. Köln 2023.

Peylo, Christoph, in: Beck, Susanne /Kusche, Carsten / Valerius, Brian (Hrsg.), Digitalisierung, Automatisierung, KI und Recht, Baden-Baden 2020.

Pobuda, Leon: Facharztausbildung: Übersicht aller 50 Weiterbildungen, Approbatio, 13. Februar 2023, online abrufbar unter: https://approbatio.de/facharztausbildung/.

Poursabzi-Sangdeh, Forough / Goldstein, Daniel / Hofman, Jake / Vaughan Wortman, Jennifer / Wallach, Hanna: Manipulating and measuring model interpretability, arXiv.org, 21. Februar 2018, online abrufbar unter: https://arxiv.org/abs/1802.07810.

Prinz, Dominic / Antwerpes, Frank / Nolte, Janica / Palic, Misael: Befund, DocCheck Flexikon, 17. August 2022, online abrufbar unter: https://flexikon.doccheck.com/de/Befund.

Prütting, Dorothea: Medizinrecht – Kommentar, 6. Aufl. München 2021.

Prütting, Hanns: Darlegungs- und Beweislast im Arzthaftungsprozess bei voll beherrschbarem Risiko, MedR 2010, S. 30–32.

Prütting, Hanns / Wegen, Gerhard / Weinreich, Gerd: Bürgerliches Gesetzbuch Kommentar, 18. Aufl. München 2023.

Prütting, Jens: Qualifikation wunschmedizinischer Maßnahmen – Vertragsrecht, MedR 2011, S. 275–279.

Quaas, Michael / Zuck, Rüdiger / Clemens, Thomas: Medizinrecht: Öffentliches Medizinrecht, Pflegeversicherungsrecht, Arzthaftpflichtrecht, Arztstrafrecht, 4., vollständig neu bearbeitete Aufl.. München 2018.

Rahn, Christian: Ärztliche Aufklärung durch Künstliche Intelligenz, Hamburg 2022.

Rehborn, Martin: Das Patientenrechtegesetz, GesR, S. 257–272.

Rehmann, Wolfgang / Tillmanns, Christian: E-Health / Digital Health, München 2022.

Reuter, Dieter: Rechtsfähigkeit und Rechtspersönlichkeit. Rechtstheoretische und rechtspraktische Anmerkungen zu einem großen Thema, AcP 2007, S. 673–717.

Rich, Elaine: Artificial intelligence, New York 1983.

Riehm, Thomas: Nein zur ePerson! : Gegen die Anerkennung einer digitalen Rechtspersönlichkeit, RDi 2020, S. 42–49.

Roller, Martina: Die Rechtsfähigkeit des Nasciturus, Schriften zum bürgerlichen Recht, Berlin 2013.

Rotsch, Thomas: Criminal Compliance: Handbuch, Baden-Baden 2015.

Rott, Peter: Pflichten und Haftung der „benannten Stelle“ bei Hochrisiko-Medizinprodukten, NJW 2017, Rdnrn. 1146–1148.

Röß, Simon: Die GbR nach dem MoPeG, NZG 2023, S. 401–408.

Säcker, Franz-Jürgen / Rixecker, Roland / Oetker, Hartmut / Limperg, Bettina: Münchener Kommentar zum Bürgerlichen Gesetzbuch Bd. 1: Allgemeiner Teil, 9. Aufl. München 2021.

Säcker, Franz-Jürgen / Rixecker, Roland / Oetker, Hartmut / Limperg, Bettina: Münchener Kommentar zum Bürgerlichen Gesetzbuch Bd. 5: Schuldrecht – Besonderer Teil II, 9. Aufl. München 2023.

Sahinter, Berkman / Friedman, Bruce / Linville, Cindi / Ipach, Cindy / Montgomery, Edna: Perspectives and Best Practices for Artificial Intelligence and Continuously Learning Systems in Healthcare, Xavier University Exhibit Faculty Scholarship, Health Services Administration, 2018.

Samhammer, David / Beck, Susanne / Budde, Klemens / Burchardt, Aljoscha/ Faber, Michelle / Gerndt, Simon / Möller, Sebastian / Osmanodja, Bilgin / Roller, Roland / Dabrock, Peter: Klinische Entscheidungsfindung mit künstlicher Intelligenz: Ein interdisziplinärer Governance-Ansatz, Essentials, Heidelberg 2023.

Santoni de Sio, Filippo ./. van den Hoven, Jeroen: Meaningful Human Control over Autonomous Systems: A Philosophical Account, Frontiers in Robotics and AI, Vol. 5, 2018, online abrufbar unter: https://doi.org/10.3389/frobt.2018.00015.

Schäfer, Hans-Bernd / Ott, Claus: Lehrbuch der ökonomischen Analyse des Zivilrechts, 6. Aufl. Heidelberg 2020.

Schaub, Günter / Koch, Ulrich: Arbeitsrecht von A–Z, 28. Aufl. München 2024.

Schaub, Renate: Nutzung von Künstlicher Intelligenz als Pflichtverletzung? Sorgfaltspflichten beim Einsatz generativer Künstlicher Intelligenz, NJW, 2023, Rdnrn. 2145–2150.

Schaub, Renate: Interaktion von Mensch und Maschine, JZ 2017, S. 342–349.

Schmidt, Jan-Robert: Die Auswirkungen der Nutzung von KI-Software auf die ärztliche Haftung, GesR 2023, S. 341–352.

Schirmer, Jan-Erik: Von Mäusen, Menschen und Maschinen – autonome Systeme in der Architektur der Rechtsfähigkeit, JZ, 2019, S. 711–718.

Schmon, Christoph: Product Liability of Emerging Digital Technologies – A Fitness Check of the 1985 Product Liability Directive, IWRZ 2018, S. 254–259.

Schreitmüller, Zeynep / Schucht, Carsten: Künstliche Intelligenz im Arbeitsschutz – Das künftige EU-Haftungsregime für Anbieter, Nutzer und Wirtschaftsakteure, ARP 2023, S. 226–233.

Schulz-Große, Stefanie / Genske, Anna: Auswirkungen der neuen KI-Verordnung auf den Behandlungsalltag – Datenschutzrechtliche Anforderungen und Sorgfaltspflichten der Behandelnden beim Einsatz von künstlicher Intelligenz zu Behandlungszwecken, GuP 2023, S. 81–94.

Seidel, Andreas: Wissen und Künstliche Intelligenz – Wie verändern sich der Wissensbegriff und die Wissenszurechnung durch die Nutzung von KI-Systemen?, CR 2023 S. 636–643.

Sellin, Julia / Pantel, Jean Tori / Börsch, Natalie / Conrad, Rupert / Mücke, Martin: Kurze Wege zur Diagnose mit künstlicher Intelligenz – systematische Literaturrecherche zu "diagnostic decision support systems", Schmerz 2024, 19–27.

Shortliffe, Edward / Buchanan, Bruce: A model of inexact reasoning in medicine, Mathematical Biosciences, April 1975, S. 351–379.

Siemens Healthineers: Künstliche Intelligenz in Produkten von Siemens Healthineers, online abrufbar unter: https://www.siemens-healthineers.com/de/news/kuenstliche-intelligenz-in-produkten.html.

Simplinic GmbH: Krankenhaus IoT Cloud – Software Plattform, online abrufbar unter: https://www.simplinic.de/.

Singh, Hardeep / Meyer, Ashley / Thomas, Eric: The frequency of diagnostic errors in outpatient care: Estimations from three large observational studies involving US adult populations, BMJ Quality & Safety 2014, S. 727–731, online abrufbar unter: https://doi.org/10.1136/bmjqs-2013-002627.

Singh Panesar, Sukhmee / de Silva, Debra / Singh, Chris: Diagnostic Errors: Technical Series on Safer Primary Care, World Health Organization 2016, online abrufbar unter: https://iris.who.int/bitstream/handle/10665/252410/9789241511636-eng.pdf.

Soergel, Theodor / Fahse, Hermann: Soergel Bürgerliches Gesetzbuch mit Einführungsgesetz und Nebengesetzen: BGB, 13. Aufl. Stuttgart 2000.

Sommer, Martin: Haftung für autonome Systeme, Verteilung der Risiken selbstlernender und vernetzter Algorithmen im Vertrags- und Deliktsrecht, Baden-Baden 2020.

Sosnitza, Olaf: Das Internet der Dinge – Herausforderung oder gewohntes Terrain für das Zivilrecht?, CR 2016, S. 764–772.

Spickhoff, Andreas: Das System der Arzthaftungs im reformierten Schuldrecht, NJW 2002, Rdnrn. 2530–2537.

Spickhoff, Andreas: Erforderliche Sorgfalt und Umfang der Aufklärungspflicht bei Anwendung einer Außenseitermethode, MedR 2008, S. 87–90.

Spickhoff, Andreas / Seibl, Maximilian: Haftungsrechtliche Aspekte der Delegation ärztlicher Leistungen an nichtärztliches Medizinpersonal unter besonderer Berücksichtigung der Anästhesie, MedR 2008, S. 463–473.

Spickhoff, Andreas: Beck'sche Kurzkommentare, Bd. 64 Medizinrecht: BGB, 4. Aufl. München 2022.

Spickhoff, Andreas: Beck'sche Kurzkommentare, Bd. 64 Medizinrecht: MPDG, 4. Aufl. München 2022.

Spindler, Gerald: Medizin und IT, insbesondere Arzthaftungs- und IT-Sicherheitsrecht, in: Katzenmeier, Christian (Hrsg.), Festschrift für Dieter Hart, Heidelberg 2020.

Spindler, Gerald: Die Vorschläge der EU-Kommission zu einer neuen Produkthaftung und zur Haftung von Herstellern und Betreibern künstlicher Intelligenz, CR 2022, S. 689–704.

Spindler, Gerald: User Liability and Strict Liability in the Internet of Things and for Robots, *in:* Lohsse, Sebastian / Schulze, Reiner / Staudenmayer, Dirk (Hrsg.), Liability for Artificial Intelligence and the Internet of Things: Münster Colloquia on EU Law and the Digital Economy IV, S. 125–145, Baden-Baden 2019.

Stallkamp, Jan / Horsch, Johannes / Kartensen, Lennart: KI-Systeme für die nächste Medizintechnikgeneration, in: Pfannstiel, Mario (Hrsg.), Künstliche Intelligenz im Gesundheitswesen, Entwicklungen, Beispiele und Perspektiven, S. 154–173, Heidelberg 2022.

Staudinger, Julius: Kommentar zum Bürgerlichen Gesetzbuch, Buch 1 Einl zum BGB; §§ 1–14; Verschollenheitsgesetz (Natürliche Personen, Verbraucher, Unternehmer), Neubearbeitung München 2018.

Staudinger, Julius: Kommentar zum Bürgerlichen Gesetzbuch, Buch 2 §§ 630a-630h: (Behandlungsvertrag), Erstbearbeitung München 2021.

Steinwendner, Joachim: Explainable AI im Gesundheitswesen, in: Pfannstiel, Mario (Hrsg.), Künstliche Intelligenz im Gesundheitswesen, Entwicklungen, Beispiele und Perspektiven, S. 756–766, Heidelberg 2022.

Ströbel, Lukas / Grau, Robert: KI-gestützte Medizin-Apps, ZD 2022, 599–605.

Stündel, Stefanie Ellen: BDI-Stellungnahme zum Entwurf einer europäischen KI-Verordnung, 8. November 2021, online abrufbar unter: https://bdi.eu/publikation/news/europaeische-ki-verordnung/.

Stürner, Rolf: Jauernig Bürgerliches Gesetzbuch – Kommentar, 19. Aufl. München 2023.

Stürner, Rolf: Jauernig Bürgerliches Gesetzbuch, 19. Aufl. München 2023.

Sultanow, Eldar: Maschinelles Lernen, Gut mitgedacht, iX 2018, S. 46.

Taeger, Jürgen: Außervertragliche Haftung für fehlerhafte Computerprogramme, Jus Privatum 13, Tübingen 1995.

Taupitz, Jochen: Der Heilpraktiker aus der Sicht des Haftungsrechts: "Arzt", "Mini-Arzt" oder "Laie"?, NJW 1991, Rdnrn. 1505–1510.

Taupitz, Jochen: Medizinische Informationstechnologie, leitliniengerechte Medizin und Haftung des Arztes, AcP 2011, S. 352–394.

Taupitz, Jochen: Patientenrechtegesetz: Hemmschuh für den medizinischen Fortschritt?, GesR 2015, S. 65–70.

Teubner, Gunther: Digitale Rechtssubjekte?, Zum privatrechtlichen Status autonomer Softwareagenten, AcP 2018, S. 155–205.

Teubner, Gunther: Digitale Rechtssubjekte?, Zum privatrechtlichen Status autonomer Softwareagenten, Ancilla Iuris 2018, S. 35–78.

Teubner, Gunther: Elektronische Agenten und große Menschenaffen, Zur Ausweitung des Akteurstatus in Recht und Politik, ZfRS 2006, S. 5–30.

Teubner, Gunther: Enterprise Corporatism: New Industrial Policy and the "Essence" of the Legal Person, The American Journal of Comparative Law 1988, S. 130–155.

Turing, Alan: On Computable Numbers, with an application to the Entscheidungsproblem. Proceedings of the London Mathematical Society, 1036, S. 230–265.

Uphoff, Helga: Deutsche Diabetes Gesellschaft – Jahrestagung 2021, Berlin, online abrufbar unter: https://www.diabsite.de/aktuelles/nachrichten/2021/211012.html#quellen.

Van Such, Monica / Lohr, Robert / Beckman, Thomas / Naessens, James: Extent of diagnostic agreement among medical referrals, Journal of Evaluation in Clinical Practice 2017, Vol. 23 Issue 4, S. 870–874, online abrufbar unter: https://doi.org/10.1111/jep.12747.

Vebeto GmbH: Vebeto – Intelligente Krankenhausanalyse, online abrufbar unter: https://www.vebeto.de/krankenhausanalyse.

Vincent, Pascal / Larochelle, Hugo / Bengio, Yoshua / Manzagol, Pierre-Antoine: Extracting and composing robust features with denoising autoencoders, ICML 2008, S. 1096–1103. online abrufbar unter: https://doi.org/10.1145/1390156.1390294.Viola, *Roberto:* Artificial intelligence, real benefits, FUTURIUM – European Commission, 26. Dezember 2018, online abrufbar unter: https://ec.europa.eu/futurium/en/blog/artificial-intelligence-real-benefits.html.

Vogeler, Marcus: Die Substantiierungslast im Zivilprozess, MedR 2022, S. 178–179.

von Pentz, Vera: Entwicklungen der neueren höchstrichterlichen Rechtsprechung zur Arzthaftung, MedR 2016, S. 16–23.

von Savingy, Friedrich Carl: System des heutigen Römischen Rechts, Bd. 2, Berlin 1840.

Wagner, Gerhard: Haftung für Künstliche Intelligenz – Eine Gesetzesinitiative des Europäischen Parlaments, ZEuP 2021, S. 545–571.

Wagner, Gerhard: Verantwortlichkeit im Zeichen digitaler Techniken, VersR 2020, S. 717–741.

Wagner, Gerhard: Roboter als Haftungssubjekte? Konturen eines Haftungsrechts für autonome Systeme, in: Faust, Florian / Schäfer, Hans-Bernd (Hrsg.), Zivilrechtliche und rechtsökonomische Probleme des Internet und der künstlichen Intelligenz: 15. Travemünder Symposium zur ökonomischen Analyse des Rechts, S. 1–40, Tübingen 2019.

*Weber, Klaus:*Rechtswörterbuch, 24. Aufl. München 2022.

Wendehorst, Christiane: Ist der Roboter haftbar?, Künstliche Intelligenz und gültige Rechtsnormen, Forschung & Lehre, Bonn 2020.

Wenzel, Frank: Handbuch des Fachanwalts Medizinrecht, 4. Aufl. München 2020.

Yazdani, Sharam / Hosseinzadeh, Mohammad / Hosseini, Fakhrolsadat: Models of Clinical Reasoning with a focus on general practice: A Critical review, Journal of Advances in Medical Education and Professionalism, S. 177–184, online abrufbar unter: https://doaj.org/article/231656536b8a4d57814f153b7097f84d.

Zech, Herbert: Haftung für Trainingsdaten Künstlicher Intelligenz, NJW 2022, Rdnrn. 502–508.

Zech, Herbert: Verhandlungen des 73. Deutschen Juristentages Hamburg 2020 Bd. I: Gutachten Teil A: Entscheidungen digitaler autonomer Systeme: Empfehlen sich Regelungen zu Verantwortung und Haftung?, Hamburg 2020/Bonn 2022.

Zech, Herbert / Hünefeld, Isabell Celine: Einsatz von KI in der Medizin: Haftung und Versicherung, MedR 2023, S. 1–8.

Zech, Herbert: Künstliche Intelligenz und Haftungsfragen, ZfPW 2019, S. 1998–2020.

Zech, Herbert: Zivilrechtliche Haftung für den Einsatz von Robotern – Zuweisung von Automatisierungs-und Autonomierisiken, in: Gless, Sabine / Seelmann, Kurt (Hrsg.), Intelligente Agenten und das Recht, S. 163–204, Baden-Baden 2016.

Zech, Herbert: Risiken digitaler Systeme: Robotik, Lernfähigkeit und Vernetzung als aktuelle Herausforderungen für das Recht, Weizenbaum Institute for the Networked Society – The German Internet Institute, Series 2, Berlin 2020, online abrufbar unter: https://doi.org/10.34669/wi.ws/2.

Zoll, Karl-Hermann: Verfahrensrechtliche Besonderheiten im Arzthaftungsprozess, MedR 2009, S. 569–575.